Georg Lohmeier

Liberalitas Bavariae

Georg Lohmeier

Liberalitas Bavariae

von der guten
und weniger guten
alten Zeit in
Bayern

Ehrenwirth

ISBN 3-431-01430-5

Druck: Allgäuer Druckerei und Verlagsanstalt GmbH Kempten (Allgäu)
Printed in Germany 1971

Liberalitas Bavariae – steht in ehernen Lettern über dem Portal der ehrwürdigen Stiftskirche der Augustinerchorherren zu Polling. An dem Satz wurde schon viel herumgerätselt. Ist die Freiheit Bayerns damit gemeint oder bloß die bayerische Freigebigkeit, eingedenk jenes anderen Sprichwortes, daß in Bayern noch nie jemand verhungert ist? Ist eine besondere liberale Gesinnung apostrophiert oder heißt es: der Geist weht wo er will – auch bei den Bayern? – An der Fassade eines fürstlichen Schlosses gäbe die Sentenz sein Geheimnis viel eher preis. Aber ausgerechnet über der Kirche eines bayerischen Stiftes verklärt sich das Wort zu einem dunklen Programm. Liberalitas ist aber kein dunkles Wort, sondern ein überaus lichtes, ein freundliches, denn es heißt wörtlich: die Freundlichkeit, die gütige edle Gesinnung eines Menschen. Ihr soll dies Buch gewidmet sein: der Liberalitas Bavariae.

Bayerische Ouvertüre

Tassilo III. und sein Prozeß

Es widerspricht unserem Wesen, groß von uns selbst zu sprechen. Wenn wir es aber dennoch gelegentlich tun, dann gleich tüchtig. Aus reinem Übermut wird da auf die Spitze getrieben und mit humoriger Selbstironie wird auch die Niederlage zum Siege. Das bayerische Bier hat Weltruf, unsere Berge sind in Deutschland die höchsten, unsere Musik ist die lustigste und traurigste zugleich, unsere Kultur, unsere Traditionen sind uralt, ja unsere Geschichte ist ein einziges Ruhmesblatt, auf dem sich gerade die Niederlagen, die hundertmal verpaßten Gelegenheiten und nicht zuletzt auch die wenigen und ganz und gar verfehlten Aktionen als allgemein menschliche Schwächen ansehnlich genug ausnehmen. Der lammfromme bayerische Löwe, der sich fortwährend selbst besiegt, ihm genügt sein guter Mut und er bedarf nicht des großen Ränkespiels der Diplomatie, um sein Land, seinen Staat, nun bald schon über eineinhalb Jahrtausende durch ein verworrenes Schicksal der Geschichte zu lenken.

»Gott mit dir, du Land der Bayern«, heißt es in unserer Hymne, und tatsächlich scheinen Gottvertrauen und Geduld granitene Hauptpfeiler der bayerischen Politik von jeher gewesen zu sein. Aber dieser bayerische Gleichmut entbehrt nicht der Größe, und er verfügt über eine unerschöpfliche Potenz von vager Daseinsfreude und schmerzlicher Trunkenheit. Unsere Marschmusik, ob sie nun im Bierzelt eines Herbstfestes oder im Kirchenzug einer dörflichen Fahnenweihe erklingt, läßt den tiefen Frieden des bayerischen Militarismus ahnen. Unser König hatte den Oberbefehl über seine tapfere Armee ja auch nur im Frieden.

Die Alleinherrlichkeit der Bayern währte nie länger als eine Generation, manchmal waren es nur Jahre und Monate. Immer hat es gegolten, einem wenn auch unnütz empfundenen höheren Verbande anzugehören, einem großen, einem mächtigen Reiche. Man ist abhängig von Bonn oder Berlin, von Wien oder Paris, von Rom oder Aachen, ja von Pavia und Ravenna, Aquitanien und Benevent. Aber der Sinn für Eigenstaatlichkeit geht trotzdem niemals verloren, wird immer wieder greifbare Wirklichkeit, schwankt zwischen mäßigem Freiheitsdurst und eigenbrötlerischem Grant. Außergewöhnlich aber ist es und paradox kommt es einem vor – daß diese Bayern justament in den Augenblicken, wo die Chancen zu eigennützigem Handeln vorhanden sind, wo die ersehnte Freistaatlichkeit schon beinahe verwirklicht zu sein scheint, daß gerade dann dieses Land eine Regierung besitzt, die zögert und zaudert, daß ihm einflußreiche und begabte Führer erstehen, die jetzt an die Reichstreue appellieren. Und sie tun das nicht immer, weil sie bestochen sind, nicht aus wirklicher Reichstreue, auch nicht aus Angst vor der eigenen Courage, sie tun es aus Besonnenheit und Friedfertigkeit.

Der Gescheitere gibt nach, heißt es da, und der Ramasuri ist es nicht wert. Mit einem Wort: Bayern war immer zu klein und unbedeutend, um ein Großstaat werden zu können, und es war immer zu groß und zu bedeutend, um ein selbständiger Kleinstaat bleiben zu können. Als tragisch werden diese Tatsachen indessen nur selten empfunden. Es gibt keinen bayerischen Unabhängigkeitskrieg, kein die gesamte bayerische Nation verzehrendes revolutionäres Feuer. Wir sind weder Sachsen noch Iren, weder Niederländer noch Eidgenossen. Wir hatten keinen Egmont und Oranien, sondern einen Plinganser und Schmied von Kochel, keinen Wilhelm Tell, sondern einen Ludwig von Bayern, keinen de Valera, sondern einen König Ludwig III., keinen Widukind, sondern den Herzog Tassilo.

Gerade dieser Herzog Tassilo, der letzte Agilolfinger, den Karl der Große in offener Versammlung zu Ingelheim im Jahre 788 verhaften ließ und in ein Kloster steckte, ist der typische Vertreter eines bayerischen Herrschers, eines sogar über die Maßen erfolgreichen bayerischen Politikers. Im Katastrophenjahr 788 aber unternimmt kein einziger bayerischer Getreuer, kein Bischof und kein Abt, kein Graf und kein Bauer auch nur den Versuch, Tassilo zu retten. Im Gegenteil, die Annalen berichten davon, daß in dem Gerichtsverfahren, das Karl gegen Tassilo in Ingelheim durchführen ließ, »dem König Karl getreue Bayern« gegen ihren eigenen Herzog aussagten und ihn des Hochverrats beschuldigten. Wie konnte es zu dieser verwerflich anmutenden Tat kommen, wie konnte sich der bayerische Löwe schon im 8. Jahrhundert auf solche Weise gleichsam selbst zerfleischen?

Den Prozeß Tassilos, seinen Fall und die Vorgeschichte, die mannigfach verworrenen Ursachen, die zu dieser Katastrophe führten, kann man als eine Ouvertüre der bayerischen Geschichte bezeichnen. Da sind bereits alle die gängigen Melodien enthalten, die im Laufe der Jahrhunderte immer wieder erklingen, wenn es um die zweifelhafte Eigenstaatlichkeit Bayerns geht.

Wie hat das alles angefangen, wo stammen denn die Bayern eigentlich her und waren sie von Anfang an schon einem anderen Volke botmäßig? Auf alle diese Fragen sind mehrere Antworten möglich. Die Meinungen der gelehrten Geschichtsforscher gehen da weit auseinander. Die ältesten Salzburger Annalen nennen das Jahr 510 als das Jahr der Einwanderung der Bayern in Noricum, und es ist anzunehmen, daß sie wenig später den Inn überschritten und das heutige Südbayern besiedelt haben. Den Ausschlag dazu gaben die Franken. Das Reich der Thüringer erstreckte sich damals bis zur Donau. Und diese Thüringer befanden sich mit den Franken im Kriege. Nach dem Tod des mächtigen Ostgotenkönigs Theoderich des Großen gingen die Franken zum Angriff auf die Thüringer über, und die fränkischen Bundgenossen in diesem Kriege waren die Bayern. Bundgenossen waren sie also den Franken gegenüber, Confoederati, keine Vasallen. Damals waren die Franken ja auch erst ein emporstrebender Stamm.

Kurz nach der Unterwerfung der Thüringer durch die Franken, woran sich die Bayern so erfolgreich beteiligt hatten, überzog der Enkel des Merowingerkönigs Chlodwig, König Theudebert, mit seinen Truppen ganz Bayern bis zum Wienerwald. Es war dies nur nebenbei ein Eroberungskrieg. Ziel Theudeberts war Italien und die Eroberung des römischen Reiches. Dieser fränkische Abenteurer konnte seine Pläne nur halb verwirklichen, er starb in Italien, nachdem er den Bayern einen Amtsherzog aus der burgundischen Familie der Agilolfinger als Oberhaupt vorgesetzt hatte. Den ersten bayerischen Herzog kennen wir unter dem Namen Garibald den Ersten. Er residierte bereits in Regensburg. Dieser Garibald muß mit dem Merowingerkönig gut befreundet gewesen sein, denn er vermählte sich mit der geschiedenen Gemahlin von König Theudeberts Sohn, mit Walderada, einer Tochter des Langobardenkönigs Wacho. So wird schon gleich zu Beginn der Agilolfingerdynastie ein familiäres Band mit den Langobarden geknüpft, die damals gerade in Oberitalien einwanderten und somit wieder unmittelbare Nachbarn

Bayerns wurden. Garibalds und Walderadas Tochter Theutelinde wird mit dem jungen Langobardenkönig Authari vermählt, und nach dessen Tod heiratet sie Autharis Bruder. Sie hat sich um die Befreiung ihres Volkes aus der Irrlehre des Arianismus große Verdienste erworben.

Papst Gregor I. nennt sie auch »excellentissima filia nostra«, und er widmet ihr das vierte Buch seiner Dialoge, das das Leben Benedikts beschreibt. Auch der große Irenapostel Kolumban ist mit der bayerischen Prinzessin befreundet. Er weilt längere Zeit an ihrem Hof in Pavia, und sie baut ihm 614 das Kloster Bobbio. Kolumban, der große Abt von Luxeuil, und sein Nachfolger Eustasius sind die ersten, die ihre Mönche nach Bayern schicken und systematisch die heidnischen Arianer missionieren.

Die beiden Dynastien sind also fortwährend miteinander verwandt und befreundet; auch der letzte Agilolfinger, Tassilo (748–788), heiratet eine langobardische Prinzessin, Liutpirga, die Tochter des letzten Langobardenkönigs Desiderius. Dazu kommt die politische Freundschaft mit dem Hof in Pavia, was die Selbständigkeitsbestrebungen in Bayern ungemein stärkte, um so mehr, als ja zwischen Franken und Langobarden ohnedies eine Feindschaft bestand. Das konnte auf die Dauer nicht gutgehen, angesichts eines immer mächtiger werdenden fränkischen Imperiums.

Durch diese gutnachbarlichen Beziehungen über die Alpen hinweg wuchs Bayern mit der Lombardei in einen Kulturkreis hinein, der ein eigenartiges und sehr originelles germanisch-romanisches Gesicht bekam. Dieses Gesicht war nicht nur germanisch-romanisch, sondern durch die Kirchenprovinz Aquileja, zu der damals Bayern noch seit der römischen Zeit her gehörte, auch oströmisch; denn auch der Exarch, zu Ravenna residierend, zählt zum bayerisch-langobardischen Bündnis. Die Paläographen, welche die kunstvollen Malereien der damals in den tassilonischen Klosterschreibschulen entstandenen Evangeliare bewundern, sprechen gar von einem eigenen bayerisch-langobardischen Schreib- und Malstil, der sich deutlich von den fränkischen Reichsbibeln unterscheide. Im bayerisch-langobardischen Raum setzte sich dann auch die erste oberdeutsche Lautverschiebung durch, die sich über Schwaben hinzog und auch noch über den Main hinaufreichte – vor allem durch das Kloster Fulda, welchem als erster Abt der Bayer Sturmi vorstand, so daß also der Satz jenes Tegernseer Mönches schon seine Richtigkeit hat, daß die übrigen deutschen Stämme erst von den Bayern ihre Sprache bekommen hätten. Der erste bayerische Geschichtsschreiber, Bischof Arbeo von Freising, ein Zeitgenosse Tassilos, stammt aus der Gegend von Meran, und er hat wahrscheinlich im Kloster Bobbio oder in Pavia oder in Ravenna seine Ausbildung erhalten.

Wie gesagt, das alles konnte auf die Dauer nicht gutgehen, denn im kommenden Imperium Romanum Karls des Großen wird alles gleichgeschaltet werden – sogar die Evangeliare; die Vulgata wird zur Reichsbibel, wie einige überkommene Blätter bayerischer Evangeliare erkennen lassen; sie sind nach Tassilos Sturz korrigiert worden. Nur der Codex Millenarius, welchen das Stift Kremsmünster zusammen mit den übrigen Cimelien des bayerischen Stammes aufbewahrt, ist unberührt geblieben. Man hat ihn dem Zugriff Karls entziehen können. Auch der Tassilokelch von 763, in dessen feinen Ornamenten und Gravuren der spätere bayerische Barockstuck schon im Keim vorhanden ist, blieb unversehrt.

Der steigende fränkische Einfluß in Bayern wurde vor allem durch die Kirchenpolitik der Karolinger vorangetrieben. Von Haus aus waren die Bayern keine Katholiken, sondern Arianer, wie die Goten und die Langobarden. Aber das Herzoghaus war von Anfang an katholisch gewesen und förderte die Missionstätigkeit der irischen Glaubensboten ungemein.

Zu einem Politikum wurde die Missionstätigkeit erst, als Pippin und Karl Martell anfingen, fränkische Bischöfe nach Bayern zu schicken. Diese Bischöfe Rupert, Korbinian und Emmeram, ganz gleich, ob sie nun alle drei gebürtige Franken waren oder nicht, erschienen als mächtige Freunde Pippins und mit dem Auftrage, die fränkische Reichskirche in Bayern zu installieren. In Franken waren die Bischöfe damals auf dem Wege – und gerade schon unter den Vorläufern Karls des Großen –, auch Vasallen, Fürsten des Königs, zu werden. »Die Verbindung von Vasallität und Benefizium oder Feudum wurde zu einer wirksamen Ergänzung des Königlichen Amtsrechtes.« Diese Kirche war bereits »weltlicher« und auch politischer, als noch ein gutes Jahrhundert vordem es die irischen Glaubensboten gewesen sind.

Daß der bayerische Hof mit diesen fränkischen Großen, die da als Bischöfe auftraten, sich schlecht vertragen hat, das sehen wir aus der Korbinians- und Emmeramsbiographie des Bischofs Arbeo von Freising, obwohl er uns die wahren Hintergründe verschweigt. Kilian in Würzburg wurde ermordet, Korbinian von Freising mußte fliehen. Emmeram in Regensburg wird der Verführung der jungen Prinzessin Uta bezichtigt, flüchtet und wird um das Jahr 715 auf der Flucht bei Helfendorf ermordet. Die politischen Hintergründe für diese Bischofsmorde liegen auf der Hand.

Im Jahre 716 reist Herzog Theodo nach Rom. Er will vom Papst eine eigene bayerische Kirchenprovinz errichtet bekommen. Der Zeitpunkt ist günstig. Pippin war gestorben und Karl Martell, seiner illegitimen Geburt wegen, von der Erbfolge im Hausmeieramt ausgeschlossen. Als er dennoch die Regierung an sich reißen kann, gärt es im Frankenreich. Die Beziehungen, die Herzog Theodo jetzt mit dem Papst anknüpfte, um die bayerische Kirche von der aufgezwungenen fränkischen zu lösen, hatten alle Aussicht, erfolgreich zu sein. Und doch ist es nicht dazu gekommen. Papst Gregor II. verhielt sich bei allem gezeigten Wohlwollen zunächst abwartend. Es gab langwierige Verhandlungen. Herzog Theodo starb kurz nach der Rückreise von Rom. Seine Söhne Grimoald und Theodebert stritten um das Erbe. In Bayern brach ein Bürgerkrieg aus, während Karl Martell das Frankenreich wieder einigte und stärker dastand als sein Vater Pippin. Als ihn Hugibert, der Sohn Theodeberts, ein »reichstreuer«, fränkischer Parteigänger, rief, hatte er die Möglichkeit, noch nachdrücklicher als bisher in die bayerischen Verhältnisse einzugreifen. Eine typisch-bayerische Situation das Ganze, wie sie sich noch oft wiederholen wird!

Karl Martell erscheint 725 mit Heeresmacht in Bayern. Grimoald wird ermordet. Sein Neffe Hugibert erhält Bayern als fränkisches Reichslehen. Der fränkische Einfluß nimmt nun ständig zu. 728, auf einem zweiten Heereszuge nach Bayern, errichtet Martell geradezu feste fränkische Garnisonen im Land, besonders im Nordgau und in den Gebieten des späteren Bistums Eichstätt. – 737 kommt der junge Herzog Oatilo in Bayern an die Regierung. Er ist der Vater Tassilos. Vorsichtig und geschickt baut er die Gegenstellung aus, gründet Klöster, deren Mönche ihm ergeben sind und vermag so unter Umgehung der frankenfreundlichen Bischöfe doch einen gewissen Einfluß auf die kirchlichen Belange auszuüben.

Und dann ergibt sich eine neue großartige Gelegenheit, das fränkische Oberjoch abzuschütteln. Als Karl Martell 741 stirbt, machen die beiden Söhne Karlmann und Pippin ihrem Stiefbruder Grifo das Erbe streitig. Diese neuerliche fränkische Palastrevolution benützte nun Oatilo, brachte tatsächlich eine Koalition zustande und ein ansehnliches Heer auf die Beine. Gleichzeitig wandte er sich an den neuen Papst Zacharias mit der Bitte um einen bayerischen Metropoliten. Der Papst schickte Vivilo, der später Bischof von Passau wurde.

Aber die bayerische Koalition ist der fränkischen Macht nicht gewachsen. Grifo wird von seinen älteren Brüdern gefangen gesetzt, seine Mutter ins Kloster gesteckt. Zu einer Vereinigung des bayerischen und schwäbischen Heerbannes kommt es gar nicht erst. Pippin und Karlmann schlagen 742 die Alemannen und 743 die Bayern am Lech. Oatilo wird nicht abgesetzt, muß aber den Lehenseid leisten. Bayern ist nun auch offiziell ein fränkisches Lehen, aber immer noch mit eigener Verwaltung. 743 ist das Jahr des Verlustes der bayerischen Souveränität.

Nach der Unterwerfung Oatilos macht Pippin seinen Freund Virgil zum Bischof von Salzburg. So ist der Einfluß der fränkischen Reichskirche in Bayern wieder stark. Um dem iro-schottischen Kirchenwesen allen Einfluß abzuschneiden, wurden überall neue Bischöfe eingesetzt; nur Vivilo in Passau durfte bleiben.

Gleichwohl herrschte wieder Friede, trotz der fränkischen Oberhoheit – ein Zustand, der vermuten läßt, daß es den Leuten ganz gleich war, wer regierte, Hauptsache, daß man seine Ruhe hatte. Es wurden Klöster gegründet, es mehrte sich der Wohlstand und aus der rührigen Kulturarbeit wurde jenes gesegnete Bayern des 8. Jahrhunderts, das uns der hochgelehrte Arbeo von Freising voll Überschwang und Heimatliebe so geschildert hat: »Das Land ist lieblich anzusehen, reich an Hainen, wohlversehen mit Wein. Es besitzt Eisen in Fülle und Gold, Silber und Purpur im Überfluß. Die Männer sind hochgewachsen und stark, auf Nächstenliebe und Sitte gegründet. Das Erdreich ist fruchtbar und bringt üppige Saaten hervor. Der Erdboden scheint von Vieh und Herden aller Art fast bedeckt zu sein; Honig und Bienen sind wahrlich in reicher Menge vorhanden. In Seen und Flüssen gibt es Fische in großer Zahl. Das Land wird von klaren Quellen und Bächen bewässert und besitzt Salz, soviel es bedarf ...«

Da brechen neue Unruhen herein. Oatilo stirbt im Jahre 748. Sein einziger Sohn Tassilo ist erst sieben Jahre alt. Seine Mutter ist eine fränkische Prinzessin, Hiltrud, die Tochter Karl Martells, die Schwester Pippins und Karlmanns, Stiefschwester Grifos und die Tante Karls. Tassilo war also ein Vetter Karls des Großen. – Jener Grifo nun, der Sohn der bayerischen Prinzessin Swanahild, eilt nach Bayern und versucht noch einmal, das bayerische Erbe an sich zu reißen. Aber Pippin läßt das nicht zu. Es kommt zu einem neuen Feldzug. Grifo wird gestürzt und die Regentschaft für ihren noch minderjährigen Sohn Tassilo der bayerischen Herzogswitwe und fränkischen Prinzessin Hiltrud übertragen. Bayern ist somit praktisch eine fränkische Provinz, und Tassilo mag zu diesem Zeitpunkt mehr als fränkischer Prinz denn als bayerischer Herzog angesehen worden sein. Aber schon mit 14 Jahren wird er wehrhaft gemacht und tritt als Herzog Tassilo III. die Regierung an. 757 muß er seinem Onkel Pippin bei der Reichsversammlung von Compiègne den Treueid leisten. Er hat mit seinem Heerbann den Franken auf vielen Feldzügen zu folgen, besonders gegen Aquitanien und gegen die Sachsen, während zu Hause Awaren und Slawen die Ostgrenze Bayerns bedrohen. Da er mit seinen Bayern von Pippin nur ausgenützt wurde, kommt es 763 zum offenen Bruch. Auf dem vierten aquitanischen Feldzug verläßt er kurzerhand das fränkische Heer und marschiert eigenmächtig in die Heimat. Es ist genug, wird er gesagt haben, jetzt ist Schluß.

Und wieder war der Zeitpunkt äußerst günstig gewählt. Die Langobarden benützten angesichts der Unruhen im fernen Aquitanien, die Pippin bis an sein Lebensende beschäftigten, die Gelegenheit, sich der Pippinischen Schenkung zu bemächtigen. Das waren jene Länder, die Pippin auf seinem Italienzug nach Besiegung der Langobarden, dem Papst als Patrimonium Petri zu einem eigenen Staat, zum Kirchenstaat, geschenkt hatte. Außerdem drohten die rivalisierenden Söhne Pippins, Karl und Karlmann, in ihrem neuerdings ausbrechenden Familienstreit das fränkische Reich aufzusplittern. Tassilo suchte Rückhalt beim Langobardenkönig Desiderius und vermählte sich mit dessen Tochter Liutbirga.

Zwei Jahre später – 768 – starb Pippin. Tassilo schwur seinen Treueid, und zwar Karl, nicht Karlmann, was die Brüder noch mehr entzweite. Zunächst scheint die langobardisch-bayerische Koalition am fränkischen Hof einige Erfolge erzielt zu haben. Jedenfalls heiratete Karl nun ebenfalls eine langobardische Prinzessin. Damit waren die beiden gleichaltrigen Vettern, Karl und Tassilo, auch Schwäger. Die leidliche Freundschaft, die ihm der junge König erwies, bedeutete für Tassilo soviel wie die stillschweigende Anerkennung der bayerischen Unabhängigkeit.

Unter diesen freundlichen Auspizien gingen die Langobarden gegen den Papst vor. Karl verhielt sich still, er vernachlässigte die Reichspolitik und machte damit seinem Bruder Karlmann die Entscheidungen schwer, wenn nicht überhaupt unmöglich. Dieses Spiel währte zwei Jahre, schon drohte ein fränkischer Bürgerkrieg, da verstarb Karlmann im Jahre 771 mit 29 Jahren. Die näheren Umstände seines Todes liegen in einem auffälligen Dunkel. Wurde er ermordet? Und von wem?

Wenn wir auch keine Quellen besitzen über den Tod Karlmanns, so kann man sich doch einen Reim aus den nun blitzartig folgenden Geschehnissen auf diesen Tod machen. Als erstes verstieß Karl sofort seine langobardische Gemahlin. Sie eilte zusammen mit der Witwe Karlmanns an den langobardischen Königshof. Natürlich über Regensburg, wo sich der ahnungslose Tassilo noch auf die Freundschaft Karls verließ.

Es wäre wichtig gewesen für die Bayern, jetzt etwas zu unternehmen, wenn man das fränkische Joch schon abschütteln wollte. Man tat es nicht. Aus den Beschlüssen der bayerischen Landessynoden geht hervor, daß es damals vor allem die Bischöfe in Bayern gewesen sind, die zur Mäßigung rieten. Vergeblich hat sich Tassilo gegen den Ungehorsam seines Episkopates beim Papst beschwert.

Das Verhältnis Tassilos zu seinen Bischöfen war auch in materiellen Dingen ein gespanntes. Aus Freising hört man aus einer Urkunde: »Tassilo und Liutpirg hätten dem Bischof Arbeo viele Gotteshäuser entzogen und ihn beschuldigt, daß er König Karl und den Franken getreuer sei als ihnen.« Auch Bischof Arn von Salzburg, obschon wie Arbeo ein gebürtiger Altbayer, sogar ein Isengäuer, war selbstredend dem Frankenkönig »getreuer«, da er ja Karls persönlicher Freund war. Dazu kam, daß die bayerischen Bischöfe – und darin wurden sie von Rom aus gefördert – damals auch anfingen, eine gewisse Eigenkirchlichkeit zu entwickeln, eine eigene Souveränität, der es doch in erster Linie um den Frieden ging.

Karl der Große zieht nun – seines Bruders Karlmann entledigt – als erstes gegen die Langobarden, belagert Pavia fast ein Jahr lang, nimmt es endlich ein, setzt die Dynastie ab und macht sich selbst zum König der Langobarden. In Rom erneuert er die Pippin'sche Schenkung. Die gesamte Familie des Desiderius – und auch der König selbst – werden geschoren und in ein Kloster gesteckt. Nur dem Thronfolger Arichis gelingt es, nach Byzanz zu entkommen. Seine künftigen Bemühungen, in Byzanz und beim Herzog von Benevent ernsthafte Hilfe gegen Karl zu erhalten, bleiben aber erfolglos.
Hier erhebt sich nun die Frage, warum Tassilo 773 seinem Schwiegervater nicht zu Hilfe gekommen ist? Nun, Tassilo blieb friedlich, weil er in seinem Lande selbst friedliche Werke zu vollbringen gedachte und vollendet hatte. Er gründete Klöster, Kremsmünster, Innichen, Wessobrunn, um nur die wichtigsten zu nennen, und rief Mönche herbei. Man kann geradezu von einer Tassilonischen Renaissance sprechen. Auch seine Bischöfe fingen jetzt an, sich mit ihm plötzlich besser zu verstehen. Als Karl in Italien die Langobardendynastie vernichtet, feiern ihn die bayerischen Bischöfe anläßlich der Eröffnungssynode von Aschheim als einen neuen Konstantin. – Er mochte seinem Vetter Karl vertrauen. Aber es blieb ihm jetzt auch keine andere Wahl mehr, wenn er sich und seinem Lande den Frieden bewahren wollte.
Er tut sogar ein übriges und stellt Karl im Jahre 778 ein bayerisches Aufgebot für dessen Spanienfeldzug zur Verfügung. Damals erfährt Karl die einzige größere Niederlage seines Lebens. Die tapferen Bayern werden kaum mehr ihre Heimat wiedergesehen haben. Aber auch dieses Opfer ist umsonst. 781 wird Tassilo vom Papst auf Betreiben Karls mit dem Bann bedroht, falls er nicht augenblicklich den Lehenseid schwöre. Tassilo schwört den Eid. Endlich – im Jahre 787 – rückt Karl mit drei Heeren in Bayern ein. Tassilo ruft vergeblich die Vermittlung des Papstes an. Unter dem Druck seiner eigenen Ratgeber – sagt man – findet er sich, der überhaupt nicht zum Krieg gerüstet hat, in Karls Hoflager ein, unterwirft sich und empfängt sein Land als fränkisches Lehen. Von jetzt ab muß er fränkische Amtsgrafen im Land dulden. Er ist fast nur noch dem Namen nach Herzog.
Aber die Katastrophe kommt im darauffolgenden Jahr 788 auf dem Reichstag zu Ingelheim. Auch Tassilo ist dazu eingeladen. Kaum

angekommen, wird er verhaftet, und es wird ihm der Prozeß gemacht. Die Anklage lautet auf Verschwörung mit den Avaren, auf Hochverrat und schließlich auch noch auf Fahnenflucht, auf jene »harislitz«, wie man damals sagte, die Tassilo schon 25 Jahre zuvor begangen hatte, als er das Heer König Pippins in Aquitanien eigenmächtig verlassen hatte. Tassilo wird nach bayerischem Recht gerichtet. Zu diesem Zweck hat Karl dieses Rechtsbuch vorher noch um einige Paragraphen bereichert. – Als Zeugen treten bayerische Bischöfe auf und andere Größen des bayerischen Stammes. Diese machen recht belastende Aussagen. So habe, hieß es da zum Beispiel, Tassilo gesagt, nachdem er 781 seinen Sohn als Geisel hatte stellen müssen: »Und wenn ich zehn Söhne hätte und sie alle zehn dem Karl als Geiseln überlassen müßte, das würde mich nicht davon abhalten, das verhaßte fränkische Joch nicht dennoch eines Tages abzuschütteln.«
Das Urteil, das Karl selbst sprach, lautete auf Tod. Wie wir aus den Lorscher Annalen erfahren, die unmittelbar darauf niedergeschrieben worden sind, hat Karl auf heftiges Bitten Tassilos, Gnade vor Recht ergehen lassen und die Todesstrafe in Verbannung in ein Kloster umgewandelt. Er sollte – heißt es in den Annalen – auf der Stelle die Haare geschoren bekommen. Aber da fing Tassilo den Karl wieder mit großen Bitten zu betteln an: »Ach Karl, nicht hier auf der Pfalz zu Ingelheim laß mich scheren, ich müßte mich zu Tode schämen, hab ich doch auch fränkisches Blut in mir!« – Karl aber – heißt es weiter – schwieg zu diesen Bitten und ließ ihn nach Sankt Goar bringen, wo Tassilo denn auch zu einem Kleriker gemacht wurde. Später brachte man ihn nach einem Kloster, welches Gemedium genannt wird. Auch die beiden Söhne Tassilos, Theodo und Theodebert, wurden beide als Prinzen abgesetzt und zu Mönchen geschoren. Auch wurde es für gut befunden, die Frau des Tassilo, die obengenannte Liutbirga, in ein Kloster zu verbannen.
Man denke an Karls Bruder Karlmann und an so viele Karolinger und Merowinger, die vielleicht froh gewesen wären, wenn sie in einem stillen Kloster als Mönche hätten weiterleben können. Tassilo konnte also von Glück reden. Unter zwanzig Entthronten der damaligen Zeit wurden fünfzehn getötet und höchstens ein Viertel kam mit der Tonsur davon. Diese Methode der Unschädlichmachung – heute würde man sagen, der Liquidierung des Gegners und »Ver-

räters« – bürgerte sich im Laufe des 7. und 8. Jahrhunderts von Byzanz und Rom herkommend, allmählich auch im Frankenreich ein. Das war das Ende des ersten bayerischen »Königtums«. Ob sich Tassilo nach seiner Verehelichung mit der langobardischen Prinzessin, nach dem Tod König Pippins und nach einer über zwanzig Jahre währenden segensreichen Friedensarbeit, die im heutigen Altbayern, in Tirol, Salzburg und Oberösterreich Bleibendes geleistet hat, ob er sich nicht mit Recht den Titel eines Königs zugelegt haben könnte? Die ältesten Überlieferungen reden davon, daß er regiert habe wie ein König. Das Zepter Tassilos, mit dem er sich 787 – wie ausdrücklich überliefert wird – im Feldlager auf dem Lechfelde Karl unterworfen hat und das nach der Katastrophe von 788 zusammen mit dem berühmten Tassilokelch ins Kloster Kremsmünster gerettet werden konnte, ist uns heute noch in der Form von zwei umgearbeiteten Leuchtern erhalten. Der übrige herzogliche Schatz und der gesamte Hofstaat einschließlich des Gesindes wurde von dem königlichen Vetter Karl beschlagnahmt. In Kremsmünster wird auch die Grabinschrift Tassilos überliefert. Sie ist kurz und bündig und heißt: »Tassilo, einst Herzog, dann König, zuletzt aber Mönch.« Das Grab und das Todesjahr kennen wir nicht, nur den Sterbetag, es ist der 11. Dezember. Romuald Bauerreiss vermutet Tassilos Grab in Niedernburg bei Passau.

Wäre noch nachzutragen, daß Tassilo sechs Jahre nach seinem ersten Prozeß noch einmal aus dem Kloster hervorgeholt wird und sich auf der Reichsversammlung zu Frankfurt im Jahre 794 verantworten mußte. Ob dieser zweite Prozeß Tassilos politische Hintergründe hatte, darüber können wir gleichfalls nur Vermutungen anstellen. Tassilo mußte zu Frankfurt den König Karl erneut um Verzeihung bitten für all das, was er gegen Karl und Pippin verbrochen hatte, und er mußte erklären, daß er allen Groll wegen des Geschehenen aufgebe und daß er für sich und seine Nachkommen allen Ansprüchen auf das Herzogtum endgültig entsage. Seine Kinder empfahl er der Gnade des Siegers. Drei Exemplare dieser »Abdankungsurkunde« wurden ausgefertigt und zu Aachen, im Kloster des Herzogs und beim Frankenkönig hinterlegt. Tassilo war der letzte der Stammesfürsten, die Karl unterworfen hat. Es ist ohne Blutvergießen geschehen: die bloße Demonstration der Macht hatte genügt. Und dennoch blieb der bajuwarische Stamm weiter bestehen mit

seinen Eigenheiten, Bräuchen und Sitten, mit seiner Mundart und seinem politischen Gleichmut.
Auch Tassilo lebt weiter in der glorreichen Geschichte des Bayernvolkes. Etliche Klöster halten sein Andenken besonders in hohen Ehren. Allen voran das Stift Kremsmünster in Oberösterreich. Hier wird alljährlich am Todestag des herzoglichen Bayernkönigs ein feierliches Requiem gesungen und hernach zu seinen Ehren im Refektorium die Stifterurkunde verlesen. In dieser Urkunde heißt es: »Ich Herzog Tassilo und mein vielgeliebter Sohn Theodo übergeben diesem unserem eben gegründeten Kloster an Land und Gütern und Wäldern, was wir nur können ...« Während des Tassilo-Requiems wird das Evangelium aus dem Codex Millenarius gesungen, und der berühmte Tassilokelch mit der Umschrift »Tassilo dux fortis Liutpirg virga regalis« dient als Meßkelch.

Ora et Labora

1200 Jahre Benediktiner an der Donau

Wo der Donaustrom in Bayern am breitesten ist und die Hügel des Vorwaldes in respektvoller Nähe eine sanfte, geschützte Talmulde bilden, liegen die Gebäude der Abtei Metten: Eine uralte, benediktinische Heimstatt, deren Tradition bis in die Tage des jugendlichen Herzogs Tassilo zurückreicht. Davor die Fruchtbarkeit des Gäubodens, dahinter die Berge des Bayerischen Waldes, das ist der rechte Ort für das »Ora et Labora«, für die segensreiche Arbeit der Mönche. Zwischen den beiden mit gemütlichen Zwiebelhauben gekrönten Türmen, über der großartigen Fassade der Stiftskirche, thront der hl. Erzengel Michael, ganz in Gold gefaßt. Seine Lanze gleicht einem gewaltigen himmlischen Abtstab. Und so ähnelt er nicht so sehr einem kriegerischen Heerführer als mehr einem triumphierenden Helden der himmlischen Herrlichkeit. Da faßt man denn gleich Vertrauen beim Anblick dieses Mettener Schutzpatrones und spürt die Fülle der geistigen Wohltaten, die seit Jahrhunderten von dieser niederbayerischen Örtlichkeit ausströmen: Musik für festliche Gottesdienste, Eifer in der Erziehung der Jugend, mönchischer Alltag, Wissenschaft und Kunst und eine solide Ökonomie samt Zubehör und Brauerei. Um wieviel ärmer wäre das Abendland, wenn auch nur ein einziges unserer bayerischen Benediktinerklöster nicht gegründet worden wäre! Denn sie machen ein gutes Stück europäischer Geistigkeit aus. Da ist einmal ihre mittelalterliche Universalität, angereichert dann durch Renaissance und Humanismus, geschmückt mit Barock und Rokoko, ergänzt mit den Naturwissenschaften der Aufklärung, die sie wesentlich mit vorangetrieben haben, aufgehoben und wieder errichtet zu pädagogischer Nützlichkeit im 19. Jahrhundert und gegenwärtig zu einem geistigen Bollwerk der zu erhaltenden, abendländischen Geisteskultur prädestiniert wie sonst niemand – so umfassen und repräsentieren sie das Gute aus allen Epochen.

Und bei den Benediktinern ist's anders als bei den übrigen Orden; sie haben die Stabilität, die Seßhaftigkeit: in dem Kloster, in das man eintritt, bleibt man seiner Lebtag daheim. Bei den Benediktinern sind diese abendländischen Traditionen überall auf dem Haus drauf, ist der große weltweite Bezug der Geistigkeit an Ort und Stelle gebannt, greifbar, spürbar in Bibliotheken und Archiven, in Gängen und Refektorien, in Kirchen und Galerien, im ganzen speziellen Milieu; und die Abtei selber wieder hat ihre großen Bezüge in jedes Jahrhundert hinein und eine Verwandtschaft in jede benediktinische Provinz Europas und der Welt.

Der alte benediktinische Boden Bayerns hat denn auch eine typisch bayerische Art des Benediktinertums geprägt, die mit der bayerischen Stammesart ziemlich identisch ist, mit der Freude an Heimat und Besitz, der angeborenen Eigenwilligkeit und Tiefstapelei, dem schlagfertigen und manchmal auch derben Humor. Ja, vielleicht ist, um Bernhard Shaw zu zitieren, der im Engländertum ein Drittel Benediktinertum sieht, das Bajuwarische zu einem nicht geringen Teil Erbe unserer benediktinischen Tradition. Wie ja überhaupt auch die benediktinische Rekreation – das gemütliche Beisammensein und Brotzeitmachen – die Wiege des abendländischen Humors sein mag.

Daß Metten genau im Jahre 766 gegründet worden ist, weiß man noch nicht einmal so lange. Man hat früher immer gesagt, so um 770 herum wird es gewesen sein. Und noch früher – im Mittelalter – hat es geheißen, erst 794 hätte Karl der Große das Stift ins Leben gerufen. Das hat aber den Sattlermeisterssohn aus Rottenburg an der Laaber, der 1913 in Metten die feierliche Profeß ablegte, nicht ruhen lassen. Er ist einer der eifrigsten Historiker geworden und hat in mehreren Bänden die Geschichte seines Hauses niedergeschrieben. Ihm verdanken wir also das genaue Gründungsjahr 766. Seit 1965 ruht er in dem kleinen Friedhof der Mönche vor dem Portal der Stiftskirche. Die historische Welt Bayerns und Österreichs und halb Niederbayern haben ihn persönlich gekannt, den Pater Wilhelm Fink, denn als übereifriger Geschichtsforscher und Heimatpfleger war er ein gewichtiges Original von dreieinhalb Zentnern gewesen. Es wäre also mehr als ein leichtfertiges Unternehmen, wollte man dieser gewichtigen Autorität des Pater Wilhelm keinen Glauben schenken und das mit so viel Scharfsinn und wissenschaftlicher Akribie herausgeforschte Gründungsjahr von 766 etwa anzweifeln.

Wenig ergötzlich mag es für den Historiker und Archivar gewesen sein, aus den verschiedenen Sagen, Legenden und den spärlichen Urkunden das Jahr 766 herauszuspekulieren. Aber es ist überzeugend gelungen. Die Gründungssage, die Karl den Großen zum Stifter Mettens macht, weiß zu berichten, wie der Kaiser, der in den Donauwäldern jagte, sich plötzlich verirrt und dann aber, als der Tag sich schon neigt, auf die armselige Hütte eines Einsiedlers trifft. Dieser kniet vor seiner Behausung und ist nach harter Tagesarbeit tief im Gebet versunken. Seine Axt aber, und das macht den großen Frankenkönig stutzig, hat der Einsiedler an einem Sonnenstrahl aufgehängt. Der Kaiser redet nun den frommen Eremiten an und verspricht, ihm dort ein schönes Kloster zu erbauen, wo seine Axt niederfallen werde. Das Beil fällt an der Stelle zu Boden, wo heute das Stift Metten steht. Der Name des Einsiedlers ist Utto, und er wird der erste Abt des Klosters.

Diese Legende existiert in mehreren Versionen: Einmal sollen sich die beiden Männer an der Stelle getroffen haben, wo heute das Stift steht, ein anderes Mal weiter östlich, in Ottobrunn, wo heute noch ein Kirchlein die Erinnerung daran festhält. Ein Datum ist nicht überliefert: Damals hat man es noch nicht so genau genommen. Wenn überhaupt, dann müßte es aber nach Tassilos, des Bayernherzogs Beseitigung durch Karl gewesen sein, also nach 788.

Das Wunder mit dem Sonnenstrahl kommt in frommen Legenden öfters vor. Es ist für den Historiker unbrauchbar. Geschichtlich erinnernswert ist höchstens der altgermanische Brauch des Speer- oder Beilwerfens zum Zeichen der Besitzergreifung, denn Geometer, Vermessungsbeamte oder gar ein Grundbuch hat es damals natürlich nicht gegeben. Ein symbolischer Beilwurf genügte, um von etlichen hundert Tagwerk formell Besitz zu ergreifen. Es mag durchaus sein, daß Utto so einen Beilwurf im heutigen Metten getan hat. Denn das Wort Metten kommt von Medema, das ist eine Abgabe, eine herzogliche Grundsteuer, die schon Uttos Gönner, der Grundbesitzer Gamelbert, für die waldreichen Ländereien jenseits der Donau an den Bayernherzog zu entrichten hatte. Der Name der Steuer ging dann auf den Ort über, aus Medema entwickelte sich Metema und schließlich Metten.

Und da sind wir schon bei der anderen, wahrscheinlicheren Gründungsgeschichte, die Metten auf eine Eigengründung, auf ein Haus-

kloster des frommen Großgrundbesitzers zu Michaelsbuch – südlich der Donau gelegen im fruchtbaren Gäu – des seligen Gamelbert zurückführt. Gamelbert, Großbauer und Priester zugleich, so berichtet seine vita, trägt sich mit dem Gedanken, ein Kloster zu stiften. Sein Patenkind Utto – er hat ihn getauft und zugleich den Taufpaten gemacht – wird für das Unternehmen erzogen, wird in ein Kloster geschickt, wahrscheinlich nach Reichenau oder nach Italien, kommt mit einigen Patres zurück, baut das Kloster Metten in den jenseits der Donau gelegenen waldreichen Besitzungen Gamelberts, im Medema-Wald, und wird der erste Abt von Metten. Die Frage war für den Mettener Haushistoriker jetzt nur noch: Wann genau ist das geschehen. Und damit beginnt die Arbeit in den spärlichen Urkunden. Die älteste erhaltene Mettener Urkunde datiert vom 6. Januar 837, worin Ludwig der Deutsche dem Stifte die Privilegien Karls des Großen bestätigt. Daß damals aber Metten schon lange bestanden haben muß, geht aus dem Klosterverzeichnis Ludwig des Frommen, des Sohnes Karls des Großen, von 817 hervor, wo Metten in der dritten Abteilung, in der Klasse der Klöster aufgeführt wird, die lediglich für Kaiser und Reich zu beten haben.
Die Beweisführungen des Pater Wilhelm Fink sind aber viel raffinierter. Er findet in drei verschiedenen Urkunden der frühen Zeit den Namen des ersten Abtes von Metten. Im Reichenauer Verbrüderungsbuch des Jahres 826, das nach älteren Unterlagen verfertigt wurde, steht unter der Überschrift ›Namen der Brüder des Klosters, welches Metama genannt wird‹, an der Spitze einer langen Reihe ›Utto abbas‹. In dem älteren Salzburger Verbrüderungsbuch von 784 werden nicht die Namen der Klöster genannt, sondern nur die Äbte. Und da stehen an erster Stelle gleich die Namen Wolfberth, Hunrich, Utto und Albuin. Setzt man nun an die Stelle dieser Abtnamen die Namen der Klöster, so ergibt sich die gleiche Reihenfolge wie im Reichenauer Buch: Wolfberth gehört nach Niederaltaich, Hunrich nach Mondsee, Utto nach Metten und Albuin nach Mattsee. Es gibt auch einen Grund für diese Reihenfolge, nämlich den des Jahres der Errichtung der einzelnen Klöster. Niederaltaich und Mondsee wurden schon in den vierziger Jahren von Tassilos Vater Oatilo gestiftet, Mattsee von Tassilo erst nach 770. Dazwischen läge Metten. – Endlich unterschreiben auf der Synode von Dingolfing Anno 770 die Äbte nach ihrem Weihealter. Nach dem Namen des

zweiten Abtes von Niederaltaich, Wolfberth, stößt man wieder auf den Abbas Utto. Pater Wilhelm zweifelt keinen Augenblick daran – im Gegensatz zu einigen anderen Historikern –, daß dieser Utto auf der Dingolfinger Synode mit dem ersten Abt von Metten identisch ist. Er nimmt also für die Gründungszeit Mettens die Jahre zwischen 765 und 770 an, und zwar 766 schließlich, weil er auf einem alten Mettener Bild aus der Armenbibel um 1414 diese Zahl geschrieben fand.

Lassen wir die Gelehrten ruhig weiterstreiten, bei 12 Jahrhunderten kommt es auf ein paar Jahre hinum oder herum nicht an. – Das junge Metten hat sich im ersten Jahrhundert seiner Geschichte wakker entwickelt. Es hat nicht die gewaltige Größe Niederaltaichs oder Tegernsees erreicht, aber nach dem Sturze Tassilos übernahmen die Karolinger die Schirmherrschaft, und Metten ist damals bereits ein kaiserliches Stift geworden. Es erhielt Siedlungsaufgaben tief hinein in den Bayerischen Wald bis zum Regen, und schon 868 erhält es Lehen in Niederösterreich und an der Altmühl. Die Weinberge in der Nähe der Wachau sind für das Stift natürlich von besonderer Bedeutung. Man liegt ja schließlich an der Donau und mit dem Schiff sind die gut zweihundert Kilometer nur ein Katzensprung. Von den alten Bauten aus der Gründerzeit ist nichts mehr erhalten, aber die späteren Generationen errichteten ihre Neubauten immer wieder auf den Fundamenten, die in der karolingischen Zeit gelegt worden waren. Bei Ausgrabungen stieß man auf uralte Fundamente. Die Anlage fußt auf dem quadratischen Bauplan des Klosters St. Gallen.

Mit dem Verfall des karolingischen Weltreiches geht die erste Epoche des Stiftes Metten einem überraschenden Ende entgegen. Das kaiserliche Stift kommt in den Besitz der Babenberger, die 1058 Markgrafen der Ostmark werden. Die Benediktiner verschwinden für ein Jahrhundert aus Metten, und weltliche Chorherren ziehen ein. Als aber die Babenberger 1157 das Herzogtum Bayern an Heinrich den Löwen abtreten, behält sich Heinrich Jasomirgott das Kloster Metten zurück, versetzt die Kanoniker nach Pfaffmünster bei Straubing und holt wieder Benediktiner nach Metten, wahrscheinlich aus Kastl, die der strengen Hirsauer Reform angehörten. Und eine neue Blütezeit Mettens setzt ein. Obwohl es den Mettener Äbten nicht gelingt, die Reichsunmittelbarkeit zu erreichen, trotz mancher päpstlicher Schutzbriefe nicht, und auch nicht trotz der Gründungssage mit Kaiser Karl dem Großen, die aus diesen Gründen der Exemption jetzt erst propagiert wird und den Namen des seligen Gamelbert fast verschwinden läßt: Metten bleibt unter der Vogtei der bayerischen Herzöge, bleibt bayerisches Ständekloster. Es ist dabei nicht allzu schlecht gefahren, denn die Rivalitäten zwischen Herzog und Bischof, die bei einer nicht reichsunmittelbaren Abtei mit ihrer Oberhoheit ständig vor der Türe liegen, konnten von einem geschickten Abt leicht gegeneinander ausgespielt werden – und sie wurden auch ausgespielt.

Aus der ersten Blütezeit Mettens im 8. und 9. Jahrhundert sind uns keine Ruhmestaten, keine außergewöhnlichen Leistungen überliefert. Daß das kleine Kloster aber schon eine eigene Schreibschule hatte, darf angenommen werden. Pater Willibrord Neumüller aus Kremsmünster hat in seiner vor kurzem aufgelegten ikonographischen Arbeit über den Codex Millenarius umfangreiche Vergleiche mit anderen Zeugen der frühen Buchmalerei des 8. Jahrhunderts im bayerisch-österreichischen Raum angestellt. Dabei ist er auch auf den Codex Orleanensis zu sprechen gekommen. Er datiert dieses Werk in die achtziger Jahre des 8. Jahrhunderts. Und er hält es nicht für ausgeschlossen, daß dieses kostbare Buch in Metten entstanden ist, da in einer enthaltenen Allerheiligenlitanei der Erzengel St. Michael an erster Stelle angerufen wird und der Codex – wie er durch ikonographische Vergleiche feststellt – unbedingt in einer bayerischen Abtei aufgezeichnet worden sein muß. Der Codex Orleanensis enthält in seinem Gebetsteil auch ein überaus interessantes altbairisches Sprachdenkmal, eine bayerische Beichte nämlich, eine confessio publica oder »offene Schuld«, wie sie bis vor kurzem noch in vielen bayerischen Pfarreien vor der Totenmesse gebetet wurde. – Das wäre natürlich eine großartige Geschichte, wenn der Codex tatsächlich um 790 in Metten geschrieben worden wäre. Das Klösterlein hätte dann für seine erste Epoche – wie sein weltberühmter Nachbar donauabwärts – wenigstens mit einer außergewöhnlichen Spitzenleistung aufzuwarten. Der Codex von Orleans ist auf einer Seite sogar signiert. Aber die Buchstaben können nicht gedeutet werden. Sie lauten MHA. Eine hoffnungslose Frage, ob sich hinter dem M etwa nicht doch Metten verbergen könnte?

Lassen wir die graue Vorzeit endgültig dahinfahren. Von den kommenden Jahrhunderten gibt es wesentlich mehr zu berichten. Kaum nach dem neuen Start von 1157 legt ein Großbrand das Kloster in Schutt und Asche. Aber man ist in Metten zäh. Das Immer-wieder-von-vorne-anfangen-müssen schreckt die Söhne des heiligen Benedikt nicht. Schon 1250 erhält Abt Albert I. vom Papst den ehrenvollen Auftrag, der großen Nachbarabtei Niederaltaich in einem schwierigen Prozesse beizustehen, und Albertus Magnus, der Bischof von Regensburg, beauftragt den Mettener Abt, in seiner Diözese die Klöster zu visitieren. 1264 sind dann auch Kirche und Kloster wieder neu aufgebaut, und Bischof Leo der Tundorfer kann das neue Stift weihen. Abt Albert war kein Mettener Conventuale, sondern kam aus St. Emmeram aus Regensburg. Er gilt als der erste große Abt Mettens. Er weckte unter seinen Mönchen eine große Liebe zu den Künsten und Wissenschaften. Von Ende des 13. bis ins 15. Jahrhundert hinein werden nun in Metten prächtige Evangeliare und andere Bücher geschrieben. Da muß vor allem das Mettener Evangeliar erwähnt werden, das heute die Bayerische Staatsbibliothek aufbewahrt. Der Prachteinband zeigt in einer Elfenbeinarbeit Karl den Großen mit dem Kirchenmodell.

Man müßte über die Mettener Buchmalerei ein eigenes Kapitel schreiben. Wenigstens zwei der berühmtesten Werke aus dem Mettener Mittelalter müssen wir näher ansehen: die Benediktusregel und die Armenbibel. Unter einer Armenbibel hat man nichts anderes als eine Bilderbibel zu verstehen. Die Leute, die damals nicht lesen konnten, hießen nämlich gemeinhin »die armen Leut«. Mit feiner Feder sind in zarten Linien Szenen aus dem Alten und Neuen Testament dargestellt. Eine ungeheure Leistung, wenn man bedenkt, daß es sich um mehr als hundert solcher Abbildungen handelt. Hier wird Jonas vom Walfisch ans Land gespien, daneben kämpft der tapfere bärenstarke Samson mit dem Löwen. Auf jeder Seite stehen in mehreren Reihen die Bilder dicht nebeneinander. Wir kennen auch den Namen des Zeichen- und Schreibkünstlers. Es ist der Subprior Albert.

Auch das Regelbuch, das in lateinischer und deutscher Sprache die Benediktusregel enthält, stammt vom Subprior Albert. Schon das ist für die Zeit um 1400 eine Einmaligkeit, daß die Regel überhaupt ins Deutsche übersetzt wurde, und zwar Wort für Wort und nicht wie in älterer Zeit, wo gelegentlich zwischen den lateinischen Zeilen einzelne Wörter nur verdeutscht wurden. Aber das ist noch nicht alles. Der Mettener Regelkodex wird noch interessanter durch die vielen Miniaturmalereien, die er aufweist. Und diese Initialen – man möchte es nicht für möglich halten – zeigen prächtige und farbenfrische Landschaftsmalereien. Es sind das die ersten Beispiele einer deutschen Landschaftsmalerei in der späten Gotik. Angefertigt ein gutes Jahrhundert vor der Donauschule. Da sieht man Berg und Tal, Kirchlein und Häuser, Wälder und blumengeschmückte Wiesen, Bäche und Flüsse. Und davor dann die Mönche, Szenen aus dem Leben des heiligen Benedikt darstellend.

»Der Mönch schaut ins Donautal«, schildert Berthold Riehl diese Landschaften, »sieht die weit sich hinziehenden Hügelketten, in der Ferne den Bayerischen Wald. Er freut sich an den Burgen auf steiler Höhe, an den Kirchen und Dörfern auf den Hügeln und im Tal, an der Wiese im Vordergrunde, an den bestimmt vortretenden Anhöhen mit ihren kräftigen Farben ebenso wie an den duftigen Fernen, den zarten Tönen der entlegenen Berge. Es regt sich der Sinn für die Luftperspektive, geahnt wird der Reiz der Stimmung des Wechsels und des Lichts.«

Woher hatte der Mönch Albert bloß diesen Weitblick? Metten liegt an der Donau, und die Beziehungen um 1400 – zur Zeit des Abtes Petrus I. – reichen hinüber nach Böhmen an den weltoffenen, künstlerisch führenden Hof Kaiser Karls IV. Die Klöster haben miteinander Kontakt, Mönche ziehen nach Italien und Frankreich. Eine Wittelsbacher Prinzessin ist damals Königin von Frankreich, eine andere Herzogin von Burgund. Und Metten selbst gehört zu Bayern-Straubing-Holland, dessen Regent im Haag residiert und dort für das Kloster Metten Urkunden ausstellt. Die damalige Welt ist wahrhaftig groß, so kleinlich sie sonst auch wieder war. Sie war halt menschlich.

Metten erreicht den Höhepunkt seiner mittelalterlichen Laufbahn. Abt Petrus noch läßt zum Zeichen dieses Glanzes seinen Abtstab, den ehrwürdigen Uttostab, der heute noch in Metten als kostbarstes Kleinod aufbewahrt wird – an besonderen Festen wird er sogar noch liturgisch gebraucht –, er läßt diesen Stab mit Metallkrabben versehen und verleiht ihm so seinen letzten Schmuck. Der Uttostab soll – wie Kenner behaupten – in seinem Schaft wenigstens tatsächlich auf karolingische Zeit zurückreichen.

Die äußere Krönung dieser Glanzperiode bringt das Konzil von Basel. Abt Andreas, der Nachfolger Peters, erhält 1439 vom Konzil das Recht der Pontifikalien, das heißt, er darf nun z. T. auch bischöfliche Funktionen ausüben und darf vor allem die bischöflichen Insignien und Gewänder tragen: Brustkreuz und Mitra, Ring und Hirtenstab, Pallium, Sandalen und Cappa. Das Recht, diese Pontifikalien zu tragen, übertrug sich auch auf die Nachfolger. Metten hatte es also erreicht, es war eine Prälatur geworden. Und das verhältnismäßig früh, denn anderen bayerischen Abteien wurden die Pontifikalien oft erst im 16. und 17. Jahrhundert verliehen.
Bei aller Großartigkeit waren aber die internen wirtschaftlichen Verhältnisse des Klosters noch recht rückständig und umständlich. Da zerfielen die Klosterbesitzungen in ein Abtgut und in ein Konventgut. Beide führten getrennte Kassen. Der Verwalter des Konventgutes war der Prior. Er führte auch das große und kleine Konventsiegel und konnte selbständig Vermögensprozesse führen. Auf der anderen Seite aber hatte der Abt für gewisse Bedürfnisse, besonders für die Kleidung der Mönche, aufzukommen. 1444 wäre es darüber beinahe zu einem Streit gekommen, als der Abt sich weigerte, Pelzmäntel für den Konvent zu beschaffen. Wieder eine besondere Verwaltung hatte das Siechhaus oder die Infirmarie. Dieses öffentliche Krankenhaus, das es in Metten schon seit dem 13. Jahrhundert gibt, stellt eine nicht zu unterschätzende soziale Tat dar. Gesonderte Verwaltungen hatten natürlich auch der Maierhof, die einzelnen inkorporierten Pfarreien und die auswärtigen Besitzungen.
Es war eine komplizierte Rechnerei; wenn man zusätzlich noch an die verschiedenen Geldsorten denkt, die damals im Umlauf waren, dann möchte man an der Schwierigkeit der Ökonomie fast verzweifeln. Es gab Wiener und Regensburger Pfennige, böhmisches und bairisches Geld, florentinische Gulden kamen auf, und noch eine Menge andere ausländische Münzen. Die Zahltermine waren güterweise verschieden, je nachdem, wie es seit altersher der Brauch war, wie es die verschiedenen Observanzen vorschrieben, wurde gezahlt und gestundet, verpfändet und eingelöst. Die Inhaber gewinnbringender Klosterämter, also Mitglieder des Konvents, hatten für bestimmte Bedürfnisse der Gemeinschaft zu sorgen. So z. B. hatte der Kapellan die Tischwäsche und das Besteck des Refektoriums zu stellen. Erst 1452 machte eine Visitation diesem gesonderten Kassen-

unwesen auch in Metten ein Ende. In Zukunft gab es – wie in den ältesten Zeiten – wieder nur eine Kasse, deren Verwaltung einzig und allein dem Abt zustand.
Inzwischen hatte man – in der zweiten Hälfte des 15. Jahrhunderts – wieder zu bauen angefangen, und zwar diesmal gotisch. Die neue Kirche wird reich geschmückt und mit vielen Altären ausgestattet. Die Bauperiode erstreckt sich auch noch ins frühe 16. Jahrhundert. Eine neue Abtei und mehrere Wirtschaftsgebäude erstehen. Schon aber rüttelt der gewaltige Sturm der Reformation auch an der Klosterpforte des damals bereits 800jährigen Stiftes Metten. Der Konvent stirbt beinahe aus, und Kurfürst Maximilian I. trägt sich schon mit dem Gedanken, das an ständiger Auszehrung leidende Metten aufzulösen und es den Jesuiten zu schenken, wie er es mit Biburg und Ebersberg bereits getan hatte. 1526 z. B. gaben bei der Abtwahl in Metten nur noch sechs Professen ihre Stimme ab. 1535 nur noch vier! Und noch 1559 klagt Oswald II., daß in den abgelaufenen 11 Jahren seiner Regierung ›20 Mönche ihm entloffen‹ wären, darunter zwölf Priester.
Es hat also öfters schon in der 1200jährigen Geschichte eines Klosters Zeiten gegeben, in denen die Eintritte spärlich wurden, ja ganz aufhörten. Und das oft zwei, drei oder gar vier Jahrzehnte über. »Allerweil auf oana Seitn hängts net«, sagt ein altbairischer Spruch, und auf die mageren Jahre werden schon wieder fettere folgen. Es kann nicht ein jeder ein Mönch werden. – Ein österreichischer Benediktinerpater wurde von einem besorgten Weltkind einmal gefragt, ob er die augenblickliche Situation seines Stiftes, den Nachwuchs betreffend, nicht erschütternd fände.
Der Mönch zog bedächtig an seiner Zigarre und meinte schließlich: »Erschütternd? Aber woher denn. San Sie amal 2000 Jahre katholisch, dann finden Sie nichts mehr erschütternd.«
Von 1577 bis 1582 regierten in Metten verschiedene Administratoren und es ging noch weiter bergab. Aber dann kam aus St. Ulrich in Augsburg ein neuer Abt, der das Stift in die Höhe brachte, Pater Markus Besch. Und womit begann er, dem Unheil Einhalt zu gebieten? Er richtete eine Musikschule ein! Denn das wichtigste einer bayerischen Stiftskirche, das ist eine solenne Kirchenmusik, ein Hochamt mit Pauken und Trompeten. – Bald folgen wieder bedeutende Äbte, Johannes Nablas z.B. aus St. Emmeram in Regensburg, der

die heutigen Konventsgebäude errichtete, die auch schon die Räume für die zukünftige prächtige Bibliotheksausstattung in sich hatten. Nablas bemühte sich auch um die Benediktineruniversität in Salzburg. Sein Nachfolger Christoph Guetknecht vollendete das Begonnene und machte sich an die Neugestaltung der Kirche. Da begannen die Verheerungen des 30jährigen Krieges. Guetknecht hat bis 1645, also beinah über das ganze Kriegselend hinweg, den Abtstab des seligen Utto geführt. Zweimal drangen die Schweden ein und einmal kam die Pest und raffte zehn Mönche hinweg. Die Untertanen verarmten, die Lage wurde beinah hoffnungslos.

Aber in Niederbayern geht man nicht so schnell zugrunde. Das Land ist fruchtbar, und die Menschen sind fleißig. Kaum ein Jahrzehnt vergeht, und schon wird wieder gebaut. Abt Roman Schäffler läßt einen Theatersaal aufführen – dicht neben dem Bräuhaus –, und jetzt wird es in Metten barock. Abt Roman II. Märkl, der von 1706 bis 1729 regiert, läßt nicht nur die Stiftskirche gründlich verändern und von erstklassigen Künstlern prächtig ausschmücken, er macht auch aus der Mettener Stiftsbibliothek eine Sehenswürdigkeit ersten Ranges. Darüber hinaus läßt er auch noch in den Pfarreien neue Kirchen erstehen. Metten geht seiner größten Zeit entgegen.

Der Maurermeister Benedikt Schöttl aus Egern am Tegernsee wird der Baumeister des Stiftes, Ignaz Holzinger aus Schörfling am Attersee der Stukkateur, Innozenz Warathi aus Sterzing der Freskomaler. Die Straubinger Schöpf und März schaffen die Altäre, und Cosmas Damian Asam malt das Altarbild, den Erzengel Michael mit seinem feurigen Schwert, wie er gerade die gefallenen Engel hinab in den Abgrund stürzt.

Sein Schild trägt die Inschrift: Wer ist wie Gott? – Eine Frage, auf die es kaum eine Antwort gibt? Aber der spielerische Verstand der barocken Theologen ist nicht auf den Mund gefallen. Ein Engel hält dem Erzengel die schlagfertige Antwort entgegen: Jesus.

Die Mettener Stiftskirche zählt zu den schönen Barockkirchen Bayerns.

Da ist zunächst der herrlichste Raum Mettens, der prächtigste Galasaal benediktinischer Gelehrsamkeit: die Bibliothek.

Architektur, Stuck, Malerei und Schrankwerk gleichermaßen zaubern einen paradiesischen Ort voll Anmut und Großartigkeit. Auf einem der vielen Spruchbänder steht: »Bibliotheca amoenus hortus«

– die Bibliothek ist ein lieblicher Garten, in dem man sich angenehm und nützlich beschäftigen kann.

In den Jahren 1718 auf 1720 wurden die sich über drei Säle hinziehenden Räume ausgestattet. Sie fließen ineinander, sind nur durch Pfeiler getrennt. Die reichen Stuckarbeiten, die Figuren, Reliefs und Teppiche stammen von Franz Ignaz Holzinger, die Malereien von Warathi.

Einen ersten Eindruck geben die säulentragenden Karyatidenpaare. Sie tragen die schwere Last des ganzen Gewölbes. Aber sie muten einem gar nicht gedrückt und bedrängt an. Sie sehen weitaus eleganter aus, die Last nicht so sehr achtend wie die Hermen in der Bibliothek zu Fürstenzell. Immerhin, das Bücherlesen, das Studieren ist eine mühevolle Arbeit, eine Bürde. – Über der Eingangstür ist ein Satz aus der Regel des heiligen Benedikt zu lesen: Accipiant omnes singulos codices... »Jeder Mönch muß in der Fastenzeit aus der Bibliothek ein Buch holen und ganz lesen!«

Das Programm der Bibliothek spiegelt sich in den Deckenfresken und in den weiß auf schwarzem Grund sich leuchtend abzeichnenden Reliefs Holzingers. In den jeweils vier Feldern über den Karyatiden des Hauptsaales sind die Tugenden dargestellt, rechts die göttlichen: Glaube, Hoffnung, Liebe – und als vierte, denn es sind nun einmal vier Felder – die illuminatio, die Erleuchtung. Links dann die vier harten Kardinaltugenden, die ja schon die alten Griechen kannten: die Gerechtigkeit, die Klugheit, die Mäßigkeit und die Stärke. Die übrigen Reliefs sind den weltlichen Wissenschaften und den Künsten gewidmet.

Der Stukkateur Holzinger besaß natürlich auch Witz: Mitten in all die Gelehrsamkeit hinein läßt er von einem Fenstersturz herab einen lachenden Ochsenkopf herniederschauen. Auf daß die gelehrten Patres den arbeitenden Laienbrüdern gegenüber nicht zu stolz würden! – Trotzdem, hier ist es schön, hier möchte man auf der Stelle ein Bücherwurm werden.

Wichtiges sagen die Malereien aus. Den Hauptsaal schmückt die Theologie. Da sieht man die vier Evangelisten mit ihren Attributen, mit Adler, Löwe, Stier und Engel. Dann die großen Gottesgelehrten: St. Thomas von Aquin und St. Anselm. Besonders ergreifend ist die Darstellung eines Gesprächs zwischen dem heiligen Thomas und dem heiligen Bonaventura: Thomas wundert sich, daß Bonaventura so wenige Bücher hat trotz seiner großen Gelehrsamkeit. Bonaventura aber deutet auf das Kruzifix und sagt: Das ist meine Bibliothek. Von nicht geringerer Aktualität ist die Szene, in der die Kirche – in der Gestalt einer jungen Frau – sich im Streitgespräch mit den Irrlehrern befindet. Über ihnen die Bibel, die sie alle zitieren. Ein interkonfessionelles Gespräch, zumal die Reformatoren auf dem Bild – wie sonst häufig in Darstellungen der Gegenreformation – gar nicht verspottet werden. Unter den Reformatoren sind Dr. Martin Luther, Melanchton und Calvin gut zu erkennen.

Im südlichen Teil des Hauptsaales treten die vier abendländischen Kirchenväter auf: Hieronymus, Gregor, Ambrosius und Augustinus. Daneben die großen Mystikerinnen Gertrud und Mechtild. Die Schränke unter diesen Gemälden beherbergen jeweils die einschlägigen Werke.

Der Nebenraum nach Süden hat die Askese und die Ethik aufgenommen. Da sehen wir Christus am Kreuz als Vorbild für die männlichen Heiligen, daneben Maria als Lehrerin für die weibliche Heiligkeit.

Geist und Licht und Raum, alles ist voll der erstaunlichen Harmonie! – Über den Schränken mit dem ethischen Schrifttum sind die acht Seligkeiten dargestellt. Als Gegenstück dazu dann die himmelschreienden sieben Hauptsünden: die gräßliche Heuchelei mit der Maske, der Geiz mit dem Geldsack in den gierigen Fingern, der fürchterliche Jähzorn, ein Mann mit wüstem Gesicht, die Peitsche schwingend, Faulheit und Trunkenbold hocken stumpf beisammen; sehr drastisch dann die Eitelkeit, ein aufgeputztes Frauenzimmer mit Spiegel und Pfau und schließlich noch das schamlose, am Boden liegende Weib, die Unkeuschheit. Mehr Triebe kennt die Tiefenpsychologie auch nicht. Mit den acht Seligkeiten eine fromme Analyse, eine Freud der Mönche.

Im nördlichen Nebenraum sind die Bücher der Literatur und der weltlichen Wissenschaften untergebracht. Und es ist eine Gefahr, sagen hier die Malereien, sich mit diesen Wissenschaften ausschließlich zu beschäftigen. Dem Hieronymus, dem heiligen Kirchenvater und genialen Philologen z. B., der viel Cicero gelesen hat, erscheint Christus. Hieronymus sagt – auf dem Spruchband steht es deutlich zu lesen: Christianus sum, ich bin ein Christ. Jesus aber verneint und sagt: »Mentiris, Ciceronianus es, du lügst, du bist ein Anhänger Ciceros.« Ähnlich ergeht es auch dem heiligen Odo mit Vergil. Nur der heilige Benedikt hat bei der Abfassung seiner Regel die rechte Wahl getroffen. Fürwahr ein lieblicher Garten ist diese Bibliothek, schwerer Barock und leichtgeschürztes Rokoko in einem. Und angenehm und nützlich zugleich ist es, sich hier zu beschäftigen. Es ist eine Repräsentation, wie sie die heutige Zeit nicht mehr kennt.

Daß es in Metten, wo sie nun eine so schöne Bibliothek hatten, auch eine namhafte Gelehrsamkeit gegeben hat – gerade auch in der barocken Zeit, ist selbstverständlich. Seit Abt Roman Märkl nimmt die Zahl der Mönche, die Bücher schreiben, ständig zu. Abt Märkl selber, der Sohn eines Straubinger Gastwirts, war ein Mann der Wissenschaften. Pater Deixlberger wurde Professor an der Universität in Salzburg und hat sechzehn Werke im Druck erscheinen lassen. Der Landshuter Bierbrauerssohn Pater Marian Sellmaier, Historiker und Archivar, verfaßte mehrere Lustspiele, von denen eins den Titel hat *Der närrische Heilige.* – Ein ganz großes Licht ist dann der Pater Leonhard Grueber, aus Straubing gebürtig, erst Professor der Philosophie in Metten, dann in Salzburg. Er studiert nebenbei noch Astronomie, macht Reisen nach Holland, London und Paris, wird in Wien Lehrer an der Normalschule für natürliche Sittlichkeit und Religion, wird Mitglied der bayerischen Akademie der Wissenschaften, steht mit Nicolai im Briefwechsel und tritt schließlich in den Weltpriesterstand über. Er veröffentlicht zahlreiche mathematische, pädagogische und auch philosophische Schriften. Ein Werk hat den Titel: *Grundsätze der nötigsten pädagogischen Kenntnisse für Väter, Lehrer und Hofmeister,* ein anderes: *Vorübungen zum Briefeschreiben für die Jugend.*

Pater Gregor Geyer, ein Metwirtssohn aus Landau, dichtet Trauerspiele, darunter eines den Titel trägt: *Gottfried von Bouillon,* ein Heldenspiel in 5 Aufzügen. Es wurde anläßlich der Jubelprofeß des Abtes Adalbert Tobiaschu im Jahre 1768 aufgeführt. Geyers Mitbruder, Pater Amand Steigenberger, war ein hervorragender Musiker und Komponist, der zu einigen Theaterstücken Geyers die Musik schrieb, so zu *Salomon* und zu *Titus.* – Pater Godehard Kueffner, ein Hutmacherssohn aus Osterhofen, Professor für Moral, Kirchenrecht und Mathematik, verfaßte neben theologischen Arbeiten auch das Buch, das den vielseitigen Titel trägt: *Sätze aus der Naturlehre, den konischen Sektionen, dem Integral- und Differentialkalkul und dem allgemeinen Staats- und Völkerrecht.*

Der gelehrteste und vielseitigste Prälat, der »Cicero von Metten«, wie er auch genannt wurde, war Abt Lambert Kraus, Hofmarksrichterssohn aus Runding. Er war Komponist, Physiker und Medicus, Abgeordneter des Prälatenstandes und ein glänzender lateinischer Stilist. Er komponierte 8 Messen und 12 Symphonien und mehrere Singspiele. Daneben verfaßte er noch ein Fastnachtspiel mit dem Titel: *Die bestrafte Trunkenheit.*

Pater Johann Elger, aus München gebürtig, war Botaniker. Er schrieb das Büchlein: *Bayerns Arzney- und Hauswirtschaftspflanzen in alphabetischer Ordnung ...* Einer der fruchtbarsten Gelehrten aus dem Stift Metten kurz vor der Säkularisation aber war Pater Anselm Rixner, ein Wirtssohn aus Tegernsee. Auffallend ist, daß es vor allem die Gastwirts- und Bierbrauerssöhne sind, die sich in den Wissenschaften nicht lumpen lassen. – Pater Anselm Rixner war Professor der Philosophie, der Dogmatik, der Moral, des Kirchenrechts usw., er war ein Universalgenie. Natürlich war er auch Mitglied der Bayerischen Akademie der Wissenschaften. Insgesamt ließ er 22 Bücher im Druck erscheinen, und zwar aus allen möglichen Wissensgebieten. Ein Werk heißt: *Versuch einer neuen Darstellung der uralten indischen All-Eins-Lehre.* Ein anderes: *Leben und Lehrmeinungen berühmter Physiker des 16. und 17. Jahrhunderts.* Er schrieb ein Handbuch der Geschichte der Philosophie, das noch in der zweiten Hälfte des 19. Jahrhunderts aufgelegt wurde. – Er legt ein Büchlein vor mit dem Titel: *Weisheitssprüche und Witzreden aus Immanuel Kants und anderen Schriften gezogen und alphabetisch geordnet.* Auch als Germanist betätigt er sich mit dem Handwörterbuch der deutschen Sprache mit Hinweisung auf ihre Ableitung für Vernunft-, Sprach- und Geschichtsforscher. Er übersetzt Francis Bacon. Und schließlich legt er auch noch ein Buch vor, das heißt: *Geschichte der Philosophie bei den Katholiken in Altbayern, bayerisch Schwaben und Franken.*

Damit wir aber die Verhältnisse im 18. Jahrhundert nicht in einem allzu rosigen Lichte sehen, sei noch ein Kapitel erwähnt über die Streitigkeiten und die schwierigen politischen Auseinandersetzungen, die das Stift Metten im Zeitalter der Aufklärung mit den kurfürstlichen Beamten des Landgerichtes Deggendorf auszufechten hatte. Abt Lambert Kraus klagt einmal: »Wie sehr doch das Landgericht Deggendorf seine Freude an der Unterdrückung meines

Klosters gezeigt hat!« Ja, im Jahre 1763, als gerade der Siebenjährige Krieg zu Ende ging, machte das Deggendorfer Landgericht Metten gar den Hofmarkscharakter streitig. Im Mittelpunkt dieses kleinen Krieges stand das Wirtshaus in Michaelsbuch. Der Klosteramtmann war verpflichtet, dort die Polizeistunde anzusagen und durchzuführen. Dem Kloster wurde nun der Vorwurf gemacht, daß es dies nicht täte, indem es am Bierkonsum ja nur verdiene. Die kurfürstlichen Beamten hetzten die »landgerichtischen« Gast- und Tafernwirte, also ihre eigenen Untertanen, nun auf, daß sie eine Beschwerde nach der anderen an das Landgericht sandten. – Und der Amtmann von Natternberg bekam den Auftrag, außerhalb des Wirtshauses in Michaelsbuch auf etwaige »polizeistundswidrige Individuen«, auf »Hocker«, zu warten und dieselben dann zu verhaften.

Er wartete lange vergebens. Einmal wollte er einen Hauptschlag ausführen und nahm zu diesem Zweck einen Bauern aus Rettenbach zur Verstärkung mit. Als nun die polizeistundswidrigen Gäste das Wirtshaus verließen, setzte eine wilde Verfolgungsjagd ein. Und schließlich wurden die Amtspersonen des Landgerichtes Deggendorf verprügelt. Der Amtmann verlor seinen Tschako, seine Pfeife und den Pallasch. Der Landrichter forderte jetzt die Auslieferung der Übeltäter, das Kloster aber verweigerte dies. Da erfand man in Deggendorf die Geschichte mit der Jurisdiktion. Man erzählte den Klosterbauern, daß sie sich selber von der Gerichtsbarkeit des Stiftes lösen könnten. Aber es fruchtete nichts. Nur der Bauer Georg Lipp von Rindberg kaufte sich von der klösterlichen Jurisdiktion fü· 210 fl. los. Die Beamten erboten sich sogar, die Loskaufsumme aus eigenem Säckel den Bauern vorzustrecken, und schickten auch bereits Geld nach Metten. Der Abt verweigerte jedoch die Annahme desselben.

Als der Amtmann einmal wegen einer Geringfügigkeit – wegen angeblicher Unruhe eines Burschen auf der Empore während des Gottesdienstes – einen Mettener Bauernsohn verhaftete, beschwerte sich der Abt höheren Orts wegen Verletzung seiner landständischen Freiheiten, da die Verhaftung auf Klostergebiet erfolgt war.

Der Herr Landrichter von Deggendorf mußte daraufhin 20 Reichstaler Strafe bezahlen, und der Amtmann wurde zum Stock verurteilt. Es war ein aufreibender Kleinkrieg, der bis zur Säkularisation andauerte. – Übrigens, der komponierende Abt Lambert hinterließ 20 000 fl. Schulden. Eine ungeheure Summe und ein bedrückendes Erbe für den Nachfolger, den letzten Abt von Metten vor der Säkularisation! Aber der aus Rottalmünster stammende Kaufmannssohn Cölestin Stöckl konnte in den dreizehn Jahren seiner Regierung die Schulden alle bezahlen. Die Haupteinnahmequelle Mettens war damals schon die Brauerei gewesen. Von 12 000 fl Einnahmen stammten 9000 allein vom Bräuhaus und nur knapp 2000 vom herrschaftlichen Gericht und vom Kastenamt. Der Staat hätte also den Klöstern die weltliche Herrschaft ruhig nehmen können, sie hätten auch so weiterbestehen können. Es hätte nicht gleich zur Totalaufhebung kommen müssen.

Ausgerechnet am Benediktustag, am 21. März 1803, verkündete der Deggendorfer Rentbeamte von Eckert in Metten das Aufhebungsdekret. Abt Cölestin zog sich auf sein Sommerschlößchen auf den nahen Himmelberg zurück, und seine Mönche übernahmen verschiedene Seelsorgestellen oder gingen als Lehrer in den Staatsdienst. Der Bibliothekskommissär von Aretin beschlagnahmte die wertvollen Handschriften und andere Bücher für die Münchner Hof- und Zentralbibliothek. Kelche und Monstranzen wurden im Münzamt eingeschmolzen. Das Mobilar wurde versteigert, ebenso die Klostergebäude, in die 14 Familien einzogen.

»Aber«, so sagt Pater Wilhelm Fink, »die Vorsehung hatte schon den Mann berufen, der die Wiederherstellung des Klosters in die Wege leiten sollte. Johann von Pronath, Herr auf Offenberg, kaufte nach und nach alles wieder zurück, und als Ludwig I. den Thron bestieg, machte er ihm sofort das Angebot, Metten wieder als Benediktinerstift erstehen zu lassen. Der König willigte begeistert ein.« Der Brief stammt vom 4. Juli 1826. 1830 war es dann soweit; die ersten zwei Mönche hielten ihren Einzug: Pater Roman Raith, der schon vor 1803 dem Konvent von Metten angehört hatte, und der Stadtpfarrer von Straubing, Pater Ildefons Nebauer, ein ehemaliger Andechser.

Rasch erstarkte Kloster Metten aufs neue. 1840 war es bereits wieder Abtei. Gregor Scherr, der spätere Erzbischof von München und Freising, eröffnete die neue Abtreihe.

Das neue Metten wird sogar die Pflanzstätte der übrigen bayerischen Benediktinerklöster. Allein sechs Abteien werden von Metten aus errichtet. Und 1846 geht Pater Bonifaz Wimmer nach den USA, wo er bei Pittsburgh, im Staate Pennsylvanien die Erzabtei St. Vincent gründet, das Hauptkloster für zahlreiche andere Abteien, die alle von St. Vincent hervorgegangen sind und heute prächtig blühen und keine Nachwuchssorgen kennen im Land der unbegrenzten Möglichkeiten.

Die Helden von Gammelsdorf

Die vorletzte Ritterschlacht und ihre Folgen

Etliche Kilometer nördlich von Moosburg, am Rande der gesegneten Holledau, liegt das stattliche Pfarrdorf Gammelsdorf. Geologisch sind wir schon im niederbayerischen Hügelland. Äcker und Wiesen, vereinzelt auch Hopfengärten und Bauernwälder, kurz, eine recht intensive Ökonomie bestimmt die Atmosphäre dieser Landschaft. Das Dorf hat keine Sehenswürdigkeiten zu bieten. Der neugotische Backsteinbau der Pfarrkirche St. Vitus ist noch keine hundert Jahre alt. Es gibt zwei ansehnliche Wirtshäuser, ein Schulhaus, einen Pfarrhof, mehrere Bauernhöfe und was halt zu einem rechten Bauerndorf noch alles dazugehört.

Und trotzdem hat Gammelsdorf einen berühmten Namen. In der ganzen Holledau, in ganz Ober- und Niederbayern ist Gammelsdorf berühmt, historisch gesehen! Gleich am Ortseingang steht ein Denkmal, ein Obelisk, neugotisch und aus Granitmarmor.

›Denkmal der Schlacht von Gammelsdorf am 9. November 1313. Gewidmet den Bürgern von Landshut, Straubing, Ingolstadt und Moosburg. – Für die Opfer ihrer Treue gegen Fürst und Vaterland. – Errichtet nach fünfhundert Jahren von ihren dankbaren Nachkommen.‹

Es wurden – Gott sei's geklagt – in Bayern bedeutendere Schlachten geschlagen; auch im 14. Jahrhundert. Der glänzende Sieg Ludwigs über Friedrich den Schönen bei Mühldorf am 28. September 1322 z. B. stellt das Treffen von Gammelsdorf weit in den Schatten. Bei Mühldorf ging es um die Kaiserkrone des Heiligen Römischen Reiches, bei Gammelsdorf nur um die Vormundschaft über die minderjährigen Prinzen von Niederbayern. 1322 waren die feindlichen Heere vier- oder fünfmal so groß wie 1313. Auch gilt die Mühldorfer Schlacht als die letzte Ritterschlacht, die ohne Anwendung von Pulver ausgefochten wurde; in Gammelsdorf wurde nur die vorletzte geschlagen.

Den Herzögen von Österreich, Friedrich dem Schönen und Leopold, war es auf verschiedene Weise gelungen, in die bayerische Politik

einzugreifen. Das war kein diplomatisches Meisterstück, denn in Bayern regierten damals fünf Herzöge: die Brüder Otto, Ludwig und Stephan in Niederbayern, und die Brüder Rudolf und Ludwig in Oberbayern. Es war dies alles andere als ein segensreiches Regiment. Die einen paktierten mit den Österreichern, die andern mit den Böhmen, mit den Nassauern und Luxemburgern und mit den verschiedenen Fürstbischöfen. Schulden und Pfändungen wurden immer mehr. Die größte Feindschaft aber bestand zwischen Oberbayern und Pfälzern: zwischen Rudolf und dem jüngeren Ludwig.
Dieser Ludwig, der spätere Kaiser, war von aufbrausendem Temperament und betrieb stets eine seinem Bruder entgegengesetzte Politik. Als Kaiser Heinrich VII., der Luxemburger, 1310 nach Italien aufbrach, um sich in Rom die Kaiserkrone zu holen, begleitete ihn Herzog Rudolf mit einer wohlausgerüsteten Ritterschaft. Ludwig aber blieb in Bayern und bahnte gute Beziehungen zu seinem Vetter in Landshut an.
1312 stirbt der letzte von den drei niederbayerischen Herzogsbrüdern, Otto III. Er hinterläßt einen Sohn, Prinz Heinrich, einen Säugling von 13 Tagen. Die übrigen niederbayerischen Prinzen, die Söhne Herzog Stephans, der bereits 1310 verstorben ist, sind erst sieben und vier Jahre alt. Friedrich der Schöne soll die Vormundschaft übernehmen. Erst Ende des Jahres 1312 kehrt Rudolf aus Italien zurück. Ludwig war es gelungen, vom sterbenden Herzog Otto in Landshut die Vormundschaft über die niederbayerischen Mündel zugesprochen zu bekommen. Otto hatte am Sterbebett eine Bürgerabordnung der Städte Landshut und Straubing diesen seinen letzten Willen beschwören lassen.
Dieser Otto war einige Jahre über zugleich König von Ungarn gewesen. Eine abenteuerliche Geschichte und zugleich ein vergessenes Kapitel bayerisch-ungarischer Beziehungen: 1305 wurde Otto in Stuhlweißenburg feierlich auf den Thron der Arpaden erhoben. Aber allzubald geriet er in das Spiel des eifersüchtigen ungarischen Hochadels und wurde das Opfer feingesponnener Intrigen. Als er – ein rüstiger Witwer von kaum 50 Jahren – 1307 zu Fürst Ladislaus nach Siebenbürgen reiste, um dessen Tochter er werben wollte, wurde er von Ladislaus gefangengenommen und abgesetzt. Erst nach einjähriger Kerkerhaft fand er durch die Hilfe des ihm ergebenen Grafen Sereny die Freiheit wieder. Verkleidet entkam er auf Umwegen nach

Breslau, wo ihn Herzog Heinrich von Glogau abermals gefangen setzte, denn der Schlesier war mit den Ungarn befreundet. In dieser Not kam dem niederbayerischen Fürsten ein Engel zu Hilfe in Gestalt der hübschen und jungen schlesischen Herzogstochter Agnes. Mit ihrer Hilfe glückte Otto erneut die Flucht. Er nahm Agnes als Braut gleich mit in sein Land und feierte mit ihr im Juli 1308 ein festliches Beilager in der niederbayerischen Herzogsstadt Straubing. Bis zu seinem Tode urkundete er stets als König von Ungarn.

Diese Episode ist deshalb wichtig, weil die Habsburger allem Anschein nach an diesen Intrigen und damit auch an der langen Gefangenschaft Ottos in Siebenbürgen und Schlesien mitgewirkt zu haben scheinen, um sich dafür zu rächen, daß vordem die Niederbayern Friedrich dem Schönen die Krone Böhmens vereitelt hatten. Alles in allem eine komplizierte Geschichte und für uns heute kaum mehr zu durchschauen. Jedenfalls: Kaum ist Herzog Otto tot, marschieren die Österreicher in Niederbayern ein. Herzog Ludwig paktiert erst mit ihnen und schließt mit Friedrich dem Schönen zu Linz einen Vertrag, des Inhalts, daß beide gemeinsam die niederbayerische Vormundschaft führen wollen. Das erzürnt wiederum die Städte. Die Bürger Landshuts und Straubings wenden sich an den eben aus Italien heimkehrenden Rudolf.

Die Bürgerschaft war damals bereits ziemlich mächtig, auch in den bayerischen Städten. Und der Adel des Landes haßte die Städter. Eine jede von diesen Parteien hatte seine Verbündeten. Die Ritterschaft hielt beinahe zum größten Teil zu den Habsburgern, während die Bürger dem angestammten Herrscherhause sich treu ergeben zeigten. – Als nun der junge Ludwig sah, wie sich diese Bürger an seinen Bruder Rudolf hielten, änderte er sofort seine Politik und kündigte Friedrich dem Schönen den Vertrag von Linz, um ja seinen Bruder von der niederbayerischen Regentschaft ferne zu halten. Der Habsburger reiste darauf nach Niederbayern – zunächst ohne Heer – aber als Regent und Vormund. Er bezog Quartier in Landau an der Isar und der niederbayerische Adel huldigte ihm, sogar die Witwen der Herzöge von Straubing und Landshut, Agnes und Judith. Und dies, obwohl der junge Ludwig die Glogauerin Beatrice, eine Schwester von Agnes, geheiratet hatte.

Ludwig eilte in diesem letzten Augenblicke vor Ausbruch der Feindseligkeiten zu Friedrich nach Landau, um ihn von den Anträ-

gen des hochverräterischen Adels mit freundlicher Zurede abzubringen. Aber Friedrich zeigte sich taub gegen Recht und Billigkeit. Schließlich verlangte er alleinige Vormundschaft und das Regiment über Niederbayern. Da riß Ludwigs Geduld. In seinem jähen Zorn zog er den Degen, drang auf Friedrich ein und sagte: »Da Worte nichts vermögen, so soll das Schwert entscheiden. Nur mit Mühe konnten die Anwesenden den erzürnten Bayernfürsten zurückhalten und eine Katastrophe verhüten.« So war das Los zum Kampfe geworfen.
Dieser Ludwig der Bayer ist der erste Kaiser, von dem eine genaue Charakteristik überliefert ist. Ein Italiener namens Mussatus beschreibt ihn als Vierzigjährigen so:
»Statura fuit gracili et procera ... der Statur nach ist er ein recht schlanker, aber großer Mann gewesen, mit ziemlich rötlichem Haar- und Bartwuchs. Sein Gesicht war von lebfrischer Farbe und schien immer zu lächeln; dazu hatte er Bocksaugen und die Nase war sehr scharf und über den Mund hin noch vorspringend und herabgezogen. In den Waffen war er sehr tüchtig, dazu in jedem entscheidenden Augenblicke geradezu tollkühn. Aber er war aufbrausend und einem Rat gegenüber eher verschlossen. Er besaß Witz, Weltgewandtheit, Urbanität und auch seine körperlichen Bewegungen waren flink ...«
Das Landauer Zerwürfnis Anfang Mai 1313 war nur der äußere Anlaß zur Schlacht von Gammelsdorf. Wenn man bedenkt, daß diesem Wittelsbacher in seinem leiblichen Vetter und Jugendfreund, in dem Habsburger Friedrich dem Schönen von Österreich, ein Mann von ähnlicher Statur und ähnlichem Charakter gegenüberstand, dann lassen sich die späteren Ereignisse, der acht Jahre währende Krieg um die Kaiserkrone und die folgenden Episoden der Versöhnung und Mitregentschaft, wenigstens psychologisch begreifen. Indes auf psychologische Zusammenhänge nehmen die politischen Ereignisse wohl nur wenig Rücksicht; die Umstände, die Tatsachen, die Zusammenhänge und auch das Glück erweisen sich beim Fortgang der Weltgeschichte als die stärkeren Faktoren. Schon im Mittelalter war das so gewesen.
Auf beiden Seiten wird jetzt bis in den Herbst 1313 hinein eifrig gerüstet. Die Städte halten zu ihrem Wort, die Bürger greifen zu den Waffen. Aber auch sonstiges Kriegsvolk bringt Ludwig auf die Füße. Berthold von Graisbach und Berthold von Neyffen, Wigand von Trausnitz und Heinrich Marschalk von Biberach, die Schlüsselberger

und Hügelberger, Sigfried Schwepfermann und sein Schwager Rindsmaul, beinah die ganze oberpfälzische Ritterschaft und dazu auch noch vereinzelt Herren aus Franken, versammeln sich zu München und Ingolstadt.
Friedrich der Schöne aber rüstet gleich zwei Heere aus: eines in seinen österreichischen Landen und eines in Schwaben, in den Habsburgischen Vorlanden, wo sein Bruder Leopold eifrig tätig ist. Sein Plan ist also, Ludwig den Bayern von zwei Seiten her anzugreifen und zu schlagen.
Das österreichische Heer stand unter dem Befehl des Herrn Ulrich von Waldsee, des Leupolden von Haunberg und des Ulrich von Pfannberg. Anfang November zog es über Neuburg und Schärding ins Vilstal und verstärkte sich noch mit der hochverräterischen niederbayerischen Ritterschaft. Bei Moosburg zogen die Österreicher über die Isar und lagerten sich dann bei Gammelsdorf. Ulrich von Waldsee wollte hier auf den Zuzug des schwäbischen Heeres warten, auf seine Herzöge Friedrich und Leopold.
Eben diesen Zuzug mußte Ludwigs Taktik verhindern. Er stand mit seinem Heer bei Altomünster, als er von dem Lager der Österreicher bei Gammelsdorf benachrichtigt wurde. Im Eilmarsch eilte er gen Moosburg und von dort gegen Gammelsdorf. Nebel verhüllte den Aufmarsch der Bayern. Gegen Mittag griff Ludwig die – wie es heißt – vierfache Übermacht des Feindes mit Ungestüm an.
Es war noch nicht Abend, da war die kurze Schlacht entschieden. Und wie entschieden! 350 Ritter gerieten in die bayerische Gefangenschaft. Darunter die Grafen von Waldsee und Hals, von Pilichdorf, Schaumberg, Retz und Kunring. Dazu alle die abtrünnigen Ritter Niederbayerns. Die wenigen, die fliehen konnten, ertranken in der Amper, da die Brücke bei Volkmannsdorf einstürzte.
Auf dem Schlachtfelde aber freuten sich die Bürger von Moosburg und Landshut und die Bauern der Umgebung der reichen Beute, welche die hochbeladenen österreichischen Heerwagen boten.
Der Ruhm Ludwigs breitete sich über ganz Deutschland aus, denn daß an einem Tag so viele Vornehme, Grafen und Ritter in Gefangenschaft gerieten, das war seit Menschengedenken noch nie dagewesen.
Im Frieden von Salzburg – 1314 – muß Friedrich der Schöne auf die Vormundschaft über die niederbayerischen Prinzen verzichten.

Die Grafen von Hals, die Anführer der niederbayerischen Ritterschaft, müssen Frieden schwören, und Ludwig läßt in einem Anfluge von Großzügigkeit alle seine Gefangenen ohne Lösegeld frei. Er söhnte sich mit Friedrich dem Schönen herzlich aus, und die Gegner von gestern feiern den Friedensschluß mehrere Tage lang vergnügt und heiter, erneuern die Knabenfreundschaft, die sie in gemeinsamer Erziehung am Wiener Hofe begründet hatten, ja schlafen sogar in einem Bette.

Die tapferen Bürger von Moosburg, Landshut, Ingolstadt und Straubing hatten jedoch nicht ganz umsonst gekämpft. Denn der Sieg von Gammelsdorf hat den damals siebenundzwanzigjährigen Ludwig so berühmt gemacht, daß er von der Mehrzahl der Kurfürsten am 20. Oktober 1314 in Frankfurt zum deutschen König gewählt wurde. Freilich wählte zur gleichen Zeit eine kurfürstliche Gegenpartei in Sachsenhausen Friedrich den Schönen ebenfalls zum deutschen König.

Die beiden Vettern, die sich im April zu Salzburg so herzlich wieder vertragen hatten, standen sich im Oktober erneut als Feinde gegenüber.

Von der Schlacht von Gammelsdorf geblieben ist nur das Denkmal aus Rosenheimer Granitmarmor und die Erinnerung. Und das ist nun ein eigenes Kapitel. Es ist die Geschichte der bayerischen Patriotenpartei des 19. Jahrhunderts, des Vormärz und der Zeit nach 1848 bis kurz vor dem siebziger Krieg. – Und das ist abermals ein heikles Thema für einen aufrechten Bayern, denn diese Patriotenpartei – eine Mischung von begeisterter Vaterlandsliebe, angewandtem Biedermeierstolz und ländlicher Fahnenweihe-Geschäftigkeit – hat doch den kleindeutschen Nationalliberalen gegenüber kläglich versagt.

Am 26. August 1838 rückte das 4. kgl. bay. Jägerbataillon von der Garnison in Landshut zu einer Übung nach Augsburg aus. Sein Kommandeur, Generalleutnant Freiherr von Hohenhausen und Hochhaus, Exzellenz und Generaladjutant Sr. Maj. des Königs, ausgezeichnet in den Napoleonischen und Befreiungskriegen – unter dem königlichen Mäcenas Ludwig I. aber nur Bataillonskommandeur in Landshut – war ein ebenso gebildeter wie kriegserprobter Patriot. In Moosburg ließ der General seine Soldaten plötzlich nach Gammelsdorf abbiegen. Auf dem historischen Streitfelde angekommen, ließ von Hohenhausen eine Feldmesse lesen und hielt dann eine Ansprache über die Bedeutung des Platzes.

Anschließend sangen dann die bayerischen Krieger noch ein Lied, das Exzellenz von Hohenhausen in festen Jamben selbst verfaßt hatte. Die Melodie ist die gleiche wie die des damals bekannten Walhallaliedes. Gleich in der zweiten Strophe heißt es:

Ein Ludwig war's, der seine tapfren Scharen
Zu Kampf und Sieg auf diese Höhn geführt.
Der kühnen Mutes trotzend den Gefahren
Mit unverwelktem Lorbeer sich geziert.
Ein Ludwig ist's, der jetzt in unsren Tagen
Der Bayern Ruhm, der Bayern Größe mehrt.
Der in der Vorzeit tatenreiche Sagen
Stets alles Große, Gute, Schöne ehrt.

Es waren die Soldaten Ludwigs I., die solche unkriegerischen Lieder sangen. Seit über 500 Jahren hatte das Gammelsdorfer Schlachtfeld nicht mehr so viele Soldaten gesehen. Zum Schluß der Feier donnerte noch eine dreimalige Bataillonssalve über den Platz.

Der Pfarrer Anton Gottstein von Gammelsdorf brachte von da ab für das Monument Geld und Förderer aller Art zusammen. 1842 konnte dann das Denkmal mit kgl. Privileg enthüllt werden. Und dann wurden die Gammelsdorfer Schlachttage immer großartiger. 1855 trat ein gewisser Höhepunkt ein. Die Bürgerwehren der genannten Städte, die Garnisonen von Moosburg, Landshut und Freising, Generale, Offiziere, Politiker, Geistliche, mehrere Musikkapellen, Veteranenvereine ohne Zahl aus einem Umkreis bis zu 50 km, die Schuljugend, ein historischer Festzug usw., alles was patriotisch war, eilte zum Schlachtjubiläum nach Gammelsdorf. Und so blieb es bis 1866.

Danach ließ der Patriotismus etwas nach, doch 1913 war sogar König Ludwig III. persönlich auf dem Schlachtfeld anwesend.

Und ganz aufgehört hat es bis heute nicht. Das Jubiläum 1963 wurde jedenfalls nicht vergessen in Gammelsdorf.

Onus ecclesiae - die Bürde der Kirche

Berthold Pirstinger, Bischof von Chiemsee

Mitten im Herzen Bayerns, in des heiligen Rupert lieben Stadt Salzburg, in der Residenz des Fürsterzbischofes, im »deutschen Rom« also, lebt als Zeitgenosse Martin Luthers, in sturmbewegter Zeit, ein Mann, ein gebürtiger Salzburger, ein Bischof gar, der ein Buch verfaßt, das Jahrhunderte über auf die schwarze Liste der verbotenen Bücher zu stehen kommt, auf den Index librorum prohibitorum. Dabei ist der Mann kein moderner Mensch, kein Reformator und kein Humanist, sondern ein konservativer, besonnener und sensibler Geist, ein fester Katholik! Gottlob hat diese verbotene Schrift kein nennenswertes Unheil angerichtet, denn außer der gelehrten Welt der damaligen Zeit haben das dicke lateinische Buch nur wenige Leute gelesen. Das opus führt den Titel *Onus ecclesiae,* was so viel heißt wie »die Bürde der Kirche«. Das Werk erschien zum ersten Male 1524, gedruckt von Weyssenburger in Landshut, und zwar anonym. Eine zweite, etwas veränderte Auflage wurde 1531 in Augsburg an den Tag gebracht, ebenfalls anonym.

Als Verfasser aber – sein Name wird uns schon von Zeitgenossen überliefert – kommt nur Bischof Berthold Pirstinger von Chiemsee in Frage. Daß Bischof Berthold das Onus ecclesiae verfertigt hat, beweisen sehr deutlich lokale Beziehungen und ein Vergleich mit seiner *Thewtschen Theologey.* Der Verfasser kann kein anderer sein als deren Verfasser.

Pirstinger – oder auch Pürstinger – wurde 1465 als Sproß einer bürgerlichen Familie in Salzburg geboren. Vielleicht waren seine Eltern Wirtsleute oder Bierbrauer, man weiß noch sehr wenig über seine Herkunft. Er absolviert seine Studien, wird Lizentiat der Rechte, dann auch Doktor des kanonischen Rechtes. Mit dreißig Jahren ist er bereits »Magister camerae« des Fürstbischofs Leonhard von Keutschach, also eine Art »Oberster Kämmerer« oder, der Titulatur der Zeit entsprechend, ein geheimer Rat mit dem Ressort der Finanzen. Ein paar Jahre später erscheint er schon als Generalvikar des Fürsterzbistums. Und 1508 wird er zum Bischof von Chiemsee geweiht.

Als solcher war er in erster Linie Weihbischof des Fürsterzbischofs und residierte in Salzburg. Gleich in den ersten Jahren seiner bischöflichen Würde muß er sehr viele Kirchen, Kapellen und Klöster neu weihen, »ein düsteres Bild des damaligen kirchlichen und sozialen Zustandes, welcher die Sühnung so vieler heiliger Orte notwendig machte«.

1511, als die Salzburger zum ersten Male gegen ihren Fürsterzbischof eine Rebellion wagten, bittet er den Erzbischof Leonhard um Gnade für die wegen Hochverrats verurteilten Ratsherren. 1512 fordert er auf dem Reformkonzil zu Salzburg mit Nachdruck, daß die Reformation am Klerus zu beginnen habe.

Wie er schon 1502 bei der Abtwahl von St. Peter anwesend war, so wohnte er auch als Zeuge der Wahl von Staupitz zum Abt von St. Peter bei. Er proklamierte den Gewählten und konsekrierte ihn. Staupitz, der Generalvikar der Augustiner in Deutschland, Freund und Förderer Martin Luthers, verzichtete 1520 auf das Generalvikariat und wurde Benediktiner in Salzburg, 1522 Abt von St. Peter. Wahrscheinlich haben sich die beiden ernsten und milden Männer gut verstanden.

1519 stirbt Leonhard von Keutschach, sein Nachfolger wird der Kardinal Matthäus Lang, der vordem der Kanzler Kaiser Maximilians I. gewesen war und zugleich Bischof von Gurk. Er war eine imponierende Persönlichkeit in den Wirren der damaligen Zeit, ein Freund der Wissenschaften, von diplomatischem Geschick und voller Erfahrung; energisch und besonnen strebte er in der Reformation auf einen Ausgleich der Parteien hin.

Der neue Fürsterzbischof schätzte Pirstinger. Und Pirstinger war begeistert von der reformatorischen Arbeit Langs, die nun bald im ganzen Bistum zu spüren war. Langs großes Reformationsmandat und die Beschlüsse der für die Reformation in Salzburg wichtigen Synoden erinnern an manche Stellen im *Onus ecclesiae*. Die Synode von Mühldorf kann als ein Anfang der katholischen Reformation gelten. Herzog Wilhelm IV. von Bayern hat sie veranlaßt, Matthäus Lang hat sie einberufen. Pirstinger saß im engeren Ausschuß. Bei späteren Beratungen drängt er immer wieder auf rasche Ausführung der Mühldorfer Rezesse. Er fordert das freimütige Eingeständnis der bisherigen Erfolglosigkeit und Ohnmacht der kirchlichen Organe, mehr Sorge um den kleinen Mann, Milde den Priestern gegenüber

und Reformen nach oben hin. In seiner eigenen Diözese führte er sofort eine Visitation durch, »aber in sehr milder Form«. Er vermittelt erneut zwischen seinem Fürsterzbischof und der aufgebrachten, »Freiheit im Glauben« fordernden Bürgerschaft.
1523 schickt ihn der Fürsterzbischof nach Kitzbühel, um dort die Lutheraner zur Raison zu bringen. Aber er erreicht nichts, sondern wird vielmehr selber »durch ain lasterliche schmachschrift übel angetast«. Berthold war eben kein Mann für öffentliches Auftreten und für energisches Zugreifen. Er war eine schüchterne Natur und voller Zurückhaltung. Da war kein Vergleich mit der Strenge Langs. Er war zu sehr Priester und Bücherschreiber, zu wenig weltlicher Herr.
1525 erbittet er sich einen Koadjutor. Er beruft sich dabei auf sein Alter und auf seine Schwachheit. Er ist jetzt sechzig Jahre alt, er geht in Pension. Zunächst zieht er sich ins Kloster Raitenhaslach zurück und schreibt zwei Jahre lang an seiner *Thewtschen Theologey.* 1528 erscheint sie mit einer Widmung an Lang in München. Auf Langs Befehl übersetzt er das Werk anschließend ins Lateinische. Dieses große, umfassende Werk ist die erste deutsche Dogmatik., ein bemerkenswertes Erzeugnis der katholischen Literatur in der Reformationszeit. Mit seiner *Thewtschen Theologey* will Pirstinger dem Luthertum auf breiter und wirkungsvoller Basis entgegentreten. Darum hat er das Buch auch deutsch geschrieben. Es ist sprachlich sehr interessant. Die theologische Terminologie innerhalb der deutschen Sprache nimmt bei Pirstinger ihren Anfang. Dazu kommt, daß es auch dem Gehalt nach eine umfassende, gründliche und systematische Darstellung der Lehre der katholischen Kirche gibt, Ecks Werk weit übertreffend. Überhaupt mochte Pirstinger den berühmten Ingolstädter nicht leiden. Er setzt ihn auf eine Stufe mit Luther und spricht von den beiden nur als von »animosi, audaces, perniciosi«, von den »leidenschaftlichen, tollkühnen und schädlichen«.
Eine kurze Sprachprobe aus dem »hundertist Capitel von Jungstem gericht«: »Also wird mit jungstem tag und angstlichem gericht erfüllt und geendet gantz geschoepf. Jede creatur kumbt an ir geordente stat, mit ertailung gotlicher erkanntnuss. Desselben gerichts und urtails ist unser herr Jesus Cristus geordenter richter. Der vor sein senden wird etlich engel, die mit pusawnen und lawter stymm zum gericht laden und ervordern werden all verstaendig creatur engel und menschen, als antwortter, die all daselbs zuo gericht steen,

unnd ain yeder von seinen wilkürlichen werchen antworten und rayttung thuon muoes. Daselbs werden voneinander getailt die ungerechten von gerechten, als kytz von lamblein. Die ungerechten mitsambt den dewfeln auf tenckhe seyt, under jr hawp luciper. Dersel hanngt an jmselbs, nit an Got. Deszhalb fellt er mit seiner schar hinab zuo grundt der helle, das ist zuo undrist der erde, daselbs werden die verdambten ewigklich gepeynigt. Die erwelten engel und menschen werden getailt auf rechte seyt, under ir hawp Cristum, der mit leyb und sel persoendlich veraint ist mit der gotheit. Deszhalb sein schar ewiklich und sicher hanngt an starckhem Got mit wunn und freyden.«

Eine ganz andere Tonart schlägt Pirstinger im *Onus ecclesiae* an. Hier ist er der Prophet, der den Untergang der sittenverdorbenen Kirche und Welt voraussieht. Der Tenor der ganzen furchtbar düsteren und traurig erschütternden Schrift, der in jedem Kapitel mindestens einmal anklingt, lautet: »Ecclesia non nisi post suam ruinam restaurati potest«, lediglich nach ihrer Zerstörung kann die Kirche wieder errichtet werden.

Schwermütig bis zur Einförmigkeit ist das *Onus ecclesiae.* Schon der Holzschnitt auf dem Titelbild gibt diese Stimmung wieder. Neben einem romanischen Kirchlein steht der Teufel mit Eberkopf und Drachenfüßen. Mit der einen Pfote hält er das Schwert zum Losschlagen bereit, mit der anderen legt er den Brand in die Kirche.

Das Grundübel der Zeit sieht Pirstinger in der avaritia, in der Habgier. Die Habgier habe alle Menschen erfaßt vom Bettelmönch bis zum Papst, vom kleinen Mann bis zum König. Er zieht schonungslos gegen die Mißstände zu Felde, er schildert die Verkommenheit der Nonnen, Mönche, Priester, Äbte, Bischöfe und Päpste. »Anstatt Zwistigkeiten unter weltlichen Fürsten zu schlichten, erregen sie selbst Kriege und führen sie mit eigener Faust. Die Begehrlichkeit ist unter den Bischöfen epidemisch verbreitet. Auf ihr wuchert die Schmarotzerpflanze des Nepotismus ...« Er fordert Verzicht der Bischöfe auf die weltlichen Güter.

»Die Klöster sind heutzutag öffentliche Verkehrsplätze und gemeine Wirtshäuser – fora publica et diversoria communia – geworden.« Von den Frauenklöstern sagt er: einige von ihnen mit strenger Klausur seien einem »veneris prostibulum« ähnlich geworden. Der gesamte Klerus sei durchseucht von Lastern, bei Gelagen, in Schen-

ken, Spielhöllen und Theatern sei er häufiger zu finden als an geweihten Orten. Gold und Silber entnehmen sie den Kirchen und schmücken ihre Dirnen damit.
Auch gegen die weltliche Obrigkeit spart er nicht mit der Aufzählung grober Ruchbarkeiten. Großes Mitleid hat er dabei mit den Armen. Ein volkstümliches Bild einer Rechtslage entsteht da z. B. bei dem Thema Jägerei und Wildern: »Anstatt daß nun die Jagdherren den Schaden, den das Wild anrichtet, ersetzen, fordern sie noch feste Abgaben rücksichtslos ein. Solche Herrschaften sind selber Jagdhunde und Bestien. Will gar ein Bauer seinerseits auf die Jagd gehen, so hat er die härtesten Strafen zu erwarten, es werden ihm die Augen ausgestochen und er wird gevierteilt. Während doch die Tiere des Waldes nach dem Naturrecht allen gehören! Aber der Untertan hat vom eigenen Herrn mehr zu leiden als vom Feind ...«
Wie kommt Berthold Pirstinger, ein leibhaftiger Bischof von strenger dogmatischer Gesinnung dazu, die Mißstände seiner Kirche dermaßen schonungslos zu schildern? Dieser Bischof vom Chiemsee hat sozusagen am eigenen Fleische herumgeschnitten. Natürlich meinte er es gut, wollte er die Kirche retten. Von Haus aus ein einfacher Salzburger Bürgersohn mit gesundem Menschenverstand – er war weder Humanist noch liebte er die Scholastik –, hatte er sich ein gesundes Gefühl, ein feines Rechtsempfinden und einen offenen Blick bewahrt. Die großen Herren waren ja meistens blind. Dieser Blindheit seiner Zeit widmet er ein eigenes Kapitel.
Und was hatte er Positives zu bieten? Ideale Schwärmereien? – Vor jeder Strafepistel schildert er nämlich die Zustände und Menschen wie sie sein sollten oder wie sie einmal waren und wie sie sein werden, wenn Christus wieder kommt. Das ganze *Onus* ist ja auch eine Prophetie. Darüber hinaus fordert er, daß der Überschuß der kirchlichen Einkünfte den Armen gegeben wird – nach kanonischem Recht und nach altchristlicher Praxis. Die Kirche sei durch den weltlichen Besitz von jeher mehr geschädigt als auferbaut worden. Ob nach dem Umschwung der Verhältnisse der Päpstliche Sitz in Rom bleiben wird, ist ihm sehr zweifelhaft. Die Kirche sei »peregrina et hospes«. Er prophezeit eine translatio der Kirche zu den Heiden. – »Ecclesia non nisi post suam ruinam restaurari potest«, bei häufigerem Lesen klingt es manchmal nicht mehr so traurig.
1528 siedelt Pirstinger nach Saalfelden im Pinzgau über. Er schreibt

noch zwei kleinere Büchlein: *Tewtsch Rational über das Ambt heiliger Meß* und das *Keligpüchel, ob der Kelig außerhalb der meß zeraichen sey.* Im Markte Saalfelden gründet er eine Priesterbruderschaft in der Pfarrkirche und stiftet ein Spital für verarmte Priester und auch für Laien beiderlei Geschlechts. 1535 fordert ihn der Fürstbischof auf, nach Salzburg zurückzukehren und wieder bischöfliche Weihefunktionen auszuüben. Aber er winkt ab mit der Begründung, daß dies früher keine Verpflichtung der Bischöfe von Chiemsee gewesen sei. 1541 weiht er für sein Spital noch eine neugebaute Kapelle. Zwei Jahre später, 1543, stirbt er, achtundsiebzigjährig. Auf seinem Grabstein, der bis 1811 in der Pfarrkirche zu Saalfelden erhalten gewesen sein soll, stand geschrieben: ein Vater der Armen.

Steinerne Repräsentanz

Die hohen Türme von Niederbayern

Wer die christlichen Landschaften der europäischen Provinzen durchfährt, der spürt deutliche Unterschiede: wenn die Böden und Wälder sich ändern, die Ebenen und Hügel abwechseln, ja noch ehe die geologischen Formationen der Welt ein jeweils um Nuancen anderes Aussehen geben, ändern sich die Kirchtürme. Einmal werden sie schlank und spitzhelmig, dann wieder sattel- und treppengiebelig und auf einmal überwiegen die weichen, gemütlichen Zwiebelhauben in den kuriosesten Formen. Die Zwiebelhauben der österreichisch-bayerischen Diözesen sind oft recht phantastisch gestaltet. Und Helm ist auch nicht gleich Helm. Da gibt es vier-, sechs- und achtseitige, runde, kurze und hohe Nadelspitzen. Und keiner dieser Türme ist mehr wegzudenken von seiner Landschaft. Denn wo so ein Turm steht, da muß er stehen. Den Punkt haben die alten Baumeister präzise erkannt. Da wurden nur selten Kompromisse geschlossen. Für den Standort in den Städten waren oft wenige Meter entscheidend für die zu erzielende Wirkung. Und die Türme der gotischen Kathedralen erst, ganz und gar himmelstürmende Lobgesänge in Stein, und wie in Regensburg gleich zweistimmig, wenn sie fehlten, ein Stück Erde gehörte nicht mehr in den Erlösungsplan!

Türme sind ehrwürdige Baukörper, sakrale Monumente, Zeigefinger Gottes, Nachfahren der altägyptischen heiligen Obelisken; dann aber sind sie charakteristische Embleme der Dörfer, Märkte und Städte; und meistens sind sie sogar deren Wahrzeichen und Symbole. Was wäre ein München ohne seine kuppelhaubigen Frauentürme, ohne seinen unbeschreiblichen, zwiebellaternenen und spitzhelmigen St. Peter? Das reinste Wien ohne St. Stephan wäre es, ein Hamburg ohne Michel, ein Freising ohne Domtürme, ein profanes Landshut gar ohne die Herrlichkeit von St. Martin. Unsere bayerischen Kirchtürme, wenn sie auch nicht die höchsten der Welt sind, und auch noch keiner von ihnen in den weißblauen Himmel gewachsen ist, sie zählen dennoch zu den aufregendsten, in der Geschichte der Baukunst auch zu den wichtigsten, einzelne von ihnen sogar zu den schönsten der Christenheit. Und alle die abendländischen Stilepochen, Übergänge, Mischungen und Kreuzungen, vom romanischen Unterbau über die gotischen Mauern mit der barocken Fassadengestaltung bis hinauf zur zart aufgesetzten Rokokolaterne, lassen sich studieren. Dann gibt es wieder im 19. Jahrhundert regotisierte Barocktürme, woraus allein zu ersehen, daß der Campanile die bayerischen Gemüter bis in die jüngste Zeit herein bewegt hat.

Die häufigste, vordergründigste und naivste Frage um einen Kirchturm ist die nach seiner Höhe. Die höchsten Kirchtürme der Welt stehen aber nicht in Bayern, sondern in Ulm mit 161 Metern, in Köln mit 156, in Rouen mit 148, in Hamburg mit 144, in Straßburg mit 142 und in Wien mit 137 Metern. Der höchste Kirchturm Bayerns erhebt sich in der Hauptstadt Niederbayerns, in Landshut, und mißt 133 Meter. Höher hinaus reicht auch die St. Peterskirche in Rom nicht. Überhaupt stehen in Niederbayern viele hohe und höchste Kirchtürme. Da gibt es Filialkirchen in winzig kleinen Dörfern, mit 50, 60, ja 70 Meter hohem Glockenturm. Und weil vom Kirchturm aus auf den Charakter der Pfarrkinder ein Schluß gezogen werden kann – wie der Turm so der Wurm, sagt ein alter Spruch –, was allerdings ernsthaft zu beweisen ein schweres Stück Kopfarbeit sein wird, und Ausnahmen auch die Regel bestätigen werden, müssen demnach den Niederbayern ein fester Glaube, ein massiver Charakter und eine hochstrebende Sinnesart angeboren sein.

Berühmt ist auch die Kirchturmpolitik, ein konservativ-oligarchisches Denken im kommunalen Umfang, dessen Weitblick etwa der Fernsicht vom Turme aus gleichkommt. Die Weite dieses so meßbaren Horizontes hängt von der Höhe des Turmes ab – und vom Wetter. Aber das eigene Weichbild und auch noch Teile der Nachbargemeinden können allezeit leicht überschaut werden. Und da einem guten Kommunalpolitiker die nahegelegenen Dinge im engen Raum der eigenen Gemeinde am deutlichsten sichtbar sein müssen, ist ein Kirchturmpolitiker eigentlich ein guter Politiker und nach Schweizer Art ein Urdemokrat.

Turmhoch überlegen sein – wie die Landshuter den Münchnern und die Braunauer den Schärdingern, wenn man es wörtlich nimmt –, unterstreicht noch einmal die psychologische Bedeutung des Kirchturms im Selbstbewußtsein des Bürgers.

Und wenn einer sagt: »Na, na, Freind, unser Kirchaturm is allerweil no um dreißig Meter höher wia da eier« – dann heißt das so viel wie: »Mir habn recht und was du daherschmatzt, mit dem is' net weit her!« So haben z. B. die Dingolfinger einen viel höheren Turm als die Landauer.

So vielerlei Arten auch beobachtet werden können, die bedeutendsten Kirchtürme Niederbayerns sind Schöpfungen der Spätgotik. Zwischen 1400 und 1520 muß hier, im Lande zwischen Donau und Inn, ein wahres Kirchturmfieber ausgebrochen sein. Mit Landshut wetteiferten: Straubing, Dingolfing, Eggenfelden, Pfarrkirchen, Braunau und noch viele kleinere Märkte und Dörfer. Scharfe Augen können zwei spätgotische Typen unterscheiden: die Werke der Landshuter Bauhütte und die der Braunauer von St. Stephan. Es mag auch noch genügend andere Einflüsse gegeben haben, z. B. die der großen Bauhütten von Regensburg und Passau. Trotzdem ähneln sich die Hauptwerke meistens, allein schon durch die Technik des Backsteinbaues. Nur der hohe Turm zu *Landshut* ist unüberbietbar in seiner einzigartigen Schönheit.

Die alte niederbayerische Haupt- und Residenzstadt kann ja gleich mit drei spätgotischen Türmen aufwarten. Der älteste erhebt sich bei St. Jodok, einer herb-finsteren gotischen Pfeilerbasilika, die man schon um 1338 zu bauen angefangen hatte und deren Turm als ein Vorläufer des höchsten Backsteincampaniles der Welt gilt. Er erreicht allerdings an Höhe bei weitem nicht die Hälfte von St. Martin. Manchmal kann eben das Vorbild kleiner sein als das Nachbild.

Die Spital- oder Heiliggeistkirche, eine der schönsten Hallenkirchen Hans Stethaimers, ist ebenfalls mit einem stattlichen Turm geschmückt, der zwar nur mäßig über das Dach des Kirchenschiffes hinausragt, aber dafür von einem kuriosen Satteldach gekrönt wird. Diese Spitalkirche war zwischen 1800 und 1826 übrigens die Studienkirche der damals in Landshut befindlichen ersten bayerischen Landesuniversität. Alles was in Landshut sonst noch groß und schön ist, die Trausnitz, die Residenz, die Patrizierhäuser, die Landshuter Hochzeit, das Stift Seligenthal mit dem ungemein schlanken, feingliedrigen und mit einer zarten Doppelkuppel gekrönten Türmchen der Zisterzienserinnen, das alles wird von dem gewaltigen Turmbau bei St. Martin überschattet. Von den hohen gotischen Türmen Deutschlands wurden nur zwei tatsächlich im Mittelalter fertig: der eine Turm des Straßburger Münsters und eben dieser Martinsturm zu

Landshut. Die Türme von Regensburg, Köln usw. sind großenteils gar erst Werke des 19. Jahrhunderts.
In massiver Mächtigkeit reichen die quadratischen Untergeschosse bis übers Kirchendach hinauf, führen dann in ein hochaufsteigendes Achteck über und verklingen schließlich in einem dünnen Spitzhelm. Der geniale Baumeister Hans Stethaimer, ein kühner Statiker, der die Dinge auf die Spitze treibt, hat an der Mauer seines Münsters, dicht unter dem Heiland an der Martersäule, einen Gedenkstein mit feinem Porträt. Da sehen wir einen halb kahlköpfigen Mann mit sinnenden, tiefliegenden Augen, verkniffenem Mund, die Adern an den breiten Schläfen treten deutlich hervor, und die hohe, weitgewölbte Stirn beherrscht das ganze Gesicht. Darunter ist zu lesen: »Anno 1432 starb Hans Steinmetz in die Laurenti Tag, Meister dieser Kirchen und der zu Spital und in Salzburg, zu Ötting, Straubing und zu Wasserburg. Dem Gott gnädig sei!« –
Die Türme seiner Kirchen sind alle großartig und exemplarisch: der zwar selbstherrliche, aber dennoch dem Stadtbild bürgerlich beipflichtende von St. Jakob in Straubing, der voll Schwere und Kraft auf der Halbinsel des Inn beharrende zu Wasserburg, oder der raffiniert wirkungsvoll hingesetzte und den mächtig aufsteigenden Schiffskörper begleitende Turm der Pfarrkirche zu Neuötting; oder der schlanke, hohe Campanile franziskanischer Geistigkeit zu Salzburg; sie sind charakteristisch und passen. Keiner dieser Türme wurde zu Lebzeiten des Meisters vollendet. Sie können also nur zu einem bescheidenen Teil als seine Werke gelten. Auch wurde beim Turmbau weit weniger der ursprüngliche Plan eingehalten als bei der Vollendung der Kirche, da den Bürgern im Laufe der Jahrzehnte das Geld ausging und sie nicht so hoch hinaus konnten, wie sie ursprünglich gewollt hatten. Ein Stethaimerscher Funke wird in allen diesen Türmen aber dennoch vorhanden sein. Denn wie sehr seine Nachfolger und die von ihm beeinflußten Meister, die Krumenauer, Perger, Probst, Sallinger, Wechselperger, Jörg Ganghofer selbst und andere große Namen der südostbayrischen Bauhütten zu Braunau, Straubing, Burghausen und Landshut, nach Stethaimers genialen Ideen weiterarbeiteten, läßt sich an vielen, wenn nicht an allen unseren Hallenkirchen nachweisen, von Ingolstadt bis hinauf in die Oberpfalz.
So z. B. gilt St. Martin in Amberg als ein von Straubing ausgehender

Bau. Und ein Menschenalter später dringt das System der altbayerischen Hallenkirchen bis nach Sachsen.

Noch eine müßige Frage können wir uns nicht verkneifen: der Martinsturm, der Stolz der Landshuter, inwieweit läßt sich seine spitze, reich gegliederte und bei der Kompliziertheit der Ziegeltechnik doch auch wieder nüchterne Gestalt zu den Landshuter Bürgern in ein deutendes Verhältnis bringen? Gewiß, sie wollten hoch hinaus, die Hauptstädter der reichen Herzöge. Aber etwas Babylonisches kann doch den Landshutern nicht anhaften? Aufgetrumpft haben sie halt einmal. Und gekonnt haben sie es in einem Zug, was hundert andere Städte nicht vollenden konnten. Eine erhabene Seel ist ihnen auch nichts Fremdes. Und geistige Kraft neben der finanziellen und körperlichen Potenz ist in ganz Niederbayern daheim.

Vielleicht rührt die doppelte Höhe von St. Martin daher, daß die Landshuter von jeher zwei Bischöfe hatten, bis auf den heutigen Tag: den Regensburger jenseits der Isarbrücke und den Freisinger diesseits. Dann also ist es kein Wunder: denn wie der Turm so der Wurm.

Als der verstorbene Regensburger Erzbischof Michael Buchberger noch Generalvikar in München war, ärgerte ihn die Regensburger Konkurrenz in Landshut und er wurde wegen einer praktikableren Diözesangrenzverbesserung in Rom vorstellig. Das Verfahren war noch im Gange, als er plötzlich auf den bischöflichen Thron in Regensburg berufen wurde. Da hatte er nun die Bescherung seines Strebens, und er mußte sich rasch zu seinem eigenen Gegner bekehren.

Der aus Mallersdorf stammende niederbayerische Voltaire, ein ehemaliger Oberaltaicher Student, später dann Sekretär des Fürsten Kaunitz in Wien, Johann Pezzl mit Namen, der grobschlächtigste und frivolste unter den bayerischen Aufklärern, aber zugleich ein Kenner Landshuts, er denkt über die Landshuter Bürger wie folgt:

»... Die Bürger von Landshut sind sehr eifrig katholisch, was kein Wunder ist, denn sie haben den höchsten Kirchturm ganz Bayerns. Ihre Stadt gehört bis zur Isarbrücke in die Diözese des Bischofs von Freising. Was über der Isar liegt, nämlich die Vorstadt Seligenthal, steht schon unter dem Bischof von Regensburg. Nun fügt es sich manchmal, daß wegen eines Heiligen, z. B. wegen des hl. Korbinian, in der Diözese Freising Fasttag, im regensburgischen Sprengel aber nicht Fasttag ist. Um das heilige Kirchengebot des Fastens nicht zu brechen und doch ihren Appetit zu stillen, gehen die Landshuter an solchen Tagen zum Mittagessen über die Brücke, stopfen sich dort unter regensburgischer Kirchendisziplin mit ruhigem Gewissen die Bäuche voll Fleischspeisen und kehren abends wieder unter den Gehorsam ihres Bischof zurück, ohne auf diese Art weder ihrem Magen noch dem Kirchengebot Abbruch getan zu haben. Wer bewundert nicht das zarte Gewissen der Landshuter?«

Etwas von der lebenslustigen Freundlichkeit der Straubinger finden wir auch an den Türmen der Stadt. Und Straubing ist eine vieltürmige Stadt.

Der Stadt Straubing hat Meister Hans zwei schöne Kirchenräume geschenkt: den hellen, rund sich weitenden von St. Jakob und »den lichtdurchtränkten, schwebenden Steilraum« der Karmelitenkirche. Und beide Gotteshäuser entstanden im Zeitraum von zwei Generationen, in der Wende vom 14. zum 15. Jahrhundert. Das ist kein Zufall, denn das war die große Zeit Straubings gewesen, die Zeit seiner gotischen Blüte, als es Residenzstadt war der Herzöge von Straubing und Holland.

Der Turm von St. Jakob ist nur 91 Meter hoch geworden, und dennoch haben die Straubinger einen weiten Blick hinaus ins fruchtbare Gäu und hinein in die Berge des Bayerischen Waldes.

Als Wahrzeichen Straubings jedoch gilt nicht der im Unterbau quadratische, in den Obergeschossen dann wieder achteckige und von einer birnenähnlichen Kuppel gekrönte Jakobsturm, sondern der um ein gutes Jahrhundert ältere und weitberühmte Straubinger Stadtturm, der den großen Platz beherrscht und dadurch allein schon konkurrenzlos dasteht. Im Rechteck steigt er schlicht auf, ohn' alle Zier und Gleißnerei, aber mit riesigen hellen Zifferblättern in mittlerer Höhe. Doch oben wird der Turm recht seltsam. Die Mauern werden breiter und tragen nun plötzlich in erregter Höhe ein ganzes, halb Burg und halb wirtshausähnliches behäbiges Gebäude mit vier Ecktürmen und Fenstern darinnen mit gemütlichen Fensterläden. Aus der Mitte dieses Anwesens erhebt sich dann auch noch eine Laterne mit darin hängendem Glöckchen, das wohl zu läuten imstande ist, wenn der Turmwart in seinem Dachstübchen oben nicht gerade schläft. Und darüber steigt endlich der hohe, spitz auslaufende Helm empor. – Wenn je ein Turm seine Stadt repräsentiert hat, dann der Straubinger Stadtturm die seine vorzüglich. Wollen wir diese

Verkörperung ein wenig aufwendig formulieren: strenge Nonchalance und doch die Würde von nicht ganz dreihundert Tagwerk, ein humoriger Humanismus und genügend diplomatische Intelligenz selbst nach Mitternacht, das sind ein paar Kategorien eines lustigen Bruder Straubingers, ja eines Gäubewohners überhaupt.
Nein, so darf kein Kirchturm aussehen. Daher liefern sich denn auch der immerhin zu den bedeutendsten Türmen Niederbayerns zählende Glockenturm von St. Jakob und der fein-fröhliche Stadtturm zu Straubing keine Konkurrenz. Es liegt vielmehr eine saubere Teilung der Gewohnheiten vor: zwischen Theresien- und Ludwigsplatz baute man profan, am Jakobsplatz aber sakral. Und doch können in der lustigen Stadt auch Stimmungen aufsteigen, mit denen einer die tröstende Freude eher in St. Jakob oder bei den Karmeliten suchen geht, denn auf dem Platz heiterer Wirklichkeit. St. Jakob ist ein paradiesischer Raum voll der spürbaren Nähe Gottes. Die Säulen hoch und schlank, die Seitenschiffe umgehen den Chor, der den Hochaltar präsentiert mit den kostbaren Tafeln des Nürnberger Meisters Wohlgemuth, des Lehrers Albrecht Dürers.
Es ist heute gar nicht mehr auszudenken mit welch uraltem Herkommen der Techniken des Bauens so ein Turm um 1500 mühsam errichtet wurde. So hohe Gerüste hat man nicht gekannt, dafür aber riesige Seilwinden, die von großen Treträdern angetrieben wurden. Diese Windenräder mußten die schlechteren Handlanger, bzw. die Tagelöhner bedienen. Bis zur Dachhöhe der Kirche hatten sie das Baumaterial im Innern des Turmes über Treppen hochzutragen. Manchmal die schweren Lasten sogar auf den Rücken von Trageseln. An Bauhandwerkern sind alle Sparten vertreten: Steinmetzen, Zimmerleut, Handlanger, Fuhrleut, Schiffsleut, Auslader und Taglöhner. Die Maurer zählen zu den Steinmetzgesellen. Die besseren Palliere hießen Meister. Und alle bekamen sie einen Taglohn. Ausgezahlt wurde wöchentlich einmal, und zwar am Sonntag nach dem Gottesdienst. Die Rechnung der St. Jakobkirche in Straubing vom Jahre 1521 »über mancherlei Ausgab zum Pau, Steinmetz, Maurer, Zimmerleut, Tagwercher manicherlei und auf den Steinpruch« gibt ein anschauliches Bild von den damaligen Löhnen und Preisen, von der Baukonjunktur einer altbayerischen Stadt im späten Mittelalter. Derlei detaillierte Rechnungen dürften sehr selten sein. Da heißt es z. B. von den Zimmerleuten:

Am Sonntag Katharinae 20 Tag zu 6 Pfennig, tut vier Schilling. Am Sonntag nach Andre vier Zimmerleut 16 Tag zu 6 Pfennig und vier Badpfennig, tut 3 Schilling und 10 Pfennig. Sonntag nach Marie Empfänknis 4 Zimmerleut 12 Tag zu 6 Pfennig, tut 2 Schilling 16 Pfennig.

Eine mühsame Rechnerei, denn die bayerischen Geldmaße der damaligen Zeit waren so schwierig, wie es bis vor kurzem noch die englischen waren. Man rechnete nämlich nach Pfund. Ein Pfund hatte 240 Pfennig und war rechnerisch unterteilt in 8 Schilling zu je 30 Pfennig. Der Pfennig war aber noch nicht die kleinste Münze, es gab noch Heller. Es gab freilich wieder verschiedene Heller, weiße, rote und schwarze. Die roten waren weniger wert als die weißen oder silbernen. Daher denn auch die Redensart stammt: für den geb ich keinen roten Heller mehr. Der Pfennig war also damals eine respektable Silbermünze und ungefähr soviel wert wie heute ein amerikanischer Dollar. Damals hatte die Redensart noch einen Sinn: wer den Pfennig nicht ehrt, ist des Talers nicht wert. – Ein Pfennig war mindestens sechs rote Heller wert. Für zwei Heller bekam man schon eine Maß Bier; obschon die Bierpreise damals geschwankt haben mögen und man in Bayern zu der Zeit noch mehr Wein getrunken hat. – Der Taglohn eines Zimmerers im Jahre 1521 in Straubing betrug 6 Pfennig. Dafür bekam man schon eine Gans. Nach heutigem Wert wären das etwa gut und gern 25 Mark, ohne Abzüge obendrein! Ein guter Lohn doch! Dazu kam noch eine außergewöhnliche Sozialleistung: jeden zweiten Sonntag zum Lohn dazu gab es noch einen »Badpfennig«. Das Baden war damals große Mode. Es gab mehrere Badstuben.

Bei den Steinmetzen und Steinmetzgesellen schwankt der Lohn zwischen täglich sechs und sieben oder gar acht Pfennig. Die Handlanger hatten einen anderen Taglohn. »Sonntag Kathrine virginis: 9 Taglöhner zu vier Pfennig, haben den Zimmerleuten die Paum zum Gerust helfen aufziehen, tut 1 Schilling 6 Pfennig. Auch die im »Rat gehen« erhalten vier Pfennig. Wer im Rad geht und aber auch noch bei den Maurern »und andere Notdurft arbeitet«, kriegt 5 Pfennig. Solche die im Rad gehen, die Maurer bedienen und auch noch Mörtel rühren können, bekommen sogar sechs Pfennig. Es gibt Mörtelrührer, die am Tag für sechs und solche, die am Tag für sieben Pfennig arbeiten.

Auch finden wir in dieser mittelalterlichen Bauabrechnung mehrere Seiten Materialkosten und »manicherlei Ausgebn zum Pau«. Da sind nun Posten darunter, die uns heute gar fremd vorkommen und auch das Preisniveau ist ein ganz und gar anderes.
100 Stück Lattennägel kosten z. B. 12 Pfennig, also gleich zwei Taglöhne. Hundert Brettnägel gar das doppelte. Ein Brett vom Sägewerk steht zu 4 Pfennig an, andere wieder sind teurer und notieren gleich $8^1/_2$ Pfennig. Auch Eisen hat einen hohen Preis: Da heißt es z. B. »Mer kauft von Pangratz Kürschner 2 Pusch Loibisch Eisen, halten 238 Pfund, tut 1 Pfund, 3 Schilling, 3 Pfennig und 1 Heller«, nach heutigem Geld etwa 1300 bis 1400 Mark.
Sand, Kalk und Steine kommen aus stadteigenen Betrieben und Vorräten und kosten nur einen Fuhr- und Ladelohn. Gelegentlich werden jedoch auch Steine von einem Bürger gekauft. Da steht einmal zu lesen: »Kauft vom Geschwinden 575 Mauerstein, das Hundert per 13 Pfennig, tut 2 Schilling, 13 Pfennig, 2 Heller.« – 100 Mauersteine kosten etwa 50 Mark.
Fuhr-, Be- und Entladelöhne können sich auch sehen lassen. Für 56 Karren Tunchsand die paar Kilometer von »Pilbis herein zuführen, tut 1 Pfund 6 Pfennig und 2 Heller.« Beträgt also gut 1000 Mark. Für einen Karren Maurersand zahlt die Straubinger Pfarrkirche St. Jakob 1 Pfennig. Fünf eiserne Keule für die Bauhütte zum Steine klieben kostet 16 Pfennig. Eine Schaufel und eine Keulhaun stehen zusammen mit 20 Pfennig zu Buch. Das sind ungefähr 80 bis 90 Mark.
Die Meister hatten natürlich zu ihrem Taglohn von 10 Pfennig, ohne Badpfennig, ein zusätzliches Gesamthonorar, das meistens ziemlich hoch war. Dazu bekamen sie auch noch andere Zuwendungen. Zum Beispiel findet sich da auch eine Art Reisekostenabrechnung. Für eine Reise von Straubing nach Kehlheim bekam Meister Hans umgerechnet etwa 170 Mark. Reichlich bemessene Spesen vom Jahre 1521. Und pressiert hat es nicht. Die Retourreise konnte allerdings auf der Donau in drei-vier Stunden bewältigt werden. Der Meister Hans hätte das Unternehmen leicht innerhalb zweier Tage geschafft. Er wird aber sicher 3 oder gar 4 Tage lang sich Zeit gelassen haben – zumal die Reichsstadt Regensburg auf dem Wege lag.
Es war eine gute Zeit um 1500, als die Türme Niederbayerns in den Himmel wuchsen. Viel Geld konnte verdient werden, in den Wein-,

Bier- und Metschenken stieg der Umsatz, und in den Badstuben ging es lustig her. Es war eine Lust zu leben im finsteren Mittelalter. Was Wunder, daß die Kirchtürme so schön, so behäbig wuchtig und so hoch geworden sind!

Der *Dingolfinger* Turm ragt so hoch empor, daß man meinen möchte, er wetteifert mit dem des Martinsmünster zu Landshut. Das ist aber eine optische Täuschung – von der Talebene des Isarflusses her und von den dahinter aufsteigenden Hügeln herab, sieht das Erhabene eben noch bedeutender aus und das Große noch größer. – Der Dingolfinger Turm der Stadtpfarrkirche mißt nur 81 Meter. Der Turm zählt unbedingt zu den prächtigsten in ganz Bayern. Und er ist ein typischer niederbayerischer »Spätgotling«: die vier massiven, quadratischen Untergeschosse führen bis knapp zur Firsthöhe des Kirchenschiffes und sind durch zarte Spitzenbogenblenden fein belebt. Darüber dann greifen drei achtseitige Geschosse, die anfangs von schlanken Eckstreben begleitet werden, in die Höhe. Darauf sitzt dann ein hoher, steiler Spitzhelm.

Auch die Dingolfinger Kathedrale ist voll von gotischer Schönheit. Der Raum ist hoch und hell, die Säulen sind schlank, der Chor von den Seitenschiffen umgangen, unter den vielen Grabsteinen im Kapellenkranz sind einige wahre Kunstwerke und auch ein spätgotisches Glasfenster, die Geburt Christi darstellend, ist eine bezaubernde Arbeit. – Hier ist denn auch ein geschichtsträchtiger uralter bayerischer Boden. Dingolfing und Reisbach waren agilolfingische Herzogspfalzen. Tassilo III. hielt hier im Jahre 769 eine berühmte Synode ab, auf der er sich mit seinen fränkisch gesonnenen Bischöfen einzurichten und zu vertragen suchte. Auch Herzog Arnulf, der Luitpoldinger, wegen seiner Klösteraufhebung auch der Böse genannt, weilte gern in Dingolfing, wo er im Jahre 932 einen Landtag abhielt. Später bewohnten die bayerischen Herzöge häufig ihre Dingolfinger Villa, die heute noch steht, großartig renoviert wurde und unbedingt einen Besuch lohnt.

Noch drei wichtige Glockentürme Niederbayerns aus der Zeit der Spätgotik müssen erwähnt werden: die Türme der Pfarrkirchen zu Eggenfelden, Pfarrkirchen und – zwar heute in Österreich, aber doch in der nächsten Nachbarschaft und seinerzeit gut bayerisch – der hohe Turm der Braunauer Stephanskirche. Die Braunauer Bauhütte

hatte ja in Ostbayern einigen Einfluß ausgeübt. Das ist einleuchtend, wenn man das imponierend hohe und überhaupt in seinen Ausmaßen gewaltige Kirchenschiff betritt. Die Meister der Braunauer Bauhütte haben vor allem viele Dorfkirchen im Rottal mitgeplant. Und an den Kirchtürmen drüben im Innviertel und herüben im Rottal ist es noch heute abzulesen, daß die beiden Gaue eine nahverwandte Landschaft haben.
Es ist eine überflüssige Anmerkung, wenn ich sage, daß mir in der Braunauer – beinahe überdimensional ausgreifenden – Halle der Stadtpfarrkirche der Gedanke aufstieg, daß hier ein kleiner Bub, der später immer Baumeister werden wollte und dann gerade das Gegenteil davon wurde, seine ersten, später dann so gewaltigen architektonischen Eindrücke empfangen hat.
Der *Braunauer* Turm sieht weit in das Land jenseits des Inn herüber. Und auf der Bundesstraße 12 verfolgt er einen vor und nach Simbach gut 20 Kilometer weit. Er ist ähnlich wie der Dingolfinger Campanile gegliedert, nur reichen sowohl die Unter- wie auch die Obergeschosse weiter hinauf. Und sein Dach bildet keinen Helm, sondern eine fast zu kleine, schlanke Birnenkuppel, ein winziges Flämmchen auf dieser gewichtigen Kerze!
Und noch eines ist mit Genugtuung festzustellen, die Fabrikschlote der Aluminiumwerke zu Ranshofen stören den Turm überhaupt nicht. Majestätisch triumphiert sein spätgotischer Korpus über die schmucklosen Emporkömmlinge der Gegenwart. Dagegen kommen weder Fabrikschlote noch mehrgeschossige Wohnblöcke auf. So ein Blick tut einem historischen Kopfe wohl.
Interessante Türme besitzen natürlich die beiden Hauptstädte des Rottals: Pfarrkirchen und Eggenfelden. Sie ähneln einander und haben bei näherem Zusehen dann doch zwei ganz verschiedene Gesichter. Der rote Backstein und die schlanken Spitzhelme täuschen einen da. Der *Pfarrkirchener* Turm ist der höhere, und das schon von unten her, durch seine sechs quadratischen Geschosse.
Bis ins 17. Jahrhundert hinein soll diese Kirche sogar über zwei Türme verfügt haben. Durch einen Brand ist der andere eingestürzt und wurde nicht wieder aufgebaut.
Im Weichbild der Stadt aber wirkt der *Eggenfeldener* Turm zumindest genauso hoch wie der Campanile zu Pfarrkirchen, da die Eggenfeldener ihre Kirche auf einem leichten Hügel erbaut haben.

Für den Kunsthistoriker stehen die Rottaler Türme alle mit der Braunauer Hütte in naher Verbindung.
Nun müssen wir aber noch zwei niederbayerische Haupttürme besuchen, deren wuchtige Größe und herrliche Originalität sie zu den bedeutendsten Werken spätgotischer Turmbaukunst überhaupt machen. Gigantisch steigen sie in den Himmel hinauf, sind voll der Spitzbogenblenden, voll leichter Gesimse und mit schlichtem Maßwerk übersät. Die Wirkung ihrer Proportionen ist schwer zu beschreiben: hoch wirken sie natürlich, schlank auch – wenn man sie von weitem sieht. In unmittelbarer Nähe aber drücken sie mit ungeheurer Schwere. Einer Schwere allerdings, die nach oben zieht. Als wollten sie einem mit der Schubkraft von modernen Raketen in den Himmel hinauf schieben. – Es geht eine bäuerliche und höchst dringliche Frömmigkeit aus von diesen Kolossen.
Und wo stehen diese Türme? In keiner Stadt, in keinem Marktflekken, in ganz gewöhnlichen Bauerndörfern; der größte und wuchtigste von ihnen schmückt nicht einmal eine Pfarrkirche, sondern die Rottaler Bauernwallfahrt zu *Schildthurn bei Tann.* In Schildthurn werden drei seltene heilige Jungfrauen verehrt, deren Namen schon lange nicht mehr in den Heiligenlegenden auftauchen: die Ainbeth, Marbeth und Wilbeth. Volkskundler haben sie schon als germanische Schicksalsnornen gedeutet.
Vielleicht aber sind sie doch mehr mit den altbekannten katholischen drei heiligen Madln identisch: mit der »Barbara mit dem Turm, der Margaret mitm Wurm und der Kathl mit dem Radl«. – In der Schildthurner Sakristei wird heute noch ein wunderbares Instrument aufbewahrt, nämlich eine heilige, silberne Wiege. Der Mesner führt sie einem in der Sakristei vor. Brautleute und kinderlose Ehepaare kommen nach Schildthurn, um diese Wiege zu berühren und zu wiegen, worauf sich sofort der Kindersegen einstellen soll. Der Schildthurner Kirchturm erreicht eine Höhe von 80 Meter und ist zwar mit Ziegelsteinen aufgemauert worden, aber man hat weder Kosten noch Mühen gescheut und den Turm mit Tuffsteinquadern verkleidet.
Ganz ähnlich, nur um etliche Meter niedriger, steht zu *Taubenbach am Inn* der Bruder des Schildthurner Turmes. Auch Taubenbach ist eine Wallfahrtskirche. Hier wird der heilige Alban verehrt, ein Patron, zu dem früher die Kranken ein besonderes Zutrauen hatten, der aber auch in Heiratssachen gern um Hilfe angefleht wird.

Es wäre noch vieler gotischer Türme im Rottal und in ganz Niederbayern zu gedenken, etwa des Turmes zu *Kösslarn,* der einer ganzen und wohlerhaltenen Kirchenburganlage vorsteht; der Türme zu *Vilsbiburg, Frontenhausen* und *Ering* und ganz besonders des mit dem Schildthurner verwandten Turmes der Leonhardi-Wallfahrtskirche zu *Aign am Inn.* – Ein quadratischer und ganz außergewöhnlich weiträumiger Turm steht im Pfarrhof zu *Reisbach* bei der Kirche des hl. Michael. Er hat ein Satteldach und einen wunderschönen Treppengiebel.
Es bliebe aber dennoch nur eine endlose und ermüdende Aufzählung. Fest stehen sie da, diese steinernen Riesen, mauerdick und den Zeitläuften trotzend. Da kann kommen was mag:

Unser Kirchaturm
Der übersteht den Sturm
A so wia der gemauert is
Halt der ganz gwiß!

An die gotische Größe wollen wir jetzt noch ein kleines barockes Schnörkelchen anfügen. Denn bei aller Ehrfurcht vor den hohen Schöpfungen spätgotischer Kirchtürme, unsere Zwiebelhauben sind halt doch noch viel weicher und süßer. Sie strecken den zum Himmel mahnenden Zeigefinger nicht so jäh und befehlend aus, sondern schon leicht gekrümmt, ja fast geknickt; ich will bestimmt nicht spötteln jetzt, aber als sie gebaut wurden, war man schon 1600–1700 Jahre lang katholisch, man empfand die Welt als Welt und den Himmel als Himmel – nicht schon auseinanderstrebend, gewiß nicht, sondern noch alles lieb zusammenhaltend. Derlei Gedanken mögen einem aufkommen beim Anblick so mancher Zwiebelhaube. – Und doch hat die Barockzeit auch herrliche, hochstrebende Türme gebaut. Einer der berühmtesten und gemeinhin auch der schönste Turm Bayerns genannt, steht neben der Grabkirche zu *Deggendorf,* beherrscht den Stadtplatz und drückt den alten Stadtturm beinah auf die Seite.
Der Passauer Kapitelbaumeister Jakob Pawanger hat ihn geplant – oder besser gesagt, er hat ihn zu planen angefangen. Man schrieb schon das Jahr 1721! Also um zweihundert Jahre lang hinkte man in Deggendorf nach, wo doch alle die anderen niederbayerischen Flecken längst ihre stolzen Türme hatten. Beim Bau der Grabkirche

damals im 14. Jahrhundert ist den Deggendorfern offenbar das Geld ausgegangen, und man hat den Turmbau dann von Generation zu Generation verschoben. Jetzt in der letzten Minute hat es dann noch geklappt, obschon man mit den Baumeistern anfangs kein Glück hatte. Pawanger nämlich wurde plötzlich auf die Seite gestellt. Und das kam so: Der Passauer Architekt hatte gerade die Klosterkirche zu Niederaltaich aufgeführt, und da zeigten sich nun Risse und Sprünge gefährlichen Ausmaßes. Der Konvent spielte bereits mit dem Gedanken, Pawanger zu entlassen. Das hat sich natürlich in Deggendorf herumgesprochen. Aber ein Unglück kommt selten allein. In Schärding baute Pawanger gerade die Stadtpfarrkirche. Man benachrichtigte ihn, daß dort ein Pfeiler eingestürzt sei. Pawanger eilte nach Schärding und wurde vom Rat der Stadt zunächst einmal verhaftet. Da stürzte denn zu allem Überfluß auch noch der von Pawanger eben vorher fertiggestellte Turm von Sarleinsbach in Oberösterreich ein. Jetzt war das Maß voll. Die Deggendorfer suchten sich einen neuen Architekten und fanden ihn schließlich über Gunezrheiner in der Persönlichkeit des jungen Michael Fischer, der den wunderschönen Turm auch glücklich vollendete.

Pawanger war bis zu seinem Tod in endlose Prozesse verwickelt. Es hat sich zwar herausgestellt, daß er meistenteils schuldlos gewesen, daß sogar böser Konkurrenzneid anderer Baumeister ihm einiges angetan, aber den Deggendorfer Stadtturm hat er halt nicht aufführen dürfen.

Auch heute noch werden Kirchtürme gebaut, leider oft nur als Träger von Glocken und nicht als Wahrzeichen und zum Überfluß. Als ob die Glocken für unsere alten Türme das Wichtigste gewesen wären! Gewiß, der Turm kündet uns Zeit und Ewigkeit; doch nach dem Zweck solcher Bauwerke zu fragen, ist beschämend überflüssig.

Repräsentanz war der Grund ihres Daseins. Die Münchner Frauentürme repräsentierten ursprünglich eine kleine Stadt von 30000 Einwohnern. Demnach sind sie heute viel zu klein und unansehnlich, sie müßten wenigstens fünf- und sechsmal so gewaltig sein. Aber die dem menschlichen Auge wohltuenden Proportionen lassen sich nicht einfach vervielfältigen. – Ich finde keinen Ausweg. Traurigkeit überkommt einem bei dem Gedanken, daß unserer Welt die Kirchtürme zu klein geworden sind.

Im Anfang war das Wort

Zur Geschichte der Kanzeln in Altbayern

Im Anfang war das Wort und noch ehe es den Altar gegeben, war die Kanzel. Der Satz stimmt natürlich weder theologisch noch historisch, aber ich wüßte keinen, der einleitend der Kunstgeschichte der Kanzel mehr Schwung und Bedeutung verleihen könnte. Außerdem ist er nicht einmal gar so falsch, wenn man bedenkt, daß der erste Predigtstuhl, den es im Neuen Bund gegeben hat, jenes Schifflein am See Genezareth war, in das der Herr gestiegen ist, um von dort aus zu lehren.

In den ersten christlichen Jahrhunderten wird es noch keine großartigen Kanzeln gegeben haben, aber bald schon haben sich in der römischen Christenheit die Ambonen entwickelt, Lehrstühle, Katheder der christlichen Beredsamkeit. Aus der frühen Romanik sind uns in Oberitalien sogar schon reich geschmückte und mit den Symbolen der Evangelisten versehene, aus Stein gehauene Ambonen erhalten. Vielleicht standen solche Kanzeln auch schon in den Bischofskathedralen Noricums und Rätiens? – Wir wissen es nicht, denn kirchliche Inneneinrichtungen aus der Romanik haben sich bei uns nirgends erhalten.

Jede neue Zeit war der alten Feind. Die Denkmalspflege großen Stils hat erst unser eigenes, sonst recht als vandalisch verschrieenes Säkulum hervorgebracht.

Selbst aus der Gotik finden wir in Bayern kaum Kanzeln. Aber dann setzt gerade in unserem Vaterland eine Entwicklung ein, die der Kanzel zu einem einzigartigen Triumph verhilft. Der mittelalterliche Ambo, die schlichte, erhabene Rednertribüne, war wesentlich nichts anderes als ein hochgestellter Kanzelkorb und kannte den Schalldeckel noch nicht. (Nur die steckerlgotischen Schreinerarbeiten aus dem 19. Jahrhundert haben natürlich ihre Schalldeckel.) Seit dem Ende des 16. Jahrhunderts aber werden die Predigtstühle immer prächtiger, werden überhäuft mit Symbolen und Figuren und Spruchbändern, enthalten ein eigenes theologisches Programm der Verkündigung, stellen keinen einfachen Gebrauchsgegenstand mehr dar, sondern machen nun selber ein strahlendes, vollkommenes Kunstwerk aus. Manchmal können sie das wertvollste, das Hauptstück der ganzen Kirche sein und nicht selten kommen sie im Range gleich nach dem Hochaltar.

Ich könnte in Ober- und Niederbayern allein an die zweihundert sehenswerte und künstlerisch originelle Predigtstühle aufzählen. Und ein jeder von ihnen ist ein wahres Meisterwerk mit kostbaren Reliefs am Kanzelkorb, mit feingeschnitzten Evangelisten und Tiersymbolen, mit treffend charakterisierten Kirchenlehrern, mit Dutzenden von Puttiköpfen, mit Bibelsprüchen und Allegorien. Und alles schwer vergoldet, daß es nur so funkelt!

Und heute? – Am Ende der Geschichte der Kanzel steht das Mikrophon, dröhnt der Lautsprecher. Ja, der Radio- und Fernsehprediger mit seinem Wort zum Sonntag bedarf überhaupt keiner geschmückten Tribüne mehr, ihm genügt die profane Technik. Die modernsten Kirchen aber sind akustisch wiederum so geschickt gebaut, daß sie weder Kanzeln noch Mikrophone benötigen; der Prediger steht inmitten seiner Gemeinde einfach da und ohn' jede Gleißnerei spricht er das Wort Gottes in den modern sakralen Raum hinein.

Die Kunstgeschichte der Kanzel ist noch nicht geschrieben, der Weg vom Ambo zum Mikro noch nicht illustriert. Aber das eine ist sicher und durchaus nicht übertrieben, wenn wir behaupten, daß in den bayerisch-österreichischen Kirchen die schönsten und allerschönsten Kanzeln der Welt stehen. Und wir treffen sie nicht nur in den großen Domen und vornehmen Stiftskirchen, sondern gerade auch in den bescheideneren Pfarr- und Filialkirchen unserer Bauerndörfer. – Ehe wir aber nun ein gutes Dutzend herrlicher Predigtstühle vorstellen, sei noch eine kleine Anmerkung erlaubt: Warum haben gerade die Bayern, Franken, Schwaben und Österreicher einen so großen Wert auf eine schöne Kirchenkanzel gelegt? Weil sie der Predigt mehr bedürfen als andere Völker? Das wäre ein übelwollender Trugschluß. Die Leut' sind überall gut und bös. Aber die Bayern, Franken, Schwaben und Österreicher haben an den Predigten früher eine besondere Freude gehabt. Die Kanzelredner haben ihnen gar nicht scharf genug sein können. Je mehr einer gedonnert und gepoltert hat, je direkter er die Sünden beim Namen genannt hat, je schrecklicher er die ewige Verdammnis vorgestellt, je seliger den Himmel, je schlimmer die Sünder und je größer die Heiligen, desto beliebter war er beim Volk.

»A tüchtiger Herr, da nei Pfarrer, a Mundwerk hat er koan schlechts, es is eahm guat zum zualusn, wenn er predigt!« So lautete das Lob. Und: »I moan, er hats auf der Lungl, da nei Koprater, weil er se mitm Predinga gar a so hart tuat.« So klang der Tadel.
Bekannt ist auch die Geschichte von jenem Dorf in der Regensburger Diözese, das eben einen neuen Pfarrer bekommen hat, den die Bauern aber noch nicht haben predigen gehört, wohl aber haben sie ihn am Samstagabend im Wirtshaus bei einem kleinen Schafkopf erlebt, wo der neue Herr ein Mordsglück hatte und gleich vier Soli hintereinander gewann. Da sagte der Ammerer: »Weu er a sou predigt, weu er schafkopft, na laß ma'n dou!«
Die ältestens Predigtstühle in unserer Gegend, die noch aus gotischer, ja teilweise sogar aus romanischer Zeit herstammen, finden wir in der Stadt des heiligen Rupert, in *Salzburg*. Und zwar in der Stiftskirche auf dem Nonnberg und dann vor allem in der Franziskanerkirche. Es ist ein ziemlich geräumiger, aber schlichter Kanzelkorb aus dunkelrotem Marmor, der in scharfen kantigen Profilen abläuft. Die uralte steinerne Treppe, die sich eckig um den Pfeiler legt und nicht zu steil hinaufführt, ist mit dem Korpus verbunden, als wäre die ganze Kanzel ein Ding. Die Steinstufen dieser Treppe sind ausgetreten, daß man die Jahrhunderte schon auf den ersten Blick erkennen kann. Wie viele Predigergenerationen sind da – den heiligen Geist anrufend – hinaufgestiegen und nach dem erlösenden Amen dann wieder herunter! Etwa um 1450 hat dieser franziskanische Predigtstuhl seine heutige Gestalt bekommen.
Aber die Kanzel hat auch noch ältere Teile in sich, z. B. den romanischen Löwen am Fuße der Treppe, dessen mähnenreicher, lauschender Kopf von den Besuchern so gern angetastet wird, daß er schon ganz glänzend geworden ist. Unter den Füßen des Raubtiers liegt ein Mensch, der aber gerade sein Schwert in den Leib des Tieres hineinbohrt. Eine dämonische Allegorie aus dem frühen Mittelalter, erinnernd an das Wort: »Der Teufel geht umher wie ein brüllender Löwe und sucht, wen er verschlingen könne, widersteht ihm fest im Glauben!« – Er sieht aber gar nicht so gefährlich aus, dieser Salzburger Kanzellöwe, eher reizend, salzburgerisch halt. Und er soll aus dem frühen 13. Jahrhundert stammen.
Die franziskanische Einfachheit hat einen göttlichen Atem. Als süddeutscher Mensch muß man hier einmal eine Predigt erleben, um eine

Ahnung von der Beständigkeit des christlichen Abendlandes zu bekommen, um jene andere Seite unseres Geistes zu erfühlen: das Wesentliche und die Liebe. In dem Korpus aus dunkelrotem Marmelstein steht der Franziskanermönch, bekleidet mit dem braunen Habit des Heiligen von Assisi, und ist angeblasen von dem Feuer des heiligen Geistes. Denn »Ein Prediger muß Seelen gewinnen und nicht die Worte verkaufen«. Jetzt gehen deine Blicke, getragen von den mächtigen Säulen, nach oben, in schwindelnde Höhe, in den lichterfüllten Himmel dieses einzig-leichten Sternrippengewölbes.

Der Predigtstil hat sich im Laufe der Zeiten mehrfach geändert. »Wie die Zeiten fallen, also redet der Prediger auf der Kanzel«, sagt ein Spruch. Franziskaner und Dominikaner haben die größte Predigertradition. Der berühmte bayerische Bußprediger Berthold von Regensburg war Franziskaner gewesen. Und er war ein echter Bayer, denn so wie er den Leuten ins Gewissen geredet hat, hat es kein anderer fertiggebracht. Er muß beinahe so wortgewaltig gewesen sein wie später Dr. Martin Luther und so deftig-kräftig wie der Abraham a Santa Clara zugleich. Er ist 1292 gestorben und hat als Wanderprediger ganz Süddeutschland durchzogen. Vielleicht also hat er auch einmal in der alten Salzburger Franziskanerkirche gepredigt? Aber von ihm heißt es, daß er meistens im Freien redete, weil so viele Menschen zusammenliefen, um ihn, den »anderen Elias«, zu hören, daß die größten Kirchen zu klein gewesen wären.

Der gewaltige Donnerton göttlicher Beredsamkeit pflanzte sich durch die Jahrhunderte fort und währte bis ins 18. Jahrhundert hinein. Justament so lange, als man auch schöne Kanzeln zu schnitzen verstand.

Die nächstälteste Kanzel auf bajuwarischem Boden finden wir im Liebfrauenmünster zu *Ingolstadt.* Sie ist bereits aus Holz gefertigt und hat auch einen Schalldeckel. Der Name des Künstlers ist überliefert: Der Schreinermeister Wenzl hat sie gemacht. Der polygone Kanzelkorb ruht auf einem kräftigen Holzfuß, und auf dem Schalldeckel steht die Figur des heiligen Martin, und neben ihm sitzt die Martinsgans, das Attribut des Heiligen.

Den Ingolstädter Predigtstuhl muß man als ein Werk der Renaissance bezeichnen, obschon vielleicht auch schon Spuren jenes Übergangsstils zu finden sind, den wir Manierismus nennen. Die Kanzel ist zusammen mit dem Chorgestühl im Presbyterium von Herzog

Albrecht V. gestiftet worden, und zwar im Jahre 1565. Eine noble, vornehme Stätte christlicher Beredsamkeit in diesem riesengroßen Gotteshaus. Wie viele hochgelehrte Theologen, Professoren und Spektabilitäten von der Universität mögen hier gepredigt haben! Alle die großen wortgewandten Jesuiten der von Bayern ausgehenden Gegenreformation, die berühmten Nachfahren des hartnäckigen Dr. Eck, des Gegenspieler Luthers. Aber Eck selber kann nicht mehr diese Stufen emporgestiegen sein, sicher aber Jeremias Drexel und Georg Stengel, vielleicht auch Bidermann, der Dichter des Xenodoxus, und Jakob Balde, der bayerische Horaz. Eine solenne Stätte des katholischen Deutschland also, ein geistiger Brennpunkt Europas, dieser ehrwürdige geistliche Katheder zu Ingolstadt!
Daß die großen Ingolstädter Jesuiten damals auch recht volkstümlich gepredigt haben und nicht nur theologisch hochgelehrt, das sei eben gleich anhand der Predigten Georg Stengels erläutert. Seine mehrere Folianten füllenden Predigtsammlungen, mit dem Titel »von den göttlichen Urteilen und Anordnungen« wimmeln von humorvollen Geschichten. Und am liebsten sprach er für die armen Eheleut'. Er ist geradezu ein Spezialist in Ehesachen. Er redet nicht lange herum. Er weiß, wo die armen Eheleut der Schuh drückt, nämlich einfach an der gegenseitigen Unverträglichkeit, an der Gewalt des einen über den andern.
Er muß sehr beliebt gewesen sein. Und die Kanzel war damals halt auch eine Stätte der Unterhaltung. Da braucht es einen nicht wundern, wenn den Leuten früher die Predigt gar nicht lang genug sein konnte.
Je üppiger die Kanzelreden wurden in dem sich nun anbahnenden Jahrhundert des Barock, desto reicher und üppiger wurden auch die Kanzeln. Da wäre denn auch gleich die allerschönste auf bayerischem, vielleicht sogar auf deutschem Boden vorzustellen: der Predigtstuhl in der St. Jakobikirche zu *Wasserburg* am Inn. Die Innviertler Brüder Martin und Michael Zürn haben ihn mitten im Dreißigjährigen Krieg geschnitzt. Ein reiches, präziöses Werk, ein Hauptstück des deutschen Manierismus in der Plastik. Man sehe sich nur diese Gesichter an, die Haare selbst am Haupte der Evangelisten und Kirchenväter sind mit Drehbohrer bearbeitet. Diese Gesichter spiegeln die innere Sensibilität einer leicht verwundbaren Seele. Großartig der Faltenwurf der Kleider und von feiner Eleganz die Hände! Der

Einfluß der Wasserburger Zürnkanzel auf die nachfolgende Plastik des Barock ist von den Kunsthistorikern längst nachgewiesen worden. Sie hat auch einen Schalldeckel, dessen Aufbau ein umfangreiches theologisches Programm enthält. Im Innern des Deckels finden wir immer die Taube des heiligen Geistes. Darüber hier das Zeichen des Erlösers im Strahlenkranz, umgeben von großen und kleinen Engeln. Wieder darüber dann eine Madonna unter einem von zierlichen Säulen getragenen Baldachin. Und zuoberst endlich der heilige Jakobus mit dem Wanderstab, der Kirchenpatron. Die vier abendländischen Kirchenväter flankieren dann den gesamten Schalldeckel als gewaltige Eckpfeiler: Hieronymus und Ambrosius, Augustinus und Gregor.

Heute, in der neuen liturgischen Ordnung, wird auf der Zürnkanzel nicht mehr gepredigt. Unter dem Triumphbogen, am Beginn des Presbyteriums, steht ein einfaches Holzpult von der Art eines gewöhnlichen Notenständers, geschmückt von einem Mikrophon. Das ist der moderne Ambo. Und die herrliche Zürnkanzel ist ein Museumsstück geworden, wie die meisten Kanzeln.

Ab 1680 nun wird die Auswahl, die wir in unserer Kanzelexkursion treffen müssen, schwierig. Zu viele wichtige und herrliche Werke der barocken Kunst bieten sich an. Der Glaubenskraft des barocken Menschen fehlte es nämlich weder an der Gnadenfülle einer unerschöpflichen Phantasie noch an einem strengen geistigen Konzept, weder an künstlerischer Intuition noch an handwerklichen Fähigkeiten, und an dem Willen zum Werke schon gleich gar nicht. Eher hätte es vielleicht hier und da am Geld gefehlt. Aber Schulden haben eine echte Barocknatur noch nie zur Verzweiflung gebracht. Eine ungeheure Kirchenbauwut setzte ein und in jeden der neuerstehenden himmlischen Tempel mußte natürlich auch eine schöne Kanzel hinein.

Dabei ist zu bedenken, daß die Kanzel meistens das letzte Ausstattungsstück war, also zu einer Zeit angeschafft und bezahlt werden mußte, wo die Mittel oft schon restlos erschöpft waren. Nur der Not keinen Schwung lassen! Das wär denn dann noch das allerschönste: auf die Kanzel käme es jetzt noch drauf zusammen! Jetzt gerade mit Fleiß wird nicht gespart, denn der Predigtstuhl muß sich neben dem Hochaltar unbedingt sehen lassen können!

Die schwarze, holzgeschnitzte Kanzel in St. Kajetan zu *München*, der Theatiner-Kirche, gilt als ein Meisterwerk des Bildhauers Andreas Faistenberger. Trotz des schwungvollen Arrangements mit einer eleganten Draperie, stellt sie ein streng in sich zusammengeschlossenes Opus vor von höfischer Vornehmheit. Aber man muß nur genau hinsehen, sie enthält eine Menge Einzelheiten. Da sind die meisterhaft profilierten Heiligengesichter am Kanzelkorb, die Putten und das Rankenwerk, die Girlanden auf dem gedrungen schweren Aufbau des Deckels, den ganz oben ein raffiniert einfaches Kreuz abschließt. – Die Kanzel wurde gerade fertig, als der Sohn des Bauherrn, Kurfürst Max Emanuel, zu dessen Geburt die Hof- und Kollegiatstiftskirche St. Kajetan gestiftet wurde, als der jugendliche Held der Nation seinen glänzenden Sieg in Belgrad errungen hatte. Die Siege der Kriegsherren wurden damals natürlich weder durch die Zeitung noch durch den Rundfunk verbreitet, sondern von der Kanzel herab allem Volke verkündet. Das geschah aber in einer Mischung von einer Festpredigt duplex major, einem Kirchweihfest, einer militärparadeähnlichen Zeremonie, und in der Residenzstadt natürlich auch in Anwesenheit der Damen und Kavaliere des Hofes.

Dalhover überliefert uns die gedruckte Festpredigt, die auch Regieanmerkungen hat. Nachdem alle Kirchenglocken eine Stunde geläutet hatten und alles Volk der Stadt die Gotteshäuser überfüllte, auch der Hof und die hohe Geistlichkeit unter einsetzendem Orgelspiel die Plätze eingenommen, besteigt er die Kanzel und ruft in die nun eingetretene Stille mit gewaltiger Stimme den Satz: ›En clavim vir sane, Maxime! Tolle! Der Schlüssel größter Held! Kommt, nehmt ihn, tragt ihn aus dem Feld! In Victoria! Abermaln Sieg!‹ – Als dieser Freudenruf auf der Kanzel ausgerufen, da ließe sich das allhiesige fürstliche Geschütz an dreien Orten der Stadt, auf dem Turme die Glocken, auf der Orgel aber die löbliche Hofmusik freudigst hören. Und nachdem dieses Tedeum feierlich verklungen, folgete die eigentliche Lob- und Victoria-Predigt.«

Das war geschehen am 6. September 1688, und ähnlich feierte man in ganz Bayern.

Bedeutende Kanzeln besitzt München noch in den beiden Kirchen St. Michael, in der Michaelshofkirche in der Neuhauser Straße und in St. Michael in Berg am Laim.

Aber wenden wir uns jetzt einmal ins Niederbayerische nach *Passau*, in den Bischofsdom St. Stephan.

Dieser gewaltige Predigtstuhl, einer der größten überhaupt, wurde 1726 aufgestellt, nachdem er mittels eines Schiffszuges von Wien her – aus der dortigen Werkstatt des Raphael Donner – auf der Donau mühsam heraufgetreidelt worden war. Der Passauer Schreinermeister Denifl mußte dann die Kanzel aufstellen, was ihn natürlich ziemlich verdroß, da er sie ja wohl lieber selbst gefertigt hätte. Er durfte noch Änderungen an der Stiege anbringen. Der passauische Hofmaler und fürstliche Trabant Gerhardinger hat sie vergoldet. Der im Verhältnis niedrige Korb wird von den vier Evangelisten geschmückt. Sie stehen hier nicht, sondern sitzen, eine für die erhabenen Schriftsteller vielleicht zwar bequeme, aber durchaus nicht übliche Haltung. Diese Figuren sind von großer Schönheit. Die Häupter neigen sich sinnend und die fast verschlossenen Augen schauen in himmlische Fernen. Und die Hände, die den Federkiel halten, sind zum Schreiben bereit. Den Schalldeckel bekrönt eine Frau, die Weltkugel auf ihrem Schoße haltend und leicht dem heiligen Augustinus zugeneigt, der ihr in bewegter Haltung das flammende Herz entgegenstreckt. Das ist natürlich nicht die Muttergottes, auch keine Heilige, sondern Ecclesia, die Kirche.
Eine zweite, annähernd wertvolle, vielleicht sogar ebenbürtige Kanzel, wenn auch in anderer, späterer Art, steht gleich in der Nähe Passaus, in der ehemaligen Zisterzienserstiftskirche zu *Aldersbach*. Die Kirche selber zählt zu den Hauptwerken der Brüder Asam.
Jedoch die ungewöhnlich reiche Kanzel stammt aus der Werkstatt des Passauer Bildhauers Josef Deutschmann, an einem Relief am Ende der Treppe hat er sie signiert. Am Kanzelkorb und an der Stiegenverkleidung finden wir zahlreiche vergoldete Reliefs; doch sind auf diesen Reliefs Gesichter und Hände der Figuren fleischfarben gefaßt. – Und weil das Evangelium allen Menschen gepredigt werden soll, hat Deutschmann auf den Schalldeckel, der von der Figur Johannes' des Täufers gekrönt wird, die Genien der vier Erdteile dargestellt: für Afrika einen Mohren, für Amerika einen Indianer, für Asien einen Chinesen, für Europa aber ein entzückendes vornehmes Rokokodämchen, das lustig in die Welt hineinlächelt. Kunststück! Die kann leicht lachen, wollte da Deutschmann wohl sagen, die ist ja schon als Baby getauft worden. Wie traurig blicken aber die anderen Vertreter der Menschheit drein! Sie sind eben noch Heiden und unterentwickelt.

Wenigstens erwähnen müssen wir noch etliche herrliche niederbayerische Kanzeln: die mit Säulchen, Figuren und Muschelnischen reich ausgestattete »modernam cathedram«, wie sie in einem zeitgenössischen Briefe genannt wird, zu *Mallersdorf;* die zu *Niederaltaich,* auf derem Schalldeckel der heilige Mauritius in Feldherrnpose und mit Marschallstab in der Hand gleichsam die Schar der Heiligen anführt; auch die Kanzel auf dem *Gartelberg* ob Pfarrkirchen sei nicht vergessen und nicht die von *Paring* bei Rottenburg; ein besonders reizvoller und bedeutender Predigtstuhl schmückt die Zisterzienserinnenstiftskirche *Seligenthal* zu Landshut.
Der mächtig ausschreitende, ja fast stürmisch dahinschwingende Johannes der Täufer auf dem Schalldeckel in Seligenthal ist buchstäblich ein Vorläufer des Herrn.
Auch die Regensburger Diözese mit der Oberpfalz ist gesegnet mit bezaubernden Predigtstühlen. Des Aufzählens wäre kein Ende.
Natürlich, die berühmtesten Predigtstühle stehen in Oberbayern. Man denke nur an die Wieskirche! – Nicht weit davon entfernt, in *Rottenbuch,* glänzt eine ähnlich hübsche cathedra. Propst Clemens Prasser von Rottenbuch hat – wie schon sein Vorgänger – die Inneneinrichtung seiner Stiftskirche überwiegend einheimischen Künstlern anvertraut; und sie haben ihn nicht enttäuscht. Für nur 370 Gulden – der Kaufkraft nach so etwa 20 000 Mark heute – hat der Weilheimer Franz Xaver Schmädl eine hochgeistige und herzlich fromme Kanzel gefertigt. Einen so edlen und lieben Johannes Evangelist am Kanzelkorpus muß man lange suchen: er blickt in geheimnisvolle Fernen, und seine weiße Hand, diese unsagbar zarte, schön geformte Hand, die schreibbereit die Feder hält, ist spürbar vom heiligen Geiste gelenkt. – Kräftige Hermen tragen den Schalldeckel, auf dem wieder eine ganze Welt dargestellt ist: buchstäblich sogar: um eine goldene Erdkugel herum fliegen die Posaunenengel und blasen das Wort Gottes in die Welt hinaus.
Der Kanzel gegenüber – so war es immer der Brauch gewesen in allen christlichen Kirchen – hat ein gewaltiges Kruzifix zu hängen, das sogenannte Kanzelkreuz. In der strahlenden Stiftskirche der Augustinerchorherren zu Rottenbuch finden wir aber nicht das Bild des Gekreuzigten allein – das wäre für eine so liebliche Kirche zu erschütternd gewesen –, sondern den heiligen Johann Nepomuk, vor einer üppigen Draperie stehend, von Engelsköpfen umgeben; und dieser feine

Johann Nepomuk hält nun freilich ein Kreuz in der Hand! Eine elegante Lösung.

Der Schnitzer Anton Sturm aus Füssen war der Schöpfer der bekannten Kanzel zu *Steingaden.* Sie ist ein reizvolles Rokokowerk, aber von gedanklicher Tiefe und Eindringlichkeit, ja fast Einfachheit trotz ihres Reichtums. Der Steingadener Kanzelkorb z. B. ist vielen Kanzeln des späten Rokoko zum Vorbild geworden.

Der Schalldeckel ist hier nur angedeutet als Deckel. In Wirklichkeit aber ist er eine geschnitzte Theologie der Predigt. »Selig, die das Wort Gottes hören«, verkünden die großen Engel. Und die kleinen Puttiköpfe – es mögen ein paar Dutzend sein –, sie versinnbildlichen in ihrem lauschenden oder müden Gesichtsausdruck, je nachdem, die mehr oder weniger andächtig hörenden Gläubigen.

Eine einmalige Kuriosität besitzt die Steingadener Kanzel in der beweglichen Taube des heiligen Geistes. Mittels einer einfachen Maschinerie, eines vom Zuhörer aus nicht sichtbaren Schnürleins, das über eine Rolle führt, kann sie der Prediger auf sein Haupt niederlassen.

Auch in Steingaden gehören Kanzel und Kanzelkreuz zusammen, wie Gnade und Wahrheit. Hier ist es sogar ein regelrechter Gnadenstuhl, dieses Kruzifix: Gottvater thront oben und hält den Erlöser am Kreuz. Der heilige Geist fehlt; er befindet sich ja vis-à-vis an der Kanzel. Am Schaftende des Kreuzes zwei kleine, bezaubernde und sich fast küssende Puttiköpfe. Darunter noch eine gräßliche Schlange mit Totenkopf, der den Adamsapfel im Gebiß trägt. Heißt das nicht: Verzag nicht, o Mensch, denn die Sünde ist ja der Anfang der Erlösung gewesen?

Die barocken Prediger haben durchaus noch eigene schöpferische Gedanken, aber natürlich auch recht versponnene Ideen gehabt, z. B. beschäftigte sich ein Rottenbucher Chorherr mit dem Thema: Warum Jesus als Mann und nicht als Mädchen auf die Welt kommen wollte, wo doch die Weibspersonen allgemein als das schöne Geschlecht genennet werden? Und Ferdinand Hueber ging dem Problem nach, welcher Sprache wohl der heilige Geist sich am liebsten bedient hat: der hebräischen, der lateinischen oder der griechischen. – Versponnene allegorische Spielereien das, die aber meistens zu erstaunlich trostreichen Meditationen führten.

Eine sehr geniale, schwungvolle und zugleich höfisch-vornehme Kanzel hat der berühmte Rokokomeister Johann Baptist Straub in der Augustinerchorherrnstiftskirche zu *Dießen* am Ammersee aufstellen lassen. Um 1745 dürfte das geschehen sein. Am Corpus prangen vergoldete Reliefs, den heiligen Paulus als Prediger zeigend und oben auf dem Schalldeckel dann in großer theatralischer Szene die Verzückung des heiligen Paulus: dem Apostel tut sich das Paradies auf, und er vernimmt unaussprechliche Dinge. Eine große Schar von Englein umgibt ihn.

In der alten Wallfahrtskirche zu *Pürten* bei Kraiburg, man möchte in dem Bauerndörfchen so ein glänzendes Stück Rokoko gar nicht vermuten, hat der Landshuter Meister Jorhan eine recht auftrumpfende Barockpredigt zusammengeschnitzt. Die vordere Seite des Kanzelkorbes nimmt ein Reliefbild des heiligen Augustinus ein. Unter dem Schalldeckel fliegt ein großer, flügelschlagender Engel daher und hält eine rauschende, bauschende Draperie, in die auch das Treppentürchen mit hinein komponiert ist. Und oben, in der himmlischen Herrlichkeit dann, deren unteren Teil die Taube des heiligen Geistes beherrscht, thront das Lamm, das Osterlamm, auf dem Buche mit den sieben Siegeln.

Wer aber die allerreichste und größte Kanzel des bayerischen Rokoko sehen will, der muß nach *Straubing* fahren, zur Stadtpfarrkirche St. Jakob. Wenzel Mirofsky, der Münchner Hofbildhauer, hat diese funkelnde Stätte der göttlichen Beredsamkeit 1753 für ausgemachte 2000 Gulden geschaffen. Da sieht man halt wieder, wer in Bayern früher das Geld gehabt hat – und vielleicht auch heute noch hat.

Die Straubinger Kanzel ist demnach also nicht nur die goldreichste und größte, sondern auch bei weitem die teuerste unter allen Kanzeln Bayerns. Aber der sauere Apfel kommt erst noch: als Mirofsky fast fertig war, schrieb er nämlich nach Straubing, er hätte sich beim Kostenvoranschlag verrechnet und unter 4000 Gulden könne er jetzt das Mordstrumm nicht aus seiner Werkstatt geben. Der Kaufkraft nach waren damals 4000 fl gut und gern etwa soviel wie heute 250 000 Mark. Das war jetzt selbst den protzigen Straubingern zu viel. Man einigte sich in der Mitte, und Mirofsky schickte – auf dem Wasserwege über Isar und Donau – die unfertige Kanzel nach Straubing, wo dann die ansässigen Meister Mathias Obermayer und der Schreiner Klembd sie vollendeten. Vor allem die Stiege haben die Straubinger gemacht.

So viele vergoldete Reliefs mit Heiligenszenen, darunter die ganze Geschichte des heiligen Nepomuk von Prag, samt Beichtszene der Königin Sophie, einer geborenen bayerischen Prinzessin, und dem Sturz des Heiligen in die Moldau, und so viele herrliche, lustige Putten sieht man sonst nirgends. Diese Engelsgesichtlein lächeln und lachen, sind obendrein bildhübsch, haben sogar bezaubernde jungmädchenhafte Züge. Es ist einfach eine helle Freude, sie zu sehen.

Die Prediger der alten Zeit konnten aber auch zu humorvolle Schnurren erzählen! Wenn wir so eine Stelle mit Verlaub zitieren dürfen?

»Euer Lieb und Andacht, wie eingangs versprochen, folget anjetzo das Predigtmärl. Paßt mir gut auf, ihr heiratslustigen alten Schafsköpf!

Es war einstmalen ein altbetagter Bauer, dem war sein Weib gestorben. Er hat aber des elendigen Ehstands nit genug gehabt und gleich drauf eine schöne junge Dirn namens Durl geheiratet. Diese Durl hausete kaum zwei Monat mit ihm, da war sie den alten Dumm- und Glatzkopf ganz überdrüssig. Kein Wunder! Er war ein lauterer Grunser und Greiner, sie hingegen pausbackig, frisch und freundlich, ein munteres Wiesel und der Liebe reich ...

So trug sie den herzlichen Verdruß über den alten Gecken und über ihre jungen Täg in all der herzhaften Langweil. Und die junge Durl fing allgemach an mit den jungen Knechten zu lachen und zu scherzen. Das alles merkte der alte Pamperlon aber gar wohl, denn blind ist er anjetzo nit mehr gewesen und taub auch nit. – Was geschiecht?«

Und so geht es noch eine Stunde weiter, bis der alte Bauer die Durl wieder los hatte. Ja, auf so einer Kanzel hat man früher manchmal auch so predigen dürfen! Hat nicht auch Jesus selber in Gleichnissen geredet?

Tief drin im Böhmerwald, eine gute halbe Stunde außerhalb der Stadt Kötzting, steht hoch oben auf der Höhe und weithin sichtbar die Marienwallfahrt *Weißenregen.* Berühmt ist dieses Kirchlein einmal ob seiner wundertätigen Madonna, sodann aber wegen der originellen Schiffskanzel. Der Kanzelkorb ist als Schifflein gestaltet, und die Netze sind aus wirklichen Stricken geknüpft. Nur die Fischlein darin sind hölzern. – Gleich einem Hermes trägt der Walfisch, der gerade den Propheten und Bußprediger Jonas ausspuckt, diesen seltsamen Kanzelkorb. Der Prediger also erscheint und die ninevitische Strafpredigt kann beginnen. Dieser Jonas erfüllt hier eine doppelte, wenn nicht gleich dreifache allegorische Funktion. Einmal als Prediger des Alten Bundes, einmal als maritimer Bezug und Unstetigkeit des Meeres und schließlich auch noch für den Prediger, der zu seinem Amte persönlichen Mut braucht und der da predigen soll wie Gott es will. Wie und wo auch immer. – So eine vielseitige, schillernde und wechselnde Beziehung ist ein wesenhaftes Instrument barocker Philosophie und Geistigkeit. – Ähnlichen Doppel-, Drei- und Mehrfachfunktionen begegnen wir im 20. Jahrhundert erst wieder in der Elektronik.

Die Apostel stehen am Kanzelkorb, teils noch knietief im Wasser, teils schon an Land und plagen und mühen sich mit dem vollen Netz, verrichten eine anstrengende Arbeit. Dabei ist das Netz eigentlich gar nicht so voll.

Die Rückwand oder die Füllung zwischen Schalldeckel und Korpus zeigt Jesus als guten Hirten. In den Schafstall bricht gerade der böse Wolf ein und schlägt ein Lamm. Die Naturalistik dieser Szene beweist, daß es damals, in der Mitte des 18. Jahrhunderts, in Kötzting noch Wölfe gegeben haben muß.

Das schönste an der Weissenregener Kanzel aber ist der Schalldeckel. Er auch erlaubt zwei- oder dreierlei allegorische Deutungen und ist dennoch ganz naiv zu erkennen: das ist der Aufbau eines Schiffes, Mast, Segel und Takelwerk sind die hervorkehrenden Teile. Auf den Strickleitern tummeln sich kräftige heitere Englein herum, klettern hinauf auf der einen Seite und hinab auf der anderen. – Ist das ganze nicht das Schifflein der Kirche, das die Pforten der Hölle nicht überwältigen werden?

Und doch stellt dieser Schalldeckel eine fulminante Marienpredigt vor. Die Madonna, ihr zu Füßen die von einem strahlenden Großengel wie eine Art Türkenschwert geschwungene Mondsichel, steht auf der Kommandobrücke. Jawohl, es ist das wundertätige Gnadenbild der Gottesmutter, welches da steht in aller Festigkeit wie nur je ein Kapitän auf seiner Brücke gestanden. Sie ist der beste Steuermann der Kirche. Hinter ihr hebt sich der starke Mastbaum empor. Er wird von Gott Vater in eigener Person gehalten. Dazu umgeben den Baum noch mehrere Engelsköpfe. Und oben, an der Spitze des Mastbaumes, ist ein Ausguck angebracht, ein Mastkorb.

Und wer sitzt da drinnen und hält die Ausschau? – Die Taube des

Heiligen Geistes. Diesem Schiff kann nichts passieren, das ist einleuchtend.

Johann Paulus Hager, Schreinermeister und Schnitzer zu Kötzting hat diese an Reichtum und Phantasie unübertroffene Schiffskanzel von Weissenregen geschaffen. Wir haben in Bayern noch zwei ähnliche Schiffe zu Predigtstühlen: in *Altenerding* und in der Stiftskirche der ehemaligen Reichsabtei *Irrsee*. Diese Schiffskanzeln sollen auch an die Schlacht von Lepanto erinnern, an den Sieger Don Juan d'Austria und die vereinigte Flotte der Christenheit. Als der wirkliche Sieger von Lepanto aber hat von jeher die Mutter Gottes gegolten, die Maria del Victoria.

Das Schönste vom Schönen aber und zugleich das Raffinierteste der Spätzeit des hiesigen Rokoko finden wir in einem unscheinbaren Bauernkirchlein des Erdinger Hinterlandes. Es handelt sich um kein Dorf, sondern tatsächlich um eine Einöde, um *Oppolding*. In diesem Filialkirchlein finden wir eine ganz in weiß gehaltene entzückende kleine Kanzel. Sie ist von tatsächlich unsagbarer Zartheit. Der Schalldeckel schwingt und klingt – es ist gar kein Deckel mehr – in einen feinen Schnörkel aus, in den dann auch noch ein paar Rosen und die pfingstliche Taube verwoben sind. Nichts von Fülle und Überladenheit ist hier zu spüren. Im Gegenteil, der Oppoldinger Kanzelschnörkel ist von puritanischer Einfachheit – oder sagen wir lieber: hellgeistig und durchsichtig bis auf den Grund der Kunst, ist erstarrte mozartsche Musik! Er ist ein frohes nachösterliches Alleluja und ein vorpfingstliches – die Welt tröstendes – Veni, sancte Spiritus.

Nichts ist, das ewig sey!

Barocke Predigten und Meditationen zum Tode

»Lasset krachen Ihr Himmel! Lasset krachen die mit Donner gefüllte Wolken! Schießet hervor, ihr feurige Wetterpfeil! Ertönet, ihr gewaltige Donnerklapf, damit anheut Blitz und Donner alles erschlage!«

Solche Töne sind auf keiner Kanzel mehr zu hören. Das Register eines geistlichen Donnerwetters wird nicht mehr gezogen, nicht einmal mehr von den Hochwürdigen Herren Patres Kapuziner oder Dominikaner, denn die Frohbotschaft des Evangeliums wird gegenwärtig mehr gesprochen denn verkündet, geredet ohne Pathos, ohne Aufschrei und ehrfürchtiges Geflüster; dafür aber leicht verfremdet mit den gezielten Anliegen einer opportunen Modernität, tönen die Worte Gottes sachlich und ohne Zorn aus der Lautsprecheranlage. Die tiefgläubigen Zuhörer weiland des Pater *Abraham a Sancta Clara* würden sich schön langweilen. Wo er auf der Kanzel stand – überwiegend in Wien als kaiserlicher Hofprediger –, da haben die großen Kathedralen und die Wallfahrtskirchlein gebebt vor dem Gelächter der Andächtigen, auch wenn die allerhöchsten Herrschaften zugegen waren, sogar am Karfreitag.

»Auweh, auweh, Ihr Hochwürden und Gnaden, eine schlechte Post für euch! Denn ihr seid Ursach, daß er so schmerzlich ist hingerichtet worden, es wird sauber herauskommen. Wann solches die Frau des Pilatus wird vernehmen, daß, was dieser Mensch von Nazareth hat ausgegeben, er werde am dritten Tag wieder auferstehn, gleichwohl wird geschehen, auweh, ihr Hohepriester und Schriftgelehrte, die Frau des Pilatus, dann sie ohnedas ihm mit Gewalt gesucht hat durchzuhelfen, wird euch alle vom Dienst hinausstoßen. Sie wird nit Ruhe geben, bis sie's zuwege bringt, denn sie ist ein Weib. Wassergüß und Feuersbrunst / Teufelsbanner- und Hexenkunst / Weiberzorn und Löwenbrüllen / Sind wohl einmal hart zu stillen!«

Die ernsthafte Lustigkeit des Pater Abraham schallt uns, mehr oder minder kräftig, von allen barocken Kanzeln entgegen, von katholischen und evangelischen. Und die modernen Theologen der letzten hundert Jahre schämten sich gehörig wegen der beredten Auswüchse und Übertreibungen der barocken Traktatschreiber. Dabei ist der Aberglaube des Barock, der den des Mittelalters noch weit übertraf – durch inzwischen entwickelte Gelehrsamkeit und Spezialistentum – kein kirchliches, kein theologisches, sondern ein kulturgeschichtliches, ein allgemeines Phänomen. Wieviel Poesie haben da die empörten Aufklärer verkannt! – Von der großen Lyrik seit Martin Opitz, dem vielgeschmähten Lehrer der Poesie, von der Frömmigkeit Simon Dachs, der großen Kunst Paul Flemings über die »Zentnerworte« des Andreas Gryphius »Mein sind die Jahre nicht, die mir die Zeit genommen ...« und der unvergänglichen »Vergänglichkeit der Schönheit« eines Christian Hofmann von Hofmannswaldau, der um ihre »Brüste streichen« sieht den »Tod mit seiner kalten Hand«, bis hin zu dem, seine Angst in generöser Gelassenheit ertragenden Christian Günther, es wird ein jedes Gedicht zu einem barocken, christlichen Drama. Die Nacht wird ihnen »lichter als der Tag« und die solennen Festivitäten, Gastereien und Schäferspiele, der martialische Kriegspomp, dessen Reglement an den feierlichen Ablauf von Prozessionen erinnert, alle Lebenslust ersticken jeweils in einem Atemzuge in Grabesluft und Todesschauer. Und wieder durch das Grab sieht so ein Barockmensch den Himmel. Ein Zeitgenosse Abrahams, ein bayerischer Bauernpfarrer namens *Andreas Strobl*, ruft in einer Leichenrede z. B. aus:

»Der Tod herbringt das Leben mir,
Wann ich nun dahin stürbe,
Ich ein neues Lebn erwürbe.
Doch muß durch finstre Grabestür
Vor gehen ein, eh daß der Tag
Mit seinem Schein im finstren Grab
Mir tut das Lichte geben.
Vom Grab hab ich das Leben.«

Natürlich erreicht Andreas Strobl – diese »schwarze Bauren-Ambsel«, wie er sich selber nennt, andeutend, daß er nur vor Bauern gepredigt hat – die literarische Größe eines Gryphius oder Fleming nicht, aber auch in der nicht ganz vollkommenen Poesie steckt Kurzweil und auch aus ihr atmet die weltsüchtige Vergänglichkeit der so gestenreichen und repräsentationsfreudigen Kavaliere und Damen des 17.

und 18. Jahrhundert. Ob im herrschaftlichen Schloß oder in der strohgedeckten Bauernhütte, die Menschen glaubten an die Schwerelosigkeit, an Hexen und Engel, an Heilige und arme Seelen, an Licht und Dunkel, und die Ewigkeit war ihnen ein Donnerwort. Sie waren erlösbar, erlösbarer zumindest als die gegenwärtige Generation, deren Vertreter wirklich in jener, ›im Barock nur engleingleich geahnten‹ Schwerelosigkeit sich bewegen. Leicht oder üppig aufgetragener Stuck, Spiegeleffekte und der reiche Zauber alchimistischer Ahnungen, mathematische Phantastereien und Musiken, riesige Dramen und wochenlange Säkularfeiern, lateinische Schuldramen und Endskomödien – des Aufzählens barocker Lust- und Kreuzwegstationen wäre noch lange kein Ende –, all die Meditationen der Menschen zwischen 1650 und 1770 kamen zu dem nämlichen Ende: »Trutz, Tod, komm her, ich fürcht dich nit!« – Die gewaltigste, wirksamste und alltäglichste Meditation aber war für jedermann die Predigt. Gerade als in der katholischen Kirche nach dem Konzil von Trient der Hochaltar zur Hauptattraktion eines Gotteshauses gestaltet wurde, fanden beide Konfessionen – trotz Gegenreformation und konfessioneller Eifersucht – noch einmal einen Höhepunkt in der Kunst der Seelsorge, in der fulminanten Großartigkeit einer noch nie dagewesenen Eloquenz.

»Euer Lieb und Andacht! Unser Leben ist eine Comedi. Wir seind die Comedianten. Einer agiert einen König, der andere einen Bettler, dieser einen Fürsten, jener einen Doktor, ein anderer einen Bauern. Was einem nun Gott für ein Person gibt, die soll einer nach Gebühr agieren.

So steht auch das Lob nicht auf diesem, daß einer ein Kaiser oder ein Fürst müsse sein. Was dir Gott für ein Person aufgetragen, die wird dir dein Lob wohl geben, wann du sie nur recht und wohl agierest!

So ist demnach nicht auf dies zu merken, was wir jetzt sein, sondern was wir künftig sein werden, wann wir unser Comedikleid werden hinweg gelegt haben.«

Wer also das Leben als eine Komödie betrachtet – was alle deutschen Barockprediger ausführlich getan haben –, der sieht die Welt als ein Wirtshaus an, in dem – je nach der Heimat des Predigers – der Wein gewässert oder die Krüge schlecht eingeschenkt sind, wo der Braten zäh ist und das Bett hart, die Kellnerin eine übel gelaunte Beißzange vorstellt und der Herr Wirt eine gar dicke Kreide besitzt. Und kaum sagst du auf Wiedersehen, schon bist du vergessen, der Wirt begrüßt bereits den neuen Gast. »So undankbar gehet es zu in denen Wirts- und Bräuhäusern«, meint *Ignatius Ertl*, ein Pater der Augustiner-Barfüßer. Und der gelehrte Dr. *Christoph Selhamer*, Pfarrer zu Weilheim, ruft seinen Gläubigen zu, daß diese Schlechtigkeit der Gastronomen auch die Ursach sei, weshalb unser Herr habe nicht in einem Wirtshaus oder Hotel auf die Welt kommen wollen und auch später nicht mit seinen Aposteln das letzte Abendmahl in einem Gasthofe habe feiern mögen. – Denn sie kommen vom Hundertsten ins Tausendste, die Repräsentanten der großen Geste und der unterhaltsamsten Theologie, die es in der Kirchengeschichte je gegeben hat. Sie erklären z. B. ausführlich in einer Palmsonntagspredigt, warum Gott es nicht zugelassen habe, daß von dem Palmeselein ein Stück der Haut als kostbare Reliquie in irgendeinem Gotteshause würde verehrt werden, führen dazu gleich ein Dutzend Väterstellen an und bringen noch eine eigene Erklärung. Gott wollte dem Eselein, als einem Tier aus dem Geschlechte der sprichwörtlichen Dummheit und störrischer Launen, eine so große Ehre nicht antun. – Gewiß, es war eine an Rollen reiche Komödie, die barocke Welt unserer Prediger, in der auch die Prediger wohl agierten.

Man arbeitete mit Symbolen, Metaphern und Allegorien, ja man dachte überhaupt nur in Bildern, Klängen und Wohlgerüchen. Die Welt ein Gasthaus, das Leben eine Komödie – und der Mensch? Was war dann der Mensch? – Quid est homo? – Man stellte die Frage in Latein, gelehrt und bohrend nach einer gültigen Antwort heischend. Quid est homo? – Er ist das größte Elend, ein Bildnis der Unbeständigkeit, ein Glücksspiel, ein Raub der Zeit, ein Leibeigen des Todes, ein bewegliches Grab, ein vergehender Schatten, ein Traum des Schattens, eine Kugel damit Gott spielt. Das ganze Leben des Menschen sei ein Weinen, rief der weltberühmte Münchner Hofprediger *Jeremias Drexel* aus, dessen mehrbändige gesammelte Predigen in Latein und andere europäischen Sprachen übersetzt, damals in keiner Bibliothek Europas fehlten – und glückselig sei, wer auf dieser Welt genug zu weinen habe, »damit er nicht erst nach dem Tod / Muß weinen in der höchsten Not«. Kurzum: »der Tod ist unser Geburt«. Ja, das Beste sei, nie geboren werden, das Nächstbeste aber nach diesem sei, bald wiederum zu sterben. – Bei so viel moribunder Beredsamkeit und Todessehnsucht ist es kein Wunder, daß die eigentlichen

Totenreden oder Leichenpredigten, wie sie an der Tumba, am offenen Grabe oder am 3. und 30. Tage nach dem Hinscheiden abgehalten und zelebriert wurden, den barocken Predigern am eindringlichsten gelungen sind. Und noch einmal sei es gesagt: Da ist kein Unterschied zwischen katholisch und evangelisch, wenigstens nicht im Gebrauch an Allegorien und Metaphern und in dem ganz profunden Thema von der Vergänglichkeit des Fleisches. Als der Markgraf Wilhelm-Friedrich von Brandenburg-Ansbach in noch jungen Jahren das Zeitliche segnete, beschwor der Prediger recht seltsame Bilder. »Ein Fürst von einer der größten Familien, der Lust seines Hauses war, der von seinen Untertanen geliebt worden, der Vater des Vaterlandes, wird schnell hinweggenommen, ja, was sag ich, hinweggenommen? Er ward aus dem Schoß einer Durchlauchtigsten Prinzessin hinweggerissen ... Ihr Großen in der Welt, die ihr die anderen Sterblichen erzittern machet, nahet euch ein wenig diesem Grabe! Glaubet ja nicht, daß dieser große Fürst der einzige sei, der schnell soll weggenommen werden: ihr seid alle ebenfalls tausend Gefährlichkeiten unterworfen. Ein wildes Schwein wirft mit gleicher Unbarmherzigkeit den größten Monarchen als den geringsten Bauern zu Boden. Eine jede Lustbarkeit ist ein Mörder. Ein Haar, so in dem Halse stecken bleibt, kann euch ersticken. Ein Sandkörnlein, welches sich in des Cromwells Harngang stemmte, wirft dessen großes Genie samt seinem ganzen Leben übern Haufen. Ob ihr euch schon schmeicheln wollt, ihr hättet die Konstitution des Großherzogs von Florenz und könntet euer Leben 80 Jahr in Gesundheit hinbringen! Was sind 80 Jahr gegen tausend Säkula zu rechnen?! –«

So ist der Todesschatten wie ein Hauch über alle Dinge geworfen, wie ein spinnwebdünnes feines Rokoko aufgelöster Formen des Barock in den markgräflichen Salons. Es hinterläßt am Ende den gleichen Eindruck wie die schwere Üppigkeit katholischer Kuppelfresken und Kirchenväter aus Stuck. Die Chöre der holdseligen Englein nicht vergessen! – An den Grabmälern der Salzburger Fürsterzbischöfe spielen sie selbst mit den Insignien des Todes, diese Englein.

Wir können uns nur noch schwer in die Gefühlswelt und Mentalität eines barocken Menschen hineindenken. Es gibt auch keine zu analysierende barocke Psychologie. Ovambos, Haussas und Buschmänner stehen unserer Generation wesentlich näher als etwa ein *Clemens August* von Köln, Münster und Paderborn oder dessen Brüder. Und doch kommen wir der Bauleidenschaft etwa eines österreichischen Prälaten etwas näher, wenn wir das Programm seiner Frömmigkeit zu begreifen uns bemühen. Es ist umfangreich, zerfällt in mehrere Bücher, Traktate, Kapitel und Lehrpunkte. Aber nirgend ist von der ewigen Seligkeit allein die Rede. Ohne Tod ist sie nicht zu haben. Infelix anima, unglückliche Seele, sieh zu, daß du nicht verdammt wirst! – So ähnelt eine Fasten-Meditation der anderen: das Gesamtkunstwerk einer prächtigen Kirche von Johann Michael Fischer, ausgestattet mit Wessobrunner Stuck und Fresken von Mathäus Günther, etwa und der Aufbau einer solennen Kirchweihpredigt von Pater Ignatius Ertl oder Abraham a Sancta Clara; eine Endskomödie oder eine Sinfonie oder ein Gedicht von Johann Rist; nur ein Ziel hat jeder Künstler: dein Heiland will dich trösten, infelix anima! – »O Ewigkeit, du Donnerwort / O Schwert, das durch die Seele bohrt / O Anfang sonder Ende / O Ewigkeit, Zeit ohne Zeit / ich weiß vor großer Traurigkeit / Nicht, wo ich mich hinwende. / Herr Jesu, wenn es dir gefällt / Eil ich zu Dir ins Himmelszelt.«

Warum die Großeltern unserer Urgroßeltern zum Tod noch eine so herzliche, alltägliche, ehrfürchtige und gläubige Beziehung hatten – ganz im Gegensatz zu uns, die wir aber auch noch recht schnell und in großer Zahl sterben können –, hat für einen wohl funktionierenden Verstand eine ganz einfache Ursache. Bei dem Stande der damaligen Medizin war der Tod ein häufiger Gast. Außer Purgation und Aderlaß verschrieben einem die Doktoren der Arznei im Ernstfalle nichts. Das ist nicht übertrieben, man studiere nur die uns aus Tagebuchaufzeichnungen einiger geschichtsbeflissener Herren in der näheren Umgebung so mancher mit jähem Tod abgegangener Fürsten! Der Tod kam im 18. Jahrhundert noch wegen jeder Kleinigkeit. Eigentlich war er immer anwesend. Er ließ sich auch häufig auf der Straße sehen. Aufbahrung, Exequien und Requiem, Aufbau und Besuch einer großen Tumba, prächtiger Trauerzug mit Musik und Gebet durch die Straßen der Stadt zu dem herrlich angelegten Gottesacker, über dessen Eingang der Spruch stand: »Wer möcht da nicht begraben sein? / Komm in die Ewigkeit herein! / Der Gruben gibt es viel, / Der Tod ist unser Ziel.«

Dazu gab es in jeder Stadt Deutschlands die Totenfrauen, in manchen katholischen Städten in Bayern die »Geschwestern oder die Kinder des Herrn« genannt. Desgleichen waren auch noch die Betbrüder vorhanden, ein ganz und gar eigener Berufsstand. Diese Betbrüder hatten keine andere Aufgabe als für die Abgestorbenen zu beten – gegen freie Kost und Logis und Bezahlung – und die Leichen auf den Friedhof zu begleiten. Während die Leiche noch im Hause lag, mußten die Betbrüder nachts abwechselnd die Totenwache halten und mehrere Rosenkränze beten. Diese Männer, meistens hatte eine Stadt zwölf Betbrüder, wohnten im Betbruderhaus und hatten eine eigene Tracht: lange schwarze Mäntel mit einem Umhang, niedere Hüte mit breiten Krempen und an der Hand einen schweren Rosenkranz: das Aussehen des Todes. »O Herr, gib ihm die ewige Ruhe«, war ihr Gruß.

Am ehesten begreift man den Charakter eines Volkes, wenn man die Zeremonien studiert, die da beim Absterben eines Mitmenschen vollbracht werden. Eines der wichtigsten und beruhigendsten Dinge für einen barocken Menschen war das Wissen, dermaleinst eine »schöne, eine solenne Beerdigung« zu bekommen. Und was an einem offenen Grabe seit alters her einigen Eindruck macht, das ist die Totenrede. Berühmte orationes funebres sind uns schon von den Griechen und Römern überliefert. Im späten Mittelalter und ganz besonders in der Barockzeit wurden diese Leichenreden auch gedruckt und zur Erinnerung aufbewahrt. In manchen abgelegenen Gegenden erhielt sich der Brauch einer gedruckten Leichenrede noch bis in unser Jahrhundert herein. Eine richtige oratio funebris muß drei Teile haben: die Laudatio, wo der Tote über die Maßen gelobt wird, dann eine Lamentatio, wo der gute Verstorbene kräftig beweint wird und das Ausmaß des Trauerfalles in den dunkelsten Farben ausgebreitet wird, daß alle Hinterbliebenen so recht sich ausweinen können; zum Schluß dann gibt es noch Worte des Trostes in der Consolatio.

Alte Leichenpredigten sind auch für den Historiker von Interesse, wenngleich man darin nicht die Wahrheit über den Verblichenen erfährt. Gerade die schwache Seite eines Fürsten wird da von einem geschickten Prediger oft in ein leuchtendes Gegenteil umgewendet. So wird gerade bei den offenkundig treulosesten Monarchen in Anwesenheit der durchlauchtigsten Gattin und Fürstin und des weinenden Volkes meist auch die eheliche Treue und das große Familienglück des Verblichenen hervorgehoben. In allen Stiftskirchen des Reiches z. B. wird beim Heimgang der Kaiserin Maria Theresia – und die Predigten sind fast alle gedruckt und in allen Bibliotheken einzusehen – gleichermaßen und auffallend ihre große Liebe zur Keuschheit ausführlich gerühmt, obschon jedermann wußte, daß sie, die Erfinderin der Sittenpolizei, gerade die Sittenlosigkeit in Wien und in den Erblanden nicht nur nicht unterbinden konnte, sondern eher noch gefördert hat. – In der Trauerrede um den bayerischen Kurfürsten Max Emanuel rühmt der Prediger seitenlang allein die unübertreffliche Schönheit der äußeren Gestalt des Fürsten und kommt dabei auch ziemlich ausführlich auf die »vorzüglichsten Hauptstellungen« seines Körpers zu sprechen.

»Es ist kein anderes Volk als das der Bojer, das seine Fürsten mehr geliebt! O welch ein Weheklagen hallt durchs ganze Vaterland! – Wer – und hätte er's auch nur einmal gesehen – könnte es je vergessen, mit welch königlicher Grandezza und Eleganz unser lieber durchlauchtigster Landesvater ist von dem Wagen herausgestiegen in seiner Art, zuerst den Arm mit der gütigen Vaterhand vorstrekkend und dann das so schön geformte Bein repräsentierend! O Volk der Bojer! Schau hin auf die Totenbahr!«

Da gäbe es noch viele Kuriosa aufzudecken, denn wenn der Mensch stirbt, wird er gelobt. Hier gedenkt ein Leib- und Lobredner der tiefen Frömmigkeit eines barocken, lustigen Kälberprälaten, der in Wirklichkeit vor lauter Wirtschaft und Ökonomie kaum noch Zeit fand die Messe zu lesen. Dort feiert einer die Freigebigkeit eines geizigen Kaufmannes, der die Almosen im stillen ausgeteilt.

Eine schöne Leichenred hat der Franziskanerpater *Marcellinus Dalhover* dem »gestreng und hochgelehrten Herrn Andreas Huber, der Artznei-Doktor, hochfürstl. freisingischer Rat und Leibmedicus« abgelegt. Er lobt Hubers Kenntnisse auf allen Gebieten in den höchsten Tönen, feiert ihn, den Arzt, als Poeten und Mitarbeiter des zweiten Horaz, Jakob Baldes, als großen Astronom, als Botaniker und schließlich auch als Arzt möchte man meinen, nein, gerade jetzt an letzter Stelle auch als Arzt. Denn, um ein wieviel größerer Doktor Medikus muß der Mann erst sein, wenn er schon ein so bedeutender Poet, Astronom und Botaniker ist! Mit vielen Zitaten aus Galen und Hippokrates wird Hubers ärztliche Kunst des Purgierens und Aderlassens geschmückt. Und nach jedem Kapitelchen bricht der Prediger vor der Totenbahr in den Ruf aus: »Er war ein zweiter Galen! Ja, wanns für den Tod ein Kräutlein wär, gewußt hätts er! – Des sein sein Ehr!« Die laszive Kleiderpracht war dem Pater Marcellinus so zuwider wie dem Abraham a Sancta Clara gewisse Wiener Komtessen. Einmal hat er einer Frauensperson, die ein weitausgeschnittenes Kleid trug, von der Kanzel herunter sein Sacktuch zugeworfen mit der Aufforderung, sie möge sich bedecken. – In geschlossenen Standespredigten erteilt er den Ehefrauen handfeste Ratschläge wider ihre versoffenen Männer. Umgekehrt tröstet er auch die männlichen Ehehälften wegen der Herrschsucht der giftigen Weiber.

Und damit sind wir an jenem wunden Punkt der Barockprediger angelangt , an dem sie ein gutes Jahrhundert über gerichtet und verurteilt worden sind. Sie hätten mit der Ehe ihren Spott getrieben, und die Frau hätten sie ohnehin mißachtet. – Davon kann keine Rede sein, auch nicht dann, wenn man in der Predigt das humorvolle Märl oder die Predigtgeschichte nicht erlauben will. Die Ehestandspredigten all dieser barocken Naturen verraten ein profundes Verständnis für die Schwere der zahlreichen Ehekreuze, bringen ein tröstendes Mitleiden entgegen und einen befreienden Witz. Ihre Themen sind nicht psychologisch und moraltheologisch, sondern exemplarisch. Sie behandeln den Streit der sich ewig Liebenden um die Oberhand. Dann geht's über das zänkische, meisterlose und hochmütige Weib, aber nicht weniger häufig um den versoffenen Mann, um den gegenseitigen Haß bis zum Gattenmord und über die Freude des einen über den Tod des andern. Ertragende Geduld und anhaltendes Gebet werden zur Linderung empfohlen und schließlich wieder auf die Vergänglichkeit alles Irdischen hingewiesen, denn im Himmel, »das ist uns für eine Gewißheit verheißen«, wird niemand mehr verheiratet sein. Amen.

»Quid est homo? Was ist der Mensch? Er ist mortal, das ist sterblich. Homo und mortalis seind Synonima und im Latein gleicher Bedeutung. Bist du auch jung von Jahren und schön von Haaren – du bist dennoch ein hübsches Aschenhaus! – Denn quid es vita? Was ist unser Leben? Ein »Ita«! Ein geh hinweg und lauf, mach einem andern Platz, ita! Großmächtiger Ludovicus, König in Frankreich, der Dreizehnte, quid est vita? – Ita! Geh, mach Platz Ludovico dem vierzehnten!

Ferdinande, allergroßmächtigster römischer Kaiser, der dritte, sag mir: quid es vita? – Nichts als ein Ita! Gehe abermahl und mache Platz Leopoldo dem ersten! – Alexander, heiligster Vater, saget mir, quid est vita? Was ist unser Leben? – Ita, ein wahrhaftes Geh und mache Platz Innocentio dem zwölften!«

So wird jedermann und jeder Bereich des Lebens wertlos in der großen barocken Vergänglichkeit. Das klingt bei Gryphius, der auch zahlreiche Leichenpredigten gehalten hat, nicht anders als bei den Patres Jesuiten. Vanitas vanitatum vanitas! Es ist eitel alles. Alles ist eitel. – Da wird jede Kunst stumpf und die trostreichste Musik zur Langeweile. Und dennoch wollen wir getröstet sein! Die Consolatio darf bei keiner Totenrede fehlen. Und sie fehlt auch nicht, nicht im Norden und nicht im Süden. Denn wer an die ewige Seligkeit glaubt, der ist schon getröstet. Und gläubig wird, wem die Frohbotschaft gepredigt wird. Es kommt also auf den Grad der Vollkommenheit der Worte an. Zumindest auf ihre Eindringlichkeit, auf die Gewißheit. Andreas Gryphius sagt:

»Mein Jesus geht voran! Der Himmel steht mir offen.
Was mach ich auf der Welt, wann sie mein Heiland läßt!
Flieg Seele, flieg und flieg in die besternte Fest!
Heut ist, was sonst sehr schwer, der Eingang leicht zu hoffen.«

Nicht viel anders klingt die feste Hoffnung im Süden, wo man auf die himmlische Heimat hofft, auf ein jenseitiges Tegernsee gar mit Musik und Schützenfest. – Ein Straubinger Karmelit aber trifft im Tod des Bettlers den Ton fast so gut wie Gryphius.

»O freudenvoller Blick, jetzt endigt sich die Not.
Geschwind, o Tod! Mir, der ich allzeit sonder Klagen,
Ja, auch sogar mit Lust die Armut hab ertragen,
Mir öffnest du den Himmel, mich führest du zu Gott!«

Ob uns der Tod ins ewige Leben führet? Gegenwärtig diskutieren Mediziner und Juristen um den exakten Zeitpunkt seines Eintritts. – Landläufig scheint er längst ein hygienisches Problem geworden zu sein. Ja, mit den menschlich-sachlichen Augen des kommenden Jahrhunderts wird er kein Problem mehr sein, weder für die Gesellschaft noch für die medizinische Wissenschaft und erst recht nicht mehr für die Daseinsberechtigung der Kirchensteuer. Tod, wo ist dein Stachel? Tod, wo ist dein Sieg?

Und von den beiden großen Leidenschaften des barocken Menschen, von der Weltsucht und der Weltflucht, scheint nur noch die Sucht nach immer mehr Welt und Welten bis auf unsere Tage gekommen zu sein. Die Majestät des Todes – ob durch Massentötungen ad absurdum geführt oder durch konsumfrohe und lebenstüchtige Erziehung verschwiegen und im verborgenen gehalten –, die Majestät des Todes darf nicht mehr auf die Bühne. Seine Rolle in der Lebenskomödie ist zwar noch bedeutend, aber die allmächtigen Regisseure der zukünftigen Gesellschaft haben alle seine Auftritte gestrichen. Vom Tod spricht man nicht – auch nicht am Karfreitag, kaum von Jesu Tod – denn der Tod ist tot. Mit alten Knochen läßt es sich nicht werben. »Du Welt, o fürchte dich! Dein Kaiser liegt im Sterben. Wer wird uns fürder trösten? – Mich tröstet nur der Engel Gottes. Nichts ist, das ewig sey.«

Franconia Benedictina

Die letzten Benediktinerklöster in Franken

Europa hat viele Provinzen und schon unser freistaatliches Bayern umschließt die verschiedensten Landschaften: Toskanisch anmutende Hügel, mainfränkische Weinberge, Braugersten-spendende Äcker, Wälder und romantische Wiesengründe, saubere Dörfer und freundliche Städte mit alten Plätzen, Kirchen und Patrizierhäusern. Es ist eine kaum überschaubare Vielfalt vorhanden in dem kleinen Freistaat, in dem die Menschen nicht mehr nur von der angestammten Landwirtschaft leben. Einer gemeinsamen Wurzel aber kann sich unsere Kultur rühmen, der mönchischen, der benediktinischen Vergangenheit. Deutschland und besonders Süddeutschland ist eine terra benedictina.

Man sagt, die Söhne des hl. Benedikt hätten für ihre Niederlassungen die Bergeshöhen bevorzugt. Zwei der bedeutendsten fränkischen Abteien erheben sich denn auch auf solchen, den Blick in die Weite lenkenden Höhen. Die eine glänzt auf dem Berg der Mönche, auf dem mons monachorum, über der vieltürmigen Stadt Bamberg, auf dem *Michelsberg*, daß man als Fremder, angesichts der großmächtigen Kirche und der weitläufigen Gebäude, diese Gottesburg für das geistliche Zentrum der fürstbischöflichen Stadt halten möchte. Und das andere benediktinische Herzstück Frankens, das weitberühmte *Banz* bei Staffelstein, erhebt sich gleich gar 170 Meter über der Talsohle des Mains und glänzt in den Farben des gelben Sandsteins mit seiner doppeltürmigen Fassade und den mit feinen Laternen bekrönten Zwiebeln wie eine barocke Residenz. Der heilige Dionysius, der urfränkische Märtyrer von Paris, ist neben dem hl. Petrus der Hauptpatron der Stiftskirche von Banz. Über ein halbes Jahrhundert wurde an dem weitläufigen Gebäudekomplex gebaut und die großen Architekten der Zeit haben nacheinander gearbeitet: die Brüder Leonhard und Johann Dientzenhofer, Balthasar Neumann und Michael Küchel. Die Stiftskirche Johann Dientzenhofers gilt in der Kunstgeschichte als ein Markstein in der Entwicklung der Architektur des Barock in Bayern. Ellipsen und Ovale schaffen einen bewegten, lebendigen Raum. Die Gesimse kurven und überschneiden die ebenfalls schwungvoll geneigten und verzogenen Gurte und Bögen. Mit den Mitteln der steinernen Architektur ist da eine von überirdischen Kräften herrührende Energie in den Raum gebracht worden, eine unglaubliche Schwerelosigkeit und Bewegung. Die Ausgießung des hl. Geistes ist denn auch das Thema des großen Freskos Melchior Steidls.

Die Mönche der Abtei Banz haben ihr Licht nicht unter den Scheffel gestellt, und die katholische Aufklärung hat von dieser stolzen fränkischen Höhe aus hell hinaus geleuchtet in das jesuitische Dunkel der süddeutschen Provinzen. Zwischen 1772 – dem Jahr der Vollendung aller Neubauten – und 1798 – fünf Jahre vor der Säkularisation, erschien in Banz eine damals aufsehenerregende kritische Zeitschrift mit dem Ziel: »den katholischen Volksteil Frankens und darüber hinaus Deutschlands« mit den literarischen Werken der damaligen Gelehrten bekanntzumachen, die Philosophie Immanuel Kants miteingeschlossen. Allein der Titel dieser Zeitschrift, der übrigens immer kürzer wird – von spätbarocker Länge zu sachlich-nützlicher Kürze hin tendierend – schon dieser Titel bedeutet eine Kampfansage gegen die bisherigen scholastischen Methoden in der Erziehung und wissenschaftlichen Ausbildung. Zunächst hieß das Blatt also:

Die fränkischen Zuschauer bei gegenwärtigen besseren Aussichten für die Wissenschaften und das Schulwesen im Vaterland, eine periodische Schrift zur Beförderung dieser guten Anfänge. Und ab 1775 hieß das Blatt dann: *Literaturzeitung des katholischen Deutschlands zu dessen Ehre und Nutzen,* herausgegeben von einem katholischen Patrioten.

Schließlich änderte das Blatt nochmals sein Gesicht und nannte sich ab 1792: *Literarisches Magazin für Katholiken und deren Freunde.*

Trotzdem, auch Banz wurde säkularisiert und fiel dem beschworenen Geiste zum Opfer. Die Bibliothek kam nach Bamberg, die in Banz in großem Stil gepflegte Rosenzucht verwilderte, mit knapper Not entging die Kirche einem schon geplanten Abbruch, die Mönche gingen, unter sich in Parteien mäßiger und radikaler Aufklärer gespalten, ihre verschiedenen Wege. Da kümmert sich eine Seitenlinie des Hauses Wittelsbach um das verlassene Stift. Banz wird 1814 Sommerresidenz der Herzöge in Bayern ... und bleibt dies bis 1933. Vielleicht verbrachte auch Elisabeth, die spätere Kaiserin von Österreich, etliche Wochen auf Banz? Seit 1933 ist die gewaltige Klosterburg wieder von Mönchen bewohnt, wenn auch nur von wenigen. Banz ist jetzt Mutterhaus der Patres von den hl. Engeln.

Und dennoch, von welcher Seite man sich dem Stift auch nähert, die Ausstrahlung und Repräsentanz dieser benediktinischen Niederlassung ist überwältigend! Der Ehrenhof und die schwungvolle Treppenanlage vor der Prälatur erinnern einen an die materielle Potenz, an die reichen Einkünfte aus den Gilten und Zehnten der Dörfer ringsum, aus den klostereigenen Meiereien und Wäldern. Der energiegeladene, bewegte Raum Dientzenhofers beschwört die tröstende, geistliche Kraft und das mit kostbaren Intarsienarbeiten ausgestattete Chorgestühl im Psallierchor hinter dem Hochaltar, Szenen aus dem Leben des hl. Benedikt darstellend, läßt uns die Geborgenheit in der mönchischen Gemeinschaft ahnen. Banz ist eine wohldurchdachte, effektvolle Harmonie.

Der *Michelsberg* ob Bamberg und die Abtei *Banz* sind nicht die alleinigen Zeugen eines einstmals blühenden benediktinischen Lebens in Franken. Da ist das weitläufige *Amorbach* am Fuße des Odenwaldes, heute im Besitz der Fürsten von Leiningen und bis zur Säkularisation wahrscheinlich das wohlhabendste unter den fränkischen Benediktinerstiften. *Würzburg* hatte gleich drei benediktinische Stätten: St. Stefan, das Schottenkloster St. Jakob und die Nonnenabtei St. Afra. Da gab es in der Nähe von Haßfurt das gar nicht so unbedeutende Stift *Théres,* heute im Besitz des Freiherrn von Swaine, dessen Rokokokirche allerdings 1809 abgebrochen worden war.

Heute blüht in Franken nur mehr ein einziges Benediktinerkloster, das 1913 wieder erstandene *Münsterschwarzach,* das aber zur Zeit eine sehr bedeutende Abtei ist und an die 200 Konventualen zählt. Eine große Seltenheit in der Kirchengeschichte stellt diese Wiederbelebung von Münsterschwarzach dar, denn von dem alten Stift hatte das 19. Jahrhundert nichts mehr übriggelassen. Selbst die der alten Münsterschwarzacher Schutzherrin, der hl. Felizitas, geweihte prächtige Barockkirche war abgerissen worden. Dabei haben an ihrer Entstehung und Ausschmückung die ersten Meister in dem Künstlerensemble um Balthasar Neumann mitgearbeitet. Neumann selber fertigte die Pläne, Johann Evangelist Holzer schuf die Gemälde, Feichtmayr stukkierte und Auvera stattete die Basilika mit schwungvollen Plastiken aus. Fürstbischof Friedrich Carl von Schönborn nahm in höchsteigener Person am 8. September 1743 die Konsekration vor. Magna gloria domus novissimae, die übergroße Herrlichkeit des neuen Gotteshauses, nennt sich die eigens verfaßte Festschrift, die uns von den mehrere Tage währenden Feierlichkeiten berichtet. Die Kirchweihe des Felizitastempels wird mit der Weihe des Tempels in Jerusalem verglichen und der Autor prophezeit dem fürstbischöflichen Konsekrator ewigen Ruhm. Natürlich fehlte ein eigens für diesen Tag gedichtetes Festspiel nicht, in dem auch der Genius der Schwarzacher Kirche als handelnde Person auftritt.

Man war damals auf dem Höhepunkt künstlerischer Prachtentfaltung und niemand hätte daran gedacht, daß der Genius dieser allerneuesten heiter-frommen Kirche kaum sechzig Jahre lang sein Patronatskind würde beschützen können. Münsterschwarzach wurde ein Opfer der Aufklärung. Ein unwiederbringliches Kunstwerk war verschwunden. Aber der Genius der Felizitaskirche zu Münsterschwarzach hat dennoch das Blatt wieder gewendet. 816 von einem Grafen Megingaud gegründet, 1803 säkularisiert, 1913 von den Benediktinern der Erzabtei wieder gegründet, und von Grund auf neu gebaut, psallieren wieder die Mönche im Chor eines abermals neuen Felizitastempels. »Felizitas rediviva« nannte der Münsterschwarzacher Geschichtsschreiber Pater Burkhard Bausch seine mehrbändige, kritische Klosterchronik, denn auch seine Forschungen wissen von vielen Wechselfällen und Neuanfängen im Verlaufe der Jahrhunderte zu erzählen, von den ersten Reformern, die aus St. Emmeram in Regensburg kamen, von dem großen Abt Ekkebert, der im 11. Jahrhundert Münsterschwarzach eine große Blüte verschaffte, so daß damals von dem Mainkloster aus das Stift Lambach in Oberösterreich besiedelt werden konnte, von den Krisen dann im 14. und 15. Jahrhundert, bis ein neuer Ekkebert kommt, der erst 24jährige Abt Johann IV. Burkhard, der schließlich auch noch zugleich die Abteien von Théres und Banz leitet und auch noch Administrator von St. Stephan in Würzburg wird. Felizitas rediviva! Was sind angesichts einer tausendjährigen Geschichte schon 110 Jahre? Sechzig Jahre nach dem Tod des letzten Münsterschwarzacher Mönches nennt sich 1914 der erste Abt aus St. Ottilien, ganz in der alten Tradition der Felizitas rediviva stehend, Placidus II. – Und heute unterstehen der Abtei am Main sieben Häuser und Kollegien in Würzburg, Oldenburg, London und Nebraska. Also hat der barocke Genius aus dem Festspiel von Anno 1743 dennoch recht behalten, wenn er die Felizitas rediviva von Münsterschwarzach zugleich als die neueste und die älteste im Frankenlande tituliert, domus novissimae antiquissimae Abbatiae! – Die Söhne des hl. Benedikt, die Mönche des angestammten Ordens, singen wieder im fränkischen Land.

Trotz der gemeinsamen Katastrophe durch die Säkularisation hatten die fränkischen Benediktiner eine zum Teil andere geschichtliche Vergangenheit erlebt als die schwäbischen oder altbayerischen Konvente. Zwar ähneln sich manche Gründungslegenden, aber in Altbayern sind einige Bistümer längere Zeit mit den Abteien eng verbunden gewesen, so zum Beispiel St. Emmeram in Regensburg oder das Marienkloster auf dem Domberg zu Freising und auch der Gründerbischof von Salzburg, der heilige Rupert, war zugleich Abt von St. Peter. Von den ersten fränkischen Bischöfen aber wird nicht überliefert, daß sie auch Äbte eigener Klöster gewesen wären. Sie treten gleich als Bischöfe auf, von den Karolingern bestellt in Würzburg und Eichstätt, und auch das später gegründete Bamberg hatte einen Kaiser zum Gründer, Heinrich den Heiligen, den vormaligen Bayernherzog. Auch die Unterschiede in der territorialen Entwicklung in Altbayern und Franken wirken sich für die Klöster aus. Die bayerischen Bischöfe bringen es nur zu kleinen Staatsterritorien, und die Abteien unterstehen weltlich der herzoglichen Landeshoheit. Daneben gibt es allerdings ein paar Reichsabteien, die unmittelbar unter dem Schutze des Kaisers stehen und sich selbst als Reichsstände fühlen. Da die fränkischen Bischöfe aber selber Landesherren sind, liegen die Klöster geistlich und weltlich in ihrer Hand. Um dieser fürstbischöflichen Omnipotenz etwas entgegenzuwirken, gelang es den meisten fränkischen Benediktinern, auf mancherlei Stifterurkunden gestützt, die eine Gewalt aufzuteilen, und sie erkannten den Bamberger Bischof etwa als weltlichen Herrn und den Würzburger Fürstbischof als den geistlichen. So war es in Banz und in Théres, in Münsterschwarzach und in Amorbach. Dadurch konnte man auch im geistlichen Franken eine gewisse Eigenständigkeit der Abtei durch die Jahrhunderte hindurch lavieren. Dazu bedurfte es natürlich juristischer Spitzfindigkeiten und auch eines gewissen diplomatischen Geschicks. Aber die Lage war in jedem Fall kompliziert genug, um

ständig und andauernd und hartnäckig politisch und mit den Mitteln einer restlos verworrenen Rechtslage aus seiten der Domkapitel, der Fürstbischöfe und der Äbte agieren zu können.
Im Stift *Théres* kam es zum Beispiel im 15. Jahrhundert sogar zu einer militärischen Intervention seitens des Diözesanbischofs von Würzburg gegen den bambergischen Dorn im Fleische. Denn die Abtei Théres selbst war eine Bamberger Territorialexklave, während die meisten Besitzungen des Klosters, die Dörfer des Umlandes also, unter der Hochgerichtsbarkeit des fürstbischöflichen Stuhles von Würzburg standen und Théres in seinen Ämtern nur die niedere Gerichtsbarkeit ausüben durfte. Dazu kamen noch Streitigkeiten wegen der von Bamberg verpfändeten Vogteirechte. Kurzum, eine Lösung war Jahrhunderte über nicht zu finden, trotz eifriger Verhandlungen. Die Äbte von Théres empfingen während der ganzen Zeit über ihre Belehnung vom Fürstbischof in Bamberg, erschienen aber zu den Landtagen doch meist lieber in Würzburg als in Bamberg. Nach der Einigung von 1659 sollten sie zwar ständig nach Bamberg geladen werden, aber schon gelang es den Würzburgern, die Lehensoberherrlichkeit über das Kloster Théres durch Tausch an sich zu ziehen. Ein Fall, der beweist, daß in den fränkischen Bistümern die Diözesangewalt im Kampf um die Abrundung des Territorialstaates häufig den Sieg bedeuten konnte.
In *Amorbach* ging die Geschichte allerdings zuungunsten Würzburgs aus. Früh schon reichsunmittelbar, brachte aber der Mainzer Erzbischof die Vogteirechte durch Kauf an sich. Dadurch wurde der churmainzische Einfluß in Amorbach immer stärker und das Stift war nur noch dem Namen nach Reichsstift. Da es kirchlich allerdings zur Diözese Würzburg gehörte, waren ähnliche Reibereien wie in Théres die Folge. Erst Johann Philipp von Schönborn, der Fürsterzbischof von Mainz und zugleich Fürstbischof von Würzburg war, bereinigte 1656 die Grenzen seiner Bistümer und schlug Amorbach nun auch kirchlich dem Mainzer Sprengel zu. – »In dem in sich schon größtenteils schwürigen Reichskörper«, wie Adam Friedrich von Seinsheim es einmal formuliert hat, trachtete man in Franken zusehends nach vernünftigen Lösungen. Aber allzuviel ließ sich nicht regeln, trotz der immer besser ausgebildeten Juristen und Beamten. Alles in allem aber ist es nicht verwunderlich, wenn im heutigen Freistaat Bayern die rührigsten und erfolgreichsten Politiker aus Fran-

ken kommen. Das Lavieren und Verhandeln zwischen weltlichen und kirchlichen Instanzen, wie es die fränkischen Abteien Jahrhunderte über praktizieren mußten, hat eine besondere politische Begabung heranreifen lassen. Und ist diese Begabung – zu einem kleinen Teil wenigstens – nicht auch eine Reminiszenz an die Franconia benedictina?

Es muß einen nicht wehmütig stimmen, den Spuren der Väter folgend, an dem Orte einer ehemals blühenden Abtei zu stehen, nur noch Reste vorzufinden, bestenfalls einen alten Stich in der Hand haltend; denn wer nach den Spuren der Benediktiner sucht, der findet sie zahlreich in den großen Bibliotheken der Welt. Mag die Stiftskirche von Théres auch verschwunden sein, man könnte sie sich anhand der Tagebuchaufzeichnungen des Abtes Gregor Fuchs wieder vergegenwärtigen. Der haushälterische Abt hat während der vieljährigen Bauzeit beinah jeden Handstreich der Maurer, Zimmerer, Schreiner, Steinmetzen, Maler und Vergolder aufgeschrieben und auch keinen Batzen Trinkgeld vergessen. Das Büchlein ist eine ziemlich kurzweilig abgefaßte und gar nicht trockene Buchhalterei. Als 1724 der Turm fertig und das Kreuz aufgesteckt wird, heißt es da:

»Da nun auch der Stern aufgesteckt ware fing der Schieferdecker an nach Handwerksbrauch zu perorieren, schoß ein Pistol los und trank ein Gläslein Wein aus ad sanitatem Abbatis als Bauherrns, warf das Gläslein herunter, welches aber ganz verblieben und ad reimemoriam fleissig asserviert wird. Hierauf seind noch fünf Schüss und so viel Trünk geschehen. Endlich hat der Schieferdecker und seine drei Gesellen jeder ein neu Paar Strümpf angezogen, welche Strümpf das Kloster ihnen geschenkt und drei Gulden und elf Batzen gekostet haben ...«

Derlei Aufzählungen gehören natürlich nicht zu den unsterblichen Leistungen der benediktinischen Skriptorien im hohen Mittelalter. Die berühmten Codices entstanden in Franken in Bamberg, auf dem Michelsberg. Mit der Gründung Bambergs durch Kaiser Heinrich 1007 zieht auch in Oberfranken der benediktinische Geist ein. Schon bald nach der Gründung des neuen Bistums wird in Gegenwart des heiligen Kaiserpaares und vieler Bischöfe die erste Abteikirche des Michelsberges eingeweiht. Und schon ein Jahrhundert später regte sich in dem Stift der Geist einer großen Gelehrsamkeit. Das kam

natürlich nicht von ungefähr, sondern es war die Folge der außergewöhnlichen Persönlichkeit des Bischofs Otto des Ersten, des Heiligen und der von ihm so geförderten Hirsauer Reformen. Bischof Otto hatte ein großes organisatorisches Talent, Klöster zu gründen und zu reformieren. Seine erfolgreiche Missionstätigkeit in Pommern ist bekannt. Auch dort hat er durch eine Klostergründung die Mission zu bekräftigen versucht. Nach Banz brachte er tüchtige Mönche aus Prüfening bei Regensburg und ganz besonders lag ihm die Abtei auf dem Michelsberg am Herzen. Er ließ die Kirche dort niederreißen und vergrößert neu aufbauen. Ja, am liebsten wäre er selber Mönch in St. Michael geworden. Man habe ihm das nur mit Mühe ausreden können, wird erzählt. Als er 1139 stirbt, wird er in seinem Lieblingskloster beigesetzt.
Um diese Zeit beginnt der Mönch Frutolf vom Michelsberg mit der Niederschrift seiner Weltchronik. Sein Anliegen ist die Zeitrechnung, die Komputistik. Er wollte wissen, in welcher Zeit er lebte, wieviel Jahre denn nun eigentlich vergangen wären seit der Geburt Christi, ja seit der Erschaffung der Welt. Man wollte es damals genau wissen, an welchem Punkt der Zeitenwende man angelangt war, wie lange die Welt noch zu bestehen habe, um ja nicht aus Unwissenheit von dem Ende der Tage überrascht zu werden, vom Jüngsten Gericht.
Frutolf und seine Mitbrüder – die Namen der fleißigen Bücherschreiber auf dem Michelsberg sind uns in einem Totenbuch alle überliefert worden –, sie verfertigen auch naturwissenschaftliche Werke: über das Astrolab, über den Rechenstab und die Sonnenuhr. Ja, Frutolf verfaßt sogar einen Traktat mit dem Titel »de musica«, eines der ersten musiktheoretischen Werke überhaupt. Die nächste Schreibergeneration – es sind darunter die Mönche Ekkehard, Ebbo und Herbord – setzten die Weltchronik Frutolfs fort und verfaßten die Biographien Kaiser Heinrichs II. und des heiligen Bischofs Otto. – Man ist immens fleißig im Skriptorium auf dem Michelsberg! Und man stelle sich die Arbeit nur nicht zu einfach vor! Die Feder wird wie ein Pinsel gehalten und Buchstabe für Buchstabe wird exakt hingemalt. Dieses Bücherschreiben war zugleich die härteste Askese. »Der Teufel erleidet so viele Wunden, wie der Schreiber Buchstaben malt!« ruft ein alter Abt einmal aus. Und dann erst die üppigen Initialen und die feinen Miniaturen! Ein Michelsberger Skribent hat auf einem Blatt in solchen Miniaturen die Herstellung eines Buches

gezeichnet von der Herstellung des Pergaments, dem Schreiben und Malen, bis hin zum Buchbinden und Lesen und Lernen.

Die fränkischen Klöster hatten alle ausgezeichnete Bibliotheken. Später, im Barock, legte man dann auf die Gestaltung des Bibliotheken-Saales einen großen Wert. Es entstanden prächtige Räume. Säle, die fast so schön waren wie die Stiftskirche. Das war natürlich schon ein gewisser Luxus, der da mit dem Buche getrieben wurde. Den weitaus größten und aufwendigsten Büchersaal leistete sich noch kurz vor der Säkularisation das Stift Amorbach. Dieses Amorbach liegt etwas abseits von der großen Welt, zwischen Rhein und Main, am Fuße des Odenwaldes, aber immerhin noch auf bayerischem Staatsgebiet. Den seltsamen Namen hat das verträumte und romantische Städtchen allerdings nicht von dem heidnischen Gott Amor bekommen, sondern von dem heiligen Mönch und Einsiedler gleichen Namens. Dieser heilige Amor, so erzählt die Legende, habe hier im Jahre 714 mit dem Heiligen Pirmin ein Kloster gegründet, dessen erste Kirche Anno 734 dann der hl. Bonifazius persönlich eingeweiht hätte. Und ein Graf Ruthard habe dazu Grund und Boden und andere Besitzungen spendiert. Anfang des 11. Jahrhunderts ist ein Richard zugleich Abt von Amorbach und Fulda und das Stift erreicht eine erste Blüte. Abt Richard schickt Bücher und Mönche nach Bamberg in das eben gegründete Kloster Michelsberg. Auch die Gründung der Abtei St. Jakob in Erfurt geht von Amorbach aus. Um diese Zeit müssen im Kloster des hl. Amor etliche bedeutende Köpfe im Skriptorium gesessen haben, denn es verlegte damals – Anno 1010 – der vielgereiste und berühmte Mönch Dietrich von Fleury seinen Wohnsitz nach Amorbach und entfaltete eine rege schriftstellerische Tätigkeit, verfaßte mehrere Heiligenbiographien und einen Kommentar. Fünfzig Jahre später kommt nochmals ein fleißig schreibender Mönch besuchsweise nach Amorbach und hinterließ, wie er selber schreibt, ein mit eigener Hand geschriebenes Buch. Der Mann ist ein Bayer, ein Regensburger Mönch aus St. Emmeram, und er wird ob seiner wunderschön kalligraphischen Handschrift von den Historikern heute noch sehr gerühmt. Er hieß Othloh und er hat ungemein viel geschrieben und abgeschrieben. Über seine Schreibfreudigkeit sagt er von sich selber, daß er außer an den Festtagen und den ungehörigen Stunden keine Stunde ohne Schreiberei habe verstreichen lassen. Außer zahlreichen eigenen Werken verfertigte Othloh allein zwan-

zig Sakramentare. Das von Othloh in Amorbach hinterlassene Buch für einjährige Logis und Verpflegung enthielt ein praktisches Büchlein zur Ermahnung und Erbauung für Kleriker und Laien, eine Sprichwörtersammlung und eine Osterpredigt.
Im 13. Jahrhundert verfällt der Konvent – wie in so vielen anderen Klöstern Europas auch in Amorbach. Die Mönche sind alle nachgeborene Söhne aus adeligen Häusern, teilen sich den Besitz des Stiftes in Pfründen auf und unterhalten einen eigenen Hausstand. Im Zeitalter des Humanismus aber geht es dann wieder aufwärts. Da kommen die Bauernkriege, die allen Benediktinerklöstern Frankens großen Schaden zufügen. In Amorbach ist Götz von Berlichingen persönlich mit dabei. Und während das Archiv gründlich geplündert wird, werden in der Bibliothek nur die Bücher aus den Regalen geworfen, »etlich auch zerrissen, etlich zum Fenster hinaus geworfen«, wie ein Chronist berichtet. – Kaum sind die Stürme der Reformation überstanden, wird Amorbach – und auch so manches andere fränkische Kloster – im Dreißigjährigen Krieg arg heimgesucht. Die Schweden plündern, und die Mönche werden vertrieben. Aber dann kommen wieder bessere Zeiten, man fängt an zu bauen. Die berühmte Stiftskirche – heute evangelisch – ist ein Prachtstück mainfränkischen Rokokos. Der kurmainzische Hofarchitekt Maximilian von Welsch war der Baumeister, aber den solennen Innenraum schufen die bayerischen Stukkateure Feichtmayr und Übelherr und der Maler Mathäus Günther aus Augsburg.
Im Eckpavillon des Konventbaus ist die Bibliothek untergebracht. Touristen dürfen die Herrlichkeit bewundern, aber mit seinen bloßen Schuhen darf man nicht hinein. Man muß erst bereitgehaltene Filzpantoffeln überziehen. Der Boden wäre auch zu kostbar für schmutzige Stiefel. Siebenerlei Hölzer sind hier allein im Fußboden verarbeitet und machen ein raffiniertes, perspektivisches Spiel. Aus dem Boden heraus wachsen kubische Holzklötzchen, daß man glaubt darüber hinwegsteigen zu müssen oder anzustoßen und zu stolpern. Auf dem Boden der Wissenschaften – das mag der Sinn dieses lustigen Fußbodens bedeuten – ist es vonnöten, daß man sich vorsichtig tastend vorwärts bewegt.
Diese Amorbacher Bibliothek ist deshalb stilistisch so bedeutend, weil sie der letzte künstlerisch ausgestattete Büchersaal in ganz Deutschland ist – und sicher auch die letzte mäzenatische Großtat

der fränkischen Benediktiner. Ende des Jahres 1802 – Monate vor der Aufhebung des Stiftes – wurde hier noch gearbeitet, geschnitzt und gemalt. – Man entdeckt kaum noch Spuren eines allerletzten Rokokos. Der Raum, der Stuck, Details und Gesamtanlage, alles ist klassizistisch: nüchtern-üppige Repräsentation, Zopfstil.

Auf zwei umlaufenden Galerien stehen die Bücherkästen, die ganz in die Wände einkomponiert sind. Auf die niedrige, erste Galerie führt eine repräsentative Treppe, die Zugänge in das obere Stockwerk sind verdeckt. – In den Füllungen der Balustrade glänzt noch das Wappen des letzten Abtes Benedikt Kühlsheimer und dann die Köpfe von gekrönten Häuptern: Königliche Gelehrte oder weise Könige? Justinian, David, Salomon, Marc Aurel vielleicht. Die Schnitzereien sind im Detail noch von erstaunlicher Kraft. Sie stammen von Andreas Dittmann in dem »besten Arabeske-Geschmack«. Sein Nachfolger Joseph Berg – seit 1795 – führte die Arbeit zu Ende.

Das große Deckengemälde von Konrad Huber aus Weißenhorn zeigt in der Mitte den Tempel der Weisheit mit den beiden Personifikationen der Tugend und der Weisheit. Diesem obersten Plafond huldigen dann im Kreise herum sämtliche Fakultäten: Die Naturwissenschaften, die Medizin, die Justiz und die Geschichte mit Schwager Kronos, der mit erzenem Griffel gerade die Anfänge der Geschichte Amorbachs in den Stein schreibt. Die Theologie, eine hübsche Frauensperson, weist mit ausgestrecktem Arm direkt in den Himmel hinauf. Aber der Astronom und Mathematikus, ein kleiner Sterngucker, sieht über den Wolken nicht das himmlische Jerusalem. – Ja, so eine Benediktinerbibliothek hat ein sprechendes Programm! – Der eifrige Genius mit der Waage in der Hand steht gottlob neben der blinden Göttin Justitia und sein Fuß zertritt noch geschwind einen Geldbeutel. In der Gruppe der schönen Künste finden wir sogar Hieroglyphen. Damals eine sehr aktuelle Angelegenheit, denn eben hatten französische Gelehrte im Gefolge von Napoleons Expeditionskorps in Ägypten diese Hieroglyphen zu entziffern begonnen. Und man ist ja schließlich im Skriptorium einer Benediktinerabtei! Wie sollte man da den Buchstaben des ältesten aller Alphabete keine Reverenz erweisen? Und gar so unchristlich störend können sie auch nicht sein, denn sicher hatte Joseph in Ägypten weiland im Hause der Potiphar derlei auch lesen und schreiben können!

Unter dem Fresko sind ringsherum auch noch aufgemalte Pseudoreliefs zu bewundern. Sie verkörpern gleich zehn verschiedene Tugenden. So weit also hat es die Aufklärung gebracht! Früher gab es doch nur die drei christlichen und die vier Kardinaltugenden! Und jetzt sollen es gleich zehn sein! »Je mehr Tugenden, desto weniger Tugend!« möchte man da mit dem damals eben verstorbenen Franz Ludwig von Erthal, Fürstbischof von Würzburg und Bamberg, ausrufen – in leichter Abwandlung –, denn Erthal hat gesagt: »Je mehr Gesetze, desto weniger Sittlichkeit!«

Heiter sind auch die Türen in diesem Saal. Sie sind als Bücherschränke verkleidet. Doch die eingestellten Bücher sind nicht echt, sie sind aufgemalt, zeigen aber recht realistische Rücken mit gut lesbaren Titeln. An diesen Titeln wurde kurz vor der Aufhebung des Stiftes noch gepinselt. Die Titel sehr merkwürdiger Opera sind da zu lesen. Da hätte achthundert Jahre früher der fleißige Mönch Othloh von St. Emmeram denn doch sein Haupt geschüttelt: »Beschreibung der Mondsichel« – »Atlas unentdeckter Erdteile« – »Kommentar zum Lügenrecht« und dergleichen Scherze mehr.

Ein imponierender Raum! Hell und freundlich, klar und fast schon ein bißchen sachlich – und natürlich auch ein wenig lustig – klassizistisch halt – ist diese letzte dekorative Saalbibliothek Deutschlands zu Amorbach im Odenwald. Ein Abgesang der Franconia Benedictina am Abend der Säkularisation. Ein gelassener, ein souveräner, ein eleganter Abgang!

Kehren wir noch einmal zurück nach Kloster *Banz*. Hier hatten die Mönche zwar keinen so herrlichen Bibliothekssaal wie in Amorbach, aber dafür eine um so Aufsehen erregendere Gelehrsamkeit. Die letzte Generation der Banzer Mönche leistete einen wesentlichen Beitrag zur Aufklärung in Deutschland. Ihre Zeitschrift »Die Literatur des katholischen Deutschlands« stellt in der Geschichte des Benediktinerordens etwas ganz Neues dar. Gewiß, der Banzer Konvent hat schon zu Beginn des 18. Jahrhunderts bedeutende Männer hervorgebracht, etwa das liebenswürdige musikalische Genie Pater Valentin Rathgeber, dem wir das »ohrenvergnügende und gemütergötzende Tafel-Confect« verdanken, »bestehend in zwölf kurzweiligen Sing- oder Tafelstücken von 1, 2 oder drei Stimmen mit einem Clavier oder Violoncello zu accompagnieren – zur angenehmen Zeitvertreib und Aufmunterung melancolischen Humeurs«. Dieser Rathgeber, ein unterfränkischer Organisten-Sohn, wird zunächst Schulmeister in Würzburg und Spitalorganist und geht dann 1707 als Musikus und Kammerdiener des Abtes Kilian Düring nach Banz, wird Novize, legt die Gelübde ab und wird 1711 zum Priester geweiht. 1729 aber verläßt er ohne Erlaubnis des Abtes das Kloster und tritt eine über neun Jahre währende Geniereise an. Er kommt nach Mainz, Trier, Bonn und Köln, nach Kloster Scheyern, nach München und Augsburg. Endlich – im September 1738 – nun 56 Jahre alt – findet er den Weg nach Banz zurück. Man ist über die Heimkehr des verlorenen Sohnes zwar ein wenig erfreut, aber so ganz straflos wird der Ausreißer nicht wieder in die Ordensgemeinschaft aufgenommen. Für etliche Wochen muß er ins Klostergefängnis. Anschließend muß er eine Generalbeichte ablegen, denn das Herummusizieren in der profanen Welt draußen, an bischöflichen und weltlichen Höfen und in reichen Bürgerhäusern, mag auf der Seele des Genies doch einigen Staub hinterlassen haben. Endlich, nach Erneuerung der Gelübde, ist er wieder ein vollwertiges Mitglied des Konvents. Er lebt noch zwölf Jahre lang zurückgezogen und eifrig komponierend. Viele seiner Messen, Requiem und Libera, seiner Singspiele, Lieder und Pastorellen fanden eine weite Verbreitung und wurden auch noch im 19. Jahrhundert aufgeführt. – In der Musikgeschichte gilt er als einer der bedeutendsten und vielseitigsten unter den zahlreichen Klosterkompositeuren des 18. Jahrhunderts – und, wie das Urteil lautet, »trotz auch einer gewissen kleinbürgerlichen Enge als ein liebenswürdiger Kleinmeister des Spätbarock«.

»Und wie lauten die Verse, die der ›allerweil ein wenig liederliche‹ Pater Valentin in seinem Tafel-Confect wider die böse Melancholie zu singen wußte? – ›Allerweil ein wenig Buß getan / allerweil wieder gefangen an / allerweil ein wenig 'n Tod betracht / allerweil ein wenig wieder glacht!‹ «.

1768 kam Abt Valerius Molitor an die Regierung. Über ihn schreibt Pater Ildephons Schad, daß Molitor ein Abt von »wahrhaft fürstlichem Ansehen« gewesen sei, »von hohem Geist, seltener Energie und voll Interesse für den Flor seiner Abtei«. Seine eigenen Passionen waren die Numismatik und alte Urkunden. Aber er förderte auch die Naturwissenschaften, ließ das in Banz schon existierende Petrefaktenmuseum erweitern und eine Menge der verschiedensten Naturalien sammeln. Unter Valerians Regierung wurde in Banz nun auch der Kontakt mit protestantischen Gelehrten angebahnt. Man stand im Briefwechsel mit Professoren der Universitäten und Hochschulen von Erfurt, Jena und Berlin. Und die norddeutschen Gelehrten, die südwärts auf Reisen gingen, versäumten nie in Banz abzusteigen und etliche Tage mit den Mönchen anregende Gespräche zu führen. Im vornehm-behäbigen Gästetrakt wurde man gut untergebracht und freundlich bewirtet. Der berühmte Berliner Aufklärer Friedrich Nicolai besuchte Banz im Jahre 1780 und rühmt in einer Reisebeschreibung ausführlich und mit großer Bewunderung den hohen wissenschaftlichen Stand der Konventualen von Banz, besonders den Reichtum der Bibliothek und die Aufgeschlossenheit der rührigen Patres Placidus Sprenger und Columban Roesser. – Waren das nicht die ersten freundschaftlichen Kontakte zwischen den Konfessionen seit der Reformation? – Vollzogen allerdings auf der Ebene einer aufgeklärten, fortschrittgläubigen Geistigkeit.

Blättern wir nun etwas in den zwölf Bänden der Banzer kritischen Zeitschrift in der *Literatur des katholischen Deutschlands.*

In den ersten Jahrgängen wird mit den alten jesuitischen Schulbüchern und Lehrmethoden hart abgerechnet. »Das Schwüren auf alte Hefte«, heißt es da, »ist eine Sünde gegen das selbständige Denken und eine Beleidigung des guten Geschmacks.« – Die in Würzburg noch die hohen Schulen besetzt haltenden Jesuiten ließen nicht auf geharnischte Proteste warten. Sie brachten eine Gegenzeitung heraus, die aber nur noch mehr verspottet wurde. Auch war der aufgeklärte Fürstbischof, Adam Friedrich von Seinsheim, den Banzer Redakteuren in aller Heimlichkeit sehr gewogen. Da wurde der Jesuitenorden aufgehoben und die »Literatur des katholischen Deutschlands« konnte zu ernsteren Themen Stellung nehmen. Die mutigsten und aufgeklärtesten Werke, die damals zwischen Wien und Köln auf dem Büchermarkt erschienen, werden von Pater Placidus und seinen Mitbrüdern ernsthaft und vorteilhaft rezensiert. Allmählich werden auch evangelische Bücher besprochen und häufig recht positiv beurteilt. Überwiegend blieb man aber bei der katholischen Literatur. Und was wird da nicht alles besprochen, welche Gedanken werden ohne Umschweife und in großem Freimut offen ausgesprochen!

Manchmal kommt es einem vor – bei der Lektüre dieser nun schon zweihundert Jahre alten Zeitschrift –, als lese man ein Konzilskompendium des zweiten Vatikanums. Ja, das zweite Vatikanum ist –

was den Mut der neuen Gedanken betrifft – geradezu altmodisch. »Abhandlung über die Unmöglichkeit eines Beweises vom Dasein Gottes aus bloßer Vernunft.« Der Verfasser dieses Werkes ist ein Katholik und ein starker Kantianer. Die sehr ausführliche, über zwanzig Seiten starke Besprechung ist wohlwollend und läßt nur einen moralischen Überzeugungsgrund für das Dasein Gottes gelten. – Sehr viel Platz wird auch einer Geschichte des Hildebrandismus eingeräumt. Ein Buch über den Despotismus Roms! Da heißt es:
»Nur verblendete Katholiken können eine geistliche Macht in Schutz nehmen und verteidigen, die gleich einem aus seinen Ufern getretenen Ocean allenthalben Elend, Tod und Verwüstung verbreitet; eine Macht, welche nicht nur auf den Trümmern der bischöflichen, unveräußerlichen Rechte, sondern auch auf dem Schutte zerschmetterter Throne, ihre Alleinherrschaft errichtet und die heiligsten Rechte der Menschheit mit Füssen tritt.«
Und das Unterfangen des katholischen Schriftstellers dieses Buches wird gelobt. Da spürt man deutlich den aktuellen Hintergrund, den Febronianismus der mächtigsten der damaligen deutschen Fürstbischöfe, die gegenüber dem Papst nach dem neuen Kirchenrecht weitgehende Unabhängigkeit forderten.
»Daher muß man Männer« – heißt es in der Banzer Zeitung – »welche diese für die Religion und den Staat gleich verderbliche Macht von der Wiege an bis zur höchsten Stufe ihrer Ausbildung verfolgen, sie in ihrer wahren, scheußlichen Gestalt und allen ihren abscheulichen Wirkungen getreu darstellen, ihre geheimen Schlußwinkel und scheinheiligen Maximen aufdecken, davor warnen, und gerechten Abscheu erregen, man muß Männer, die dieses tun für wahre Wohltäter des Menschengeschlechts, für echte Patrioten des Staates und der Kirche halten ...«
Und so etwas schreibt ein fränkischer Benediktinerpater vor zweihundert Jahren auf Kloster Banz in der Nähe der Heimatstadt des Adam Riese! – Aber noch nicht genug der Verdammung des Hildebrandismus – also eines unfehlbaren und despoten Papsttums –, man bringt das Schreiben auch auf den Zölibat, auf eines der heikelsten Themen. Es liegen dem katholischen Aufklärer mehrere Bücher vor, die den Zölibat entweder verteidigen oder strikt ablehnen. Der Banzer Mönch ist in der Frage etwas vorsichtig und gibt keiner erzwungenen Lösung den Vorzug. Er schreibt:

»Rezensent stellt sich die Sach ehemal selbst ganz anders vor und würde vielleicht auf Priesterehen als einer der Kirche Jesu gleichgültige Disziplinsache mit votiert haben . . .«
Immerhin, man wagt sich Anno 1780 an alle heiße Eisen. – Mit sanftem Spott werden die Gebetbücher des Papstes und des Kaisers Joseph besprochen, obschon man dem aufgeklärten Joseph II. gegenüber viele Sympathien empfindet. Die Recensenten wissen freilich, daß beide Gebetbücher nicht echt sind und nur von geschäftstüchtigen Buchhändlern unter die Leute gebracht worden sind. Nun, ein Körnchen Wahrheit mag immerhin dran sein, und so werden die Andachtsbücher der Höchsten der Welt in der Banzer Zeitschrift umfassend gewürdigt.
»Das päpstliche Gebetbuch führt den Titel: ›Die allerbesten Gebeter, welche von Ihrer päpstlichen Heiligkeit Pius VI. erklärt und ausgelegt, auch auf dessen Befehl im ganzen Kirchenstaate ausgeteilt worden . . .‹ ›Dies Büchlein ist an für sich gut, deutlich auch für alle gemeinen Leut, doch würde es mit Weglassung des berühmtesten Namens keinen so ungemein großen Abgang gefunden haben‹ «
Das kaiserliche Gebetbuch ist wahrscheinlich von einem Gegner der Aufklärung verfaßt worden. Wahrscheinlich von einem recht hinterfotzigen Wiener. Aber es ist so kurzweilig zu lesen für den Zeitgenossen, daß selbst der Rezensent, der doch dem Monarchen überaus wohlwollend gegenübersteht, das Lachen nicht verbergen kann. Da gibt es »Kaiserliche Morgengedanken«, in denen der Monarch Gott bittet, seine Vernunft weiterhin scheinen zu lassen und daß durch keine falsche Beichte und durch keine Vorschläge der Scheinpatrioten dieselbe verdunkelt werden möchte. – Überaus heiter klingt des Kaisers Gebet vor der Aufhebung der Mönche.
»Ich tue nun einen Schritt, der mir Feinde in Menge zuziehen wird. Allein ich vertraue auf Dich, ewiges allweises Wesen!
Meine Mönche verführen mein Volk – ziehen es von der Anbetung deiner Allmacht zum Aberglauben hin und lehren es Bruderhaß. Ihre Anzahl ist dem Staate zur drückenden Last geworden, sie verzehren sein bestes Mark, schaden der Bevölkerung . . .« Hier unterbricht der Banzer Rezensent das kaiserliche Gebetszitat und vermerkt in Klammern: »Herr Schelle hat an Augsburg das Gegenteil arithmetisch bewiesen.« Damit meint der Kritiker, daß man trotz des Zölibats um die Vermehrung der Menschheit keine Angst zu haben

brauche. – Dann zitiert er das Gebet weiter: »Meine Mönche erstikken durch ihr Beispiel die Industrie.« – »Im Pfaffenwinkel aber nicht«, vermerkt hierzu der Banzer Aufklärer.
Kurzum, mit derlei Elaboraten könne man die lobenswertesten Absichten der kaiserlichen Majestät beim unwissenden Teil der katholischen Bevölkerung niemals populär machen. – Es seien modephilosophische Gebete, die einen frommen Christen nur hinters Licht führen können. – In Banz halte man nichts von Illuminatengebeten, die den Namen Jesu unterdrücken und nur von einem »höheren Wesen« oder vom »Schöpfer unzähliger Wesen sprechen«.
Die Zeitschrift der fränkischen Mönche äußert sich über unzählige nützliche Themen und allein das Durchblättern der Inhaltsverzeichnisse versetzt einen in Erstaunen. Da trifft man auf physikalische Traktate, auf sozialkritische Arbeiten etwa über das Armenwesen im Fürstentum Bamberg, auf Arbeiten über »die große Arithmetik und doppelte Buchhaltung«; es wird über das Experiment des »Schießens mit Kanonen auf Wolken« geschrieben, über den Arzt auf dem Lande, über gute Kinderbücher, über den Vorzug der heimischen Sprachen in der Liturgie, über »die Rechtfertigung des Verfahrens der vier deutschen Erzbischöfe wider die Anmaßung des römischen Hofes«, »über religiöse Macht und Toleranz im katholischen Christentum ...« Des Aufzählens wäre kein Ende!
Alles was die Kirche heute bewegt, kann in der zweihundert Jahre alten Mönchszeitung von Banz nachgelesen werden. Und man wird ein erstaunliches Maß von gesundem Menschenverstand finden und dazu die Fähigkeit eines zwischen alt und neu ausgleichenden geistigen Taktierens, obschon man natürlich entschieden auf der Seite des Fortschritts steht. Und das, möchte ich meinen, ist wieder kein Zufall. Die »Literatur des katholischen Deutschlands« wurde in einem fränkischen Benediktinerkloster geschrieben. Das Lavieren zwischen Würzburg und Bamberg, der nachbarliche Kontakt mit dem evangelischen Bekenntnis, die vielen und komplizierten Beziehungen zum Reich, die Auseinandersetzungen des fränkischen Episkopates mit Rom, und das dadurch im Laufe der Jahrhunderte erworbene Geschick des Ausgleichens und Verhandelns, vereint mit den benediktinischen Tugenden ausharrenden Tolerierens, prädestinierten zu einem solchen Unternehmen.
Der innere Friede des Konventes von Banz wurde durch die umstürz-

lerischen Ideen, die man so eifrig mit der Feder vertrat, allerdings sehr bedroht. War der Hauptredakteur der Banzer Zeitschrift, Pater Placidus Sprenger, noch ein maßhaltender Neuerer, so empfanden seine Mitredakteure, die Patres Benedikt Martin und Roman Schad, ziemlich radikal. Sie wollten es bei den bloßen Theorien nicht bewenden lassen und trachteten danach, den »Despotischen Hildebrandismus in der eigenen Abtei«, »den fühlbaren Rigorismus des Abtes Valerius« sofort abzustellen. Nun war in Banz der Teufel los. Es bildeten sich Fraktionen, es kam zu nichtsfruchtenden gerichtlichen Untersuchungen seitens einer fürstbischöflichen Kommission. Man hört über Jahre hinweg nichts als von Klagen und Gegenklagen. Auch als Abt Molitor verstorben war, wird es nicht besser, obschon der neue Abt Otto Roppelt die von Pater Benedikt ausgearbeitete Wahlkapitulation beschwören muß. Schließlich kommt es zu einer Arrestierung des Paters Roman Schad, der kurz darauf flüchtet und die Mönchskutte an den Nagel hängt.

Trotz dieser unerfreulichen Umstände können wir den Banzer Aufklärern und ihrer Zeitschrift den Beifall nicht versagen. Sie haben der Franconia Benedictina ein ehrendes Andenken gesichert. Nicht nur in den barocken Herrlichkeiten zu Amorbach, St. Michael und Banz, obschon die Benediktiner an der Barockprägung Frankens – zusammen mit ihren reformierten Mitbrüdern, den Zisterziensern – wesentlich beteiligt waren und darin nicht weniger geleistet haben als ihre fränkischen Herren, die Fürstbischöfe zu Würzburg und Bamberg, nicht nur in den kostbaren Codices ihrer mittelalterlichen Schreibschulen, die heute in den Bibliotheken der ganzen Welt bewundert werden – auch nicht nur in der imponierenden Aufzählung all der Stätten ihrer einst blühenden Abteien – sondern auch in ihrem geistigen Vermächtnis, in der heute wieder besonders wirksamen Kraft ihrer Ideen, besteht die kulturelle Leistung der Franconia Benedictina.

Pater Placidus war sich des Ausmaßes seiner Wirksamkeit wohl bewußt. 1788 schreibt er in einer Vorrede: »Welch ein Unterschied, wenn ich die Jahre 1772 und 1788 nebeneinander stelle! Dort noch deutscher Menschenverstand ... und Finsternis, Vernachlässigung der Muttersprache, Ekel an Kritik und Armut an guten Schriftstellern. Und jetzt anno 1788? Von allem das Gegenteil! Freiheit, vernünftig zu denken, Aufklärung in der Philosophie, schöne deutsche

Schreibart, bessere Schulanstalten, Reichtum an schriftstellerischen Produkten, auch in jenen Fächern der Gelehrsamkeit, die sonst bei uns Katholiken völlig brach gelegen.«

Doch ewig unruhig ist unser Herz, und nichts Menschliches hat Bestand auf der Welt. Den Aufklärern folgten die wieder schwärmenden Romantiker auf dem Fuße, süchtig nach Schönheit, Mystik und Mittelalter. Und von der Freiheit, vernünftig zu denken, konnte im 19. und 20. Jahrhundert nicht immer die Rede sein.

Assumpta est Maria

Unsere Lieben Frauen in Bayern

Assumpta est Maria in caelum, gaudent Angeli! Maria ist in den Himmel aufgenommen, darüber freuen sich die Engel.
Mariä Himmelfahrt. Früher hat es auch Mariä Scheidung oder Mariä Heimgang geheißen.
Unter allen Marienfesten des Jahres gilt Mariä Himmelfahrt als das glorreichste. Darum nennen wir den Tag auch den großen Frauentag. In mehr als hundert Kirchen Bayerns, in Kathedralen und Kapellen, in Pfarrkirchen und berühmten Wallfahrtskirchen wird an diesem Tag das Patrozinium gefeiert. Es ist ein Festtag mitten in der Woche. Das Hochamt wird ungemein feierlich zelebriert, der Kirchenchor hat angestrengte Proben hinter sich. Die Orgel braust, der Weihrauch steigt empor, es ist Unserer Lieben Frauen glorreicher Tag.
Die Traditionen dieses Festtages reichen bis in die Zeit der Kirchenväter zurück und eine eigene liturgische Feier für Mariä Himmelfahrt kann in Byzanz im 5. und in Rom im 7. Jahrhundert nachgewiesen werden.
Die Heilige Schrift sagt allerdings nichts über die näheren Umstände des Todes der Mutter Gottes. Aber die apokryphen Texte der Legende »de transitu Beatae Mariae Virginis« und später dann die Legenda Aurea stützen sich auf die mündliche Überlieferung der ersten Jahrhunderte, also noch der apostolischen Zeit. Nach diesen Texten spielte sich die Himmelfahrt Mariens im wesentlichen so ab:
Als Maria 62 Jahre alt war, hatte sie große Sehnsucht nach ihrem Sohn und sie schickte sich an, zu sterben. Da kamen die Apostel alle herbei, um von der Mutter des Herrn Abschied zu nehmen. Plötzlich aber tritt Christus in das Gemach, nimmt im Augenblick des Todes ihre Seele und übergibt sie einem Engel, der sie himmelwärts trägt. Den Aposteln aber befiehlt er, den Leichnam Mariens zu bestatten und drei Tage am Grabe zu verharren. An diesem dritten Tag kam Jesus wieder, gab der Verstorbenen die Seele zurück und sprach: »Steh auf, meine liebe Mutter, du sollst nicht länger hier sein, du

mußt mit mir fahren zu den himmlischen Freuden!« – Und es kamen Engelscharen herbei und führten Maria in den Himmel. »Da ward Maria erhöht über alle Chöre der Engel und über alle Heiligen und gekrönt zu einer Königin des Himmelreichs und Erdreichs.«

Eine fromme Legende, an die zu glauben vielen Menschen heute schwerzufallen scheint. Die Bulle »Munificentissimus Deus« Papst Pius XII. vom Allerheiligentag 1950 hat die Aufnahme Mariens in den Himmel mit Leib und Seele zu einem Dogma erhoben. Die Marienverehrer haben das als eine große Freude empfunden. Zahlreich sind aber auch die Zweifler, die sich sagen: mußte dieses Dogma gerade in der Mitte des zwanzigsten Jahrhunderts verkündet werden? –

Im Apostolischen Glaubensbekenntnis bekennen wir aber alle – Katholische wie Evangelische – »ich glaube ... an die Auferstehung des Fleisches und an das ewige Leben.«

Wenn nun die Auferstehung des Fleisches eine Tatsache sein wird, was soll dann an der Himmelfahrt Mariens unbegreiflich scheinen? Wenn wir von ihr das jetzt schon glauben, was wir für uns alle einmal erhoffen? –

Aller Zweifel kommt aber daher, daß der heutige Mensch nicht mehr viel von der Lehre des christlichen Todes hält. Er läßt mehr das biologische Ende gelten. – Der große Frauentag erhebt dagegen Einspruch: Assumpta est Maria in caelum – er hat sie in den Himmel aufgenommen, wie er auch uns einmal am Jüngsten Tag in den Himmel aufnehmen wird!

Die Himmelfahrt Mariens heißt in der Theologie assumptio – Aufnahme; im Unterschied zur Auferstehung und Himmelfahrt Christi, die aus eigener, göttlicher Kraft geschah und »resurrectio und ascensio« genannt wird. Daher wird auch Mariä Himmelfahrt immer unter der tätigen Mithilfe mehrerer Engel dargestellt, die den Leib Mariens emportragen.

Und da sind wir denn auch schon bei einem Hauptthema: Mariä Himmelfahrt in der Darstellung der Kunst. – Wer denkt da nicht gleich zuallererst an die großartige, hochdramatische Szenerie Egid Quirin Asams in der Abteikirche zu *Rohr* in Niederbayern.

Der Hochaltar wird zur Bühne. Die Apostel am leeren Grab Mariens sind fassungslos, sie gestikulieren in erregten Bewegungen, der deutlich spürbare Wind der assumptio hat sie erfaßt. Und wie deutlich sind sie unterschieden und charakterisiert! Die einen sehen nach oben, winken Maria nach; einer hält die Rose empor, die er im leeren Grab gefunden hat. Andere können es schier nicht glauben, sehen, greifen in den leeren Marmor-Sarkophag. Einer sinkt voll Andacht in die Knie, jener überschlägt sich in einer Gebärde der Ekstase, ein anderer bleibt stumm und beginnt das Geheimnis zu begreifen. Es ist kein Gemälde, es ist eine lebendige Szene auf offener, tiefer Bühne, und in Überlebensgröße agieren die Personen.

Über der Gruppe aber, über dem leeren, rötlich schimmernden Sarkophag, schweben die Engel mit gewaltigem Flügelschlag und schieben die Madonna an den Füßen hinauf in den Himmel, wo die allerheiligste Dreifaltigkeit thront und sich zur Krönung bereithält. Aus den Wolken sehen überall hübsche Engelköpfe hervor, neugierig, frohlockend, glücklich.

Und die Madonna von Rohr erst selber! So prächtig, graziös und elegant ist keine zweite Himmelskönigin dargestellt worden: eine Fürstin im Rokoko-Krönungsornat ist sie. Aber trotz aller Majestät besitzt sie zudem so viel Anmut und leichte Fröhlichkeit, daß von ihr auch schon gesagt wurde: sie sieht aus wie die Primaballerina eines barocken Opernballetts; oder wie eine große und berühmte Sopranistin, die in allerliebster Koloratur eben mit ausgebreiteten Armen in den Himmel hinein jubiliert, in die ewige Herrlichkeit Gottes.

Ein gewaltiges Gesamtkunstwerk ist dieses Wunder in Rohr – eigens geschaffen für den Tag Mariä Himmelfahrt. Der hochwürdigste Herr Abt zelebriert das Pontifikalamt, die Orgel braust, die Chöre jubeln, Geigen, Trompeten und Pauken setzen ein: assumpta est Maria in caelum, gaudent angeli!

Maler, Schnitzer und Bildhauer haben früh angefangen, den Tod und die Himmelfahrt Marias zu verherrlichen. Die Münchner Staatsbibliothek besitzt eine Elfenbeinschnitzerei, eine byzantinische Originalarbeit aus dem 10. Jahrhundert. Sie schmückt den Vorderdeckel des Reichenauer Evangeliars Kaiser Ottos III. Die Szene stellt den Tod Mariens dar. Die Muttergottes ist eben entschlafen. Ihr Leib ruht auf dem Sterbebett. Die Apostel stehen trauernd herum: Lukas berührt ihre Füße und stellt den Tod fest, Petrus schwingt das Rauchfaß. Christus in der Mitte hält die verschiedene Seele seiner Mutter – dargestellt als Frauenbüste – in den Armen und reicht sie zwei Engeln hinauf, die sie dann zum Himmel tragen werden.

Ähnlich sehen alle älteren Darstellungen von Mariä Heimgang aus. Es wird lediglich der Tod dargestellt. Oder aber, wie Maria bereits im Himmel angekommen ist und gekrönt wird.
In Bayern haben wir nur noch wenige solch uralte Darstellungen vom Tode Mariens. Die alte Reichshofkirche zu *Chammünster* in der Oberpfalz besitzt im Bogenfeld des Südportals ein Fresko aus dem 15. Jahrhundert, das den Tod Mariens zeigt. – Am Dom zu *Eichstätt,* im Tympanon des Nordportals, ist ein gutes Steinrelief zu sehen, das ebenfalls den Tod Mariens darstellt, aber zugleich in einer oberen Wolkenbühne die Krönung der Gottesmutter. Diese Eichstätter Arbeit stammt aus dem Jahre 1396. Die Apostel knien am Sterbebett, haben brennende Kerzen in der Hand und Gebetbücher. Jesus steht in der Mitte der Szene vor dem Bett der Verstorbenen, die Seele – hier in der Gestalt eines kleinen Kindes – auf dem Arm. Oben aber sitzt Maria bereits auf einem eigenen Thron neben Gott Vater und ist schon gekrönt. Er segnet die neben ihm thronende Himmelskönigin und auf einem Spruchband dahinter stehen die Worte: veni electa mea veni! Komm, du meine Auserwählte, komm!
Erst im späten Mittelalter kommt ein anderes Himmelfahrtsbild auf. In seiner Monographie »Die Darstellung Mariä Himmelfahrt im süddeutschen Barock« schreibt Hugo Schnell: »Die Renaissance liebte die Darstellung des Todes nicht. Auf diese Szene wurde deshalb bald verzichtet. Und die Enge der Totenstube wird mit dem Grab in freier Landschaft vertauscht.«
Berühmt ist der Holzschnitt »Mariä Himmelaufnahme und Krönung« aus dem »Marienleben« von Albrecht *Dürer* um 1510. – Er zeigt die Apostel um das leere Grab versammelt, dicht darüber den Himmel: Gott Vater und Sohn setzen Maria die Krone aufs Haupt. Über der Krone schwebt die Taube des Heiligen Geistes, und auch die Chöre der Engel zu beiden Seiten fehlen nicht.
Das leere Grab mit den aufschauenden Aposteln und die Krönungsszene im Himmel, das ist nun das neue Konzept. Dürer hat diese Entwicklung miteingeleitet. Die Italiener und die Niederländer, und später dann ganz besonders die Künstler im bayerischen Barock, sie alle haben gleichermaßen Anteil an diesem neuen Himmelfahrtsbild. In ganz Europa, in der ganzen Christenheit hatte es sich im 16. Jahrhundert verbreitet: Das Bild vom leeren Grab, von der Aufnahme und Krönung Mariens in den Himmel.

Tief beeindruckt uns auch der Marienaltar zu *Creglingen* an der Tauber. Tilman Riemenschneider hat hier mit dem Schnitzmesser die Szene geschildert, wie es damals mancher Maler mit dem Pinsel noch nicht gewagt hätte. Die Apostel, in unglaublich faltenreichen Gewändern, stehen oder knien am leeren Grab. Und ein jeder von ihnen sieht anders aus: die Gesichtszüge sind deutlich unterschieden und von großer Realistik, so als gelte es die Porträts festzuhalten: die einen tragen lange Bärte, die anderen sind bartlos, der ist in stiller Andacht versunken, jener schaut der Muttergottes nach. In der Mitte des Altars schwebt Maria gen Himmel. Sie hat die Hände gefaltet und sieht ernst aus. Englein begleiten sie, schweben ihr helfend zur Seite, stützen, tragen sie empor.

Später im Barock und Rokoko sind solche plastischen Darstellungen von Mariä Himmelfahrt ziemlich selten geworden. Im Österreichischen gibt es ein paar gute Arbeiten: in Gurk und in Vorau in Tirol. Aber unerreicht über alledem bleibt doch Egid Quirin Asam in Rohr. Eine letzte späte Bildhauerarbeit wäre da aber doch noch zu erwähnen. In *Sünching* an der großen Laaber, zwischen Straubing und Regensburg, im prächtigen Schloß der Grafen von Seinsheim, hat Ignaz Günther 1761 ein Relief für den Altar der Schloßkapelle geschnitzt. Eine liebliche Günthermadonna, voll Anmut und Schönheit, fährt in den Himmel auf. – Und noch ein Mariä-Himmelfahrts-Relief gibt es: an der Kanzel im Käppele zu Würzburg, von Bossi.

Im ganzen aber gilt, daß die Maler Mariä Himmelfahrt am häufigsten darstellten. Dem Pinsel waren keine Grenzen gesetzt. Er konnte das Aufwärtsschweben am anschaulichsten schildern. Alle möglichen Arten von Wolken, von großen und kleinen Engeln, von himmlischer und irdischer Landschaft konnte er farbenprächtig realisieren. Bis ungefähr gegen 1700 überwiegen die Altarbilder. Aber dann locken auch die großen Deckengewölbe und Kuppeln der neuen Gotteshäuser und die Freskomaler beginnen mit der großangelegten Verherrlichung Mariens in der himmlichen Glorie. Den Künstlern des Barock und Rokoko war nämlich Mariä Himmelfahrt das liebste Thema, die lohnendste und ehrgeizigste Aufgabe.

Die Auferstehung des Fleisches, der Triumph des Lebens über den Tod, das Emporschweben in den Himmel, frei von aller Erdenschwere, das war das tröstende Hauptereignis der Unsterblichkeit eines Christenmenschen. Der Sieg über die Verwesung, der Triumph des erlösten und verklärten Leibes, das ist die fröhlichste Botschaft des Neuen Testaments. Über 200 Jahre hinweg gab es für die christliche Kunst keinen bedeutenderen, keinen lustigeren Stoff – als die causa nostrae laetitiae, die Ursache unserer Freude – als die assumptio. Denn der barocke Mensch wußte um die einzige Tröstung der heiligen Religion. Und Maria, die Königin des Himmels, war ihm eine kräftige Fürsprecherin, ja gar eine »Miterlöserin, eine corredemptrix«, wie einer der vielen Ehrentitel Mariens aus der Zeit der Gegenreformation lautet.

In allen bayerischen Diözesen gibt es viele berühmte und altehrwürdige Kirchen, die am Tage Mariä Himmelfahrt ihr Patrozinium feiern. Und es ist unmöglich, die Himmelfahrtsbilder alle – oder auch nur die bedeutendsten unter ihnen – aufzuzählen.

In der Fuggerkapelle bei St. Anna in *Augsburg*, am rechten Orgelflügel, hat Jörg Breu schon um 1518 eine hoch in den Himmel schwebende Madonna gemalt. Viele musizierende Englein begleiten sie in einem mandelförmigen Heiligenschein. Unter den Aposteln fällt der heilige Thomas auf, wie er den Gürtel hält, den ihm Maria vom Himmel herab zugeworfen hat. – Thomas soll zur Grablegung Mariens zu spät gekommen sein. Und nun zweifelt er – wie er an der Auferstehung Jesu gezweifelt hat – auch an der leiblichen Himmelfahrt der Mutter Gottes. Da wirft sie ihm den Gürtel zu. – Diese Gürtellegende, die vor allem in Italien häufig gezeigt wird, kommt in Bayern, außer hier bei Jörg Breu in Augsburg, nicht mehr vor.

Im *Bamberger* Dom befindet sich ein Gemälde Tintorettos, auf dem sehr kräftige Engel Maria mit großer Anstrengung in den Himmel hinauf schieben. Einer stemmt seine Füße in den leeren Sarkophag und schiebt mit seinen muskelstarken Armen die Madonna an den Hüften hoch. Es ist eine ungemein drastische Szene. Vielleicht soll damit ausgedrückt werden, welch eine unmenschliche Kraft vonnöten ist, um den Tod zu besiegen.

Und auf dem *Würzburger* Dombild von Sandrart fällt auf, daß unter den Aposteln am Grabe auch Frauen stehen: Freundinnen und Verwandte Mariens.

Das frühere Hochaltarbild im Liebfrauendom zu *München* – von Peter Candid um 1620 geschaffen – stellt vor allem die Krönung Mariens im Himmel in den Vordergrund. Christus auf einer Wolke schreitend nimmt Maria in die Arme und setzt ihr die Krone auf.

Auf dem Hochaltar des Liebfrauenmünsters zu *Ingolstadt*, den der Münchner Hofmaler Hans Mielich 1572 vollendet hat, weist das Mittelbild eine im Himmel schwebende Schutzmantelmadonna auf. Sie hält das Jesuskind im Arm, und dieses streckt der heiligen Katharina – der Schutzpatronin der Philosophen – einen Ring an den Finger, was ungefähr eine Vermählung von Theologie und Philosophie bedeutet. Für die Universitätsstadt Ingolstadt ein wichtiges Thema. Unter dem Schutzmantel sehen wir dann Landshut mit der Burg Trausnitz und die herzogliche Familie.

Auch das leere Mariengrab mit den Aposteln ist auf diesem – von Bildern aus dem Marienleben übersäten – Altar noch zusätzlich dargestellt.

In der Zisterzienserabteikirche zu *Waldsassen* – die Zisterzienserkirchen waren ja alle Marienkirchen – hat der Deutschböhme Jakob Steinfels im großen Kuppelfresko Maria in der himmlischen Glorie ebenfalls als Schutzpatronin geschildert. Weit breitet sie den Mantel aus, unter dem die Zisterzienser eine sichere Zuflucht finden. Maria, die Hilfe der Christen und Zuflucht der Sünder, ist in ihrer Mittlerrolle ja zugleich ein Abbild der Kirche.

Die Krönung Mariens im Himmel wird oft nur angedeutet, hier und da aber auch in großartiger Zeremonie gleich vollzogen. Dabei kommt es manchmal zu außergewöhnlicher Darstellung der Heiligen Dreifaltigkeit. Meistens hält Jesus die Krone für seine Mutter bereit, während Gott Vater hoch in den Wolken thront. In St. Zeno in *Reichenhall* aber krönen gleich drei Männer die Gottesmutter. Hier also ist der Heilige Geist nicht als Taube dargestellt. – In *Altdorf* bei Kaufbeuren erscheint in dem Gemälde von Mathäus Günther der Heilige Geist als Jüngling im Rokokogewande – à la mode und mit zierlichem Degen – als ein Bräutigam Mariens. Dieses Bild geht auf eine Vision der seligen Creszenzia zurück, die eine Erscheinung des Heiligen Geistes in dieser Gestalt gehabt haben soll.

In *Diessen* am Ammersee findet die Himmelfahrtsdarstellung des Altarbildes von Balthasar Augustin Albrecht in der geschnitzten Bekrönung des Hochaltars seine Fortsetzung. Dort oben, über dem Altar thront der himmlische Hofstaat, und Jesus geht seiner Mutter entgegen.

Auch auf dem imposanten Säulenaltar der Stiftskirche der Zisterzienser in *Fürstenfeldbruck* wird die Szene des Bildes plastisch weitergespielt: die auffahrende Madonna wird von der Heiligen Dreifaltigkeit empfangen. Die begleitenden Putten halten marianische Zeichen in den Händen: Sonne, Kranz, Kreuz und Lilien.

Noch großartiger geht es in *Ettal* her. Der Hochaltar, der schon das berühmte Gnadenbild der liebenswürdigen Mutter enthält, das Kaiser Ludwig der Bayer aus Italien mitgebracht hat, strahlt sein glorreiches Thema weit in das Deckenfresko des Altarraumes hinauf. Christus, auf einer Wolke schwebend, eilt seiner Mutter mit offenen Armen entgegen. Engel musizieren, geigen, blasen und orgeln. Der ganze weite Himmel frohlockt, David mit der Harfe, die Patriarchen und Propheten, alle die Heiligen des alten Bundes, von Adam und Eva bis hinauf zu Johannes dem Täufer.

Kaiser Ludwig der Bayer hat Ettal gegründet, als er 1330 – schwer bedrängt und tieftraurig – von der Kaiserkrönung in Rom zurückkehrte. Und sein persönlicher Wunsch war es, daß die Kirche »auf dem Ampferang« den Titel »Mariä Scheidung«, Mariä Heimgang, eben Mariä Himmelfahrt, bekommen sollte. Das liebliche Ettaler Gnadenbild, die »Frau Stifterin« wie der Kaiser es genannt wissen wollte, hat er zeit seines Lebens besonders verehrt. Und als er in der Nähe des Klosters Fürstenfeld auf der Bärenjagd plötzlich vom Tode überrascht wurde und in den Armen eines Bauern starb, da waren seine letzten Worte: »Du liabe Frawe, bit bei miner Schidung!«

Am großen Frauentag ist in allen Marienkirchen etwas von der glorreichen Festlichkeit zu spüren, ob das Patrozinium nun Mariä Himmelfahrt oder Mariä Geburt, Mariä Namen oder Empfängnis, Sieben Schmerzen oder Skapulier, Rosenkranz, Mariä Hilf oder vom Berge Karmel heißen mag. Und ganz besonders feiertäglich geht es natürlich in den Wallfahrtskirchen her. – In Altötting, auf dem Bogenberg, in Tuntenhausen, Birkenstein und auf Maria Hilf ob Passau, im Würzburger Käppele und in Maria Limbach, in Violau, in Maria auf dem Bühel und auf dem Kobel bei Augsburg – vor all den Gnadenbildern »Unserer Lieben Frauen« im ganzen Land drängen sich dann die Pilger. – Und was für berühmte Madonnen sind das! Nicht einmal Österreich und die Schweiz, ja kaum Italien kann sich einer so großen Zahl von Marienwallfahrten rühmen wie Bayern. Mindestens an die 40 Gnadenorte Unserer Lieben Frau ziehen heute noch die Pilger an. – Das ist ja auch kein Wunder, denn

Maria ist die Patrona Bavariae und die Duchessa Franconiae, die Herzogin Frankens.
So viele und wunderschöne Madonnen gibt es in keiner anderen Stadt der Christenheit wie in *Würzburg* zu Füßen des Marienberges. Schon auf dem Schloß die hohe Spitz ist ein Marienbild. Vom Niklasberg herab aber grüßen die Kuppeln und Türmchen des Käppele. Das ist das Altötting Frankens.
Ein Fischersohn hat um 1640 an dieser Stelle ein Marienbild aufgestellt, das bald die Beter anzog und große Verehrung fand. Balthasar Neumann hat die Pläne entworfen zu dem überaus schmucken Heiligtum.
Aber das ist noch nicht alles. Viele Würzburger Häuser haben ihre eigene Schutzpatronin, ihr eigenes Muttergottesbild, die Hausmadonna. Einige unter ihnen sind im letzten Krieg unter den zusammenstürzenden Häusern verschüttet worden. Fast alle aber konnten sie wieder geborgen und mit viel Mühe restauriert werden. Nun stehen sie wieder da über den Haustüren, ein steinerner Lobgesang des marianischen Würzburg.
Die Madonnenkarte von Rudolf Kuhn aus dem Jahre 1949 zählt für Würzburg 152 Marienplastiken auf. Und obendrein sind es wahre Kunstwerke, die meisten darunter von großem Glanz.
Ihre Künstler haben einen Namen im fränkischen Barock: Johann Kaspar Brandt und Balthasar Esterbauer, Jakob, Johann Wolfgang und Lukas Anton Auvera, Claude Curé, Antonia Guiseppe Bossi und Johann Peter Wagner.
Überwiegend haben sie den Typ der triumphierenden Himmelskönigin geschaffen, der Herzogin Frankens, der Schutzfrau mit dem Kinde, die ihre Füße auf die Mondsichel stellt. – Von seltener Majestät und Lieblichkeit ist die Hausmadonna an der Martinsgasse 5, dem ehemaligen Kanonikatshof Emeringen, von Balthasar Esterbauer. Über dem Portalaufsatz, der das Wappen des Fürstbischofs Johann Philipp von Greifenklau trägt und reich mit Akanthus verziert ist, thront Maria auf einer Wolkenkonsole und hält das Jesuskind auf den Knien. Das Kind sieht aus, als ob es grad auf dem Schenkel der Mutter das Laufen lernen wollte. Maria hält und schützt es mit dem Arm; das Kind hält sich am Kleid der Mutter fest. Trotz des Liebreizes dieser Szene behält Maria die königliche Würde. Die Herzogskrone schmückt ihr Haupt, und ihr junges, hüb-

sches Gesicht blickt recht hoheitsvoll. Aus den Wolken zu ihren Füßen schauen vier Engelsköpflein heraus. Die mittleren schwätzen miteinander, die äußeren aber schauen neugierig auf die Passanten herab.

Sogar richtige Himmelfahrtsmadonnen gibt es unter diesen steinernen Marienbildern: die Himmelfahrt und Krönung Mariens zum Beispiel (früher an einem Haus der Neubaustraße, jetzt im Mainfränkischen Museum) von Johann Wolfgang Auvera. Gott Vater und Sohn sitzen auf einer Wolkenbank, die Taube des Heiligen Geistes steht zwischen ihnen und Maria schwebt auf den Wolken zu ihnen auf. Gott Vater setzt ihr gerade die Krone aufs Haupt. Aus den Wolken ragen Puttenköpfe heraus – und auch ein Totenkopf, auf den Jesus seinen Fuß stellt. Die ganze Szene sieht leicht und beschwingt aus, eine graziöse Rokokoarbeit. Besonders das Antlitz Gott Vaters ist voll der Güte und gnädigen Freundlichkeit. Christus lächelt seiner Mutter zu.

Wohl eine der schönsten Himmelfahrtsfrauen Würzburgs leuchtet auf dem Tympanon-Relief an der Neumünsterfassade auf. Das Werk stammt von Jakob Auvera. Maria, aufwärtsschwebend, den Fuß auf der schwankenden Mondsichel, die Arme ausgebreitet, beherrscht die Szene. Das Haupt ist dem Himmel zugewandt. Nur Maria ist hier zu sehen wie sie in den Himmel auffährt, keine Dreifaltigkeit, keine Krönung, aber auch keine Apostel und kein Sarkophag. Vom Winde erfaßt bauscht sich ihr Mantel auf, schlingt rückwärts in gewaltigem Bogen um ihre Schulter, um ihr Haupt. Engel zur Linken und zur Rechten eilen herbei, lauretanische Insignien in den Händen: die Palme für die Königin der Märtyrer, die Lilie für die mater purissima, die Rose für die rosa mystica, den Stern für die stella maris.

Das ist denn schon imponierend in Würzburg: 152 Madonnen! Und die meisten unter ihnen von bedeutenden Künstlern geschaffen!

Das Würzburger Bistum kann zudem noch mit zahlreichen marianischen Gnadenorten aufwarten. *Maria Limbach* und *Maria im Weinberg, Mariä Ehrenberg* und *Maria Buchen,* mit *Fährbruck, Dettelbach* und *Friedritt* bei Münnerstadt, mit *Kälberau, Arns* und *Eckartshausen* und mit noch anderen.

Die Gegend am Unterlauf des Mains, um Miltenberg und Amorbach westlich des Odenwaldes, heißt gar das Marienländchen.

Die Stiftskirche zu *Amorbach* ist eine herrliche Marienkirche, eine prächtige Barockbasilika der Wessobrunner Feichtmayr und Übelherr, ein rechtes »Wunderhaus der göttlichen Laubhütten, des Himmels Vordersaal, das Tafelzimmer selbst zum großen Abendmahl«.

Das Altarblatt hat Mathäus Günther gemalt. Es zeigt eine schwungvolle, farbenprächtige Mariä Himmelfahrt, die darüber figürlich in der Heiligen Dreifaltigkeit fortgesetzt wird. Seit der Säkularisation ist dieses Gotteshaus evangelische Hofkirche des Fürstenhauses Leiningen und zugleich Pfarrkirche der evangelischen Gemeinde in Amorbach. Und die Amorbacher Protestanten sind stolz auf ihre schöne Kirche.

In der Gegend gibt es zahlreiche Marienbilder, Mariensäulen, Marienbrunnen, Kapellen und auch Hausmadonnen. – Eine Besonderheit ist die Muttergottes in der uralten, romanischen Wallfahrtskapelle zu *Amorsbrunn.* Hier soll schon ein römischer Nymphenaltar gestanden sein und hier soll auch der heilige Pirmin die ersten Christen des Odenwaldes getauft haben. Es stehen mehrere Madonnen in dem Kirchlein. Und das Hauptstück der Kapelle ist der geschnitzte Flügelaltar mit der eigenartig schönen Muttergottes im Stammbaum Christi: die Wurzel Jesse. Jesse schläft in der Predella, und Maria, eine junge Frau von überaus zarter Schönheit, ist umgeben von einem Strahlenkranz, von Eltern und Stammeltern.

Das Wallfahren war in früherer Zeit, als das Reisen an sich noch beschwerlicher war und mehr Ausdauer und Geduld erforderte als heute das Daheimbleiben, trotzdem sehr beliebt. Dann aber auch war es verlockend unter die Leut und in die Welt hinaus zu kommen. Einzelwallfahrten waren selten. Auch fürstliche Personen wallfahrteten nicht allein, sondern ein Teil des Hofstaates ging mit. Und die Kutschen fuhren hinterher. Wochenlang vorher wurde so eine fürstliche Fußwallfahrt amtlicherseits vorbereitet. Alle Landgerichte und Hofmarken, die der allergnädigste Pilger tangierte, wurden angeschrieben und beauftragt, man möchte nur ja die Wege und Straßen bis zum genannten Zeitpunkt in besten Zustand bringen, alle Brücklein und Steglein ausbessern, abkürzende Feldraine ausmähen und dergleichen mehr. Alle Stationen waren aufs genaueste berechnet und die Hofmarkschlösser, in denen genächtigt werden sollte, hatten einen aufregenden Tag. Obgleich man auf solch einem Schloß gut ausgerüstet war, mußte doch aus den benachbarten Hofmarken alles mögliche zu leihen genommen werden: Bettzeug und Kerzenleuchter, Teller und Eßbestecke, Nachtgeschirr und Dienerschaft. Das Hofmarksarchiv von Schwindegg z. B. weist eine dicke Akte auf, wo, anläßlich einer Fußwallfahrt des Durchlauchtigsten Kurfürsten von Köln, Clemens August, nach Altötting, alle diese Einzelheiten festgehalten sind, welche die kurkölnische Übernachtung mit sich gebracht hat. Im Gefolge des Kurfürsten befanden sich über vierzig Personen.

Der kleine Mann ging mit dem Kreuz in einer Prozession und laut betend wallfahrten. In den Wirtshäusern an den Straßen wurde gern eingekehrt und gerastet, denn das laute Beten machte durstig und hungrig. »Iß und trink, wir haben noch einen weiten Weg vor uns!«, war ein geflügeltes Wort der Wallfahrer. Man nächtigte in den Herbergen der Städte und Marktflecken, auf die sich die Wallfahrer oft genauso freuten wie auf den Gnadenort selber. Kurzum, das Wallfahrten war damals schon auch ein Vergnügen. Besonders natürlich ein Vergnügen für die jungen Leut. Und die Eltern und Vorgesetzten waren dagegen machtlos, denn wer wollte schon ein Verbot aussprechen, wo der andere ein heiliges Gelübde aufweisen konnte?

Und man war ja schließlich auch ein Barockmensch. Man lebte in einer Harmonie von Spannungen, in Sinnesfreuden und in frommer Weltabkehr. – In der ersten Hälfte des 18. Jahrhunderts erreichten die Wallfahrten ihren Höhepunkt. An die hundert Gnadenstätten, die heute längst erloschen sind, zogen damals jährlich Zigtausende Pilger an. Jede Pfarrei muß in jener Zeit zu den obligaten Bittgängen jährlich noch mindestens zwei bis drei größere Wallfahrten unternommen haben; einige davon haben sich über mehrere Tage, ja Wochen erstreckt, und führten sogar ins Ausland.

Die Aufklärung nannte das alles ein Unwesen, einen himmelschreienden Mißstand, ein sittenverderbendes Herumvagabundieren und eine Faulenzerei. Charakterisierend für den Geist der Aufklärung ist es, daß im »Münchner Intelligenzblatt zum Dienste der Stadt und Landwirtschaft, des Nährungsstandes und der Handlung« vom Jahre 1780 ein den Gnadenorten wohlgesonnener Autor das Wallfahrten so verteidigen mußte:

»Wenngleich in unserem Jahrhundert viele schöngeisterische Sprecher wider die Wallfahrten auftreten und selbe auf ihre Pfarrkirche eingeschränkt wissen wollen: So irren doch die Grundsätze dieser Leute sehr. Solange Wallfahrten in der gehörigen Maß, Ordnung, und zur rechten Zeit, auch nicht außer Landes, und mit Verhütung aller einzuschleichen möglicher Excesse oder Mißbräuche angestellt werden, so haben sie nebst der Frömmigkeit auch ihren politischen Grund: indem Gewerbe, Geldcirculation und Nahrung dabei gewinnet.«

Aber es war nichts mehr aufzuhalten. Verordnung über Verordnung der Kurfürsten Karl Theodor und Maximilian beschnitten und beschränkten das Wallfahrtswesen. Auch in den fränkischen Landen war es nicht viel besser. Die schöngeisterischen Sprecher drangen auch in die geistlichen Fürstentümer ein. Bis 1803 dann durch die Säkularisation der völlige Stillstand kam.

Die meisten Gnadenkirchen und Kapellen verwandelten sich – wenn sie nicht gleich ganz und gar abgerissen wurden – in gewöhnliche Pfarrkirchen. So manches schöne Gotteshaus, das heute noch eine Marienstatue birgt, war vor zweihundert Jahren eine weitberühmte Wallfahrt gewesen. So etwa Maria Dorfen in Oberbayern, Halfing im Chiemgau, Marienberg bei Raitenhaslach, Feichten bei Trostberg und noch hundert andere.

In Schwaben und im Allgäu sind um 1800 mehr als ein Dutzend marianischer Gnadenorte abgegangen: 1805 Unsere Liebe Frau von Maria Loretto in Altdorf; 1806 wurde Maria Eldern abgebrochen, das Gnadenbild kam 1841 in die Klosterkirche von Ottobeuren. Den marianischen Seelenberg in Eggenthal hatte man 1805 gesperrt. In Lechbruck hat man das Gnadenbild entfernt. Maria Schnee in Thalhofen, Unsere Liebe Frau von Schöllang und die von Obergünzburg durften keine Pilger mehr vorlassen. Teils wurden die vom Staate beschlagnahmten Kirchen und Kapellen zum Abbruch verkauft und versteigert, konnten aber gerade dadurch manchmal gerettet werden. Die Aufklärung war eine antimarianische Zeit.

Jedoch im bayerischen Volk blieb die Marienverehrung tief verwurzelt. Es gab Pfarreien, die trotz des landesherrlichen Siegels wallfahrteten, so z. B. nach dem abgelegenen *Maria Eck* in den Chiemgauer Bergen, und vor der verschlossenen Kirchentüre ihre Andacht verrichten. – Aber schon Ende der zwanziger Jahre ging es wieder aufwärts. – Nicht zuletzt war das ein Verdienst der kirchenfreund-

lichen Politik König Ludwigs I. Gut Dreiviertel aller einst blühenden Marienstätten waren freilich für immer erloschen.
Nur noch wenige Gnadenbilder konnten fürderhin Pilger und Wallfahrtszüge anlocken: Unsere Liebe Frau von *Altötting* allen voran, die jetzt unbestritten die größte Wohltäterin und erste Schutzfrau des ganzen Vaterlandes werden konnte, was seinen innigsten Ausdruck darin findet, daß die Herzen aller regierenden bayerischen Landesfürsten in der heiligen Kapelle beigesetzt wurden. Gewiß, Altötting war vorher auch schon eine der berühmtesten Wallfahrten, seit den Tagen Maximilians I. und des ligistischen Feldherrn Tilly schon, aber so unvergleichbar wie es heute in Bayern dasteht, war es im 18. Jahrhundert nicht. Damals konnte sich die Virgo potens von Tuntenhausen oder etwa die Muttergottes auf dem Bogenberg – in der Zahl der Pilger und der Mirakel – mit Unserer Lieben Frau von Altötting ungefähr messen.
Das aswinische Gnadenbild auf dem *Bogenberg* in Niederbayern ist eines der ältesten Gnadenbilder überhaupt. Übernatürlicherweise, schreibt ein Oberaltaicher Mönch, sei es im Jahre 1104 die Donau heraufgeschwommen bis Bogen, und Graf Aswinus hat das Wunderbild dann auf den Bogenberg in seine Schloßkapelle getragen. Später überließen die Grafen von Bogen Schloß und Berg dem wundertätigen Gnadenbild, und es wurde der Mutter Gottes eine große Kirche gebaut. – Von diesem heiligen Berge aus übersieht man den ganzen Dungau und halb Niederbayern. Wie ein breiter Silberstreifen liegt einem die Donau zu Füßen. Sie durchströmt die Kornkammer Bayerns. So weit das Auge reicht, ist Ökonomie und Fruchtbarkeit.
Das Gnadenbild der Mutter Gottes vom *Bogenberg* ist seltsam und einmalig.
»Sie ist ganz von hartem Stein, fünf Manns Spannen hoch, holdseligen Angesichts, mit hangenden Haaren. Beide Arm werden von dem Mantel halb eingehüllet. Dero Händ – der schwangeren Frauen Gebrauch nach – auf dem gesegneten Leib ruhen. Der Leib ist mit einem roten Mantel angetan, darinnen guldene Weizenäher eingetragen. Der Falten und Bruch im Mantel und Rock seind nit gar viel, doch ziemlich gut und der Bildhauer Kunst wohl würdig. Das Angesicht freundlich und jung. Und je später dies angesehen wird, desto jünger und freundlicher scheinet es. Das ganze Bild ist ein Vorbild Mariä Heimsuchung, wie sie nämlich mit Gottes Sohn schwan-

ger zu Elisabeth über das Gebirg gegangen. Dann mitten in der Heiligen Bildnus ist ein Grüblein, in welchem das in fast allen Sprachen vierbuchstäbige Wort stehet: Gott.«

Abt Hieronymus Gazin von Oberaltaich hat 1645 in Straubing ein Wallfahrtsbuch drucken lassen, das siebzig Mirakel aufzählt, die alle in einem Zeitraum von 15 Jahren auf dem Bogenberg geschehen sind. Diese Guttatenberichte der Muttergottes schildern vor allem die Drangsale des Dreißigjährigen Krieges. Im Anhang des Buches aber folgt ein Bogenberger Wallfahrerlied, das 255 Strophen lang ist. Ein endloser Lobgesang auf das Gnadenbild. Der Vorsänger sang die Liedstrophen nach eigener Melodey und das Volk antwortete jeweils mit dem Kehrreim.

Die Wallfahrt zu *Tuntenhausen* ist ebenfalls älter als die von Altötting. Im Jahre 1441 war hier an einer kranken Weibsperson aus Prötschlaipfen das erste Wunder geschehen. Unmittelbar darauf begann ein »großer Lauf von christgläubigen Menschen nach Tuntenhausen.« Die Wallfahrt blühte sehr rasch auf. 1527 waren es bereits mehr als hundert Pfarreien, die jährlich in feierlicher Prozession mit Kreuz und Fahnen das Gnadenbild heimsuchten.

Aus der Tuntenhauser Wallfahrtsgeschichte gäbe es viele merkwürdige und interessante Begebenheiten und marianische Guttaten zu erzählen. Auf eine sei besonders hingewiesen: Als der Kölner Kurfürst, Erzbischof Gebhard, Truchseß von Waldburg ins protestantische Lager übersiedelte, wurde er seiner geistlichen und weltlichen Macht für verlustig erklärt. Herzog Ernst von Bayern wurde zu seinem Nachfolger bestimmt. Aber Gebhard wollte nicht weichen. Es kam zum kurkölnischen Krieg und zu blutigen Kämpfen. Das siegreiche bayerische Heer befehligte Herzog Ferdinand, der Bruder Wilhelms V. Bei der Einnahme der Stadt Bonn 1584 verlobte sich Ferdinand zur Gnadenmutter nach Tuntenhausen. Er hat auch sein Versprechen gehalten, wie noch heute ein Votivaltärchen seines Kämmerers, Andreas von Ettling, in der Tuntenhauser Kirche beweist.

Einen der schönsten Flecken, den es im bayerischen Gebirg gibt, in der Nähe des Wendelsteins bei Fischbachau, hat sich Unsere Liebe Frau von *Birkenstein* ausgesucht. Und es ist eine beinahe heitere Geschichte, wie das Gnadenbild, das früher in der Klosterkirche von Fischbachau gestanden hat, zu seinem lauretanischen Haus gekommen ist. Der Birkenstein war vor dem Jahre 1673 nichts anderes als ein großer Stein mit einer Martersäule. Eines Tages wollte der Pfarrvikar Johann Maier vor diesem Marterl seine Andacht verrichten, dabei schlief er aber ein. Im Traum erschien ihm die Gottesmutter und sprach: »Hier an diesem Orte will ich denen, die mich verehren, meine Hilfe mitteilen.« – Da erwachte er und ging zum Gastwirt nach Marbach, wo er auch den Widmeßbauer antraf. Er erzählte nun den beiden Männern seinen Traum und mußte erfahren, daß beide kürzlich auch einen Traum hatten. Sie sahen, wie auf dem Birkenstein ein Kirchlein stand, aus dem viele Wallfahrer strömten. – Bald wurde der Traum verwirklicht. Wallfahrer kamen und schon 1710 konnte das jetzige ungemein reizvolle Kirchlein gebaut werden. Es ist voll der Geheimnisse aus der lauretanischen Litanei. Eine Köstlichkeit ersten Ranges. »Birkenstein zeigt das lauretanische Haus als Rokokokabinett der gnadenvollen Gottesbraut Maria.«

Die meisten Marienwallfahrten kann trotz der Einbuße während der Säkularisation immer noch das Allgäu aufweisen. In dieser lieblichen Landschaft der grünen Matten und einer erstklassigen Milchwirtschaft, in der St. Mang vor 1250 Jahren das Evangelium verkündet hat, haben die Leut eine große Liebe und Verehrung zu Unserer Lieben Frau. Zur schmerzhaften Mutter von Maria *Steinbach* im Landkreis Memmingen kommen auch heute noch Pilger. Das Gnadenbild ist berühmt geworden, als die ehrsame Jungfrau Maria Morgen von Legau am 2. Juni 1730 zum ersten Male gesehen haben will, daß Maria ihre Augen bewegt habe.

Auf dem Wankerberg bei Nesselwang liegt einer der berühmtesten Wallfahrtsorte im ganzen Allgäu: *Maria Trost*. Das Gnadenbild ist eine Kopie der Madonna von Maria Plain bei Salzburg. Das Plainer Original war aber in den Jahren 1659 auf 1665 tatsächlich in Maria Trost. Als es dort schon berühmt war, hat es der Salzburger Fürsterzbischof wieder zurückgefordert. 1751 wurde die Maria Plainer Madonna in Salzburg feierlich gekrönt. Und Mozart hat aus diesem Anlaß seine berühmte Krönungsmesse komponiert.

Die Muttergottes von *Frauenzell* im Landkreis Kempten ist auf recht wunderbare Art und Weise ins Allgäu gekommen.

»Als in ältesten Zeiten, da wo jetzt das Dorf Frauenzell liegt, noch Wald und Viehweidboden war, geschah es einmal, daß ein Stier auf dem nämlichen Platze, auf dem jetzt der Hochaltar der Kirche steht, mit den Hörnern im Boden wühlte und sich nicht davon abtreiben ließ, bis er ein Muttergottesbild zutage förderte. Der Hirt vermeldete dies zu Hause, worauf man das Bild in die Mutterkirche nach Hinznang verbrachte und dort aufstellte. Allein das Bild wollte hier nicht bleiben. Man hörte des Nachts jedesmal in den Lüften gar lieblichen Gesang dahin ziehen und am Morgen fand man dann das Bild an der Stelle, wo der Stier es ausgewühlt hatte. Nun gedachte man für das Bild ein eigenes Kirchlein zu erbauen.«

Eine uralte Wallfahrt ist *Maria Rain* bei Nesselwang. Sie reicht zurück bis ins elfte Jahrhundert, und das Gnadenbild, eine schöne, faltenreiche und gekrönte Madonna mit Zepter, führt den Titel »Bildnis der reichen Himmelskönigin«.

Maria Thann im Landkreis Lindau führt seine marianische Tradition gleich gar bis ins siebte Jahrhundert zurück, bis in die Zeiten des heiligen Gallus. Gallus selbst soll hier der Himmelskönigin eine Kapelle errichtet haben.

Aber nicht nur der ältesten, auch der jüngsten Marienwallfahrt kann sich das Allgäu rühmen: es ist Unsere Liebe Frau im *Ostrachtal.* Im Jahre 1935 wurde ein in der Jodok-Kapelle zu Bad Oberdorf hängendes Bild vom Landesamt für Denkmalpflege als ein Werk Hans Holbeins des Älteren erkannt. Das Bild zeigt Maria mit blaugrünem Mantel mit Palla und goldenen Borten. Das Jesuskind trägt ein grünliches Unterkleid, ein weißes Hemdchen und einen roten Mantel mit Falten. – Das Marienbild hängt jetzt in der neuen Kirche »Unserer Lieben Frau im Ostrachtale« und wird als Gnadenbild verehrt.

Des Aufzählens wäre kein Ende. Maria hat viele Häuser in Bayern. Und ihre Gnadenbilder sind voll Liebreiz und Frauenschönheit. Die Namen ihrer Gnadenorte haben einen heimatlichen Klang: Maria Trost und Maria Hilf, Maria im Weinberg und Sammerei. Viele Generationen haben Maria verehrt; Bauern und Handwerker, Edelleut und Fürsten, Einfältige und Gelehrte, ein jeder Stand nach dem Maße seiner Frömmigkeit und seiner Melodie. – Uralte und schöne Marienlieder sind gesungen worden. – Ein Autor unserer Tage nun – Richard Billinger aus St. Marienkirchen im Innviertel drüben – hat auch ein Marienlied gedichtet. Es hat nur zwei Strophen – nicht 252 wie das Bogenberger aus dem Dreißigjährigen Krieg. Aber es klingt – es hat einen reinen marianischen Klang:

Maria geht auf grüner Au
Und wäscht ihr Kind im Morgentau.
O Wiesenhalm, laß bei dir ein
Wie Schatten arm mein Kindelein!
Da springt die Welle aus dem Bach
Der Welle hüpft das Fischlein nach,
Den Vogel schickt der stumme Wald,
Aus Osten prahlt die Sonne bald!
Ave Maria!

Während des Dreißigjährigen Krieges hat Kurfürst Maximilian I. sein Land unter den Schutz und Schirm Mariens gestellt. Auf dem Schrannenplatz seiner Haupt- und Residenzstadt ließ er der Himmelskönigin eine Säule errichten, einen Monolithen aus Untersberger Marmor. Auf dem korinthischen Kapitell dieser Säule erhebt sich nun das herrliche Bild der Schutzfrau Bayerns hoch in den Himmel. Die schlanke aufrecht stehende Gestalt der Patrona Bavariae ist mit der Kaiserkrone gekrönt. Die eine Hand hält das Zepter, führt es in einer sehr leichten, sanften und königlichen Gebärde – mit nur drei Fingern einer schönen Frauenhand – die andere hält das Christkind. Der Jesusknabe mit den gelockten Haaren hält die Weltkugel und teilt seinen göttlichen Segen aus. Den breitgesäumten Königsmantel hat Maria auf der Seite des Kindes bis zur Hüfte hochgezogen. Ihre Füße stecken in Sandalen und stehen auf einer Mondsichel. Ursprünglich soll diese Madonna im Liebfrauendom gestanden sein. Sein Schöpfer ist der Bildhauer Hubert Gerhard.
Was diese *Patrona Bavariae* auf dem *Münchner Marienplatz* so anziehend macht, das ist die frauliche Majestät der Königin. Nicht Strenge geht von ihr aus, sondern Würde, Liebreiz und Gnade.
Die hohe Säule ruht auf einem Postament, an dessen Ecken Engelsköpfe angebracht sind. An den Seiten des Postaments finden wir das bayerische und das österreichische Wappen. Aufregend ist der Kampf der vier Bronzeputten auf dem Unterbau des Postaments. Die mit Helm, Schwert und Spieß ausgerüsteten Englein stechen und hauen auf Schlangen und Basilisken, auf Löwen und Drachen ein. Darunter steht eine Stelle aus dem 90. Psalm: »Über die Natter und den Basilisk wirst du wandeln und den Löwen und Drachen wirst du zertreten.« Früher war da auch noch ein Distichon des Jesuiten-

Dichters Jakob Balde zu lesen. In diesem Vers empfiehlt Kurfürst Maximilian alles, was ihm lieb und wert ist, der Patronin:

Rem, regem, regimen, regionem, religionem
Conserva Bavaris, Virgo Patrona, tuis.

Hab und Gut, den König und die Regierung, das Land und die Religion erhalte du, Jungfrau Patronin, deinen Bayern!

Bis zum Ausbruch der Revolution im November 1918 wurden allabendlich der Patrona Bavariae – in ihrem erhabenen Bilde an der königlichen Residenz – militärische Ehren erwiesen. Und an großen Frauentagen, an denen sie über die Chöre und Engel erhoben und zu einer Königin des Himmelreichs und Erdreichs gekrönt wurde, an solchen Festtagen erklang ihr zu Ehren der bayerische Präsentiermarsch.

Ein seltsames Schauspiel dies: Marienkult und Staatsaktion. Einem Fremdling und Aufklärer schwer verständlich – aber in Bayern erlaubt, historisch legitimiert; barocke Repräsentanz einer schon 1918 vergangenen Zeit.

Schlösser südlich der Donau

Die Grafen von und zu Sandizell

Am Ende ist's natürlich überall in Bayern schön! Weil jedoch noch kein Meister vom Himmel gefallen, muß jeder Patriot als lokaler Liebhaber anfangen, z. B. in Sandizell.

Wenn kein Nebel die großzügige Welt verhängt, dann verliert sich der Blick in die Unendlichkeit einer bayerischen Provinz. Das Donaumoos nimmt hier, in Sandizell, seinen Anfang. Saatzucht, Kartoffel, Wiesen. Gegen Süden, nach Grimolzhausen und gegen Nordost nach Malzhausen und Langenmoosen nochmal ein leichtes hügeliges Relief, aber gegen Westen und Norden dann die endlich-unendliche Mooslandschaft. Ähnlich und doch wieder anders als das Dachauer und Erdinger Moos: verlorener, unökumenischer, poetischer auch und reizvoller.

Wir sind im uralten Hofmarksdorf der Grafen von und zu Sandizell der Herren von Malzhausen, Langenmoosen, Edelshausen und Tuntzenberg etc. etc. Bescheidene Gütleranwesen scharen sich zu beiden Seiten der Dorfstraße. Mächtige Baumkronen und ein vollendet schöner, zweihütiger Kirchturm verrät einem gleich das Zentrum der historischen Örtlichkeit. Hier dreht sich seit Jahrhunderten alles um das Schloß, auch die Kirche. Als wäre sie in den gräflichen Park als ein sonderlicher Pavillon hineinkomponiert worden, so sieht sie aus. Und doch ist das eine wirkliche Pfarrkirche Augsburger Diözese und eine der schönsten in Bayern obendrein. Diese gräflich-Sandizellische Hofmarks- und Pfarrkirche ist dem heiligen Petrus geweiht. Und der Petrus, den man auf dem hiesigen Hochaltar zu sehen bekommt, ist allein schon eine Reise wert.

Max Emanuel von Sandizell, einer der bedeutendsten Vertreter dieses uradeligen Geschlechtes, ein bauwütiger landständischer Rokokomäzen, der auch das noch heute bestehende prächtige Schloß aufführen ließ, hat diese Kirche zwischen 1735 und 1772 errichten lassen. Es ist ein vornehm höfisches Gotteshaus, und der Einfluß der in der Münchner Residenzstadt wirkenden großen Rokokomeister ist deutlich spürbar. Ein achteckiger Zentralbau mit abschließendem

Chor und mit einer Vorhalle, läßt an die Raumkunst Johann Michael Fischers, mehr aber noch an die Johann Baptist Gunezrhainers denken, beeinflußt von einem Effner und Cuvilliès. Genau wird man das noch nicht so schnell herausbringen, denn die Aufzeichnungen in Sandizell, die eine Menge Namen nennen, beschränken sich bei der Nennung des Architekten auf den Satz:
»Ihro Exzellenz, ein allhiesig hochgnädige Herrschaft, hat zu vorgehabter Errichtung von dem Hofmaurermeister zu München eine ordentliche Zeichnung beigebracht.« – Auch die Ausführung des Baues geschah durch Münchner Maurer und Zimmerer. Der Münchner Bürger und Meister Michael Pröbstl hat dazu acht Maurer und vier Zimmerleute aus München mitgebracht. Den hübschen Turm führte der Ingolstädter Veit Haltmayr auf. Nach einjähriger Bauzeit konnten schon die Stukkateure an die Arbeit gehen. »Martin Hörmannsdorfer, Burger und Stuckhedorer in Minchen« erhält dafür 200 fl. – Der Hofmaler Wenzl Pricz erhält für seine Deckenfresken 375 fl. Am tiefsten muß Max Emanuel von Sandizell für den Hochaltar in die Tasche greifen: 1000 fl. verlangt Egid Quirin Asam für diese strahlende Herrlichkeit, und dabei war er innerhalb von gut drei Monaten damit fertig geworden. Egid Quirin Asam hat in verschiedenen Stadt- und Landkirchen wohl an die fünfzig bis sechzig Altäre geschaffen. Zu den sechs, sieben besten darunter zählt der Sandizeller Petrusaltar gewiß. Er kann sich an wirklicher Größe nicht mit dem Hochaltar der Augustiner Chorherrenkirche zu Dießen am Ammersee messen, auch nicht mit der geistlich-bewegten Monumentalgruppe des Mariä-Himmelfahrt-Altares zu Rohr, nicht mit der Glorie des heiligen Georg zu Weltenburg und nicht mit der herzfrommen Innigkeit des Altares zu Osterhofen, aber mit dem Altar zu St. Peter in München nimmt er es auf. Die gewundenen Säulen, die einen Baldachin mit der Taube des Heiligen Geistes und einem in Wolken gehüllten Auge Gottes tragen, erinnern an den Bernini-Altar von St. Peter in Rom. Über dem Tabernakel führen drei Stufen zum päpstlichen Thron, zur Kathedra. Hier thront in päpstlicher Heiligkeit und göttlicher Majestät, auf dem Haupte die dreifaltige Krone, der Stellvertreter Christi auf Erden, in der Linken den mächtigen und mit drei Kreuzen geschmückten Hirtenstab, die Rechte in lehrender, mahnender Geste weithin ausgestreckt. »Ernst und grimmig« blickt er drein, schreibt ein englischer Kunsthistoriker,

»während fröhliche Englein die Himmelsschlüssel vor ihm herbaumeln lassen und ein anderer das Buch der Zeit vor ihm aufschlägt.« Unter den Fürsten der weiseste, sitzt er auf seinem Thron, heißt es darüber in lateinischer Sprache: sedens in cathedra sapientissimus princeps. Dahinter ein ovales, bernsteinfarbenes Fenster, verströmt ein effektvolles Bühnenlicht. Ja, eine Bühne ist dieser Altar und die ganze Kirche ein höfisches Theater. Der neben dem päpstlichen Thron stehende englische Herold zertritt mit seinem Fuße die mehrköpfige Schlange des Unglaubens und der Irrlehren. Die andere flankierende große Engelsfigur klammert sich hilfesuchend an den Anker der Hoffnung. Sie stellt die hilfesuchende Menschheit dar. Zu beiden Seiten dieses Altares stehen die Figuren der Namenspatrone des gräflichen Stifterehepaares: Maximilian und Katharina, ganz in weißleuchtendem Stuckmarmor und nur leicht vergoldet. Die Anmut und Hoheit dieser königlichen Prinzessin Katharina gibt es nur im bayerischen Rokoko. Sie zählt zu den besten Arbeiten Asams.

Asam sollte auch noch die vier Seitenaltäre machen. Zwei größere und zwei kleinere. Er verlangte dafür 2000 fl. – Den Marien- und den Johannesaltar hat er wenigstens noch entwerfen können, aber dann mußte er – der schon schwer kränkelte – 1749 noch nach Mannheim, um die dortige Jesuitenkirche zu stukkieren. Am 29. April 1750 ist er dort an Podagra – wie es heißt – plötzlich und unerwartet schnell gestorben. Aber die beiden von ihm entworfenen Seitenaltäre – ausgeführt hat sie der Schrobenhausener Schreinermeister und Bildschnitzer Anton Wiest – verraten noch ganz den genialen Schwung Egid Quirin Asams. Sehr originell allein ist die Komposition: die Altäre umspielen die beiden größten Fenster der Kirche, und in überlebensgroßen Figuren agieren die heiligen Gestalten ihre Szenen. Johannes tauft Jesus im Jordan, und ein Dutzend übermütige Putten akompagnieren jauchzend, verrenken die Glieder, stehen Kopf, verherrlichen Gott in allen möglichen Gesten und Posen. Und gegenüber die Verkündigung Mariens erscheint schier noch reizvoller. Maria liest gerade in einem Buche, als der Engel zu ihr tritt. »So lebendig ist die Darstellung, daß man jeden Augenblick meint, der Engel neben ihr müsse das Blatt umwenden.«

Auch die Apostelleuchter sollen noch von Asam stammen. Die übrigen Einrichtungsgegenstände, Stühle, Kanzel, Tabernakel, sind

Werke einheimischer Meister, worunter Ignaz Baldauf, der Augsburger Hofmaler, und der Schreiner Friedrich Schwertfriehrer von Inchenhofen als die bedeutendsten gelten.
Schon gut hundert Jahre vor dem ersten Vatikanischen Konzil, das die Unfehlbarkeit des Papstes 1870 zum Dogma erhoben hat, hat Asam hier in der Hofmarkskirche zu Sandizell am Rande des Donaumooses mit großem Ernst und feierlichem Schwung dieses »ex cathedra« der Nachfolger des heiligen Petrus vorausempfunden. Hell und übermütig, ernst regierend und ausgelassen triumphierend zugleich wirkt der heilige Theaterraum dieses gräflichen Gotteshauses, ein in Gips geformtes Wirken des Hl. Geistes ist einer meisterlich leichten Hand geglückt. Der Bau dieser Kirche markiert den Höhepunkt in der Geschichte des Geschlechtes derer von und zu Sandizell.
Was aber wäre ein uradeliges altbaierisches Hofmarksgeschlecht, auch wenn es am Rande des Mooses sitzt, ohne gräfliches Schloß: eine Prinzessin ohne Schönheit, ein König ohne Krone, eine Vergangenheit ohne Gegenwart. Aber gottlob, das Sandizeller Schloß steht wohlerhalten da, elegant und vornehm, großzügig und behäbig, wie nur eh und je ein bayerisches Grafenschloß, umgeben von einem breiten und tiefen Weiher, in dem sich die Wildenten und andere Wasservögel gern aufhalten. Es hat drei Flügel, zwei Geschosse – und wie es für einen barocken Bau gehört – keinen Turm. Ingolstädter und Neuburger Maurermeister haben ein recht imponierendes Stammschloß errichtet. Und das in der kurzen Zeit zwischen 1749 und 1751. – Der Bauherr, Max Emanuel von Sandizell, war ja zugleich auch bayerischer General und Statthalter von Ingolstadt. Das repräsentative Treppenhaus im Hauptflügel kann beinahe fürstlich genannt werden. Die Treppengeländer und Ballustraden sind aus Holz, dunkel getönt und kunstvoll geschreinert, wodurch die Vornehmheit eine gewisse ernstliche Note bekommt. In den Gängen kostbare Schränke und die Porträts der zahlreichen Sandizeller Vorfahren verschiedener Seitenlinien.
In den geräumigen Salons und Zimmern gute Fauteuils in großer Zahl und anderes wertvolles Mobiliar. Dazwischen dann eine moderne Bar und eine Vitrine mit den Siegestrophäen des verstorbenen Grafen Carl Max, eines passionierten Rennfahrers und Präsidenten des Automobilsportes.
All diese weltliche Pracht übertrumpfend aber gebührt der kleinen

Schloßkapelle bei weitem der Vorrang an Schönheit und kunstreicher Ausstattung. Aus einem weltlichen Gemache kommend, aus der edelmännischen Alltäglichkeit, geht man durch eine gewöhnliche Tür, nichts ahnend, und steht plötzlich in einer ganz und gar anderen Vornehmheit und Pracht. Das ist der sonderbare Reiz solcher gräflicher Hauskapellen: man erhebt sich von der festlichen Tafel, durchschreitet den Spielsalon – oder im Obergeschoß gar das Schlafgemach – und schon ist man in der sakralen Sphäre einer jenseitigen Wirklichkeit! – Barocke Weltsucht und Weltflucht, das lag im Wesen der feudalen Gesellschaft.

Die Sandizeller Schloßkapelle erstreckt sich in die Höhe vom ersten Stock aus bis ins Obergeschoß, von wo aus man sie von beiden Seiten auf einer Empore betreten kann. Das Künstlerensemble der Hofmarkskirche hat auch diesen Raum geschmückt. Die ganze Kapelle ist einem sehr ernsten Thema geweiht: Christus dem Gekreuzigten. Vor dem dunklen Altarblatt, das die Stadt Jerusalem darstellt, hängt ein großes Kruzifix; dabei stehen, in halber Lebensgröße und ganz in weiß gefaßtem Stuckmarmor, eine vom Schwerte des Schmerzes durchbohrte Maria, eine in die Knie gesunkene Maria Magdalena und ein verzweifelter Johannes. Die Gruppe ist ungemein rührend und dennoch hochelegant. Auf dem Tabernakel eine kleinere St.-Georgsritter-Plastik von Egid Quirin Asam, eine Art kleines Modell des weltberühmten heiligen Reiters von Weltenburg. Auf dem oberen Altarblatt wird die Auferstehung Jesu geschildert, und das farbenprächtige Deckenfresko zeigt die Himmelfahrt des Herrn vor zahlreich versammelter Jüngerschar. Mehrere allerliebste Englein umschweben den Altar und zwei wie aus Elfenbein geschnitzt wirkende Stuckreliefs, Adam und Eva darstellend, vollenden die Frömmigkeit dieser barocken Theologie von der Sünde, des Leidens und der Erlösung.

Eine sakrale Eleganz von weiß und gold, ein hochherrschaftliches Kämmerlein des Gebetes! – Und hier ist auch die Askese der Vornehmen des Rokoko zu verspüren, der Ernst und das stille Leiden eines in Gott ergebenen Grafen und die frommen Tränen einer grande dame; edelmännische Noblesse bis über den Tod hinaus.

Von der alten gräflichen Frömmigkeit noch spürbar wirklich, gleichsam die Verbindung von Thron und Altar repräsentierend, verblieb bis in unsere Tage herein dem Sandizeller Grafen das Patronat über die Pfarrkirche von Sandizell, d. h. über Kirche und Pfarrhof hat der Graf die weltliche Oberherrlichkeit. Er trägt die Baulast, unterhält durch die sogenannten Reichnisse – das sind Naturalien – den Pfarrherrn, übt das Präsentationsrecht aus, d. h. er, der Graf, und nicht das bischöfliche Ordinariat, beruft den Priester. Der Bischof kann ihn nur bestätigen. Dieses Präsentationsrecht – das der Sandizeller Graf auch noch über einige Nachbarsgemeinden ausübt – wurde bis 1964 tatsächlich aufrechterhalten. Erst kurz vor seinem Tod hat es Graf Carl Max der Kirche zurückgegeben und die Reichnisse abgelöst. Pfarrer Reinhard, der gegenwärtige Seelsorger in Sandizell, wurde noch vom Grafen präsentiert.

Die Geschichte des Hauses Sandizell reicht zurück bis ins 10. Jahrhundert. Wenn man dem Turnierbuch des Georg Rüxner aus der zweiten Hälfte des 15. Jahrhunderts trauen darf, wird das Geschlecht im Jahre 948 auf einem Turnier zu Konstanz bereits erwähnt. »Frau Wulfhildt Zenngerin«, heißt es da, »ein Hausfrau Jakobs von Sandizell, ist im Turnier zu Costnitz anno 948 zu der Helmschau verordnet.« Der Name Sandizell taucht aber erst in der zweiten Hälfte des 12. Jahrhunderts zum erstenmal in den Urkunden auf.

Vordem war nur von der Zelle an der sandigen Hagenau die Rede. Diese Zelle war ein Maierhof, ein landwirtschaftlicher Großbetrieb des uralten Benediktinerinnenstiftes zu Neuburg an der Donau. Dieser Hof wurde zusammen mit dem alten Moosgericht von den Vorfahren der Sandizeller verwaltet und bevogtet, d. h. gerichtlich und militärisch beschirmt. In karolingischer Zeit geboten die Grafen Ilisung in der Gegend. Doch mit dem Aufkommen der Scheyrer Grafen und der Pfalzgrafenwürde werden die Herrschaftsverhältnisse für uns heute ziemlich unüberschaubar, besonders in dem Dreieck zwischen Lech und Donau. Da geht es hin und her zwischen den Luitpoldingern und den Herzögen aus dem sächsischen Haus; dazu kommen die Einflüsse der vermöglichen Vögte des Freisinger Bischofs und jener der aufblühenden Klöster. Das Lehenswesen war eben erstarkt und die Ämter wurden erblich. Durch die Schlacht an der Enns waren etliche freie Geschlechter ausgelöscht worden, andere kamen empor. Das 10. Jahrhundert macht genaue genealogische Forschungen geradezu unmöglich. Stammen die Wittelsbacher tatsächlich vom Markgrafen Luitpold dem Schiren her? Daß sie im

Kloster zu Scheyern begraben werden, ist noch kein Beweis, denn viele freie Geschlechter haben dort ihre Sepultur, bis ins 13. Jahrhundert hinein z. B. auch die klosterneuburgischen Vögte von der sandigen Zelle. Der Gewerbeschuldirektor a. D. und Historiker Georg August Reischl hat sich um die Erforschung des Stammbaumes der Sandizeller Grafen große Verdienste erworben in seiner Festschrift »Tausendjähriges Sandizell, 948 bis 1948«. – Nach ihm erhielten die Sandizeller um das Jahr 1115 vom Pfalzgrafen Otto V. die Rechte einer Niedervogtei über das Scheyrer Hinterland.

In der Zeit des hohen Mittelalters mehren die Sandizeller Ritter ihre Vogteirechte und ihren Stamm beträchtlich. Auch der Besitz ihrer Eigenlehen gewinnt an Umfang, wahrscheinlich durch eine geschickte und glückliche Heiratspolitik. Sie errichten mehrere Nebenlinien, von denen besonders vier bedeutend werden: die Sandizeller zu Kreut-Mosen, zu Edelshausen, zu Unterwittelsbach und zu Großhausen. Im späten Mittelalter erreicht das Geschlecht seine erste große Blütenzeit.

Sie stellen Landrichter und Pfleger, treten als Gefolgsleute der Herzöge auf, werden in den Fehden und Schlachten rühmlich erwähnt, fechten zu Gammelsdorf und Mühldorf mit – in der Schlacht bei Alling im altbayrischen Bruderkrieg der Münchner und Landshuter gegen die Ingolstädter geraten gleich zwei Sandizeller in Gefangenschaft – und ihre nachgeborenen Söhne treten in die Domkapitel zu Freising und Regensburg ein. Eine Tochter Ludwigs des Sandizellers, des Begründers der vier Nebenlinien, wird um 1364 Äbtissin der Reichstabtei zu Obermünster in Regensburg. Zwei Vettern dieser Dame werden Mönche, der eine im Hauskloster Scheyern, der andere in St. Ulrich in Augsburg. Ein Stephan von Sandizell bringt es um die gleiche Zeit in Scheyern bis zum Prior, Kellermeister und Bibliothekar. Er zeichnet sich sogar als Schriftsteller aus. Er bringt seine Traktate in mühevoller Schönschrift eigenhändig zu Papier. Die Folianten tragen die Titel: »Speculum monachorum«, Mönchsspiegel, und »sermones Sacri«, geistliche Gespräche, oder »Exposito super oratores«, eine Abhandlung über das Gebet, auch verfertigt er einen Traktat über das Bußsakrament.

Der frömmste Sandizeller aber, der beinahe im Rufe der Seligkeit steht, das ist Herr Wolfgang von Sandizell und Wittelsbach. Er hat zu Altomünster ein Doppelkloster für Männer und Frauen errichtet.

»Er und sein Hausfrau Eva hatten schon die dritte Bitte um Aufnahme in den Orden getan. Anno 1482 sagte der Konvent ihnen beiden zu. Also trat seine Frau ein mit anderen Jungfrauen. Er aber mußte noch Geschäfte in Rom ausrichten. Der Papst gewann ihn lieb und legte ihm den Orden selbst an. Also kam er in Mönchskleidern zu seinem Herrn Herzog Jörgen gen Landshut. Der verwundert sich, daß der ein Mönch war und erwies ihm große Gnaden. Bat der Sandizeller, Seine Gnaden soll ihm Altomünster übergeben. Das tat der Herzog. Da pflog er des Münsters etlich Jahr und zog wieder nach Rom. Bat der Sandizeller den Papst auch um Reliquien St. Brigittens.

Gab ihm der Papst ein großes Röhrenstück, einen schwarzen Ärmel von ihrem Rock, zwen Stück von ihrem Tisch und ein silbern Agnus Dei, so St. Brigitta am Halse getragen. Auch gab er ihm ein Beinlein vom Heiltum ihrer Tochter St. Cathrina, war wohl ein Spann lang. So ritt er heim gen Altomünster. Hier ließ er eine große Monstranz machen, darein er das Heiltum tat. Auch ein Bräuhaus bekamen sie, darinnen sie malzen und Biersieden mögen. Januar 1497 zogen auf: 8 Priester, drei Laienbrüder, 15 Nonnen, unter ihnen Bruder Wolfgang und Schwester Eva die Sandizeller. Pauli Bekehr kam der Bischof und segnete sie ein. Der Papst nannte ihn seinen zweiten vielgeliebten Sohn, der sich selbst und all seine Güter dem Herrn zum Opfer gebracht. 1503 stirbt seine Gemahlin Eva. Darauf empfängt er die Weihen und lebt ganz in der Klausur. 1525 stirbt auch er im Rufe der Heiligkeit. Das Deckenfresko der Klosterkirche zu Altomünster verewigt ihn als des Klosters größten und vornehmsten Wohltäter.«

Aber so ist es schon immer gewesen, nicht alle Kinder geraten gleich. Ein recht unrühmliches, unchristliches und trauriges Kapitel in der Familiengeschichte derer von und zu Sandizell liefern die schrecklichen Taten des Junker Wilhelm von der Nebenlinie zu Großhausen. Schon seine Eltern, Herr Heinrich und Felizitas Höchstetterin, haben schlecht miteinander gehaust und sind »voneinander« gekommen. Junker Wilhelm nun, der Schandfleck der Familie, auch der »dicke Wilhelm« geheißen, ist 1480 zu Großhausen geboren und 1527 zu Rom gestorben. Als Edelknabe am Hofe Kaiser Maximilians I. erzogen, dann Page zu Dresden und München, reifte er zu einem »reiterischen Mann« heran, wie ihn der bayerische Genealoge Hundt

apostrophiert. Kaum daheim, ergreift er die Waffen gegen seinen Vetter Sigmund von Sandizell auf Edelshausen, wird aber durch Verrat in einen Hinterhalt gelockt, gefangen und vom Frauenberger von Haag nach München gebracht und in den Falkenturm gesperrt. Wilhelm bricht aus seinem Gefängnis aus und flüchtet sich auf den Gasteig ins Siechenhaus. Die Siechen aber verraten ihn. Er wird abermals verhaftet und muß »Urfehde« schwören und für drei Jahre das Land verlassen. – Bei den Karmelitern zu Augsburg stiftet er für seine Mutter einen Jahrtag. Da aber dieses Kloster sich zur Reformation bekennt, fordert er das Stiftskapital zurück. Dann zieht er als Hauptmann eines Fähnleins in den Krieg und übersteht 1525 die siegreiche Schlacht von Pavia und nimmt 1527 unter Frundsberg an der Erstürmung Roms teil. – Leopold von Ranke schreibt in seiner »Deutschen Geschichte der Reformation«:
»Die evangelische Meinung der Frundsbergischen Truppen entlud sich in derben Scherzen: Knechte als Kardinäle verkleidet, einen Doppelsöldner als Papst mit der dreifachen Krone in der Mitte, so ritten sie in festlichem Zuge durch die Stadt, von Trabanten umgeben. Vor dem Kastell von Sant-Angelo, hinter dessen dicke Mauern der Papst Klemens VII. sich geflüchtet hatte, hielten sie still. Der vermeinte Papst gab seinen Kardinälen, ein großes Glas schwingend, seinen Segen. Dann hielten sie Konsitorium und gelobten, sich in Zukunft besser zum Römischen Reiche zu halten. Luther, dem wollten sie das Papsttum schenken.«
Jener Doppelsöldner, der da so spottlustig den Papst verhöhnte, war niemand anders als unser dicker Junker Wilhelm von Sandizell. Ein Zeitgenosse beschreibt nämlich diese Szene auch, Adam Reissner aus Mindelheim, in seinen Aufzeichnungen »Die ritterlichen Kriegstaten des Herrn Georg von Frundsberg«. Darin heißt es recht ausführlich:
»Die Landsknecht haben die Kardinalshüt aufgesetzt, die roten, langen Röcke angetan und sind auf den Eseln in der Stadt umgeritten, haben also ihr Kurzweil und Affenspiel gehalten. – Wilhelm von Sandizell ist oftermalen mit seiner Rott als ein römischer Papst mit drei Kronen für die Engelburg kommen. Da haben die anderen Knecht in Kardinalsröcken ihrem Papst Reverenz getan, ihre langen Röck vornen mit den Händen aufgehebt, den hintern Schwanz hinten auf der Erd lassen nachschleifen. Sich mit Haupt und Schultern tief gebogen, niedergekniet, Füß und Händ geküßt. Alsdann hat der

vermeint Papst mit einem Glas voll Wein den Segen gemacht und Papst Clementen in der Engelburg einen Trunk gebracht. Die angelegten Kardinäl seind auf ihren Knien gelegen, haben auch ein jeder ein Glas voll Wein austrunken und dem Papst Bescheid getan. Darbei geschrien, sie wöllen jetzt recht fromme Päpst und Kardinäl machen, die dem Kaiser gehorsam und nit wie die vorigen widerspenstig Krieg und Blutvergießen anrichten. – Zuletzt haben sie laut vor der Engelburg geschrien: Wir wöllen den Luther zum Papst machen, welchem solches gefalle, der soll eine Hand aufheben. Haben darauf alle ihre Händ aufgehebt und geschrien: Luther Papst! Und viel dergleichen schimpfliche, lächerliche Spottreden getan.«

Doch die Strafe folgte auf dem Fuße. Dem dicken Wilhelm von Sandizell wenigstens. Drei Monate nach jener »Kurzweil und Affenspiel« verstarb er an einer pestartigen Seuche. Ein trauriges Geschick und ein dunkler Fleck in der sonst so stolzen und frommen Ahnenreihe! – Aber diese Episode von der Verhöhnung Papst Klemens VII. durch die Landsknechte Frundsbergs im Krieg Kaiser Karls V. gegen den Papst zu einer Zeit, wo der römische Stuhl wahrhaftig besser daran getan hätte, zum Kaiser zu halten, ist in allen deutschen Geschichtsbüchern erwähnt. Und ein Sandizeller also spielte dabei die Hauptrolle! Ob der Bauherr der Hofmarkskirche Anno 1751 und Egid Quirin Asam daran gedacht haben, als sie den hl. Petrus in die Glorie des Sandizeller Hochaltars setzten?

Die nächste Generation hat mit Leichtigkeit all den Frevel wieder aufgewogen. Ein Sohn Sigmunds von Sandizell auf Edelshausen und seiner zweiten Frauen Amalie von Weichs erreicht bischöfliche Würden. Er wird der fünfzigste Nachfolger des hl. Korbinian und besteigt den fürstbischöflichen Thron zu Freising.

Er regiert das Ländchen und die Diözese ganze acht Jahre lang, nämlich von 1559 bis 1567. Sein überlebensgroßer Marmorgrabstein im Freisinger Dom, der gewiß porträthaften Wert besitzt, zeigt ein interessiertes, gutmütiges Gesicht. Er hat sich um die Freisinger Diözese insofern verdient gemacht, als er die damals hoch angelaufene Verschuldung des Hochstiftes um 30 000 fl verringern konnte. Der Domkirche schenkte er ein neues Geläute und erwarb ihr auch noch etliche Güter und Liegenschaften. Im Oktober 1567 sollte er resignieren und den bischöflichen Stuhl dem bayerischen Prinzen Ernst überlassen. Einen Tag zuvor aber traf ihn im Bad der Schlag.

Er war ein eifriger Geschichtsforscher und von humanistischer Bildung. Er ließ sich vom Scheyrer Abt aus dem Klosterarchiv mehrere Urkunden schicken, um Näheres über die Herkunft seiner Ahnen zu erfahren. Er ging dabei sehr gewissenhaft und kritisch zu Werke.
»Auszug etlicher Geschicht, den Namen und das Geschlecht der von Sandi Cell betreffend, aus zweien alten Büchern und brieflichen Urkunden, so bei dem Kloster Scheyern vorhanden sein: In dem Gottshaus Scheyrn ist ein gar altes Buch, mit weißem Leder überzogen, darin die Namen der Äbt daselbst mit guter alter lateinischer Schrift beschrieben. Wie einer nach dem andern erwählt, wie sie regiert und was sich bei jedweder Regierung mit dem Kloster zugetragen hat, was ihnen übergeben und geschenkt worden. Im selbigen Buch werden nachfolgende Sachen von dem Geschlecht derer von Sandizell gefunden.«
Am 25. August 1565 schickt er die Handschriften unversehrt an das Kloster zurück, um sich dann in die Hohenwarter, Neuburger und Indersdorfer Quellen zu vertiefen, da stirbt er und sein »Auszug etlicher Geschicht« bleibt ein Torso. –
Ein Junker Hochprand von Sandizell, ein Bruder des Freisinger Bischofs, kommt vom afrikanischen Feldzug Kaiser Karls V. nicht mehr zurück, sondern fällt bei der Erstürmung der Stadt Algier. Die Nebenlinien sterben aus, und sein Neffe Ortolf von Sandizell-Edelshausen vereinigt sämtliche Zweige des Hauses. Dieser Ortolf ist ein reicher, mächtiger Herr, der sich zu Edelshausen ein prachtvolles Schloß bauen läßt, das leider im vorigen Jahrhundert gänzlich abgebrochen wurde. In der Folgezeit stellt das Haus Sandizell nochmals zwei Fürstäbtissinnen in Regensburg.
Im Dreißigjährigen Krieg, wie könnte das bei der Nähe Ingolstadts, Rains am Lech und auch Donauwörths, also von Hauptkriegsschauplätzen, anders sein, wurden Schloß und Hofmark total verwüstet. Michael Wenig, der im Jahre 1665 Schloß und Hofmark Sandizell in sein kurfürstlich geometrisches Werk aufnimmt, schreibt dazu:
»Im ersten schwedischen Unwesen ist das Schloß samt dem Vorhof, wie auch die ganze Dorfschaft, völlig in Aschen gelegt, nachmals aber zwar wiederum erbauet, jedoch das Schloß, so mit einem Wassergraben umgeben, nur in etwas erhebet worden. – Sonsten gibt es allhier neben einer Schäferei mittelmäßigen Feldbau und was wenigstens vom Seewild.«

Und da brach also der Feind wieder ins Land. Im Spanischen Erbfolgekrieg wurde Sandizell gar zum Hauptquartier der feindlichen Oberbefehlshaber. Am 2. Juli brachte die Schlacht am Schellenberg dem Kurfürsten Max Emanuel zwar einen Sieg, aber das Unglück von Höchstädt lauerte bereits, wurde im Schlosse zu Sandizell geradezu ausgebrütet. Eine Art Anwesenheitsliste mit der Überschrift »Kriegsrath« wird noch heute in Sandizell aufbewahrt.
»Kriegsrath. Abgehalten den 8. Monats Augusti 1704 unter dem Präsidio des königl. engelländischen Generalkapitäns Herzogs Johann von Malborough und Ihro hochfürstlichen Durchlaucht des Prinzen Eugeni von Savoyen zu Schloß Sandizell. Dabei sind gewesen neben der Durchlaucht de Malborough: Feldzeugmeister Prinz Max von Hannover, der Prinz von Anhalt-Dessau, Milord Churchill, Ihro Durchlaucht der Erbprinz von Hessen-Cassel und die Generalleutnants: Ihro Durchlaucht der Erbprinz von Paden-Durlach, Graf Horn, Milord Ingolsby, Milord Cutts, Ihro Durchlaucht der Herzog Alexander von Württemberg, Graf Hompesch, Milord Lumlay. – Von seiten des Prinzen Eugen von Savoyen: Ihro Durchlaucht Feldzeugmeister Herzog Eberhard von Württemberg, Feldzeugmeister Graf Latour, Generalleutnant Cusani, Generalleutnant Scholtz, Graf Ostfries und Generalleutnant Baron Bülow.«
Und ganz in der Nähe des Schlosses Sandizell und gen Schrobenhausen lagerte auch die alliierte Armada. Am 13. August fiel dann endlich die Entscheidung. Die glorreiche Laufbahn des bayerischen Kurfürsten Max Emanuel war zu Ende.
Johann Dominikus von und zu Sandizell wurde 1667 mit allen seinen Erben in den Reichsfreiherrnstand erhoben. Erst gut hundert Jahre haben Sandizeller die Reichsgrafenwürde. Der bedeutendste Herr im 18. Jahrhundert ist der Bauherr von Schloß und Kirche, Max Emanuel, Reichsfreiherr von und zu Sandizell auf Malzhausen, Edelshausen, Linden, Langenmoosen, Riedheim, Stadl und Thurn zu Moosburg, St. Georgs Großkomtur. Er regiert bis 1778. Er nennt sich selbst den Erneuerer und Mehrer des Stammhauses und aller seiner Familiengüter. Das heutige Gesicht von Sandizell, Schloßpark, Wirtschaftsgebäude, Torturm, Brauerei, Keller, Kirche und Pfarrhaus geht alles auf sein Planen und Bauen zurück. Der Kurfürst Max Emanuel hat ihn 1702 eigenhändig aus der Taufe gehoben, und der Kölner Erzbischof Josef Clemens hat ihn in der Münchner Hof-

kapelle getauft. Schon 19jährig ist er Pfleger von Rain und dekretierter Kammerherr. In Ingolstadt studiert er Jurisprudenz wie viele seiner Ahnen schon vor ihm.

In der reichen Kapelle der Residenz vermählt er sich 1725 mit der Reichsgräfin Katharina von Topor-Morawitzky »in großer Gala und Anwohnenheit der gnädigsten Herrschaften des ganzen Hofes mit allen Zeremonien«. Sein Steckenpferd werden die Ordenssachen, d. h. der Ritterorden vom heiligen Georg und der Malteserorden. In solchen Ordenssachen reist er auch nach Malta. Sein Vorfahr in der Würde des Großkomtur des Georgiritterordens ist der Fürst von Hohenzollern. Er wird auch Militär, Oberst und Regimentskommandeur, dann Generalwachtmeister der Kavallerie und 1760 sogar Generalfeldmarschalleutnant und Statthalter von Ingolstadt. – Militärische Generalspatente aber bedeuten in der damaligen späten Rokokozeit Bayerns nicht viel, denn in jenen Tagen Maximilian Josefs und Karl Theodors hatte die bayerische Armee mehr Offiziere als Soldaten und Unteroffiziere. Generäle allein führt der Hofkalender über 200 auf, darunter mehrere Dutzend Generalfeldmarschälle. Für die drei bayerischen Rheinschiffe gibt es drei Admiräle und einen Großadmiral. Warum sollte da ein Sandizeller nicht mindestens Generalfeldmarschalleutnant sein?

In der Sandizeller Hofmarkskirche, über dem Triumphbogen, leuchtet das Sandizeller Wappen, der Ochsenkopf. – Als eine Art Votivgabe hängt daran die goldene Kette eines bayerischen Großkomturs des Georgiritterordens und etliche weiße Haare des Lieblingsschimmels des Hausherrn. Einem sandizellischen Lokalpatrioten geht darüber das Herz auf.

Max Emanuel von Sandizell hinterließ uns sogar eine Selbstbiographie von vielen Seiten, in der zwar keine Heldentaten beschrieben werden, die aber ein interessantes kulturhistorisches Dokument darstellt. Das Münchner Hofleben und das Ordenswesen nehmen darin einen Hauptplatz ein, dann die Einladungen und Festivitäten auf seinem Schloß, und ganz besonders breit schildert er natürlich die »Caravan nach Malta«.

Keine Poststation ist da vergessen, auch nicht die »erinnerlichen Kosten«, die er auf jeder dieser Stationen verausgabt hat: Zu Wolfertshausen – 2 Posten – für drei Pferd bezahlt 6 Gulden. Dann zu Benedict Bayern – 2 Posten für 3 Pferd bezahlt 6 Gulden, zu Wal-

lersee, Mitterwaldt, Seevelt, Innsbruck, Brenner, Sterzing, Brixen usw., es fehlt keine Poststation. Die übrigen Eintragungen dieses Reisejournals beschränken sich auf Straßenzustandsberichte wie etwa: »diese und noch zwei kommende Posten sind halsbrecherische Wege.« Oder es heißt: »ist die Schesi von unseren Bedienten über ein ziemliches Prädipiz hinabgeworfen worden. Hat sich auch also zerbrochen, daß wir uns auf der nächsten Post A. Ponte derenthalben über 24 Stunden haben aufhalten müssen.«
Ab 1818 sind die Grafen von Sandizell zugleich erbliche Reichsräte der Krone Bayerns und in Permanenz St. Georg-Ordens-Kapitulare und Großkomturen, wie aus den Inschriften der Grabdenkmäler zu Sandizell zu ersehen ist, die alle Titel jeweils aufzählen. Und die Damen des Hauses sind »Ihrer Majestät der Königin von Bayern Palastdame, des kgl. bay. Theresienordens Throndame und zur hl. Anna präbendierte Stiftsdame«. Auch diese Titulaturen wiederholen sich im 19. Jahrhundert. Der eine und der andere Graf führt auch noch die Titel Oberhofmeister und Oberstkämmerer – Carl Theodor Cajetan Maximilian Ortolf Maria Graf von und zu Sandizell, erbl. Reichsrat der Krone Bayerns, kgl. Kämmerer, St.-Georgs-Ordens-Großkomtur – stirbt am 8. Januar 1939. Seine Gemahlin, Wanda, eine geborene Gräfin von Lamberg, stammt aus Österreich. Die beiden sind bei den Bewohnern Sandizells noch in lebhafter Erinnerung, und man spricht von ihnen nur mit »der alte Graf« und die »alte Gräfin«, während man von dem nun auch schon verschiedenen Grafen Carl Max von dem jungen Grafen spricht. – Augenblicks bewohnt dessen Witwe Gräfin Paula das Schloß zu Sandizell, eine geborene Bürgerstochter von Schrobenhausen.
Die große Ökonomie, zu Zeiten des alten Grafen waren es noch 3600 Tagwerk, wird z. T. von den Freiherrlich von Zwehlschen Gütern von Oberarnbach betrieben, dessen verstorbener Güterdirektor Mottl, der Kartoffelkönig, sich einen weltberühmten Namen als Saatzüchter und tüchtiger Ökonom gemacht hat. – Die Sandizeller aber erinnern sich noch gern an die Tage, wo es im Schloß und in der Hofmark zu Sandizell hochherrschaftlich und lebendig zuging, feudal und bayerisch landadelig und uradelig, wo lustige Hofjagden abgehalten wurden und wo in der Ökonomie allein 50 Personen werkten, sechzehn Pferde und zwanzig Zugochsen, mehrere Schweizer, Baumeister, Inspektoren, Lakaien und Diener …

Sünching – und die Grafen von Seinsheim

Mitten im Gäuboden, zwischen Straubing und Regensburg, verlassen wir heute die Bundesstraße 8 und fahren westwärts auf schnurgeraden guten Wegen querfeldein. In einer überraschenden Endlosigkeit ziehen sich zu beiden Seiten die Äcker hin, fruchtbar und abgeerntet. Hinter der Ebene stehen deutlich nahe die Höhenzüge des Vorwaldes, und die Türme von Straubing grüßen herüber. Erlen, Eichen und Weiden an den Ufern der Laaber, in einer geschlungenen Linie von Horizont zu Horizont verlaufend, geben eine freundliche Perspektive, die Ebene ist überschaubar und begrenzt – Nebel schafft hier leicht die Illusion von der unermeßlichen Ausdehnung dieses Landes. Genau gerechnet aber ist der Gäuboden nicht breiter als 15 bis 20 Kilometer. Drüben steht der Wald, herüben dehnen sich die Ausläufer des niederbayerischen Hügellandes. Und dann tauchen auch schon die Gutshöfe auf. Nach Kilometern siehst du ein Dorf, einen Kirchturm und daneben den Hochbau eines Getreidesilos. Schwere Schlepper ziehen große Anhänger, vollbeladen mit Zuckerrüben, den Verladerampen der Bahnstationen zu. Ein massiger, gotischer Kirchturm, erdenschwer, nicht schlank und himmelstürmend deutet gelassen nach oben: Das ist Sünching. Ein respektables Pfarrdorf, eine weitläufige Siedlung ist dieses Sünching, mit modernen Sägemühlen und Lagerhäusern, mit stattlichen Wirtshäusern und Bauernhöfen und einem nüchternen Bahnhofsgebäude an der Linie Regensburg – Straubing – Passau.

Wer von Geiselhöring, über die Hügel her, sich Sünching nähert, der fährt durch einen großen Wald und trifft am Eingang des Ortes dann gleich auf den hinter alten Bäumen geduckten herrschaftlichen Sommerkeller der Schloßbrauerei. Und da sieht man auch schon das Schloß, vornehm und etwas abseits vom Dorfe stehend, einen noblen Landsitz, ein Grafenschloß, ehemals Sitz eines Patrimonialgerichtes 1. Klasse und auch mit der Blutgerichtsbarkeit ausgestattet. Drei Jahrhunderte über war es Hauptsitz und Residenz der Grafen von Seinsheim.

Der Bau überragt die Baumkronen des kleinen Parks. Er ist dreigeschossig und von gewichtiger Größe. Die Ökonomiegebäude und das

Bräuhaus dahinter umgeben das Ganze heute noch mit einer Atmosphäre herrschaftlicher Präsenz und Nutzung.
Das Schloß – man betrachtet es näher und geht darum herum – hat die originelle Anlage eines Oktogons. In einem Achteck schließen sich die gleichgroßen Flügel um einen geräumigen Innenhof. Das alte Seinsheimschloß zu Erlach im Landkreis Ochsenfurt stellt auch ein Oktogon vor. Einen ähnlichen Grundriß muß das im Familienbesitz gewesene Schloß auf dem Stephansberg gezeigt haben. Das Oktogon wäre also eine Seinsheimische Spezialität. Die Seinsheim stammen aus Franken, sie gehören zum fränkischen Uradel. Auch das Oktogon hat eine alte, weit zurückreichende Geschichte. Es spielt in der Architektur der Zentralbauten der Karolingerzeit eine Rolle, in der Palastkapelle zu Aachen, in der Heiligen-Kapelle zu Altötting. Als Grundriß für ein bayerisches Rokokoschloß aber ist es eine ausnehmende Seltenheit. Vier Firste im Quadrat kann ein stattlicher Bauernhof noch aufweisen, acht Firste dagegen gebühren einem Herrn. Die Oktav ist die Zahl der Vollendung, ist die Wiederholung des Anfangs.
Ursprünglich war Sünching ein Wasserschloß. Der Schloßweiher ist heute aber zugefüllt, wenngleich die steinernen Auffahrtsbrücken noch bestehen. Wo einst die Schwäne zogen und Seerosen blühten, da tragen jetzt Apfel- und Zwetschgenbäume ihre Früchte.
Von außen macht das Schloß zunächst einen kräftigen, untersetzten, fast rustikalen Eindruck. Bei näherem Zusehen aber erscheint es doch recht reizvoll proportioniert. Seine Größe wirkt dabei nicht erdrückend. In die niederbayrisch-oberpfälzische Gegend am Rande des Gäubodens paßt es jedenfalls: es hat Charakter.
68 große schöne Zimmer gibt es im Schloß und fast keines steht dabei genau im rechten Winkel; dazu noch ein prächtiges Treppenhaus, weitläufige Gänge und Stiegen, eine helle Hauskapelle und einen glänzenden Festsaal! Das Innere läßt sich wirklich anders an: das ist denn schon eher ein fürstliches als ein gräfliches Haus.
Die Hauptattraktion ist der Festsaal. Wer ihn betritt, glaubt sich eher in Nymphenburg denn in Sünching zu befinden. Die besten der großen bayerischen Meister des 18. Jahrhunderts haben hier zusammengearbeitet: dasselbe Rokoko-Ensemble, das den Raum der weltberühmten Kirche von Rott am Inn gestaltet hat, war auch hier im Sünchinger Festsaal am Werk: der Stukkateur Franz Xaver Feicht-

mayr und sein Schwiegersohn Jakob Rauch, der Maler Mathäus Günther und der Schnitzer Ignaz Günther. – Während nun in Rott am Inn die Stuckdekoration fein-sparsam anmutet, ist sie in Sünching in lustiger Üppigkeit zu sehen. Es galt ja hier nicht nur ein farbenfrohes, heiteres Salettl, sondern ein Zentrum der gräflich Seinsheimschen Repräsentation zu schaffen, einen Festsaal, den man auch den Gästen aus Paris und Wien, Würzburg und München zeigen konnte.

Zeitlich liegen die beiden Ausstattungen nahe beisammen: in Rott am Inn arbeiteten die Künstler 1762/63, in Sünching ein Jahr früher, 1761. Auch die Farbtönung des Stuckes ist der zu Rott am Inn ähnlich: es ist ein mattes Blaugrau. Genien tummeln sich zwischen den Attributen der Jahreszeiten und der olympischen Götter. Manche Attribute sehen recht realistisch aus: dort ist deutlich und greifbar eine Sense zu erkennen, hier ein Dreschflegel oder eine Gabel. Symbole und Allegorien der Jagd, eines friedlichen Landlebens, ja eines göttlichen Genießens, wechseln einander ab.

Dieser Saal befindet sich im ersten Stock, und er erstreckt sich über zwei Geschosse in die Höhe. Die flache Decke füllt das hell leuchtende und in kräftigen Farben gehaltene Fresko Günthers aus: Rot und Blau und Gelb scheinen zu dominieren. Seidene Gewänder changieren, Blumengirlanden spannen sich, Wolken schieben sich schräg zurück und geben den Blick frei auf eine strahlende, festlich gestimmte Götterversammlung. Das Bild stellt die Huldigung der vier Jahreszeiten vor den Göttern des Olymps dar. Und die Himmlischen freuen sich sichtlich an der schier endlosen Fruchtbarkeit des ganzen Jahres.

Was aber diesen Festsaal besonders auszeichnet und ihm zu aller Fröhlichkeit auch noch die Würde eines fürstlichen Saales verleiht, in ihm gleichsam noch eine Haupt- und Staatsaktion aufspielt, das sind die beiden Schmalseiten mit ihren marmornen Kaminen, darüber jeweils ein Spiegel und dann ein großes ernstes Porträt. Auf der einen Seite ist es Adam Friedrich von Seinsheim, Fürstbischof von Würzburg und Bamberg, Herzog in Franken, vis-à-vis sein Bruder, Josef Franz von Seinsheim, kurfürstlich bayerischer geheimer Konferenz- und Staatsminister, der Bauherr des Schlosses. Die Rahmen, die Verkleidungen und Genien neben und über den Kaminrisaliten hat Ignaz Günther geschnitzt.

Der Prunksaal des Hofmarkschlosses gibt sein Geheimnis preis: hier hat das gräfliche Haus Seinsheim einen Höhepunkt seiner Vergangenheit festgehalten: in Adam Friedrich hat es sich zur Größe geschichtlicher Existenz eines Fürsten des Heiligen Römischen Reiches erhoben. Der Raum der Repräsentanz war eine Notwendigkeit, ein Denkmal, der Prunksaal zu Sünching mußte geschaffen werden; auch damit wir Nachgeborenen uns fragen, wie es dazu kam.
Aber ehe wir uns in die Geschichte des Hauses Seinsheim verlieren, noch ein kurzer Überblick über die anderen Gemächer des Schlosses. Es gibt zwei große Bibliotheken und eine Ahnengalerie, einen roten und einen blauen Salon, zwei chinesische Kabinette, eine Schloßkapelle und ein prunkvolles Stiegenhaus mit Plafondgemälde samt Seinsheimwappen und Genien. Die Zimmer sind alle aufs vortrefflichste möbliert, mit geschnitzten Konsoltischchen, Spiegeln und Arkanthusrahmen usw. Und sie besitzen obendrein noch auffallend schöne Kachelöfen oder feine Marmorkamine. Renaissance- und Barockmöbel aus dem 17. Jahrhundert sind in großer Zahl vorhanden, dazu eine Reihe guter Ahnenporträts.
Die Schloßkapelle Mariä Himmelfahrt ist gar ein trapezförmiger Raum, verschoben aus der Alltäglichkeit, hinweisend in eine andere Wirklichkeit. Sie nimmt das Parterre und das erste Geschoß ein. Diese Kapelle ist der Ausstattung nach ein Ort der Frömmigkeit und Eleganz, der triumphierenden Theologie. Die Wände sind durch stuckrote Pilaster belebt, die Fassung ist in Weiß und Gold gehalten.
Obschon hier dieselben Meister gearbeitet haben wie im Festsaal, ist der Charakter der Schloßkapelle ein ganz anderer, bewußt – man möchte fast sagen: raffiniert verschiedener Eleganz ist freilich auch der Saal, aber die Eleganz in der Kapelle ist nicht weltlich. Sie ist sakral. Die Farbe ist gesteigert, sie ist weißer, röter und goldener. Auch hier sind wie im oberbayerischen Sandizell die Aspekte der Vornehmen des Rokoko zu verspüren, der Ernst und das stille Leiden eines in Gott ergebenen Grafen und die frommen Tränen einer grande dame; edelmännische Noblesse bis über den Tod hinaus.
Aber wieder schlägt es ins Gegenteil um, wenn wir die Themen der kunstvollen Darstellungen betrachten: der Deckenspiegel nimmt das Gnadengemälde ein: die Heilige Dreifaltigkeit von Engeln umgeben, nicht minder duftig im Kolorit und voll Schwung wie der Olymp

mit den üppigen Jahreszeiten. Mensa und Tabernakel des Altars sind ganz aus Stuckmarmor. Unberührt und unbefleckt, als ob aus Elfenbein geschnitzt, erstrahlt darüber das große Holzrelief des Ignaz Günther: eine vornehme Madonna fährt in den Himmel auf.

Geschnitzte oder plastische Himmelfahrtsdarstellungen sind äußerst selten. Außer der fulminanten Darstellung des Egid Quirin Asam in Rohr und der verinnerlichten des Riemenschneider in Creglingen, gibt es nur noch in Österreich einige plastische Darstellungen der Assumptio; und diese feine Arbeit Günthers in der Schloßkapelle zu Sünching. – Maria fährt jubelnd in den Himmel auf und die Engel huldigen der dreieinigen Majestät: das sind hohe Festtagsgedanken. Trotz der Eleganz dieser Kapelle steht eine vornehme, asketische Nüchternheit im Raum: der Ort ist heilig und zum Gebet geschaffen wie selten einer.

Die Seinsheim saßen nicht immer in Sünching. Sie kommen aus Franken. Sünching aber hat eine uralte Geschichte vor den Seinsheim. Man braucht sich nur die vielen Grabsteine in der Pfarrkirche anzusehen. Sie zählen zu den schönen Epitaphen des späten Mittelalters. Gleich in der Turmhalle leuchtet ein roter Marmelstein auf: ein Ritter in der Prachtrüstung aus der Zeit Kaiser Sigismunds. Es ist »Herr Dietrich Hofer auf Sinching, Erbmarschalk des pistumbs zu Regenspurg«. Der Stein ist kostümgeschichtlich von Bedeutung.

Auf einem anderen Epitaph, das gleichfalls in Relief einen Ritter in ganzer Figur vorstellt, ist zu lesen: »1472 an sand martenztag ist verschieden der edl vest ulrich stauffer zu ernfels. Gott sei ihme gnedig.«

Ort und Name Sünching – in einer alten Schreibweise auch Sunchingas, eine Endung, die vielleicht auf römischen Ursprung schließen läßt (im Volksmund heißt es Siching) – läßt sich als existent bis ins 8. Jahrhundert zurückverfolgen. Ein Geschlecht der Sichinger tritt im 12. Jahrhundert in Urkunden auf, der letzte, ein Haward von Sünching – 1343. Zum Vergleich das Alter der Seinsheim: sie urkunden im Würzburgischen bereits um 1172.

Auf die Sünchinger folgen die Hofer von Sünching, die 1448 im Mannesstamme erlöschen, dann für 90 Jahre das Geschlecht der Staufer. Besonders ein Hans Staufer machte von sich reden. Er gehörte dem niederbayerischen Ritterbunde der Löwler an, die mit dem bayerischen Herzog im Krieg lagen. Dieser Hans Staufer ging in seinem

Zorn gegen die Wittelsbacher so weit, daß er seinen Besitz Sünching 1490 sogar der böhmischen Krone zum Lehen antrug.
Erst 1537 kam Sünching an die Freiherren von Seinsheim, die aber damals noch nicht im Niederbayerischen eingesessen waren. Der Käufer Sünchings ist gleich ein recht bedeutender Vertreter des Geschlechts, Georg Ludwig von Seinsheim, fränkischer Kreisoberst, Pfleger von Sulzbach, Landrichter von Cadolzburg etc. und oberster Feldmarschall des Fürstenbundes. 1514 auf Schloß Kottenheim geboren, früh verwaist, ließ ihn sein Großvater Johann von Schwarzenberg, welcher der neuen Lehre Luthers zugeneigt war, in Nürnberg und Ansbach erziehen. Latein und Griechisch lernte er bei dem berühmten Philologen Obsopäus. Sechzehnjährig kam er für kurze Zeit als Edelknabe an den Münchner Hof Wilhelms IV. 1532 zog er nach Ungarn, um gegen die Türken zu kämpfen.
Ab 1534 lebt er am Hofe Ottheinrichs von der Pfalz, erst in Neuburg, dann in Heidelberg. In einer Fehde mit Ullrich von Württemberg rettet er dem Pfalzgrafen Philipp das Leben. Er wollte mit Kaiser Karl V. in den afrikanischen Seekrieg ziehen und kämpfte dann gegen Mailand, half Carmagnola und Alba erobern, pflanzte die kaiserliche Standarte auf die Mauer der eroberten Festung, wobei ihm der Helm vom Kopfe geschossen und die Fahnenstange in seiner Hand zerschmettert wurde.
Früh betätigte sich dieser Georg Ludwig auch als Diplomat. Dreimal trat er als pfalzgräflicher oder würzburgischer Rat mit Erfolg auf Reichstagen auf. Er ging als Gesandter des Kurfürsten nach Polen und nahm als kurpfälzischer Bevollmächtigter am Kriege Karl V. gegen Frankreich teil. Als Vertreter der fränkischen Ritterschaft zeichnete er sich wiederholt durch seinen klugen Rat und als Schiedsrichter in zahlreichen Streitigkeiten aus. Er rächte den Mord am Würzburger Fürstbischof Melchior und war im Auftrag Kaiser Ferdinands I. in den Grumbachschen Händeln rühmlich tätig. Gleichzeitig fielen ihm durch Erbschaft mehrere Güter und Lehen der Seinsheimschen Verwandtschaft zu. Er war ein wohlhabender Mann und konnte sogar dem Würzburger Bischof Geld leihen.
Er hat vier Kaisern gedient und obwohl er Protestant war, besaß er das Vertrauen der fränkischen Fürstbischöfe und das des bayerischen Herzogs Albrecht V., der ihn 1576 zum Feldmarschall des Fürstenbundes der Landsberger Schirmverwandten ernannte.

1572 erwarb er um 100 000 Gulden die Herrschaft Sünching, wohnte aber meist in dem unterfränkischen Städtchen Marktbreit oder auf Schloß Seehaus. Er hatte auch in Würzburg und Nürnberg einen Hof. 1591 starb er – nachdem er das Glück hatte, über alle seine Widersacher als Sieger hervorzugehen und acht ihm übertragene große Kommissionen stets aufs beste zu erledigen vermochte – als Achtundsiebzigjähriger zu Marktbreit.

Er war nicht der erste Seinsheim, von dem es sich lohnt zu erzählen. Von 1420 bis 1443 stand ein Eberhard von Seinsheim als 30. Großmeister an der Spitze des Deutschen Ordens. Das war ein souveräner fürstlicher Rang. In einer Urkunde, in der die Herzöge in Bayern und der deutsche Orden ein Schutz- und Trutzbündnis eingehen, heißt es: »Wir, Ludewig, von gotsgnaden Pfalzgraphe bei Rheyn – des heiligen römischen Reiches Erztruchseß und Herzog in Bayern – und wir, Eberhard von Seinsheim, Meister des deutschen Ordens in dütschen und welschen Landen ... etc.«

Wenig bekannt mag auch sein, daß die Fürsten von Schwarzenberg aus dem Hause Seinsheim herstammen. Der erste Seinsheim, der sich Schwarzenberg nennt, war ein Erkinger von Seinsheim auf dem Stephansberg, der, nachdem er die fränkische Herrschaft Schwarzenberg erworben hat, 1429 sich Herr zu Schwarzenberg und von Seinsheim nennt. Die Schwarzenberg wurden 1566 in den Grafenstand und 1671 in den Fürstenstand erhoben.

Georg Ludwig von Seinsheim wurde 1580 in den Reichsfreiherrnstand erhoben und hat das alte weißblaue Seinsheimsche Balkenwappen mit dem Sünchinger Eberwappen vereinigt. 1705 wurden die Seinsheim in das Reichsgrafenkollegium aufgenommen.

Ein arges Schicksal hatte dagegen Christian von Seinsheim während des 30jährigen Krieges zu bestehen. Sein Vater Johann, der mit dem Winterkönig nach Böhmen gezogen war und dort an einer ansteckenden Krankheit verstorben war, hinterließ ihm 150 000 Gulden Schulden. Vom Reichtum Georg Ludwigs war nichts mehr zu spüren – und das bereits nach 30 Jahren. Zudem fochten die katholischen Vettern von Schwarzenberg das Testament Georg Ludwigs an, ein Streit, der sich noch Jahrzehnte hinzog und erst 1655 in Straubing beigelegt werden konnte. Mit dem Ende, daß alle in Franken gelegenen Besitztümer, Lehen und Allodien der Seinsheim an die Schwarzenberg kamen. Diese übernahmen dafür die Schuldenlast.

Christian von Seinsheim also wußte 1624, bei Eintritt seiner Volljährigkeit nicht, wo aus und ein. Von all seinen Gütern Hohenkottenheim, Seehaus, Erlach, Wässerndorf und Marktbreit war das in Bayern gelegene Sünching noch am wenigsten belastet. Er wollte also nach Sünching umziehen. Dies wurde ihm jedoch von der bayerischen Regierung verwehrt, da er ein Protestant war.
Bei kürzeren Aufenthalten in Sünching wurden er und die Seinen peinlich überwacht. Endlich gab man ihm den dringenden Rat, katholisch zu werden oder Sünching zu verkaufen. Das war im Mai 1629 und man fügte hinzu: dies alles müsse bis zum 29. November geschehen sein, denn das sei der Termin für den Zwangsverkauf.
Bei einer Audienz vor dem gestrengen Kurfürsten Maximilian I. suchte Christian im Oktober um eine Verlängerung des Termins nach. Doch Maximilian antwortete ihm nur: Er, Christian von Seinsheim – solle sich sofort in Straubing bei den Patribus einfinden, um sich in der katholischen Religion unterrichten zu lassen.
Christian aber entzog sich den Verbindlichkeiten und nahm Kriegsdienst auf der Gegenseite, bei der immer erfolgreicher werdenden Union und schließlich beim Schwedenkönig Gustav Adolf. Nach der Schlacht von Nördlingen aber geriet er in Gefangenschaft und galt dann einige Jahre als verschollen. Die Schwarzenberger traten die Erbschaft nun auch in Sünching an. Da tauchte Christian wieder auf. Ziemlich mittellos lebte er noch einige Jahre in Regensburg und starb dann 1646 im Alter von 41 Jahren – aber als Protestant.
Sein Sohn Friedrich Ludwig trat zum katholischen Glauben über, einigte sich mit den Schwarzenbergern und lebte in Sünching. Er verstarb 1673 und liegt in Sünching begraben.
Von da an treten die Seinsheim in Kurbaiern als große Herren auf, sind kurfürstliche Kammerherren, Pfleger und Landrichter, kurpfalzbairische Geheime Räte, Geheime Konferenz- und Staatsminister. Nachgeborene Söhne werden wiederholt Prälaten, Domherren in Speyer, Würzburg, Bamberg und Salzburg. Oder sie stiften vorübergehend Nebenlinien wie die Seinsheim zu Weng und Moosweng und die zu Grünbach und Taufkirchen.
Ihre Gemahlinnen holen sie sich aus den ersten Geschlechtern. Sie sind verschwägert mit den Tannbergs, Seckendorfs, Stauffenbergs, mit den Schönborns und Hatzfelds, den Hohenecks und Frankenstein, mit den Grafen von Lodron und den Grafen von La Rosee.

In der Geschichte eines so großen und weitverzweigten Geschlechtes, wo weit über hundert Namen bekannt sind, gibt es natürlich zahlreiche interessante Charaktere und Episoden; etwa die Abenteuer des Freiherrn Franz Ludwig Emmanuel von Seinsheim-Weng, der für die Familie ein enfant terrible gewesen sein muß. Als Nachgeborener ursprünglich für den Domherrnberuf ausersehen, zeigte er aber früh bereits ganz andere Neigungen. Von ihm berichtet ein dicker Akt im Schloßarchiv von Sünching. Er soll in Regensburg wiederholt im Schuldarrest gesessen haben, er soll nicht mehr im richtigen Glauben gewesen sein – leichtlebig, verschwenderisch und ein Tunichtgut, wollte er endlich gar eine Straubinger Organistentochter heiraten. Das brachte den Zorn der ganzen Familie auf. Nach ernsthaften Vorhaltungen gelobte er schließlich Besserung. Auch in einem Brief an den Kurfürsten mußte er die Änderung seines Lebenswandels anzeigen und geloben, auf der Stelle nach Ungarn in den Türkenkrieg zu ziehen. Dazu wurde er von der Familie neu ausstaffiert mit drei Pferden, 3000 Gulden, einem Zelt und einem Diener. Außerdem bekam er noch ein Hauptmannspatent vermittelt. Aber Franz Ludwig Emmanuel zog nicht nach Ungarn in den Türkenkrieg, sondern in die alleweil lustige Stadt Venedig. Nach ein paar Jahren kehrte er völlig mittellos und krank heim und starb bald darauf im Alter von 34 Jahren.

Mit den beiden Söhnen des Grafen Maximilian Franz von Seinsheim, dem Fürstbischof Adam Friedrich von Würzburg und Bamberg und dem Bauherrn des heutigen Sünchinger Schlosses, dem Minister Josef Franz, erreicht das gräfliche Geschlecht der Seinsheim einen glänzenden Höhepunkt.

Schon der Vater Maximilian Franz war eine bedeutende Persönlichkeit gewesen auf dem diplomatischen Parkett der Höfe zu Wien und Paris, Mannheim, Köln, Mainz und München. Und er hatte es nicht leicht unter der flotten Politik Max Emmanuels und den Wirren des Spanischen Erbfolgekrieges.

Sein zweitgeborener Sohn Adam Friedrich bekam schon 1715 als Siebenjähriger eine Präbende ins Würzburger Domkapitel. Er studierte dann an der Benediktineruniversität zu Salzburg, wo ihn Pater Kallenbach in der Logik unterrichtete und ihm das Zeugnis »der Erste der Ersten« ausstellte. 1725 reiste er mit seinem nur um ein Jahr älteren Bruder nach Rom. Nach dieser Studienreise bezogen

die Brüder die Universität Würzburg, wo sie zugleich am fürstbischöflichen Hofe ihres Onkels, Friedrich Karl von Schönborn, freundlich aufgenommen wurden.
Die nun folgende Karriere Adam Friedrichs ist nicht mehr verwunderlich: 1728 wird er zum Domherrn emanzipiert, zwei Jahre später zugleich Domkustos in Bamberg. 13 Jahre lebt er nun in Würzburg. 1742 ernennt ihn der Römische Hof zum »auditor rotae«, zu einem Beisitzer des höchsten Römischen Gerichtes. 1743 verleiht ihm die Kaiserin Maria Theresia den Titel eines k. k. Rates. Er vertritt von da an seinen Fürstbischof als Gesandter, so auch in München bei den Beisetzungsfeierlichkeiten für Kaiser Karl VII. oder bei der Bischofswahl in Bamberg. Er ist bereits finanziell so gesichert, daß er seinem Stiefbruder, einem Dompropst von Salzburg, jährlich 1000 Gulden Rente aussetzen kann. 1747 wird er in Bamberg Propst zu St. Gangolph. 1748 wird er zum würzburgischen Kammerpräsidenten ernannt und ist somit bereits höchster Beamter des Fürstbistums. 1751 leistet er den Treueid als Kaiserlicher Geheimer Rat.
Adam Friedrich ist aber um diese Zeit immer noch ohne Priesterweihe. Erst als sich die Krankheit des Fürstbischofs verschlimmert, im Jahre 1753, in einem Alter von 45 Jahren, läßt er sich in Regensburg die Weihen erteilen. Seine Primiz feiert er in der eben vollendeten Rokokokirche in der Wies bei Steingaden. Im November 1754 stirbt der Fürstbischof Carl Philipp von Greifenklau. Am 7. Januar 1755 kann Adam Friedrich Graf von Seinsheim alle Stimmen auf seine Person vereinigen und ist somit Fürstbischof von Würzburg und Herzog in Franken. Zwei Jahre später fällt auch die Wahl zum Bischof von Bamberg auf ihn. 25 Jahre lang regiert er. Und sein Regiment ist ein friedliches, tüchtiges und angemessen prächtiges. Er ist bestimmt kein Verschwender, aber er ist ein Rokokofürst. 1773 baut er in Würzburg ein Operntheater, das sein Nachfolger wieder aufgibt, weil es sich für einen Bischof nicht schicke. Adam Friedrich aber lädt den Ansbacher Hof häufig zu Gast, hört gern Arien und fördert den Würzburger Komponisten Franz Xaver Steckl und die Sängerinnen Sacher und Hitzelsberger. Er hält Hofjagden ab. Aber er errichtet auch zwei Seminare für Volksschullehrer und eine Pensionsanstalt für Witwen und Waisen nichtadeliger Zivilstaatsdiener und führte die allgemeine Schulpflicht ein.
1779 stirbt er an den Folgen einer Lungenentzündung als Einund-

siebzigjähriger. Und er wird zu Grabe getragen wie der letzte Grandseigneur des Rokoko unter den fränkischen Fürstbischöfen, der er auch war. Sein Bruder, der kurbairische Obersthofmeister und Staatsminister Josef von Seinsheim, überlebt ihn um ein Jahr.

In den Briefen Mozarts aus München wird ein Graf Seinsheim erwähnt. So z. B. am 1. 12. 1780, wo er von den ersten Proben zum Idomeneo berichtet. Es heißt da: »Von den Zuhörern wurde niemand zugelassen als die Schwester vom Seeau und der junge Graf Seinsheim. Heut acht Tag wollen wir eine zweite Probe machen.«

Es handelt sich hier um den Sohn Josefs, um den Grafen Maximilian von Seinsheim. Mozart hat im Seinsheimschen Palais in München, das sich am Promenadeplatz befand, dort wo heute der Bayerische Hof steht, auch konzertiert.

Wenn der Stiefbruder des Würzburger Fürstbischofs, Graf Philipp von Seinsheim, ein Sohn Max von Seinsheims aus dessen zweiter Ehe, der im Alter von 47 Jahren bereits Dompropst in Salzburg war, Aussichten auf den Salzburger Bischofsthron gehabt hätte – wenigstens spekulierte man in der Familie darauf –, dann hätte Mozart vielleicht mit den Seinsheims noch mehr zu tun bekommen. Aber Graf Philipp verstarb schon 1761 – zehn Jahre vor der nächsten Salzburger Sedisvakanz, zehn Jahre ehe Hieronymus von Colleredo Fürsterzbischof von Salzburg wurde.

Der Glanz des gräflichen Hauses Seinsheim dauerte auch noch im 19. Jahrhundert an. Freilich nicht mehr in der gleichen Großartigkeit. Als in den napoleonischen Kriegen 1809 die Schlacht bei Eggmühl über die ganze Gegend von Sünching viel Elend brachte, war es der damalige Sünchinger Schloßherr, der zu helfen suchte, wo er nur konnte. »Unmittelbar nach der Schlacht erschien der Graf gleich einem Genius der Menschheit auf dem Schlachtfelde mit Brot, Bier, anderen Lebensmitteln und Hilfsapparaten.«

Auch bayerische Staatsminister kamen in der königlichen Zeit nach Sünching. Der Finanzminister Karl von Seinsheim trat 1847 mit dem Ministerium Abel zurück. Ein Graf Maximilian Josef war Mitglied des deutschen Zollparlamentes und erblicher Reichsrat der Krone Bayerns.

1870 begleitete der einzige Sohn des Sünchinger Fideikomissherrn den Prinzen Otto als Adjutant in den Krieg. Am Tage der Kaiserproklamation starb er in Paris an Diphtherie. Drei Monate vorher starb zu Sünching sein Vater. Damit war man in Sünching ohne Erben und es sukzedierte die junge Grünbacher Linie, der Vetter Max Josef.

Bleibt noch zu erwähnen jener Graf August von Seinsheim, Ehrenmitglied der Akademie der bildenden Künste, der einen Ruf als vorzüglicher Historienmaler und Radierer besaß. Er war eine echte Nazarenerfigur, malte viele Porträts und Altarbilder. Vor allem seine Heiligenbilder und seine biblischen Gemälde waren sehr gefragt. Manche seiner Werke kamen durch den Missionsverein sogar nach Amerika. Ludwig I. schätzte den Grafen. Er selbst allerdings bezeichnete sich bescheiden als einen Dilettanten.

Sein Bruder Karl war ein Freund König Ludwigs I. Sie lernten sich bereits auf den Universitäten zu Landshut und Göttingen kennen. Als dann Ludwig als Kronprinz seine Länderbereisung antrat, war Graf Carl von Seinsheim sein Intimus und Begleiter in Italien. Die Freundschaft währte ein ganzes Leben lang, wie ein umfangreicher Briefwechsel beweist, auch noch, als Ludwig abgedankt war. Dieser Graf Carl starb 1864 und liegt in Grünbach bei Erding begraben. Auch sein Sohn Max wurde von König Maximilian II. in den engeren Zirkel gezogen und häufig zu Reisen und Jagdpartien eingeladen.

August von Seinsheim, der Kunstmaler, hatte eine große Familie von 12 Kindern, wovon freilich die meisten schon in sehr jungen Jahren gestorben sind. Aber auch die wenigen überlebenden Söhne blieben ohne Nachkommenschaft. Drei von diesen Söhnen wurden Offiziere. Die Grafen Josef und Otto traten in k.k. österreichische Dienste. Der eine von ihnen brachte es bis zum Hauptmann eines ungarischen Infanterieregiments, der andere starb schon als Leutnant an den Folgen einer unheilbaren Krankheit.

Ihr älterer Bruder Julius hatte kaum mehr Glück. Er blieb in Bayern und wurde ein begeisterter Kavallerist. Er machte die Reitergefechte von Anno 1866 mit. 1869 wurde er zum Major des 2. Chevauxleger-Regiments Taxis in Bamberg befördert, starb aber schon im Februar 1870 nach längerem Leiden.

Dieser Graf Julius war auch – wie wir heute sagen würden – militärjournalistisch tätig. Er schrieb vor allem Artikel und Essays über die bayerische Kavallerie, welche z. B. folgende Titel haben: »Was die Pferde sich erzählen« – »Es fehlt ganz wo anders« – oder »Gedanken-

Reiter und Reiter-Gedanken«. Seine mannhafte journalistische Leistung war die Replik auf die Publikation eines preußischen Offiziers über die angeblich so schlechte bayerische Kavallerie in der Kampagne von 1866. Er war ein bayerischer Offizier und ein echter Chevauxleger, der – wenn es darauf ankam – nicht nur mit dem Degen, sondern auch mit der Feder zu kämpfen verstand.
Und dann – wie es so geht – steht das gräfliche Haus plötzlich nur noch auf zwei Augen – wie zwar schon öfters –, aber diesmal endgültig. Es werden nur Töchter geboren, keine Söhne, die den Namen hätten vererben können. Im Jahre 1910 stirbt auf dem Schlosse zu Sünching der letzte Graf von Seinsheim, Carl Josef Maria Max Erkinger, erblicher Reichsrat der Krone Bayerns und Fideikomissherr auf Sünching, Rittmeister à la suite. Er war mit der ungarischen Gräfin Sophie von Erdödy vermählt. Die einzige Tochter, die aus dieser Ehe hervorging, war die Gräfin Gabriele von Seinsheim, die sich 1893 mit dem Freiherrn Hoening-O'Caroll vermählt hatte. Sie ist die Mutter des derzeitigen Schloßherrn von Sünching, des Freiherrn von Hoening-O'Caroll, dessen Gemahlin eine bayerische Prinzessin, eine Enkelin des letzten bayerischen Königs ist! Bayern, Ungarn, Thüringen und Irland reichen sich in der Spätzeit des Hauses zum Ehebund die Hand. Aber der Name Seinsheim stirbt aus.
Ist er wirklich vergangen? Kehren wir noch einmal in den Festsaal des Schlosses zurück. Hier ist etwas entstanden, das in der Kunstgeschichte des 18. Jahrhunderts Bestand hat und mit großen Lettern eingeschrieben steht. Hier ist der Name Seinsheim festgehalten, verewigt in Stein und Stuck, in den überlebensgroßen Ahnenporträts, die zu den schönsten in Bayern zählen. Die antiken Götter huldigen dem gräflichen Haus, die Jahreszeiten streuen ihre Reichtümer aus, die Reichtümer Niederbayerns; Athene ist gegenwärtig als Zeugin einer ruhmreichen Geschichte – und über allem schwebt Apoll, der Schirmherr der Musen.

Bayerische Gelehrsamkeit

Der Historiker Karl Meichelbeck

Nach dem 18. Jahrhundert, nach Bayerns goldenem, hat ein verständiger Europäer einfach Sehnsucht. Die Landkarte war zwar zersplittert, die Einkünfte waren spärlich und die Fürsten, Grafen und Prälaten verwendeten alle Gelder für ihre riesigen Neubauten; es gab eine Menge ansteckender Krankheiten, und sterben konnte man an jeder Kleinigkeit, der Tod war geradezu ein permanenter Gast. Aber er war von dem barocken Menschen weniger gefürchtet; ja er war geradezu populär und durfte auch in der Komödie auftreten. Das Leben galt schlechthin als eine Komödie, und es war wichtiger, daß einer seine, ihm von Gott auferlegte Rolle gut spielte (und endete sie auch auf dem Schindacker des Scharfrichters), als daß er darnach trachtete, seine Rolle zu wechseln und zu verbessern im Ansehen, Rang oder Reichtum. – Diese Welt hatte noch eine unverrückbare Ordnung. Und wer arm geboren wurde, starb meistens als Bettler. Er hatte auch nicht den Ehrgeiz nach Höherem. Fast niemand hatte ihn. Allenfalls die dienenden Künstler, die Virtuosen und die Poeten, die Architekten, Maler, Schnitzer und Vergolder. Die zukünftigen Dinge interessierten nicht, das heißt, man verstand darunter ohnehin das ewige Leben, denn die Vokabel Zukunft bedeutete damals so viel wie »nach dem Tode«. Aber der Vergangenheit gedachte man bei jeder Gelegenheit. Man erzählte von den verstorbenen Großvätern und von den Urahnen, man hielt auf Herkommen und Sitte, auf die sogenannten Observanzen, auf das Gewohnheitsrecht und auf örtliche Ausnahmen. In den fürstlichen Kanzleien, in den Prälaturen und auf den Schlössern der Adeligen hütete man die Archivalien als kostbaren Besitz. Mit einem Wort, die Welt war ein idealer Aufenthaltsort für historische Köpfe. Aber seltsamerweise fehlten gerade am Anfang des 18. Jahrhunderts diese Köpfe gänzlich. Die Geschichtsschreiber treten halt immer lieber am Ende einer Epoche auf!

Als man bereits Jahrzehnte vor dem Termin in der fürstbischöflichen Stadt zu Freising zur Millenarfeier sich zu rüsten begann und der damals glorreich-regierende Fürstbischof Johann Franz Eckher von

Kapfing unbedingt zum Jubiläum die tausendjährige Geschichte seines Stiftes den Ehrengästen als respektable Festschrift und schön gedrucktes und eingebundenes Buch zu einem Präsent überreichen wollte, fand sich in der ganzen Diözese Freising kein geeigneter Geschichtsschreiber, auch nicht unter den Stiftskanonikern von St. Andrä. Der Fürstbischof mußte einem »Ausländer« den Auftrag erteilen, einem Benediktiner aus der Diözese Augsburg, dem Pater Karl Meichelbeck von Benediktbeuren, geboren 1669 zu Oberdorf an der Wertach, also dem heutigen Marktoberdorf im Allgäu, »als der Sohn armer Landleute«. Da Meichelbeck diese Aufgabe großartig gelöst hat, so glänzend sogar, daß er in der einschlägigen Fachwelt als der erste moderne Geschichtsschreiber Deutschlands gilt, d. h. als der erste kritische, als welcher gemeinhin sonst meist der viel spätere preußische Leopold von Ranke angesehen wird, ist es schon wert, daß wir über 300 Jahre später seiner gedenken. Die Franzosen haben ihren großen Mabillon, den bedeutendsten Historiker des Benediktinerordens in Frankreich und ersten fruchtbaren Anreger zum kritischen Studium der Urkunden; wir Bayern können stolz sein auf unseren Karl Meichelbeck. Und wie die Benediktenwand hinter dem Stift von Benediktbeuren sich aufrichtet wie ein monumentum aere perennius, so überstrahlt der Name Meichelbeck die Namen der anderen Geschichtsforscher Bayerns, ja ganz Deutschlands und Österreichs ein volles Jahrhundert lang. Und er müßte eigentlich auch heute noch ein Ansehen haben.

Dem Gegenstand seiner Forschung mangelte allerdings die Größe. Er vergeudete seinen Scharfsinn an der Geschichte eines der kleinsten Fürstbistümer des Heiligen Römischen Reiches, er verfaßte eine *Historia Frisingensis,* eine Geschichte des Hochstiftes Freising; aufgegliedert in Kapitel, welche die Regierungszeiten der einzelnen Fürstbischöfe schildern – von Korbinian bis Johann Franz Eckher von Kapfing. Wen interessiert das heute schon noch, tausend Jahre *Historia Frisingensis?* Tausend Jahre lang Kirchenbau und Kirchenweihen, Visitationsreisen nach Dorfen, Zeilhofen und Isen, Priesterweihen, Höfekauf, Tausch von Wäldern und Fischereirechten, von Kirchenzehnten und Leibgeldern, von Prozessen über dergleichen Rechte und Gerechtsame, von den fortwährenden Reibereien zwischen Domkapitel und Fürstbischof, von Wahlverhandlungen, Sedisvakanzen und krähwinklerischer Außenpolitik zwischen Domberg und Weihenstephan, zwischen Ismaning und München. Natürlich brauchte man auch gute Beziehungen zu Kaiser und Reich, denn das Hochstift hatte noch etliche Weingüter in Südtirol, die Stadt Bischoflack in Krain und mehrere Ämter in Österreich, das goldene Landl Werdenfels und das Ländchen des hl. Zeno um Isen mitten in Altbayern. Ranke befaßte sich hundertfünfzig Jahre später mit den gewaltigen und imponierenden Stoffen einer Kaiser-, Papst- und Reformationsgeschichte. Meichelbeck begnügte sich mit den Bischöfen von Freising. Mit Großem Großes leisten, dazu gehört schon eine redliche Begabung; mit Kleinem aber Überwältigendes zu gestalten und dabei bahnbrechend zu wirken als erster, dazu bedarf es darüber hinaus auch noch einer Herzensneigung und der Ausdauer. In einer Geschichte der Kaiser des hohen Mittelalters – oder in einer Papstgeschichte – bleibt dem Historiographen auch kaum Zeit und Muße, kleinere Nebenbemerkungen zu tun und – wie Meichelbeck – sich z. B. die Erwähnung eines Hausbaues in Freising in den 70iger Jahren des 13. Jahrhunderts nicht zu versagen.

»Unter Bischof Konrads Regierung hat Propst Enicho von St. Andrä, ein Brudersohn unseres Bischofs, nächst seinem Kollegiatsstifte, für sich und seine Nachfolger ein herrliches Gebäude aus Stein aufgeführt, das zu jener Zeit für eine Zierde der Stadt angesehen wurde. Daraus ist nun wohl zu entnehmen, daß um diese Zeit die Häuser der Stadt Freising zum großen Teil müssen aus Holz aufgeführt gewesen sein, woraus es erklärlich, daß Freising so oft ein Raub der Flammen werden konnte. Enicho verordnete auch, daß den Mitgliedern des Dom- und seines Kollegiatsstiftes jährlich zu Weihnachten eine gewisse Summe gereicht werden sollte ...«

Das war eben Meichelbecks eigener Stil. So hat er in Deutsch geschrieben oder, mit Verlaub gesagt, in seiner kräftigen schriftbayerischen Sprache, halt in jenem Oberdeutsch, wie man auch in Wien oder in Würzburg damals die süddeutschen Federn gewetzt hat. Man wollte im katholischen Süddeutschland kein Luther- oder Meißner-Deutsch, oder wie der gelehrte Benediktinerabt von Ensdorf, der Oberpfälzer Anselm Desing, es einmal ausgesprochen hat: »Ich sehe keinen Grund, meine bayerische Abkunft verleugnen zu sollen.«

Sein Hauptwerk und seine Tagebuchaufzeichnungen – und überhaupt fast alles, was er geschrieben – hat er selbstverständlich in der lateinischen Sprache abgefaßt: die große zweibändige Historia

Frisingensis und sein nicht minder wichtiges »Chronicon Benedictoburanum«. Zur Abfassung einer »kurzen freisingischen Chronica in teutsch« wurde er von seinem ihm sehr gewogenen Fürstbischof Johann Franz Eckher von Kapfing gedrängt. Weil nämlich die zweibändige lateinische Historia zur Tausendjahrfeier nur zur Hälfte erscheinen konnte, verlangte der Bischof wenigstens einen Auszug der gesamten Freisinger Bischofsgeschichte bis zum Jubeljahr 1724 in deutscher Sprache. Am 30. März 1724 hatte Meichelbeck mit dieser deutschen Arbeit angefangen, und am 1. Oktober desselben Jahres begannen bereits die Feierlichkeiten des tausendjährigen Bistums und des fünfzigjährigen Priesterjubiläums Johann Franzens. Aber der Freisinger Hofbuchdrucker konnte das immerhin 360 Druckseiten umfassende Werk rechtzeitig vorlegen, denn Meichelbeck lieferte die letzte Seite des Manuskriptes schon Mitte Mai.

Er hat also zu dem Opus nicht länger als sechs Wochen gebraucht! Und dabei schrieb er doch leichter in Latein als in dem ungewohnten Deutsch. Insgesamt arbeitete Meichelbeck nicht länger als vier Jahre an der tausendjährigen Historia Frisingensis, am ersten Band sogar nur ein knappes Halbjahr! Während 160 Jahre später der berühmte Professor aus Berlin, Friedrich Wilhelm Benjamin von Giesebrecht, dreiunddreißig Jahre lang an seiner *Geschichte der deutschen Kaiserzeit* gearbeitet hat!

Die vielgerühmte neue kritisch-historische Methode bestand eigentlich nur in der Benützung möglichst vieler Quellen; Urkunden, also langweilige Kauf- und Tausch und andere Real-Verträge, Briefe und Mandate, Rechnungen und Verzeichnisse sind dabei wichtiger als die ältesten Chroniken und Annalen. Mit diesen Elaboraten älterer, ja uralter Kollegen muß ein kritischer Geschichtsforscher geradezu mißtrauisch umgehen. – Je mißtrauischer, desto kritischer. Unser Pater Karl Meichelbeck – ein feiner Kupferstich hat uns sein Porträt überliefert – hatte so einen kritisch-historischen Blick und Verstand.

Der unbekannte Kupferstecher hat uns den reverendissimum Pater Karl treffend gezeichnet. Vor einer Bücherwand, die halb von einer schwungvollen Draperie verdeckt wird, sitzt auf einem vornehmen Stuhl mit hoher Rückenlehne ein durch und durch elegant wirkender Benediktinerpater. Das feine, schwarze Tuch des Mönchsgewandes wirft mäßige Falten, das schmale, enganliegende Hals-

krägelchen blitzt weiß auf, das Haupt ist mit einer hohen, nach Art der heutigen Pelzmützen genähten Stoffhaube bedeckt, läßt aber eine hohe, markant gegliederte, knöcherne Stirn frei erscheinen. Unter den buschigen Augenbrauen liegen zwei scharfe Augen, die Nase ist gerade und kräftig und von den Nasenenden ziehen sich über die Mundwinkel herab zwei tiefe, melancholische Falten. Der Mann macht den Eindruck des Zuhörens, ja des leichten Horchens. Ein kräftiges Ohr ist ohnehin massiv zu sehen. Er blickt gerade von einer Schrift, die er in Händen hält, empor, entweder um etwas zu hören oder – was wahrscheinlicher ist – um über das Gelesene nachzusinnieren, aber nicht verträumt, sondern hellwach. Es ist eine Falten werfende pergamentene Urkunde, die er da in Händen auf dem Schoße hält. Darunter liegen noch andere Briefschaften. Deutlicher kann das Porträt eines Geschichtsforschers nicht gestaltet werden. Nichts ist übertrieben und überladen. Auch der Dargestellte selbst macht – trotz einiger Anzeichen der feineren Art – durchaus den Eindruck eines bescheidenen, zarten, fleißigen, stillen und hilfsbereiten, ja fast freundlichen Menschen.
Dieser bayerische Benediktinerpater, ein Allgäuer Bauernsohn, darf mit Sicherheit den Ruhm in Anspruch nehmen, das erste kritische deutsche Geschichtswerk veröffentlicht zu haben. – Gewiß arbeiten andere Gelehrte damals auch gerade an neuen Historien, z. B. Hansitz in Wien an einer Geschichte des Kaiserhauses, oder Falkenstein in Eichstätt, Eccard in Würzburg und Schannat in Fulda. Und auch sie versuchten den vorhandenen Urkunden den Vorzug zu geben. Aber Meichelbecks Historia Frisingensis erschien früher und sie war von keinem übertroffen, ja kaum eingeholt.
Schon mit neun Jahren kam er als Sängerknabe nach Benediktbeuren, vollendete dann seine Gymnasialstudien bei den Jesuiten in München und trat 1687 – also mit 18 Jahren – in Benediktbeuren als Novize an. Seine ersten historischen Neigungen mag der Abt Plazidus Mayr geweckt haben.
Damals war der Hansgirgl, wie der spätere Pater Karl ursprünglich geheißen hat, erst zwölf, dreizehn Jahre alt. Abt Plazidus hat nämlich 1681 die alte Klosterkirche abreißen lassen, um die prächtige neue Barockkirche Feichtmayrs zu errichten. Abt Plazidus ging da eines Tages über das Trümmerfeld und rief plötzlich den in der Nähe spielenden Hansgirgl Meichelbeck herbei, er habe etwas

gefunden und er, der Bub, möge durch die Gänge des Klosters laufen und den ganzen Konvent herausbitten. Was war geschehen? Abt Plazidus hatte eben das Grab der drei sagenhaften Klostergründer entdeckt, der Brüder Landfrid, Waldram und Eliland, alle drei der Sippe der urbairischen Huosi angehörend. In den drei Gräbern war auch je eine bleierne Namenstafel. Der erste Benediktbeurer Geschichtsschreiber, der Mönch Gottschalk aus dem 11. Jahrhundert, hatte also keine Fabeln erzählt. – Dieses Erlebnis hat auf den jungen Meichelbeck, wie er später selber in seinen Diarien andeutet, einigen Eindruck gemacht.

Zunächst allerdings beschäftigte ihn noch mehr die Musik. Sein Onkel, ein Bruder seiner Mutter, der Pater Korbinian Karl, war der Regens Chori und ein fruchtbarer Komponist. Es gab klangreiche Aufführungen, und der junge Chorknabe übte sich bald selbst im Komponieren. Meichelbeck soll ein guter Geiger und ein gesuchter Organist gewesen sein. Öfters mußte er kompositorische Aufträge später »studienhalber und wegen der vielen noch zu lesenden Urkunden« ablehnen. In seiner Freisinger Lyzealprofessorenzeit leitete er das Schultheater und übersetzte lateinische Komödien ins Deutsche.

Es ist auch möglich, daß der vierzehnjährige Bub von dem Aufenthalt des großen Pater Jean Mabillon in Benediktbeuren – im Jahre 1683 im September – etwas erfahren hat. Mabillon kam gerade aus Salzburg, wo er auf den dortigen Historiker Mezger einigen Einfluß ausgeübt hat, und befand sich auf einer Art Schnüfflerreise durch die Archive der berühmtesten deutschen Benediktinerabteien. Er soll aber in Benediktbeuren von dem damaligen Pater Bibliothekar bei seinen Recherchen fortwährend durch politische Schimpfereien auf die französische Politik gestört worden sein, denn damals koalierte ja Ludwig XIV. gerade mit den Türken, und diese hatten eben erst Wien belagert. So kreuzte also auch der Vater der Mauriner, der größte aller Geschichtsforscher der damaligen Zeit, persönlich den Lebensweg unseres Meichelbeck, wenn auch noch so flüchtig und unbewußt für beide. Man schrieb den 17. September 1683.

Als Benediktiner in Bayerns goldenem Zeitalter mußte man seine Studien natürlich auf der ordenseigenen Universität zu Salzburg absolvieren. Zu Meichelbecks Zeit erschien dort eben die Historia Salisburgensis Josef Mezgers. Äußerlich hat Meichelbeck später seine

Historia Frisingensis der Arbeit Mezgers nachgestaltet, aber in der kritischen Methode und in der Berücksichtigung des gesamten Urkundenmaterials haushoch übertroffen. – Die Studienjahre im geliebten Salzburg gingen ihm, wie allen, zu früh zu Ende. Frater Karolus Meichelbeck empfing von seinem Diözesanbischof zu Augsburg 1694 die Priesterweihe. Und er hatte Glück. Er kam zu weiteren Studien wieder nach Salzburg. Nebenbei mußte er auf dem Nonnberg als zweiter Hausgeistlicher die Messe lesen und den Nonnen die Beichte abhören. Das waren Pater Karls schönste Jahre. Er war »lustig, spiel-, musik- und weinfreudig«, wie er sich selbst in den Diarien bezeichnet. Aber nach zwei Jahren gab es Krach. Und Meichelbeck wurde von seinem Abt nach Benediktbeuren zurückgerufen. Genaues weiß man nicht. Es heißt nur – aus Benediktbeurer Sicht – »die unliebsame Gehässigkeit einiger Chorfrauen auf dem Nonnberg« hätte ihn vertrieben. Berühmte bayerische Prälaten haben die zweite Nonnberger Seelsorgestelle inne gehabt, so z. B. hundert Jahre nach Meichelbeck der spätere Abt Rupert Kornmann von Prüfening. Meichelbeck schrieb in sein Tagebuch: »Mich dem Joche klösterlichen Gehorsams beugend, bin ich allsogleich in meine Heimatabtei zurückgekehrt.«

Aber kaum ein Jahr konnte Pater Karl am Fuße der Benediktenwand im Schoße seiner klösterlichen Familie verbringen. An ihn erging bereits der Ruf eines Mächtigen, eines Reichsfürsten. Bischof Johann Franz Eckher von Kapfing hatte im August 1697 auf einer seiner vielen Visitationsreisen ins Werdenfelser Land in Benediktbeuren Station gemacht. Da gerade ein Fasttag war, wollte Johann Franz allein speisen. Aber der Konvent überraschte den eben erst zum Bischof geweihten Fürsten von Freising dennoch mit einer kleinen Festlichkeit, mit einer Musik und mit einem längeren lateinischen Gedicht. Dieses Poem machte auf Johann Franz einen großen Eindruck. Er erkundigte sich nach dem Verfasser. Man stellte ihm den Pater Karl vor. Und weil nun der Bischof von Freising unter finanzieller Mithilfe der bayerischen Benediktiner gerade ein Lyzeum, ein Gymnasium, errichten wollte, erbat er sich vom Benediktbeurer Prälaten gleich den guten Lateiner als Professor. Man schlug dem Freisinger Bischof die Bitte nicht ab, und Karl Meichelbeck bezog zusammen mit anderen bayerischen Patres »unter Paukenschlag und Trompetenschall« den stattlichen Neubau am Freisinger Marienplatz. Seine guten Beziehungen zum Fürstbischof rissen nicht mehr ab und hielten bis zum Tode Eckhers. – Es waren wieder recht vergnügliche und gute drei Jahre, die Pater Karl in Freising verbringen durfte. Er verzeichnet jede Gunsterweisung des Fürsten in seinem Tagebuch, wann Celsissimus ihn zur Hoftafel geladen, was Schmeichelhaftes er ihm gesagt etwa, daß auch er, der Fürstbischof von Freising, als Nachfolger des heiligen Korbinian sich als Benediktiner fühle.

Wie oft hat ihm der Fürst zugerufen, vom Reisewagen aus oder von der Tafel her, hat ihn, den schüchternen jungen Mann, ermuntert und aufgeheitert. Zahlreiche Anekdoten über den leutseligen Fürsten vertraut er der Verschwiegenheit seines Tagebuches an. Dabei war Johann Franz Eckher von Kapfing obendrein auch noch ein historischer Kopf, der seit Jahren alte Inschriften von Grabsteinen sammelte, ausgedehnte heraldische Studien betrieb und überhaupt für alle Hinweise dankbar war, die der Erforschung seiner Ahnen und der Geschichte seiner verzweigten Familie dienlich waren. Und seit er nun auf dem Stuhl des hl. Korbinian saß, übertrug er diesen persönlich heißen Wissensdurst nach der Vergangenheit auf seine bischöflichen Vorgänger. Bei Pflasterarbeiten im Dom stößt er auf die Gräber der ersten Freisinger Bischöfe. Und der junge Syntaxprofessor und Hauslehrer der bischöflichen Neffen nimmt das alles mit Interesse auf. – Die Guttaten Eckhers kann Meichelbeck auch in späteren Jahren nicht genug loben.

»Celsissimus Princeps hat mich oft zur Tafel geholt und hat mich auch manchmal ausgezeichnet, daß ich ihm hab ein Spielchen machen dürfen. Hab mit ihm auch manchen Sommernachmittag verweilt auf den Schlößchen zu Birkeneck oder Gartlshausen. Estis hilares hat der Fürst uns oft zugerufen, seid fröhlich!«

1701 wurde Karl Meichelbeck zum Philosophieprofessor an der Ordensschule der bayerischen Benediktinerkongregation in Rott am Inn ernannt. Diese Anstalt wurde jedoch Anfang 1702 bereits nach Benediktbeuren verlegt. So konnte Pater Karl wieder seine Zelle beziehen. Der Dreiunddreißigjährige versuchte nun hier ganz neumodische Lehrmethoden einzuführen. Er stellte seinen Studenten bei den Disputationen nicht nur – wie bisher allgemein der Brauch – rein spekulative Thesen auf, sondern auch historische. Und er fand damit Anklang. Nicht nur bei den Studenten. Sogar dem damals regierenden Papst Clemens XI. sollen Meichelbecks Thesen übersandt worden sein und gefallen haben. Pater Karl selber meint zu seiner Lehrmethode:

»Wenn wir bedenken, daß bei unserem bisherigen Studium der Theologie auf die hl. Schrift, auf die Konzilien und die Kirchenväter wenig Rücksicht genommen wird, noch weniger auf Kirchengeschichte und Chronologie, werden wir uns nicht wundern, warum unsere Brüder aus unserem Studium zwar gewisse Kenntnisse, aber durchaus keine wahre Bildung davontragen... Einen Benediktiner, der die von Benediktinern geleisteten Großtaten nicht kennt, halte ich für eine ebenso unmögliche Figur, wie einen Landmann, der nichts von den Ochsen zu erzählen weiß...«

Zunächst beschäftigt er seine Studenten mit den Lebensberichten bayerischer Heiliger, wie etwa St. Ulrich, Korbinian, Afra und Anastasia, von der man zu Benediktbeuren eine kostbare Reliquie besaß, die vor allem gegen Kopfschmerzen und Geisteskrankheiten helfen sollte, so sich der Kranke die Reliquie aufs Haupt drücken ließ. Mit einem Wort, durch Meichelbecks historische Disputation kam in Bayern rasch das Studium der Kirchengeschichte in Schwung.

Die Kongregation der bayerischen Benediktiner, vor allem Abt Magnus Pachinger von Benediktbeuren, erkannte rasch die einmalige Persönlichkeit des Pater Karl. Man befreite ihn von der Lehrtätigkeit und ernannte ihn zum Historiographen der Kongregation, deren Annalen er auch bis zu seinem Tode mit Eifer geführt hat. Zugleich wird er 1708 Stiftsarchivar. In wenigen Jahren leistete er gerade als solcher eine unglaubliche Arbeit, die obendrein als bahnbrechend für das neue Archivwesen angesehen werden darf. Das umfangreiche Klosterarchiv war seit Jahren vernachlässigt worden. Es bestand als ein Durcheinander von Urkunden und Salbüchern in 421 Kisten. Pater Karl ließ zunächst vom Klosterschreiner neue Archivschränke bauen, bestehend aus 100 tragbaren Einzelkästen von je vier oder sechs Schubladen. In diese Schubladen kam nun der gesamte Urkundenbestand – aber sinnvoll geordnet, verteilt und inventarisiert in einem vierbändigen Nachschlagewerk, in dem jede Urkunde kritisch beschrieben war. Die Kästen Meichelbecks kamen nach der Säkularisation ins Münchner Geheime Staatsarchiv und sollen dort benützt worden sein, bis sie 1944 ein Fliegerangriff vernichtet hat. – Das 4000 Seiten umfassende Gesamtverzeichnis des Archivum Bu-

ranum stellt ein einmaliges historisches – ganz auf Urkunden gestütztes – Meisterwerk vor, wie es keine andere deutsche Grundherrschaft aufweisen kann. Und Pater Karl Meichelbeck schwört geradezu in einem Vorwort, daß er überall nur die Wahrheit im Auge gehabt und daß er nicht das geringste verschwiegen habe.
»Wohl wissend, daß ich sonst Gott und dem hl. Vater Benedikt eine entsetzliche Rechenschaft zu geben hätte; auf welche aber dermalen gottlob auch diesfalls hoffentlich nichts zu besorgen habe.« ... »Aber in diesen vier Tomi wird viel zu lesen seyn, so man in silentio caute zu halten hat.«
Hätten die jeweiligen Prozeßgegner des Stiftes ungehindert sich des Archivs bedienen können, so manche Gerechtsame des Klosters, so mancher strittige Grenzverlauf wäre zu Ungunsten des Stiftes entschieden worden. Strenge Geheimhaltung tat da not, damit dem Stift keine Präjudiz erschaffen würde. Die Objektivität des Archivars wird »dermalen und diesfalls nichts zu besorgen haben«.
Brieflich bleibt er in der ganzen Zeit mit dem Freisinger Bischof in Verbindung, und er meldet dem Celsissimus Princeps mit großer Freude so manchen interessanten Urkundenfund. 1711 kann er dem Fürstbischof »zur gnädigsten Vergniegenheit und Consolation einen Hertwicus Eckher als ersten freisingischen Pfleger in denen Kauf- und Ausnahmebriefen de anno 1294 zwischen Bischof Enicho und dem Grafen Berchtold von Eschenlohe vorweisen«. – Nebenbei bemerkt, der Freisinger Bischof erwarb die Grafschaft Werdenfels von eben besagtem Berchthold für ein schönes Quantum Bozener Weins, das dem Grafen jährlich geliefert werden mußte. Die Urkunde ist gut zu lesen und mag als ein seltsamer Kaufvertrag gelten bzw. als ein recht vergnüglicher Übergabebrief eines trinkfesten Austraglers. Sie ist in altem Deutsch abgefaßt und Meichelbeck setzt sie mit Genuß in seine Freisinger Chronik.
»... Daß Enicho oder sin Nachkömm uns geben soll alle Jahr, dieweil wir leben zu Partenkirchen fünf Botzner Fuder Wins, des Weins, des man ihm jährlich von Keller geit, des sullen zwei Fuder von den besten sin und der andern gemeiner Win!«
Schon damals drang der Ruf des gelehrten Paters Karl von Benediktbeuern in die Welt hinaus. Der Abt von Fulda wollte ihn haben, und der Fürstabt von Kempten hätte ihn gar zu seinem Koadjutor gemacht. Und als 1709 der kurbraunschweigische Gesandte von Schra-

der nach Quellen für eine Geschichte des Welfenhauses in Bayern Nachforschungen anstellte, wies ihn der kurbairische Hofrat von Unertl an Meichelbeck nach Benediktbeuern. – Die Kongregation beauftragte ihn, gegen den zum Protestantismus abgefallenen Abt Senser von Weltenburg eine geharnischte Epistel zu verfassen. Der Titel dieser Schrift allein erweist den Pater Karl auch als einen gewaltigen Barockprediger.

»Gründliche und genaue Besichtigung jener aus allerhand lutherischen, rostigen Trümmern armselig zusammengeschweisten Sensen, welche unlängst wider den Acker der allein seligmachenden katholichen Kirchen so grimmig als einfältig hervorgezogen hat: Josephus Dominicus von Sensen, gelübs- und religionsvergessener Mönch und dermalen verweibter Pastor und Pfarrer zu Darmsheim in Württemberg, nun aber an dem Felsen der wahren Kirchen und heiligen Vätern probiert und zertrümmert.«

In den Streitigkeiten um das am Walchensee entstandene Hieronymitenkloster, dessen Auflösung nicht nur das Stift Benediktbeuern, sondern auch der Freisinger Bischof verlangt, muß Meichelbeck im Jahr 1713 sogar nach Rom reisen. Er hat dabei zugleich den Neffen des Fürstbischofs auf dessen Kavalierstour in die ewige Stadt zu begleiten. Zum Abschied ruft ihm der Fürstbischof noch nach – und Meichelbeck überliefert uns den Ausspruch wörtlich:

»Pater Karl, reisen Sie nachher Rom und verschonen Sie fein alldorten meinen Generalvikar nit, sondern tun Sie ihn fein recht hernehmen wie ers wohl verdient!«

Eine liebe Zeit – trotz der Vorkommnisse! Menschlich halt! – Menschlich, trotz all der fürstlichen Repräsentation und barocken Großartigkeit. Da kann einer für Augenblicke schon von einer tiefen Sehnsucht erfaßt werden, von einer Sehnsucht nach dem 18. Jahrhundert.

Ein ganzes Jahr lang weilte der gelehrte Mönch in Rom und hatte Erfolg, trotz der zahllosen Intrigen, welche die Freunde der Hieronymiten vom Walchensee angestiftet hatten. Jetzt bekamen auch die anderen Patres, die den Studien Meichelbecks bisher etwas hilflos gegenüberstanden, um nicht zu sagen ablehnend, einen gehörigen Respekt. Übrigens besuchte den Meichelbeck in Rom der in Benediktbeuern geborene Maler Cosmas Damian Asam. Meichelbeck vermerkt dies in seinem Diarium vom 29. 1. 1713:

»Besuch von Damian Asam, pictor, natus ibidem Benedictoburi, gaudes.«
Gaudes, vermerkt er kurz und bündig. Der Besuch Asams hat ihn sehr gefreut. Und da der Name Asam fällt, können wir uns wieder dem Freisinger Dome zuwenden. Es ist kein Zufall, daß Bischof Eckher die Brüder Asam beauftragt hat, der 1000jährigen Kathedrale ein neues, himmlisches Gewand zu geben. Die Beziehungen Meichelbecks zu Eckher spielten da eine nicht geringe Rolle. Die beiden jüngeren Asam vollbrachten mit der Renovierung des Freisinger Domes ihre erste Meisterleistung.
Aber dem dreifachen Freisinger Jubelfest – Eckher verband nämlich mit der 1000-Jahrfeier sein 50jähriges Priester- und sein 30jähriges Bischofsjubiläum – fehlte immer noch eine entsprechende wissenschaftliche Ehrengabe. Schon 1709 hat Johann Franz an Meichelbeck die Bitte getan, eine Historia Frisingensis zu verfassen. Aber damals hatte es noch Zeit damit, meinte Meichelbeck. 10 Jahre später wiederholte der Freisinger Celsissimus das Angebot. Aber mittlerweile hat Pater Karl das Freisinger Domkapitel und die Herren Stiftskanoniker von St. Andrä kennengelernt. Diese Herren konnten den Fremdling, der obendrein die Freundschaft des Fürsten genoß, in Freising nicht leiden.
»Ich scheute das seit längerer Zeit durchschaute Naturell einiger Freisinger Genies.«
Nun aber pressierte es plötzlich. Man schrieb schon das Jahr 1722. Meichelbeck war nun doch entschlossen, die schwierige und ehrenvolle Aufgabe zu übernehmen. Sein Abt gab ihm den Segen, und am 22. März traf er in der fürstbischöflichen Residenz auf dem Domberg ein, wo er vom Fürsten herzlich empfangen wurde. Und gleich stürzte er sich in die Arbeit.
Der Urkunden wurden immer mehr, denn der Bischof ließ alle Abteien und Prälaturen seiner Diözese anschreiben. Meistens brachten die Patres Archivare die kostbaren Urkunden persönlich nach Freising, und nur in ihrem Beisein durfte sie Meichelbeck abschreiben oder abschreiben lassen. Das Freisinger Domkapitel aber machte Schwierigkeiten. Die Herren wollten den fremden Pater nicht ohne weiteres das kapiteleigene Archiv einsehen lassen. Es könnte ja durch eine Indiskretion ein Präjudiz geschaffen werden.
Am Neujahrstag 1723, an der fürstlichen Tafel, richtete der Dom-

herr Freiherr von Bodman an den Bischof mit großem Bedenken gegen Meichelbeck Worte der Vorsicht, auf daß durch diese neumodische Historie dem Hochstift ja kein Schaden zugefügt werde! Und er müsse seine Hochfürstlichen Gnaden sehr bitten, »in dieser Sache mit dem Capitel reiflich Rat zu pflegen«. Da aber rötete sich das Haupt des Fürsten. Und seine Worte sind uns überliefert.
»Was? Habe ich mir die ganze Zeit her von Euch sonst nichts verdient als den Verdacht, ein Präjudiz meiner Kirchen zuzulassen? Ich weiß, ich weiß, was gespielt wird. Es ist immer noch einer da, der die alte Schlange in der Brust trägt, und sie hat eben wieder ihren Hader gegen mich losgelassen. Aber jetzt ist es genug. Ich werde darauf sehen, daß alles richtig gemacht wird und Ihr eines Besseren belehrt werdet.«
Den kommenden Tag frühmorgens erschien dann der Fürst bei Pater Karl in der Studierstube, redete ihm Mut zu und erging sich noch mal gegen das Hochwürdigste Domkapitel.
Zu einem regelrechten Skandal kam es mit den auf Meichelbeck neidischen Kanonikern von St. Andrä. Und zwar wegen der Erhebung der Gebeine des im 11. Jahrhundert regierenden Freisinger Bischofs Ellinhard, eines Andechser Grafen. Dieser Ellinhard hatte seinerzeit das Kollegiatstift St. Andrä gegründet und wurde daher von den Kanonikern als beinahe heiligmäßiger Stifter verehrt. Anläßlich der Domrenovierung stieß man auch auf Ellinhards Grab, und die Herren von St. Andrä wollten ihrem Heiligen in ihrer eigenen Kirche ein würdiges Monument setzen und die Gebeine feierlich dorthin übertragen. Man wollte sogar für Ellinhard einen Heiligsprechungsprozeß in Rom anstrengen. Nun aber kam der hergelaufene Historiographus und verkündete, daß besagter Bischof Ellinhard alles andere als ein Heiliger gewesen sei. Und der »ob seiner Gescheitheit schon ganz und gar kopfgeschwächte Historicus frisingensis Karl Meichelbeck«, wie ihn die Herren von St. Andrä titulieren, kann auch Urkunden vorlegen, die den heiligmäßigen Bischof Ellenhardus eindeutig im gebannten Lager Kaiser Heinrichs IV. stehend erweisen. Womit der Heilige von St. Andrä als ein Gegner des rechtmäßigen Papstes Gregor VII. erkannt werden mußte.
Die Domini canonici aber kümmerten sich um die Urkunden des die Freisinger Kirche nur schädigen wollenden Historiographus nicht. Sie schritten zur feierlichen Erhebung der Gebeine, aber, welch ein

Skandal! Als man den Sargdeckel geöffnet, strömte ein fürchterlicher Geruch auf die Nasen der Umstehenden zu, denn – so beschwören es die Chorherren von St. Andrä – der so gescheite wie hinterhältige Karolus Meichelbeck hätte in aller Heimlichkeit aus einer mitgeführten Büchse eine fürchterlich übelriechende Salbe, die obendrein der Kammerdiener des Fürsten, der zugleich ein Chirurgus war, bereitet hätte, unter die wohlerhaltenen Gebeine des heiligmäßigen Ellenhard geschmiert, und, obwohl sehr viele Menschen um den geöffneten Sarg herumgestanden seien, hätte dies Meichelbeck heimlich zuwege gebracht; denn er und seine Helfer, worunter die Domherren schließlich auch noch den Fürstbischof zählten, hätten ein gutes Ablenkungsmanöver inszeniert. Im Sarg lag nämlich auch noch ein winziges Holzkästchen, auf dessen Inhalt das Interesse des Bischofs sich richtete. Aber niemand konnte das Kästchen öffnen. Endlich gelang dies dem Kammerdiener, und etwas ziemlich Abscheuliches war in dem Kästchen. Natürlich auch hineingeschmuggelt von dem bösen Meichelbeck. Also daß nun jedermann glauben möge, Ellenhardus sei kein Heiliger gewesen. – Natürlich glaubten es die Domini canonici von St. Andrä nicht. Sie erkannten vielmehr den wahren Schuldigen. Und verlangten beim Bischof dessen Entfernung.

Wenn unter solchen Intrigen Meichelbeck dennoch fristgerecht seine Historia Frisingensis vorlegen konnte, dann ist das eben auch mit ein Verdienst seines Mäzens, des Johann Franz Eckher von Kapfing. – Auch über ihn schreibt er in seiner Geschichte als Zeitgenosse und Freund, und es klingt gar nicht schwülstig und liebedienerisch.

»Nur wenige Bischöfe Freisings dürften es wagen, an die Seite unseres Fürstbischofs zu stehen. Ungemein viele Verdienste erwarb er sich um seine Kirche. Er ließ ein herrliches Ostergrab bauen und eine kostbare Monstranz anfertigen. Er war ein Vater der Armen und ein wahrer Hirt seiner Herde, wie Papst Clemens ihn nannte, und er war tätig bis an sein Lebensende. Während seiner bischöflichen Regierung hat er 174 Kirchen und Kapellen, 1154 Altäre geweiht. 210054 Personen hat er gefirmt, 734 Priester, 657 Diakone und 651 Subdiakone hat er geweiht, 17 Prälaten und 2 Äbtissinnen benediciert. Ein Freund der Wissenschaften, besorgt die alten Dokumente des Hochstiftes zu sammeln und zu erhalten. Er schrieb mit eigener Hand viele alte Grabschriften und Urkunden ab, und er ließ zu denselben die betreffenden Wappen malen. Die Rechte seiner Kirche ver-

trat er mit Ernst und Würde. Seine Tugenden und sein Verstand wurden von allen seinen Zeitgenossen geschätzt und verehrt.«
Von den hundert Exemplaren der *Historia Frisingensis* des ersten Bandes, die Johann Franz beim Buchdrucker in Augsburg im vorhinein bestellt hatte, wurden in der Jubelwoche 95 verschenkt. Die Geschichte Freisings ging nach München, in alle bairischen Abteien, an die meisten deutschen Fürstenhöfe, zum Kaiser Karl VI. nach Wien, sogar der Papst in Rom erhielt ein Exemplar überreicht. Das Echo blieb nicht aus. Meichelbeck wurde überall gelobt, und man sprach es ohne Umschweife aus: Es gibt derzeit keinen Historiographus, der es dem Freisinger möchte gleichtun. Der Kaiser wollte den Pater unbedingt nach Wien kommen lassen. Aber Meichelbeck blieb bei seinem Celsissimus Princeps in Freising. – Der zweite Band mußte vollendet werden. Noch am 12. Januar 1727 fragt Eckher nach, ob Meichelbeck die letzten Worte schon geschrieben habe. »Als aber unser Bischof am 21. Februar 1727, nach der heiligen Messe und verrichtetem Gebet in sein Zimmer zurückkam, sank er plötzlich zusammen und geriet in einen Schlummer, aus dem er nicht mehr erwachte.«
Jetzt war für Karl Meichelbeck der Aufenthalt in Freising nicht mehr ratsam, denn das regierende Kapitel setzte ihm wegen des zweiten Bandes hart zu. Und auch die Herren Kanoniker von St. Andrä hatten Änderungswünsche. Die Druckerlaubnis ließ lange auf sich warten. Auch warfen die Chorherren von St. Andrä dem Meichelbeck vor, daß er sich auf dem Titelblatt der Historia Frinsingensis mit »reverendissimus« betiteln läßt. Ein reverendissimus stünde ihm aber gar nicht zu. – Meichelbeck reiste nach Benediktbeuern zurück, betrat seine Zelle und schlug dort sein Schreibpult auf. Arbeit gab es ja noch genug, denn auch das bedeutende Stift am Fuße der Benediktenwand konnte eine tausendjährige Geschichte vorweisen.
Die letzten Jahre seines Lebens – er wurde 65 Jahre alt – verbrachte er in seinem Archivstüberl, wo er auch allein zu essen pflegte, denn er hatte es mit dem Magen zu tun. Mitte Februar 1734 ließen seine Kräfte sehr nach. Er schreibt noch ins Tagebuch: Totus lassus, infirmus – ganz müd und schwach ist er ... Er schrieb nämlich von sich selbst gern in der dritten Person. Am 2. April ist er dann verstorben. – Veritas fortior pro omnibus, hat sein Wahlspruch gelautet: Keine Angst vor der Wahrheit, sie gereicht schließlich allen zum Vorteil.

Liberalitas Bavariae

Die Augustiner-Chorherren in Altbayern

Liberalitas Bavariae – Es ist kein Zufall, daß gerade eine Augustinerchorherren-Kirche mit diesem Wort geschmückt ist. Die regulierten Chorherren, die nach der Regel des Kirchenvaters Augustinus ein gemeinsames Leben führten, in dem Ideal einer vita canonica, waren nicht nur Mönche, sondern auch Weltpriester und Seelsorger. Ihr reformerischer Eifer in den Zeiten kirchlichen Verfalls, ihre wissenschaftliche und künstlerische Vielseitigkeit, die nur mit den Benediktinern verglichen werden kann, hat über Jahrhunderte eine ungemeine Anziehungskraft ausgeübt und viele der Guten und Besten unter den Weltpriestern immer wieder angezogen.

Und daß sie sich mit dem Namen des mächtigsten Geistesfürsten unter den abendländischen Kirchenvätern schmückten, das mußte in ihrem Wesen und Wirken und Wollen denn doch auch spürbar werden. Zum Wesentlichen der Philosophie des heiligen Augustinus gehört es, daß er die metaphysische Güte der Welt in ihrer Ganzheit und in ihren Einzelheiten betont, er ist ein »universeller Seinsoptimist«, weil ja Gott alles erschaffen hat. Die Ideen des heiligen Augustinus sind leuchtende Sterne am Himmel des christlichen Denkens durch alle Jahrhunderte, vom frühen Mittelalter über die Hochscholastik bis in unsere Gegenwart herein. Und sie sind voll des erhabenen geistigen Trostes. Mit einem Wort: Augustinus zählt wie ein Sokrates und Platon zu den wenigen Persönlichkeiten, »aus denen die Zeiten schöpfen und in denen sie sich über ewige Aufgaben orientieren, die selbst aber über den Zeiten stehen«.

Vor diesem Hintergrund besehen nimmt sich der Pollinger Satz von der Liberalitas Bavariae gleich einleuchtender aus: die hohe, edle Gesinnung eines vornehmen, gebildeten Herrn kann da nur gemeint sein, der aber in seinem Wesen auch noch dazu voll der bayerischen Freundlichkeit und Gemütlichkeit ist. Der Satz also kann nur augustinisch sein, könnte ein Vertrauter bayerischer Stifte sagen, wenn es in Bayern heute noch eine augustinische Tradition gäbe. Er ist nicht benediktinisch, denn die Söhne des heiligen Benedikt sind

Mönche und nennen sich in ihrer Demut nicht Herren. Ihr Wahlspruch ist »ora et labora«, bete und arbeite, und sie nehmen auch Laienbrüder auf, die das Feld bestellen und in den klösterlichen Werkstätten arbeiten.

Die Augustinerchorherren aber hatten keine Fratres, sondern nur Kanoniker, Stiftsherren. Die gewöhnlichen Arbeiten wurden von Angestellten verrichtet. Ihre vorzüglichste Aufgabe war die Seelsorge. Da gab es kein Chorherrenstift, das nicht mehrere Pfarreien inkorporiert hatte, so daß jeweils mehrere Kanoniker außerhalb ihres Stiftes in den verstreuten Pfarrhöfen wohnten. Die daheim verbliebenen hielten gemeinsam das Chorgebet, nahmen die Mahlzeiten im Refektorium ein, widmeten sich den Wissenschaften, unterrichteten die Schüler ihrer Gymnasien, pflegten die Künste und verwalteten ihre Güter. Zum Unterschied zu den weltlichen Chorherren aber legten sie die Gelübde ab und verpflichteten sich auch, zeitlebens ihre Ordenstracht zu tragen, einen weißen Talar mit Zingulum und darüber einen ärmellosen Chorrock. In der Zeit der Aufklärung empfand man den weißen Chorrock als unpraktisch, und man änderte die Tracht, so wie sie heute noch die österreichischen Chorherren haben: statt des weißen einen schwarzen Talar und statt des ärmellosen Chorrocks ein Sarrozium, ein langes, weißes Band, das vorne und hinten über die Schultern hängt.

Die Augustinerchorherren haben auch keinen Abt, sondern einen Propst, der aber auch zugleich die Würde eines lateranensischen Abtes besitzen konnte, wenn sein Stift zur Kongregation von St. Johann im Lateran gehörte, welches ja bekanntlich die Bischofskirche des Papstes ist. Übrigens, daß die Päpste heute noch einen weißen Talar tragen, rührt eben von den Augustinerchorherren im Lateran her.

Die Prälaten von Rottenbuch oder Baumburg führten den Titel: Propst und lateranensischer Abt und archidiaconus natus, weil sie zugleich noch Leiter eines ganzen Sprengels waren, eines Archidiakonates, des Teilbezirkes eines Bistums. Archidiakonate gibt es heute nicht mehr. Sie waren eine Spezialität der Salzburger Kirchenprovinz, und da sie ausschließlich in den Händen der Prälaten der Augustinerchorherren waren, sind sie bei der Säkularisation mit diesen verschwunden.

Allein aus der Archidiakonatswürde kann man die große Bedeutung ermessen, welche die Augustinerchorherren in Bayern bis 1803 hatten. Fast siebenhundert Jahre lang war ihr Einfluß – in Oberbayern vor allem – stärker als der der Benediktiner. 18 Chorherrenstifte standen hier 13 Benediktinerklöstern gegenüber. Voran ist da zu nennen *Rottenbuch*, die Pflanzstätte des kanonischen Lebens, dann *Polling*, als das älteste Stift, Reichersberg im Innviertel, das ja bis zum Frieden von Teschen noch bayerisch war und gleich zu Beginn einen so weltweit bekannten Gelehrten zum Propste hatte wie Gerhoch; er kam aus Rottenbuch und hinterließ zahlreiche Schriften, darunter besonders seine Psalmenerklärung. Er gilt als der bedeutendste Theologe der Augustinerchorherren. Auch die Päpste würdigten seine Persönlichkeit. Er ist in seinem Leben neunmal nach Rom geritten. Eugen I. hat ihn zum Legaten von Ungarn und Ruthenien ernannt. Gerhoch von *Reichersberg* zählt auch zu den bayerischen Landesheiligen. Sein Stift hat die Säkularisation überdauert und existiert noch als einziges der im 12. Jahrhundert so zahlreich aufblühenden bayerischen Chorherrenstifte. Es hat noch seinen Prälaten und seine Chorherren.

Wer also Augustiner sehen will, braucht nicht gleich bis nach St. Florian bei Linz zu fahren. Im Sommer, unter den schattigen Kastanien des Wirtsgartens der Stiftsschenke auf der Innterrasse sitzend, vor sich ein Glas Prälatenwein, daneben den geräumigen Arkadenhof des Stiftes mit dem herrlich auffahrenden St.-Michaeli-Brunnen Schwanthalers, dann möchte man fast ein bißchen traurig werden, daß es auf bayerischer Seite, jenseits des Innflusses, kein solches Chorherrenstift mehr gibt. Die Stiftskirche ist so herrlich, wie nur immer eine bayerische Barockkathedrale sein kann, und in den weitläufigen Gebäuden glänzen hochelegante Festsäle. Da gibt es einen bayerischen Saal, ein Sommerrefektorium und eine prunkvolle Bibliothek. Vor etlichen Jahren noch konnte man es gelegentlich erleben, daß der hochwürdigste Herr Prälat, Propst Floridus, in der Kutsche sitzend, ausfuhr, nach Obernberg oder Schärding oder zur Visitation auf eine seiner inkoporierten Pfarreien. Ein liebenswürdiges Bild, ein Hauch der Liberalitas Bavariae!

Was hilft die Schwärmerei? Pröpste haben wir in Bayern seit 163 Jahren nicht mehr. Sind wir froh, daß der altbayerische Prälatenstand wenigstens noch in unseren Benediktineräbten weiterlebt! Aber daß ich die Reihe der erloschenen Augustinerchorherrenstifte weiter aufzähle: wir hatten sogar einmal einen Fürstpropst von *Berchtesgaden,* einen Reichssouverän, der vom Kaiser mit den Regalien belehnt wurde. Auch die Pröpste von *Herrenchiemsee* waren insofern außergewöhnliche Prälaten, als sie gleich zwei Hirtenstäbe im Wappen führten, sie waren nämlich auch noch Dompröpste des Bistums Chiemsee, und ihre Stiftskirche war zugleich Bischofsdom. – Den Alz- und Traungau beherrschte das Stift *Baumburg* bei Altenmarkt. Am Inn zwischen Wasserburg und Kraiburg glänzten dicht nebeneinander gleich zwei Augustinerstifte: das gut eingesäumte *Au* und das schwächere, aber dafür mit dem Archidiakonat ausgezeichnete *Gars. Dießen* und *Dietramszell, Beuerberg, Bernried* und *Beyharting* waren Chorherrenstifte, in *Weyarn* und *Höglwörth,* in *Schlehdorf* und *Indersdorf,* in St. Zeno in *Reichenhall* und in *Rohr* hielten einst die Augustinerchorherren ihre feierlichen Gottesdienste. Wir können es ruhig aussprechen: in ganz Europa mag es kein zweites Land geben, das in einem so begrenzten Raum so viele vornehme Stifte aufzuweisen vermöchte wie das kleine Churbaiern – Österreich, Sachsen, Elsaß-Lothringen, Burgund und Südfrankreich nicht ausgenommen.

Wie ist es dazu gekommen? Die Klöster der ältesten Zeit waren benediktinisch. Viele dieser Benediktinerabteien sind zu Anfang des 10. Jahrhunderts nach den Ungarneinfällen und durch die Säkularisation Arnulfs des Bösen zugrunde gegangen. Als dann im 11. Jahrhundert eine neue Epoche der Klostergründungen einsetzte, erblühten in Süddeutschland eine ganze Reihe regulierter Chorherrenstifte. Dieses 11. Jahrhundert war die Zeit des Investiturstreites, der großen Kämpfe zwischen Kaiser und Papst; Kaiser Heinrich IV. und Papst Gregor VII. waren die Kontrahenten. Und in Bayern stand man auf der Seite des vom Papst gebannten Kaisers. Nicht nur der niedere Welt-Klerus war kaiserlich gesinnt, da er sich gegen die Einführung des Zölibates sträubte, auch der bayerische Episkopat, besonders die Bischöfe von Regensburg und Freising hielten zu Heinrich IV. Die Reformen des Papstes wurden dagegen mit großem Eifer von dem Passauer Bischof Altmann verfochten und von dem 1070 eben – noch vor Ausbruch der Feindseligkeiten – mit dem Herzogtum Bayern belehnten Welf I. Dieser Herzog Welf war eigentlich Italiener, ein Sprößling aus dem Hause Este; nur seine Mutter Kunigund, die letzte Welfin, stammte aus dem altschwäbischen Grafengeschlecht, und durch sie fiel ihrem Sohn das welfische Erbe zu. Die mit dem Papst eng befreundete Mathilde von Tuscien, die reiche Fürstin der Toskana (auf ihrer Burg Canossa spielte 1077 die berühmte Episode des bußfertigen Kaisers), wurde 1090 als 44jährige mit dem 17jährigen Welf II. vermählt. Trotz dieser päpstlichen Koalition war die kaiserliche Partei in Bayern siegreich. Der unerschrokkene Bischof Altmann von Passau lebte die meiste Zeit als Flüchtling vor dem Kaiser in der Verbannung, und auch Herzog Welf I. ging des bayerischen Herzogtums verlustig. Erst als der junge Welf erfuhr, daß seine Gemahlin Mathilde von Tuscien ihre Güter dem römischen Stuhle vermacht habe, lösten die getäuschten Welfen ihren Bund und suchten ihren Frieden mit Heinrich IV.

Diese Geschichte des Investiturstreites spielt für die Gründung der Augustinerchorherrenstifte eine bedeutsame Rolle. Denn die alten Ideale eines kanonischen Lebens der Geistlichen, Ehelosigkeit, Verzicht auf das Privateigentum und Gehorsam gegenüber den geistlichen Oberen, sowie Eifer in der Seelsorge und Studium der Wissenschaften, das waren wichtige Programmpunkte der von Gregor VII. energisch vorangetriebenen Kirchenreform. Diese Ideale zogen die Besten des Weltklerus an. Bischof Chrodegang von Metz hatte einst für die Lebensgemeinschaft von Geistlichen die Augustinerregeln erneuert, und Kaiser Karls des Großen Sohn, Ludwig der Fromme, hatte auf der Synode zu Aachen die Metzer Reform für das ganze Reich vorgeschrieben. Aber die Metzer Chorherrenreform aus dem 9. genügte dem 11. Jahrhundert nicht mehr. Sie war dem frommen Ideal der Zeit nicht mehr gewachsen, besaßen diese Kanoniker doch immer noch Privateigentum und nahmen es auch sonst nicht sehr genau. Durch die Lateransynode 1059 wurden neue Kongregationen ins Leben gerufen, welche das Zusammenleben von Geistlichen nach der Regel des heiligen Augustinus sehr ernst nahmen, auf das Privateigentum verzichteten und Keuschheit gelobten. Das ist nun eigentlich die Geburtsstunde unserer Augustinerchorherrenstifte. Bischof Altmann von Passau war der erste, der in St. Nikola den neuen Orden einführte. Auch die Metropoliten, der Erzbischof von Salzburg, Gebhard, und vor allem Konrad I., waren großzügige Förderer der Regularkanoniker, trotz der Gefährlichkeit der Lage im Investiturstreit.

Man muß sich die Situation am Stephanitag 1074 im Passauer Dom vorstellen, als Bischof Altmann vor versammeltem Klerus und Volk die päpstlichen Gebote verlas, die die Ehelosigkeit der Priester verlangten, um sich ein Bild von der Turbulenz der Tage zu machen. Das Murren der Kleriker steigerte sich zur Empörung, und die Geistlichen stürzten sich auf ihren eigenen Bischof. Nur das rechtzeitige Eingreifen der Dienstmannen der auf seiten Altmanns stehenden Kaiserinwitwe Agnes verhinderte den Mord im Dom.

Wie weit es an der Reinheit des kirchlichen Lebens damals gefehlt hat, erfahren wir aus der Lebensbeschreibung Altmanns. Da heißt es: »Vor der Ankunft Altmanns waren alle Kirchen im Bistum Passau nur hölzern. Und hölzern waren auch die Priester, da sie verheiratet und irdischen Geschäften hingegeben, in den gottesdienstlichen Obliegenheiten gänzlich unwissend waren. Statt des Canons lasen sie das Miserere und statt der Passion das Attendite. Aber nach seinem Wirken waren alle Kirchen aus Stein gebaut, mit Gemälden und anderem Zierrat geschmückt und mit sittenreinen und gebildeten Klerikern versehen. Allenthalben erglänzt nun das Vaterland von Klöstern für Mönche und Kanonikern, in denen Tag und Nacht eifrig Gottes Lob erschallt.«

Wenn man aber bedenkt, daß Altmann 1065 Bischof von Passau geworden war und 1077 bereits vom Kaiser verjagt wurde, daß er Jahre über als Verbannter im kaiserfeindlichen Lager und in Rom verbringen mußte und schließlich 1095 starb, nachdem er die letzten Jahre seines Lebens wenigstens noch im östlichen Teil seines Sprengels wirken konnte, dann erscheint der Wandel der Verhältnisse beinahe wunderbar. Oder aber der Biograph Altmanns hat etwas übertrieben, und die Verkommenheit des verehelichten Weltklerus war gar nicht so erschütternd.

In diesen Tagen des wüstesten Kulturkampfes zwischen Papst und Kaiser wurden trotz der Ungunst der Verhältnisse eine große Zahl von Augustinerchorherrenstiften, die ersten noch von Herzog Welf und Bischof Altmann, gegründet, aber auch von anderen begeisterten Adeligen und zu Beginn des 12. Jahrhunderts dann vom Salzburger Erzbischof Konrad I.

In der Wildnis des Ammergaus, in Rottenbuch, soll sich Welf I. auf der Jagd verirrt haben – er residierte ja damals im nahen Peiting –, und als er nicht mehr aus und ein wußte, erschien ihm die Mutter Gottes in einer Buche sitzend und wies ihm den Weg. Aus Dankbarkeit stiftet er nun 31 Höfe und dotiert so ein von Bischof Altmann angeregtes Chorherrenstift. Die ersten Kleriker kamen aus St. Nikola von Passau, wo sie gerade vertrieben worden waren. Neben dieser Stifterlegende gibt es aber auch noch eine historische Überlieferung, nach der es Welfs zweite Gemahlin Judith gewesen sein soll, die ihren Mann zur Klostergründung überredet habe. Welf war nämlich vorher rechtmäßig mit Ethelinde, der Tochter Ottos von Nordheim verheiratet gewesen, der vor ihm bayerischer Herzog gewesen war. Nachdem Otto vom Kaiser aber verstoßen und geächtet war, verstieß auch Welf seine Ethelinde und vermählte sich auf Anraten Heinrichs IV., der ihn nun zum Bayernherzog erhoben hatte, mit Judith, der Witwe des bei der Schlacht von Hastings gefallenen Tostig von Northumbrien, eines Bruders des englischen Königs Harald. Judith war eine geborene Prinzessin, und die Ehe wurde in Brüssel geschlossen. Die Herzogin Judith, eine fromme Frau und im Stifte Rottenbuch allezeit fast wie eine Heilige verehrt, soll also ihren herzoglichen Gemahl dazu überredet haben, das Kloster Rottenbuch zu stiften als Sühne für sein Verbrechen an Ethelinde.

Die geschichtlichen Zusammenhänge sind also gar nicht so einfach, sie sind bunt und vielfältig verworren, wie das Leben immer schon gewesen ist. Und die Beziehungen in Altbayern sind nirgends bloß provinziell, sie sind global allenthalben, geistig, politisch und wirtschaftlich. Das zeigt sich gleich im neugegründeten Rottenbuch, das rasch zu einer fruchtbaren Pflanzstätte der päpstlichen Reformatoren wurde. In der damaligen Wildnis des Ammergaues und in den Erblanden der Welfen gelegen, wohin die kaiserliche Macht nicht mehr reichte, wurde das Stift eine Zuflucht für die Verfolgten, und das in nicht geringerem Maße als die Schwarzwaldklöster St. Blasien und Hirsau. Große Theologen und Pröpste für neu entstehende Chorherrenstifte sind schon in der ersten Generation in Rottenbuch herangewachsen oder haben sich dort längere Zeit über aufgehalten, wie Gerhoch von Reichersberg oder jener Manegold von Marbach in Lothringen, der in seinen Streitschriften ein besonders heftiger Gegner Heinrichs IV. gewesen ist. Durch diesen Manegold von Lautenbach, Propst von Marbach, reichen die Beziehungen Rottenbuchs auch hinüber nach Burgund und Frankreich, denn Marbach bekam einen Teil seiner Kleriker aus dem Stift zum heiligen Rufus in Avignon.

Daß man nach Rom und zur lateranensischen Kongregation die besten Beziehungen hatte, ist selbstverständlich, gehörte doch Rottenbuch von Anfang an zu den päpstlichen Eigenstiften, es besaß die Libertas Romana, die römische Freiheit. Im Gegensatz zu den bischöflichen Eigenklöstern, in denen der jeweilige Bischof die kirchliche Oberhoheit innehatte und besonders das Präsentationsrecht bei der Propstwahl ausübte. Die von Rottenbuch ausgehenden Chorherrenstifte waren alle päpstliche Eigenklöster. Dazu gehörten: Berchtesgaden, Baumburg, Bernried, Beuerberg, Dießen und Indersdorf. Die Libertas Romana verlieh den Klöstern nicht nur einen besonderen Rechtsschutz, sondern auch eine gewisse Freiheit gegenüber den Diözesanbischöfen. Ihnen gegenüber standen die Salzburger Kanoniker. Erzbischof Konrad wollte die Lieblingsidee Gerhochs von Reichersberg, den Weltklerus fast gänzlich abzuschaffen und jede Pfarrseelsorge nur von Regularchorherren ausüben zu lassen, Schritt für Schritt verwirklichen. Dadurch entstanden von Salzburg aus der Zahl nach weit mehr Chorherrenstifte als von irgendeinem anderen Zentrum aus. Sie alle waren dem Rechte nach also bischöfliche Eigenklöster. Einigen unter ihnen ist es aber später doch geglückt, päpstliche Privilegien zu erlangen, z. B. Reichersberg und Herrenchiemsee, St. Zeno in Reichenhall und den Innklöstern Au, Gars und Suben.

Es kann heute zweifellos mit gutem Recht behauptet werden – vor allem durch die gründlichen, ergiebigen und über die Maßen verdienstvollen Forschungen von Jakob Mois, »das Stift Rottenbuch in der Kirchenreform des 11. und 12. Jahrhunderts« –, daß die Augustinerchorherren den Investiturstreit zu Gunsten des Papstes entscheidend mitgewinnen halfen. Wie hätte das auch anders sein können, wo die päpstliche Partei in Deutschland doch nur eine Minderheit ausmachte und nur über geringe Mittel verfügte. Von der Verborgenheit der ersten Reformklöster aus griff die religiöse Begeisterung über auf den niederen und höheren Adel, und selbst die Anhänger des Kaisers gründeten und beschenkten alsobald Chorherrenstifte, ohne zu ahnen, daß sie dadurch den Gegner stärkten.

Das Hauptverdienst trifft das Stift Rottenbuch, denn von ihm aus verbreiteten sich in ganz Deutschland die Reformkanoniker, bis nach Sachsen und an den Niederrhein. Die Zusammenhänge hier ausführlich zu schildern ist unmöglich. Bleiben wir in Altbayern. Die

Gründungsgeschichten der hiesigen Augustinerchorherrenstifte alle zu erzählen, wäre ebenfalls eine ermüdende Angelegenheit. Sie ähneln sich alle. Eine Adelsfamilie stellt etliche Höfe und eine verlassene Burg zur Verfügung, etliche fromme Priester oder Einsiedler der näheren Umgebung strömen herzu und schließlich als erster Präpositus ein Chorherr aus Rottenbuch oder Reichersberg. Graf Berengar von Sulzbach stiftete gleich zwei Klöster: Berchtesgaden und Baumburg, das eine auf Wunsch und Gelöbnis seiner Mutter Irmgart, welche in zweiter Ehe mit dem Grafen von Attel verheiratet gewesen war, und Baumburg auf heftiges Begehren seiner eigenen Gemahlin Adelheid, einer Tochter des Grafen Kuno von Frontenhausen-Megling. Propst Udalrich von Rottenbuch schickte acht Chorherren aus und gab ihnen Eberwein als ersten Propst mit. In Berchtesgaden wollte das Werk nicht recht gelingen wegen »der trostlosen Wildnis und des furchtbaren Bergwaldes, der von ewigem Schnee und Eis starrte«. Die Chorherren zogen sich in den wärmeren Chiemgau nach Baumburg zurück, richteten hier das Stift ein und gingen dann doch wieder nach Berchtesgaden, und diesmal glückte der Start.

In Dießen am Ammersee war die Sache einfach: kein anderes Fürstengeschlecht hat der Kirche so viele Heilige geschenkt wie das Grafengeschlecht der Andechser. Es sind insgesamt 28 Heilige und Selige. Schon Graf Rathartus soll im 9. Jahrhundert ein Kollegiatstift bei Dießen gegründet haben, dessen erster Propst er gewesen war. 1114 erneuerte Graf Berchtold II. von Andechs dieses Stift und verlangte vom Rottenbucher Propst den Dekan des Stiftes Hartwig als neuen Vorstand für das nun regulierte Chorherrenstift Dießen. Dieser Hartwig soll selber aus dem Hause der Grafen von Andechs gestammt haben. Interessant mag vielleicht die Geschichte sein, wie dieser Hartwig, der vorher Kanzler des Bayernherzogs gewesen sein soll, überhaupt ins Kloster gekommen ist.

Er ging einmal in Begleitung seines Fürsten in Rottenbuch in die Kirche, als die Chorherren gerade die Vesper sangen. Da hörte er die Worte: »Amice, quomodo intrasti ... mein Freund, wie bist du hereingekommen ohne hochzeitliches Kleid?« – Da fühlte Hartwig sein seidenes vornehmes Gewand und fand es gar nicht passend für die Hochzeit des Evangeliums. Sofort sagte er der Welt ade und trat als Chorherr in Rottenbuch ein.

Polling gilt als das älteste Chorherrenstift in Bayern, aber es wurde durch König Heinrich II. seinerzeit als ein Kollegiatstift eingerichtet, also nach der Aachener Regel, nach der die Augustiner-Kanoniker noch Privateigentum besitzen durften, diese Weltlichkeit war aber im 12. Jahrhundert arg verpönt, so wurde denn auch in Polling die Rottenbucher Reform durchgeführt. Der auch durch die Rottenbucher Schule gegangene Bischof Hartmann von Brixen hatte dabei seine Hand im Spiel.

Bernried am Westufer des Starnberger Sees – fünf der oberbayerischen Propsteien liegen idyllisch an einem See – verdankt seine Entstehung mittelbar dem König von Frankreich, welcher dem Grafen Otto von Valley für treue Dienste eine kostbare Reliquie geschenkt hat, nämlich einen Armknochen des hl. Martin. Dieser Reliquie zu Ehren baute nun der Graf um 1120 das Kloster Bernried und berief den Pfarrer Sigeboto von Epfach als ersten Propst. Bernried zählt zwar wie Schlehdorf am Kochelsee, wie Höglwörth, Beuerberg und Beyharting zu den kleinen der bayerischen Chorherrenstifte, und die Pröpste von Bernried haben auch nie das Recht der Pontifikalien erlangt, aber es hat doch gleich zu Beginn einen berühmten Geschichtsschreiber hervorgebracht, den bei allen Historikern bekannten Biographen Papst Gregors VII., den Paulus Bernriedensis. Er stammte aus Regensburg und weil dort, in der Hauptstadt Heinrichs IV., für einen Papisten wie ihn kein Platz war, floh er ins bayerische Oberland zu der Reclusin und Seherin Herluca von Epfach, einer Freundin Sigebotos. So kam er als Chorherr nach Bernried. Er ging später allerdings nach Rom und kehrte dann auch wieder nach Regensburg zurück, aber der Name Paulus Bernriedensis ist ihm geblieben. Bernried war von Anfang an, wie die meisten Chorherrenstifte, ein Doppelkloster gewesen. Die selige Einsiedlerin Herluca, die sich sehr für die päpstlichen Reformen einsetzte, besonders für den Zölibat der Priester, war nach 36jähriger Einsiedlertätigkeit von den aufgebrachten Bauern in Epfach vertrieben worden, also trat sie 1122 in Bernried in das Chorherrenstift ein. Der Bernrieder Livius hat auch ihr Leben beschrieben.

Aus der Geschichte Bernrieds wären noch ein paar interessante Einzelheiten zu berichten: Das Stift war auch Mitglied der Lateranensischen Kongregation und mußte alle drei Jahre der päpstlichen Kapelle ein Humerale und eine Albe mit Zingulum schicken, was auch bis zur Säkularisation geschehen ist. – 1433 am Himmelfahrtstag, den 21. Mai, fand in der Kirche der Propst Ulrich Maisterlin einen tragischen Tod. Bei der Auffahrtsfeier, als man die Christusfigur die Decke hinaufzog, riß der Strick, das Bildnis des auffahrenden Heilands fiel herunter und erschlug den Propst. Die Geschichte ist zwar traurig, aber sie beweist, daß schon damals im späten Mittelalter die Feste innerhalb der Liturgie recht theatralisch gestaltet worden sind. – Auch die erste bayerische Weihnachtskrippe ist in Bernried schon um 1534 bezeugt.

Auf der anderen Seite des Sees, zwischen St. Heinrich und Königsdorf, lag einst das Chorherrenstift Beuerberg. Es wurde vom Grafen von Eurasburg 1121 gestiftet und sein erster Propst war der Priester Heinrich. Beuerberg war bedeutend vermöglicher, denn es mußte jährlich eine Albe und ein Humerale nach Rom geben. Das Stift entwickelte sich gut, dank der tüchtigen Prälaten. Schon im 13. und 14. Jahrhundert entfaltete die Propstei eine gewisse Kunsttätigkeit. Aber 1500 kam das Stift durch die Unfähigkeit des Prälaten Eisenhofer an den Rand des Ruins. Der aus Polling gerufene Dekan Taferner gebot dem Verfall energisch Einhalt, er hatte auch schon Erfolg, da stirbt er infolge einer Medizinverwechslung des Stiftapothekers. Der Nachfolger wandelte wieder auf den Pfaden Eisenhofers. Diesmal half das Stift Dießen aus und sandte seinen Dekan Leonhard Mochinger, der Beuerberg endgültig wieder in die Höhe brachte, indem er den bisherigen Konvent verjagte und neue Kanoniker herbeiholte. Im Zeitalter des Barock und Rokoko wurde auch in Beuerberg fleißig gebaut, vor allem unter Propst Cajetan Perner, der 1732 für sich und seine Nachfolger das Recht der Pontifikalien erhielt. In dieser Zeit gab es in Beuerberg auch zahlreiche gelehrte Schriftsteller und Historiker, wie z. B. die Chorherren Benno Zaisberger und Dominikus Prandtner, der eine war Haushistoriker und der andere schrieb einen Kommentar zur Chronik des Lusatius.

Als 1794 in Beuerberg die Prälatenwahl fällig wurde, ging aus der Wahlurne der gelehrte Chorherr Paul Georg Hupfauer hervor. Er wurde aber vom Churfürsten Carl Theodor nicht bestätigt, da Hupfauer vom Geiste der Aufklärung infiziert war. Hupfauer war auch Mitglied der Bayerischen Akademie der Wissenschaften. An seiner Stelle wurde in einer Nachwahl Propst Otto Winhart gewählt, der aber schon 1802 starb. Während nun überall das Gerücht der Säkularisation umging und seit 1801 bereits die Prälatenwahlen unterdrückt wurden, erlaubte die Regierung in Beuerberg noch einmal eine Wahl. Natürlich wurde Hupfauer der neue Propst. 1803 wurde allerdings auch sein Stift aufgehoben. Hupfauer ging als Professor für Literaturgeschichte an die Universität nach Landshut.

Das Chorherrenstift Beyharting, auch auf eine adelige Witwenstiftung zu Anfang des 12. Jahrhunderts zurückgehend, hatte seinen kulturellen Schwerpunkt in der Wallfahrtsseelsorge zu Tuntenhausen. – Dietramszell stellt insofern eine Kuriosität dar, als es als einziges Chorherrenstift von einer Benediktinerabtei gestiftet worden ist, nämlich von dem großmächtigen Tegernsee. Und es ist auch niemals ganz aus der Oberhoheit Tegernsees herausgekommen, trotz mehrfacher Urkundenfälschungen. Und obwohl die Dietramszeller Chorherren häufig mit der Not zu kämpfen hatten, haben sie sich doch in ihrer prächtigen Stiftskirche ein dauerndes Denkmal gesetzt. Es ist unglaublich, wieviel Kulturarbeit durch Zähigkeit und Geschick auch die kleineren Stifte geleistet haben. Auch sie waren Jahrhunderte über Stätten des Trostes, einer edlen Gesinnung und bayerischer Freundlichkeit gewesen.

Auch die Pfalzgrafen von Wittelsbach haben 1120 ein Augustinerstift gegründet. Es war Otto V., der Vater des ersten Wittelsbachers auf dem bayerischen Herzogsstuhl. Er war mit König Heinrich V. nach Rom gezogen und hatte sich dort an der Verhaftung des Papstes Paschalis II. beteiligt. Daraufhin wurde er natürlich exkommuniziert. Und weil diese Kirchenstrafe für einen Wittelsbacher eine unmögliche Sache war, begehrte er zehn Jahre später, als der Investiturstreit bereits zu Ende ging, von Papst Calixt II. die Lossprechung. Diese wurde ihm auch gewährt, aber nur unter der Bedingung, daß er ein reguliertes Augustinerchorherrenstift gründe. Otto willfahrte dem päpstlichen Befehl, und so entstand die Propstei Indersdorf. Der erste Präpositus kam aus Marbach, und der Erzbischof von Salzburg konnte 1128 die Stiftskirche einweihen. Indersdorf genoß eine ruhige Entwicklung und war Jahrhunderte über berühmt ob seiner Disziplin, besonders im 15. Jahrhundert, als es manchenorts weit fehlte.

Die Chorherren haben in den Auseinandersetzungen zwischen Imperium und Sacerdotium immer zu Rom gehalten, was man von

den Benediktinern nicht durchweg behaupten kann. Sie verhielten sich auch im 14. Jahrhundert, in der Zeit Ludwig des Bayern, in dem nun wieder mit Heftigkeit ausbrechendem Streit zwischen Kaiser und Papst ruhig und abwartend. Aber es trat kein Altmann, kein Gerhoch und kein Hartwig auf. Im Gegenteil, der in der fraglichen Zeit über 50 Jahre dem Stifte Indersdorf vorstehende Prälat, Propst Conrad II., eine recht bedeutende Persönlichkeit, war des gebannten Kaisers Ludwig Freund und Ratgeber und das nicht zum Schaden Indersdorfs. Propst Conrad muß viel diplomatisches Geschick gehabt haben, denn er kam mit den päpstlichen Behörden zu Avignon nicht in Konflikt.
Daß bei den vornehmen Chorherrenstiften, in die gern auch adelige Herren einzutreten pflegten – in Berchtesgaden z. B. konnten nur Aristokraten aufgenommen werden –, es nicht selten auch Häusl- und Bauernbuben zu etwas gebracht haben, das beweisen gerade Indersdorfs bedeutendste Pröpste aus dem 15. Jahrhundert: Erhard Prunner der Rothuet und sein Bruder Johann Prunner. Beide waren Bauernsöhne aus Arnbach. Schon in jungen Jahren wurde Erhard Dekan und bald darauf Propst. Er führte eine strenge Reform ein. Indersdorf wurde daraufhin so gerühmt, daß selbst die bayerischen Herzöge das Kloster besuchten, den strengen Prälaten in manchen Punkten sogar um Milderung baten, ihn aber zu Visitationen in die übrigen bayerischen Stifte herumschickten. Propst Erhard der Rothuet wurde sogar zum Konzil nach Basel eingeladen und hat sich dort so ausgezeichnet, daß ihm der Kaiser persönlich das Recht der Pontifikalien verlieh, ihm Mitra und Stab schenkte. Dießen, Polling, Rottenbuch und Bernried übernahmen die Indersdorfer Reform. Sein Nachfolger wurde sein Bruder Johannes Rothuet, der die Indersdorfer Erneuerungen in 22 Stiften durchführte. Daneben hatte er noch Zeit zum Bauen. Er ließ den Kreuzgang erweitern und führte eine neue Bibliothek auf, er kaufte kostbare Handschriften und Bücher, er vermehrte den Kirchenschatz usw. Das Stift Indersdorf wuchs an Bedeutung. Es hatte auch sehr viele inkorporierte Pfarreien. Und als im Zeitalter des Barock und Rokoko die Prälaten von Indersdorf die meisten dieser Kirchen und Nebenkirchen dem Geschmack der Zeit zufolge restaurieren ließen und vor allem natürlich die Stiftskirche und auch mehrere Innenräume des Stiftes – es gibt zwei prächtige Refektorien –, wuchs allmählich das Defizit.

Dazu kamen noch Kriegsabgaben und eine ganz schöne Steuerlast. Kurzum, 1782 hatte man plötzlich 120000 fl Schulden, und die Münchner Regierung forderte von Indersdorf eine neue Steuer. Da schrieb der letzte Propst an den Kurfürsten: »Wenn ich noch weiters mit neuen Steuern bedacht werde, kann ich als ehrlicher Mann nicht mehr bestehen und lege mein Stift Eurer kurfürstlichen Durchlaucht untertänigst zu Füßen.« – Darauf hatte aber Carl Theodor nur gewartet, denn er brauchte Platz für die Münchner Salesianerinnen, welche zugunsten eines adeligen Damenstiftes verlegt werden sollten. So erwirkte der Kurfürst im Mai 1783 – also 20 Jahre vor der allgemeinen Säkularisation – die Auflösung des Augustinerchorherrenstiftes Indersdorf. Die Kulturarbeit der Chorherren von Indersdorf für das ganze Dachauer Hinterland kann gar nicht hoch genug eingeschätzt werden. Die Freundlichkeit und der Kunstsinn der Prälaten haben so manch bescheidenem Bauernkirchlein ein gotisches Rippengewölbe, etliche reizvolle Heiligenfiguren, zierlich-feinen Stuck und ein gutes Gemälde geschenkt. Und hier und da ist ein armer Dachauer Bauernbub ein gelehrter Herr vom Kirchenvater Augustinus geworden.

Es wird Zeit, daß wir uns den großartigsten Denkmälern der Augustinerchorherren in Bayern zuwenden, den unsterblichen Kunstwerken des Barock und Rokoko, den vollkommensten Schöpfungen, den paradiesischen Örtlichkeiten, mit einem Wort: den Himmeln auf Erden. Unbestritten haben auch die Benediktiner und die anderen Orden ähnliche und gleichwertig schöne Gotteshäuser erbauen und ausschmücken lassen, aber eines zeichnet die Augustinerchorherrenkirchen sonderlich aus: bei all der hohen Herrlichkeit atmen sie um einen Hauch mehr Wärme und Gemüt. Runzeln Sie nicht gleich die Stirn – warum soll hier Fischer anders gebaut haben, die Wessobrunner anders stukkiert, Mathäus Günther inniger gemalt und Ignaz Günther frommer geschnitzt haben? – Die Chorherren waren gute Geschäftsleute und bezahlt haben sie keine größeren Honorare als die Benediktiner. Auch war Essen und Trinken in den Propsteien vielleicht nur um eine Nuance wohlschmeckender als in den Abteien. Ich kann meine schwärmerischen Gefühle nur mit dem Genius des Kirchenvaters Augustinus begründen. Etwas von seiner millenaren und unfaßbaren Genialität ist in den Augustinerkirchen deutlich spürbar. Die Künstler, auch wenn sie die Schriften des Augustinus

nicht gelesen haben sollten, sie müssen der Tiefe augustinischer Geistigkeit erlegen sein, »die ja auch die Faszination der Jahrhunderte ausgelöst hat und nicht aufhört, auch unsere Zeit – die Epoche der Tiefenpsychologie, des Existentialismus und der Philosophie der Zeit – in Bann zu schlagen«. (Hans Urs von Balthasar)
Eine Augustinerkirche ist voll von Anspielungen und Allegorien auf den Kirchenvater. Die Fresken an den Emporen erzählen die Stationen seines Lebens, unter den Kirchenvätern steht er groß da, das flammende Herz in der Hand, die Kanzel stellt ihn heraus, das Dekkenfresko verherrlicht ihn, das Blatt des ihm geweihten Altares zeigt die Stunde seiner Bekehrung usw. Dort fährt er auf einem Triumphwagen, den die Symboltiere der Evangelisten ziehen, über die am Boden liegenden Ketzer hinweg. Die fliegenden Genien und Putten, die Muttergottes und die Stifterfiguren des Klosters, die Apostel und den Tabernakel, den gesamten Hochaltar, alles scheint die weltweite Seele des heiligen Augustinus neu zu predigen.
Sie sind mittlerweile beinahe weltbekannt geworden, die vier besten Stiftskirchen der Augustinerchorherren in Bayern: Rottenbuch und Dießen, Weyarn und Rohr. – Die gotische Langhausanlage der Stiftskirche zu Rottenbuch wurde durch die Pröpste Patritius Oswald und Clemens Prasser von hervorragenden Meistern der Umgebung mit einem prächtigen Rokokogewand ausgestattet. Und Gotik und Barock sind hier zu einer Einheit geworden. »Ein Sehnsuchtsruf nach dem Ewigen ist der gotische Kirchenraum, und als Antwort hat die Pracht des Rokoko den Himmel herabsteigen lassen als beglückende und tröstende Ahnung der künftigen Herrlichkeit – des ewigen Friedens selige Schau.«
Es ist bei Jakob Mois köstlich nachzulesen, wie die Rottenbucher Chorherren ihre heimischen Künstler gern hatten, sie gut bezahlten und bewirteten und auch großen Respekt vor ihrem Können zeigten. Die meisten dieser Künstler hat das Stift entdeckt, hat sie etwas lernen lassen und in die europäische Welt hinausgeschickt. Viele von ihnen haben es dann auch zu etwas gebracht, im Können und im Erfolghaben. Als respektable Herren, die gut im Geschäft standen, sind sie aber immer wieder gern dem Ruf des Rottenbucher Prälaten gefolgt und haben in Rottenbuch gearbeitet. So auch der Maler Mathias Pusjäger, ein gebürtiger Rottenbucher. Im »Dienerbuch« steht 1691 vermerkt: »Herr Mathias Pusieger, Mahler von Meran, gibt

man den Tisch im Keller Stieble, neben jeder Mahlzeit ein halbe Maß Wein und Priendt Bier. Sein Arbeit aber hat er im Geding.«
Auch der Rottenbucher Martin Speer verdankt dem Stift seine Ausbildung. Zuerst war er Kellerbub im Stift. Da entdeckte eines Tages ein Chorherr seine künstlerische Begabung, und der Propst gab ihn zu Mathias Pusjäger nach Meran in die Lehre. Auch für seine weiteren Reisen nach »Welschland, Rom, Neapel, Frankreich, Engelandt« etc. hat ihm der Rottenbucher Prälat Geld vorgestreckt, die Speer dann im Stift durch Aufträge wieder abverdienen durfte. Speer hat sich später in Regensburg niedergelassen und ist ein weitgeschätzter Maler gewesen.
In den ökonomischen Aufzeichnungen des Stiftsdekans Hoffmair, in denen immer wieder Berichte über die große Kirchenausschmükkung eingestreut sind, wird erzählt, wie groß der Eifer, die Begeisterung und die Neugier der Chorherren für das künstlerische Werken gewesen sind und wie sie alle gern zuschauten. Da heißt es z. B. einmal:
»Etlich vorwitzig Kleriker seind auf das Gerüst gestiegen und haben mit einem Hammer an die Nöstlen gepöckeht. Es seind daruf schwere Stein herabgefallen und haben den Frater Albert schon gestreift; alsdann der Probst es verboten auf das Gerüst zu steigen.«
Der Propst aber ist selber oft hinaufgestiegen, besonders als schon mit dem Malen begonnen wurde. Gelegentlich schickte der Prälat auch nur den Hofbuben hinauf, auf daß die Maler angespornt würden. Nur der Stiftsdekan Hoffmair, der Verfasser der ökonomischen Notizen, ist nie hinauf gestiegen »massen ich nicht viel danach fragete«.
Die von Herrn Schmuzer ausgesuchten Wessobrunner Stukkateure, neun Mann und zwei Buben, hatten ein hartes Tagewerk. Sie arbeiteten von fünf Uhr früh bis sechs Uhr abends mit einer Frühstückspause von sieben bis halb acht, einer Mittagszeit von 11 bis 12 und einer Brotzeit von drei bis einhalb vier Uhr. Verpflegt wurden sie nach Hoffmair wie folgt:
»Auf erkanntnus des Herrn Schmuzers hatte der Pallier, das ist sein Sohn Franziscus Xaverius, welcher zugleich ein Maler und auch der Unterpallier, täglich 45 Kreuzer, das Essen auf einem Extratisch von den Handwerksleuten, im Kellerstüblein, als auf Mittag Suppen, ein Voressen, Fleisch, Kraut, Gersten etc. (worunter eine Nachspeise

zu verstehen ist). Ferners ein Maß Pier, Herrenprodt; seind auch ad plenam gratiam zwei oder drei malen in das Refektorium geladener gekommen.«

Auch von anderen Chorherrenstiften wissen wir, daß sie zu den Künstlern ein gutes Verhältnis hatten, von Indersdorf und Weyarn z. B., von Baumburg und Dießen. – Die Dießener Stiftskirche ist von höfisch-sakraler Formkultur. Hier spürt man die hohe augustinische Geistigkeit am hellsten. Die im Altarraum theatralisch aufgestellten abendländischen Kirchenväter – große aufgeschlagene Bücher haltend und darin lesend –, sie muten einem an wie himmlische Schauspieler, voll kräftiger, leuchtender Pathethik.

Und wer kennt nicht den von Egid Quirin Asam geschaffenen Hochaltar der Stiftskirche zu Rohr in Niederbayern? Die aufgeregte Gruppe der Apostel am leeren Grabe Mariens? Darüber die schwebenden Engel, die die Madonna in den Himmel hinaufschieben. Allein um dieses Hochaltars wegen sind die Augustinerchorherren unvergessen!

Es gibt noch eine Chorherrenkirche, die ein vollkommenes Kunstwerk besitzt, kein so gewaltiges zwar wie den Rohrer Asamaltar, aber eines, das an Liebreiz, Holdseligkeit und an Schmerzhaftigkeit einfach nicht mehr zu überbieten ist. – Augustin Hamel, dem vorletzten Propst von Weyarn, gebührt das Verdienst um die Entstehung des Schönsten vom Schönen. Er hat den Schnitzer Ignaz Günther, den größten Rokokoplastiker, berufen, hat ihm einen Tabernakel für den Hochaltar in Auftrag gegeben und auch noch einen anderen Altar und Strahlenkränze und hübsche Putten dazu. Die Hauptwerke Günthers in Weyarn aber sind die beiden Gruppenbilder unterm Triumphbogen: die Verkündigung an Maria und die Beweinung des toten Christus.

Die Archidiakone zu Baumburg haben auch eine sehr schöne Kirche bauen lassen, obwohl sie sich dazu nur ländliche Meister aus Oberbayern geholt haben. Franz Alois Mayr aus Trostberg stellte auf den Hügel über dem Trauntal den bedeutendsten Rokokobau des ganzen Chiemgaus. Wessobrunner Stuck in zarten Farbtönen auf weißem Grund schmückt das helle Gotteshaus, und die Deckenfresken eines böhmischen Meisters glänzen in kräftigen Farben. Man sieht es den zärtlich in den Himmel hinauf weisenden Turmzwiebeln schon von weitem an, daß die Baumburger Chorherren freundliche Menschen gewesen sein müssen. Und natürlich waren sie auch große Gelehrte. Ehe die Salzburger Benediktineruniversität ihre Pforten öffnen konnte, haben viele Salzburger ihre Söhne nach Baumburg in die Schule geschickt. Baumburg hatte weitläufige Besitzungen und konnte daher auswertige Kirchlein reich ausschmücken, wie etwa die Kapelle zu Rabenden mit den hervorragenden Schnitzereien eines unbekannten spätgotischen Meisters. – Von Baumburg ist's nicht weit nach Höglwörth, das war zwar eine kleine Propstei, aber sie ist vielleicht die am schönsten gelegene, und die Höglwörther Stiftskirche kann sich sehen lassen.

Vom Stift Herrenchiemsee wollen wir kein großes Aufhebens machen, es ist bekannt genug und es war auch ziemlich wohlhabend. Der Chiemgaudom ist heute zwar eine Ruine, aber in den Stiftsgebäuden sind zwei reizvolle Säle zu besichtigen: ein prunkvoller Kaisersaal, dessen perspektivische Malereien eine Kuriosität darstellen, und der nicht minder hübsche Bibliothekssaal, in dem zwar heute keine Bücher mehr vorhanden sind, dafür aber das malerische Programm augustinischer Gelehrsamkeit.

Nicht nur der Vollständigkeit halber wollen wir noch den beiden Salzburger Propsteien Gars und Au am Inn einen Besuch abstatten. Vor den Augustinern, also vor dem 11. Jahrhundert, lebten in Gars die Benediktiner – ähnlich liegen die Verhältnisse in Au. Diese ersten Klostergründungen gehen auf Tassilo III. zurück, bzw. auf die Grafen von Megling. Der Salzburger Erzbischof Konrad I. hat in Gars und in Au die regulierten Chorherren eingeführt. Gars war geradezu eine Salzburger Exklave, und die Bayern hatten vor dem Marktflecken eigene Zollschranken, obwohl der Bayernherzog die hohe Gerichtsbarkeit ausübte. Eine verzwickte Rechtslage, die zu vielen Streitigkeiten Anlaß gab – und das mehr als sechshundert Jahre lang! Aber es wurde nie etwas geändert. Die Zuccali-Kirche in Gars zählt nicht gerade zu den wertvollsten Stiftskirchen, aber sie hat doch imponierende Altäre, die Reste eines sehr schönen Chorgestühls und mehrere gute Bilder. Von auffallender Kostbarkeit aber sind die vielen alten Grabsteine. Sie sind sämtlich aus Untersberger Marmor und weisen eine beachtliche Porträtkunst auf. So z. B. das Monument für Propst Jakob Hinterkircher und das für Propst Thomas Surauer von dem berühmten Salzburger Bildhauer Eybenstock.

Die Pröpste von Au waren zwar keine Archidiakone wie ihre Nachbarn, die Garser Prälaten, dafür aber war Au weitaus begüterter als Gars. Es mutet recht spöttisch an, wenn wir in den alten Briefen, in denen die Auer Pröpste ihre hohen Nachbarn von Gars zu sich nach Au einladen, lesen: »... exinde wollen wir auf Morgen Mittag Hausnudeln backen lassen, wozu ich Euer Hochwürden Herrn Nachbar beflissentlich einladen möchte, mit der Bitte, sich diesen wenigen Weg allhero zu bemühen und mit einem schlechten Einstandssüpperl vorlieb zu nehmen.«

Natürlich war die Auer Stiftsküche der Garser überlegen. – Die Auer Stiftskirche ist wie die Garser von den Brüdern Zuccali erbaut worden, jedoch ist sie reichlicher ausgestattet. Kunsthistorisch Interessierten ist sie besonders zu empfehlen wegen ihres Stucks. Da kann man nämlich die Entwicklung der Kunst der Gipsatoren geradezu studieren: vom Barock bis zum überfeinen Rokoko sind alle Modelle vertreten: Akanthus in allen Variationen, Blumengirlanden und Muscheln, Reliefs, breite und schmale Bänder, in Weiß, in Grün, in Rotbraun und in Gold. Und auch in Au gibt es prächtige Grabsteine, einer davon soll sogar von Meister Leinberger stammen. Auf ein paar besonders originelle Bilder ist zu achten: z. B. hängt da eine Angelusszene, wo das Gemach der heiligen Jungfrau in allen Details festgehalten ist: das schöne weiße Bett und die Küche mit allerlei Hausrat. Sodann ein Ölgemälde, das den heiligen Isidor darstellt, wie er gerade am Ackerrain kniend betet, während ein Engel hinter seinem Pflug hergeht. Und schließlich möchte ich noch eine heilige Appolonia erwähnen, die Patronin der Bader und Zahnärzte. Darunter hängen als Votivgabe etliche hohle Stockzähne.

Mit der Säkularisation sind die alten Augustinerchorherrenstifte in Bayern alle verschwunden. Manchmal kommt es einem vor, als wäre mit ihnen auch die ruhige, edle und menschenfreundliche Gesinnung aus dem bayerischen Wesen dahingegangen und das laute, sich selbst lobende und marktschreierische Gehabe hätte uns dafür gefangen genommen. Etwas Wahres mag an der Behauptung sein. Denn sehen Sie hinüber nach Österreich: dort haben sie noch sieben Augustinerchorherrenpropsteien, und die Herren Vettern jenseits des Inn wissen die würdige Gemütlichkeit in vertrautem Kreise noch zu schätzen, die Liberalitas Bavariae, die bayerische Freundlichkeit. – Das ist kein Widerspruch! Über das Portal eines Gotteshauses schreibt man keinen Witz.

Natürlich ist die Inschrift auch noch in einem höheren Sinne zu deuten, denn ein edel gesinnter Mensch augustinischer Prägung wäre ohne Frömmigkeit, Gottesfurcht und Wissenschaft undenkbar. Daß unsere bayerischen Chorherren auch gelehrte Männer waren, das beweisen allein jene sechs Namen, die kurz vor der Säkularisation noch in die Reihen der bayerischen Unsterblichen aufgenommen wurden, in die Akademie der Wissenschaften. Allen voran muß da der Pollinger Dekan Eusebius Amort genannt werden, Theologe und Naturwissenschaftler, ein Polyhistor, ein liberaler aufgeklärter Kopf. Dann sein Propst Franz Töpsel, ein verdienstvoller Historiker, ferner Propst Georg Hupfauer von Beuerberg, Benedikt Holzinger und Kaspar Gerhoch Steigenberger aus Peissenberg, der Hofbibliothekar in München, sowie der letzte Propst von Rottenbuch, Herculan Schwaiger.

Warum hat, angesichts soviel verdienstvoller Männer, König Ludwig I. – als er die Schäden der Säkularisation wiedergutzumachen versuchte – nur die Benediktiner bedacht und nicht auch die Augustinerchorherren? Lothar Anselm, der Münchner Erzbischof, hat dem König nur die Söhne des heiligen Benedikt empfohlen. Nicht einmal der bedeutende Naturwissenschaftler und Theologe Franz Eckher, Chorherr aus Rottenbuch, erhielt einen Lehrstuhl. Er ist als Seelsorger in Oberammergau gewesen. – Vielleicht war es der Einfluß der ludovizianischen Restauration (Ludwig I. hat als Kronprinz in Landshut bei dem späteren Bischof Sailer Vorlesungen gehört), die die Benediktiner gerade noch leiden mochte, der aber die Augustinerchorherren viel zu liberal und aufgeklärt waren. – Aber das sind alles nur Vermutungen. Lassen wir keine falschen Gefühle aufkommen! Die Liberalitas Bavariae bleibe dem Gedächtnis immerwährend erhalten!

Der große Augustinus schreibt im zehnten Buch seiner Konfessionen, das überschrieben ist mit »Bekenntnis des Selbst« über das »Gedächtnis der Gefühle«: »Vergangener Fröhlichkeit entsinne ich mich, ohne froh zu sein; vergangener Traurigkeit gedenke ich, ohne traurig zu sein; daß ich einmal mich gefürchtet, erinnere ich mich ohne Furcht; alten Verlangens bin ich, frei von Verlangen, eingedenk ...«

Ein bayerischer Münchhausen

Reichsfreiherr Isidor von Hallberg-Broich der Eremit von Gauting

Ist es gleich nicht ganz geheuer,
Doch reizt mich das Abenteuer!
Fremde Länder anzuschauen,
Ihre Sitten, ihre Frauen;
Heimgekehrt dann Bücher schreiben,
Nicht die Wahrheit übertreiben!
Bunte Orden zu erwerben,
Und bemerkenswert zu sterben.

Das sind die bescheidenen Stammbuchverse, die am Anfang eines braven Abenteurerlebens stehen und die im Gegensatz zu manch anderem Lebensspruch von dem turbulenten Leben dann weit übertroffen worden sind.

Ein solider Abenteurer ist kein normaler Mensch. Er wohnt nicht in einem gewöhnlichen Haus, wenn er daheim ist und sich zwischen seinen verrückten Taten ein wenig Unruhe gönnt, um neue Kräfte zu sammeln; er kleidet sich typisch und auffallend in ein eigens erfundenes und praktisches Kostüm, das er dann aber konsequent tagtäglich trägt, werktags und sonntags, auf Hochzeiten und Beerdigungen; zu Audienzen beim König von Bayern gerade so wie am Hof des Zaren zu St. Petersburg, beim Schah von Persien und beim Bey von Tunis, auf der strapazenreichen Wanderung durch den Kaukasus wie im Café Tambosi in München. Konsequenz im gesamten Bereich seiner geistigen und körperlichen Existenz ist denn auch das Hauptmerkmal eines Abenteurers, denn ein echter Abenteurer ist notwendigerweise auch ein Original. Ja, schon seine Physiognomie muß von einer zwar geheimnisumwitterten aber dennoch eindeutig optimistisch stimmenden Skurrilität beherrscht sein. Auch sein persönliches Schicksal darf nicht in herkömmlichen Bahnen verlaufen. Er soll bei aller Absonderlichkeit dennoch ein Frauenheld sein, und das besonders in reiferen Jahren. Daheim dann auch gelegentlich ein

biederer und eigensinniger Familienvater, Haremsbesitzer in Ägypten, vom Sultan zu einer zweiten Heirat überredet, vom Papst mit Orden ausgezeichnet, von den übrigen Erlebnissen auf dem europäischen Kontinent ganz zu schweigen. So ungefähr hat ein wirklicher Abenteurer auszusehen!
Und dennoch wäre es noch ein banaler Abenteurer, stünde ihm nicht auch die unerschöpfliche Kraft eines über die Maßen originellen Geistes zur Verfügung. Ein Abenteurer-Genie muß die Behörden und Regierungen fortwährend mit teils vernünftigen, teils verrückten Ideen in Permanenz bombardieren. Er muß eine Unmenge Briefe schreiben, Zeitungsartikel verfassen, die – da die Redakteure sie nicht freiwillig drucken – er als Inserate und Eingesandt-Glossen dennoch vor ein größeres Publikum bringt. Und schließlich muß er auch noch mehrbändige Bücher herausbringen, Reisebeschreibungen, weltverbessernde politische Kochbücher, philanthropische und andere reformerische Werke.
Ein Mann, der all diesen harten Anforderungen gerecht wird und darüber hinaus noch bleibende Verdienste aufweisen kann, darf den Titel eines exemplarischen und genialen Abenteurers beanspruchen. So einer ist dem Baron Münchhausen an die Seite zu stellen. Dagegen erweisen sich die berühmten Weltumsegler und Globetrotter, die Haudegen und Kriegshelden, die Spione und Agenten, ja selbst die barocken Gelehrten und Erfinder als ziemlich einfache Naturen.
Der Held unserer Geschichte ist eine unvorstellbar komplexe Natur, liberal und freimütig, spottlustig und patriotisch, zäh und unnachgiebig; in ihm steckt der Grandseigneur des späten Rokoko und der fortschrittsgläubige Bürger und Unternehmer des 19. Jahrhunderts. Er ist Militär und Topograph, naiver Sozialist und Anhänger der Lehren von Adam Smith, Politiker und Kolonist, Phantast und Philosoph, Politiker und Poet, Reiseschriftsteller und Frauenheld, ein Spaßvogel im Range eines Till Eulenspiegel, kurzum ein skurriler Sonderling, der obendrein das patriarchalische Alter von 94 Jahren erreichte und noch als 85jähriger Greis sich in eine 18jährige Freisinger Bürgerstochter verliebte, sofort um deren Hand anhielt und sie vom Vater des Mädchens auch erhielt! Das Mädchen verließ ihren Bräutigam nach der Hochzeitsnacht in Landshut allerdings wieder. Und er war ein Bayer! – Wenngleich nicht von bayerischem Geblüt, so doch der Nationalität nach und aus Passion.

Unter diesem Steckbrief verbirgt sich – um die Katze endlich aus dem Sack zu lassen – der Reichsfreiherr Theodor Maria Hubert Isidor von Hallberg-Broich, General-Sertib und Großkomtur des Sonnen- und Löwenordens des Schah von Persien, Generalleutnant von Tunis, kurbairischer Hauptmann, später Ritter des Kgl. Bayerischen Hausordens vom heiligen Michael, desgleichen ehemaliger kgl. preußischer Feldobristhauptmann und Oberbefehlshaber des Landsturms am Rhein und an der Maas, Inhaber des päpstlichen Ordens von Gregor dem Großen und des päpstlichen Spornordens, Ritter des kaiserlich-russischen St. Annenordens und des Ordens vom heiligen Grabe zu Jerusalem, Inhaber der kgl. preußischen Kriegsgedenkmünze, Eremit von Gauting und Gründer der Kolonie Hallberg im Freisinger Moos, Herr auf Hörmannsdorf, Chameregg und Schondorf, Ehrenbürger von Freising, Aichach und Bürger von Rom etc. etc.

Reichsfreiherr von Hallberg-Broich wurde 1768 auf dem Schloß seiner Väter zu Broich, etliche Kilometer nördlich von Jülich geboren. Das Herzogtum Jülich gehörte damals – und das schon beinahe zweihundert Jahre lang – den Wittelsbachern, den Kurfürsten von der Pfalz, und wurde mit dem Erlöschen der Münchner Linie im Jahre 1777 mit Kurbaiern vereinigt. So daß also Hallberg, obschon zwischen Aachen und Düsseldorf geboren, von Anfang an ein bayerischer Landständler war und sich auch als solcher stets fühlte. Das Herzogtum Jülich und Berg ist ja durch Erbschaft schon im Jahre 1609 an den Pfalzgrafen Philipp Ludwig von Neuburg an der Donau gefallen. Und es ist mit der Stadt Düsseldorf bayerisch geblieben bis zum Jahre 1806.

Schon der Vater unseres Abenteurers, Freiherr Peter Tilmann von Hallberg, war ein ernstzunehmender Sonderling, der sein ganzes Leben lang eifrig darauf bedacht war, die Traditionen feudaler Ritterlichkeit zu Broich und auf seinen anderen Gütern unverfälscht zu bewahren. Ein wunderlicher, strenger und ernster Mann, aber – wie der Sohn später niederschreibt – geliebt von seinen Untertanen. – Hallbergs Mutter war eine geborene Reichsgräfin von Quadt-Wykeradt auf Alsbach. Die Hallberg stammen aus einem uralten schwedischen Adelsgeschlecht, das sogar mit dem alten schwedischen Königshause Vasa verwandt war und im 15. Jahrhundert ins Herzogtum Jülich-Cleve-Berg übergesiedelt war. Nachdem Jülich ans baye-

rische Haus gefallen war, war man wieder katholisch in den bergischen Landen. So bestellte denn der streng ritterlich versponnene Vater Peter Tilmann, vielleicht ein später Nachfahre des Don Quichote, einen Exjesuiten zum Erzieher und Hofmeister seines Sohnes Theodor. Aber früh krümmt sich, was ein Häkchen werden will. Der ehrgeizige und wunderliche Knabe spielte dem Pater manchen Streich, darunter einen so ungeziemenden, daß ihn die Aufzeichnungen, wie es heißt, verschweigen müssen. Jedenfalls sperrte der Freiherr seinen achtjährigen Sohn 14 Tage lang bei Wasser und Brot ins Burgverlies und schickte ihn dann auf das Gymnasium nach Köln.
Aber auch in Köln ging es nicht gut. Als sein Geschichtsprofessor eines Tages Karl den Großen einen Tyrannen und Räuber nannte, warf ihm der junge Hallberg ein dickes Buch ins Gesicht. Die Aufregung läßt sich denken! Der Bub wird auf der Stelle von der Schule verwiesen und wagt sich nicht mehr heim ins väterliche Ritterschloß. Er verdingt sich als Schiffsjunge und segelt nach London. Hier gerät er als elfjähriger Ausreißer in üble Gesellschaft und Raufereien. Als er erfährt, daß er als Ausländer niemals Admiral werden könne, steigt er auf ein österreichisches Schiff und segelt nach Triest, wandert weiter nach Wien und läßt sich als Troßbube bei den Soldaten anwerben. Da überkommt ihn dann doch die Reue und das Heimweh. Der verlorene Sohn eilt in die Arme seiner hocherfreuten Eltern zurück. Er erzählt dem Vater seine Abenteuer und dieser ist nun plötzlich ganz stolz auf seinen unternehmerischen Sohn und kauft ihm 1785 – Theodor ist jetzt siebzehnjährig – ein Leutnantspatent in dem jülich-kurbairischen Infanterieregiment. Zwischendurch nimmt er immer wieder Urlaub, um sein Studium nachzuholen. Er hört medizinische Vorlesungen in Göttingen und Heidelberg, ja sogar in Oxford, Paris und in Wien.
1793 stirbt sein Vater. Theodor, inzwischen zum kurbairischen Hauptmann emporgerückt, quittiert den Dienst und tritt das Erbe auf Schloß Broich an. Er ist jetzt 24 Jahre alt, und die Zeiten sind etwas unruhig. Er steigt in die Fußstapfen seines Vaters, ja übertrifft die Schrulligkeit des alten Hallberg um ein Vielfaches. Er lädt Gäste ein, seriöse Verwandte und Adelige aus der Nachbarschaft, Kaufherren, Geistliche und Gelehrte, Offiziere und Bürger, mancherlei Damen und Herren. Und er, der neue Herr auf Broich, empfängt sie in den absonderlichsten Kostümen verkleidet, bald mit orienta-

lischer Pracht, bald in Lumpen gehüllt, »doch nicht, ohne alle Löcher in seinem zerlumpten Gewand mit Siegellack zu verpappen und sein Adelswappen darauf zu drücken«. – Nachdem er zwei Jahre so gelebt hat, rennt er plötzlich fluchtartig davon. Er wandert nach Italien, besteigt in Genua einen Segler und fährt nach Amerika. Er findet aber die Städte Boston, New York und Philadelphia so europäisch und langweilig, so spießbürgerlich und verdorben wie nur immer das Leben in der alten Welt und kehrt bald wieder nach Europa zurück, das er nun zwei Jahre lang unstet durchstreift und studiert. Er durchquert Irland, England und Schottland, Skandinavien, Finnland und Rußland, wird etliche Tage am Hof zu St. Petersburg aufgenommen, durchreist ganz Rußland und kommt nach Konstantinopel. Und wo er auch verweilt, überall hat er gleich Kontakt, besonders beim zarten Geschlecht. Er besteht eine Menge Abenteuer. In Edinburg hat er sich gar verlobt mit einer Dame namens Lady Stuart. Schon steht die Hochzeit fest, da erkrankt die Braut an Blattern und stirbt.

Ende des Jahres 1799 kommt er wieder nach Broich und macht sich nun schwere Gedanken über die politische Lage. Für den Einunddreißigjährigen beginnt ein neues Leben. Napoleon ist im Vormarsch. Hallberg will dem Korsen die Stirn bieten. Ja, er sieht in Bonaparte einen persönlichen Untertan, denn in der verworrenen Geschichte Korsikas – über die der junge Kriegsschüler Napoleon sogar ein umfangreiches Manuskript verfertigt hatte – spielte der leibliche Vetter Hallbergs, der Freiherr Theodor von Neuhof, genannt Ley zu Peugelscheid in der Grafschaft Mark, als Theodor I., König von Korsika, eine gewisse, nicht allzu rühmliche Rolle, er hat sein kleines Königreich an seine Gläubiger verpfänden müssen und liegt in London, in St. Anna-Soho begraben. Die folgende Geschichte ist also durchaus glaubwürdig.

Die Franzosen rücken an den Rhein, und Hallberg hat eine phantastische Idee. Er träumt von einer deutschen Levée en masse, von einer Generalmobilmachung, alle wehrfähigen Männer sollen die Waffen ergreifen und den korsischen Räuberhauptmann in die Knie zwingen. Er greift zur Feder und schickt eine Menge Briefe an die deutschen Fürsten, darunter allein zehn nach München. 1800 reist er persönlich nach Wien und wird vom Kaiser Franz empfangen. Aber der Kaiser schüttelt nur den Kopf und sagt: Das versteh i net. Damit

begnügt sich unser Held aber nicht und entwickelt in der Kaiserstadt für seine Idee eine unliebsame Aktivität. Man erklärt ihn schließlich für verrückt und sperrt ihn acht Tage lang in den Narrenturm und entläßt ihn erst wieder, nachdem er Widerruf geleistet hat. – Ein historischer Niederschlag dieses Hallbergschen Landsturmprojektes findet sich in dem Buch »Vertraute Briefe über die inneren Verhältnisse am preußischen Hof seit dem Tode Friedrich II.«, das 1808 bereits – also fünf Jahre vor den Befreiungskriegen – erschienen ist. Da heißt es auf Seite 311: »Um diese Zeit war es, als einer der tätigsten Patrioten unseres Landes, der Herr von Hallberg-Broich, dem Könige einen Plan zu einem allgemeinen Aufgebote darlegte. Das Gerücht davon verbreitete sich sehr bald, bewog mehrere junge Leute, selbst Hausväter, die Bequemlichkeit des Lebens nicht achtend, sich freiwillig und in nicht unbedeutender Anzahl zur Annahme in dies projektierte Corps zu melden ... aber es erhielt die königliche Sanktion nicht. Und kurz darauf, als der Feind sich Preußen eilig näherte, und alles vor sich her zurückdrängte, da war der Zeitpunkt verschwunden ...«
Hallberg durchstreifte nach seiner Wiener Affäre noch geraume Zeit die österreichischen und ungarischen Länder und kehrte dann wieder auf seine Güter zurück. Da wurde er plötzlich mitten in der Nacht aus dem Bette heraus verhaftet und ein Kommando von 36 Prisons transportierte ihn als Gefangenen nach Paris. Acht Monate lang lag er nun im Kerker und »nachdem seine Kleider am Leibe verfault waren«, wurde er auf die Fürsprache der Kaiserin Josephine, an die sich die Mutter Hallbergs hilfesuchend gewendet hatte, ohne Verhör freigelassen. Daheim angekommen, wurde er aber vom Präfekten Lammet von Koblenz erneut festgenommen und so lange festgehalten, bis der Präfekt die Freilassung Hallbergs aus Paris bestätigt bekam. – Hallberg aber gab seine kriegerischen Absichten gegen den nun allmächtig gewordenen Napoleon nicht auf. Er floh zum Bey nach Tunis und wollte mit dessen Hilfe in Italien landen, das Volk bewaffnen und Europa vom Tyrannen befreien. Hallberg wurde vom Bey tatsächlich zum General ernannt und erhielt die Erlaubnis, 10 000 Mann zu organisieren. Aber das war ein schwieriges Unternehmen und ging nicht gerade so geschwind, wie es sich Hallberg gedacht hatte. Zunächst unterwarf er sich ganz der Landessitte und legte sich einen Harem von zwanzig Mädchen zu. Wenigstens

König von Korsika wollte er werden. – Aber da passierte ihm ein neuerliches Unglück. Er wollte plötzlich mit einem sehr kleinen Teil seines tunesischen Heeres nach Griechenland segeln, und bei dieser Gelegenheit fiel der General Hallberg patroullierenden Engländern in die Hände. Die Herren von dem eben erst so zuverlässig funktionierenden Secret-Service hielten den Jülich-Bergschen Freiherrn für einen Spion Napoleons. Man schleppte ihn nach London und sperrte ihn abermals sechs Monate in einen Kerker, diesmal in den Tower. Da endlich hatten sich die Engländer von seiner Integrität überzeugt! Hallberg wurde freigelassen und erhielt eine Entschädigung von 600 Pfund Sterling. Nach seiner Freilassung suchte er das Grab seines Vetters auf und las die Inschrift:
»Das Grab ist ein großer Lehrer. Es macht alle gleich, Helden und Bettler, Galeerensklaven und Könige. Aber Theodor I., König von Korsika, welcher in dieser Pfarrei verstorben ist, hat das Schicksal schon eine ähnliche Lehre gegeben: es schüttete Leiden aus auf sein hohes Leben, verlieh ihm ein Königreich und verweigerte ihm Brot.«
Aus war der Traum eines Königs von Korsika. Aber mit Napoleon würde er bestimmt noch einmal zu tun bekommen! – Einstweilen gefiel es ihm in England ganz gut, und er verbrachte etliche Monate wieder in Schottland. – Trotz der verhängten Kontinentalsperre taucht er dann plötzlich in Brüssel auf. Und hier ereilt ihn abermals das Schicksal. Er verliebt sich in die gescheite und gemütsstarke Reichsgräfin Karoline von und zu Olne zum Hause Birkt in Brabant, einer nachmaligen Stiftsdame des königlich-bayerischen St. Anna- und Theresien-Ordens, und heiratet sie. – Er war jetzt 37 Jahre alt und nach den allgemein gültigen Regeln hätte dies sein letztes Abenteuer sein müssen.

Ein echter Abenteurer aber geht nicht in Pension. Nach ein paar glücklichen Flitterjahren – wie glücklich sie waren, weiß man nur aus jener einzigen Intimität, die uns überliefert wurde: Hallberg soll seiner jungen Frau einmal befohlen haben: »Wenn du mich wirklich liebst, dann spring aus dem Fenster!« und Karoline sprang ... Nach diesen wenigen glücklichen Jahren also erfüllte sich die Zeit und Kaiser Napoleons Stern verblaßte. Jetzt war für Hallberg erneut die große Stunde da. Man hatte seine große Idee von einem allgemeinen Aufgebot in Preußen verwirklicht. Die deutschen Freiheitskrieger bedrängten die ausgebluteten französischen Heere. Man erinnerte sich in Preußen des jülichschen Gutsbesitzers ein bißchen. Hallberg wird Feldobristhauptmann und erhält vom Reichsfreiherrn vom Stein die Aufgabe, die Bauern am Rhein zu bewaffnen. Er bringt im Handumdrehen 30 000 Mann zusammen und überschreitet am 6. Januar 1814 den Rhein. In Paris ernennt man ihn für ein paar Wochen zum Quartiermeister der russischen und alliierten Truppen. Und dann ist die Karriere plötzlich wieder zu Ende. Sein Landsturm wird aufgelöst und der Feldobristhauptmann nach Hause geschickt, versehen mit einem Orden des Zaren. Von Preußen bleibt zunächst der Dank aus. – Hallberg begibt sich grollend auf seine Güter. Da kehrt Napoleon zurück aus der Verbannung. Hallberg stampft jetzt an die 200 000 Mann aus dem Boden, die sich, so schreibt er, »vortrefflich geschlagen haben würden, wenn Napoleon I. die Schlacht von Belle Alliance gewonnen hätte!«

Und dann setzt plötzlich der Friede ein, und es beginnt das liebe Biedermeier. Mit 46 Jahren, einer Gemahlin und zwei Kindern, hätte der Herr auf Broich doch endlich seinen Frieden finden müssen. Keineswegs, das pure Gegenteil ist der Fall. Hallberg beginnt eine rege schriftstellerische Tätigkeit. In einer Kölner Zeitung veröffentlicht er große Artikel über die Feldzüge und über die Früchte des Sieges. Und eben diese Aufsätze werden in der nächsten Nummer von einem gewissen Herrn von M. stets aufs heftigste kritisiert. Das Duell nimmt – zwar noch mit Federn geführt – heftige Formen an. Und der politische Briefwechsel erregt einiges Aufsehen. Da möchte der Herausgeber der Zeitung endlich wissen, wer sich hinter dem Pseudonym des Hallberg-Gegners denn verberge. – Nun, kein anderer steckte dahinter als er selber, der Freiherr von Hallberg, sein eigener beleidigender Widersacher.

Als Untertan der preußischen Rheinprovinz fühlte sich Hallberg immer weniger wohl. Da halfen all die Einfälle und kleinen Verrücktheiten nichts. Er hatte gegen den preußischen König einen Groll. Er hatte von Berlin noch keine Auszeichnung erhalten und auch keine Belohnung. Dabei hatte er sich größere Hoffnungen gemacht. Endlich – 1816 – ernannte ihn König Friedrich Wilhelm III. zum Ritter des roten Adler-Ordens dritter Klasse. Hallberg setzte sich hin, schrieb dem König einen Brief und bat um die allergnädigste Zurücknahme dieser über die Maßen ehrenden Auszeichnung alleruntertänigst. Nicht genug der Schreiberei. Hallberg verfertigte sein erstes

politisches Buch, »Das politische Kochbuch oder die vornehmste Küche für Leckermäuler und Guippons«. Er soll es zusammen mit seinem jüngeren Bruder in einer einzigen Nacht geschrieben haben. Sein angestauter Groll gegen Preußen hat sich in dem aufsehenerregenden Werk ziemlich dick niedergeschlagen. Friedrich Wilhelm III. erläßt gegen den Freiherrn von Hallberg einen Haftbefehl. Als aber die preußische Polizei anklopft, ist der Baron mit seiner Familie bereits unterwegs nach Schweden. Am Hofe Bernadottes wird er herzlich aufgenommen. Er treibt ein wenig Familienforschung, und einige alte schwedische Adelige, die mit dem neuen König nicht ganz zufrieden sind, erküren ihn zu ihrem heimlichen Kronprätendenten, da er, Hallberg, ja eine Art letzter Vasa sei. Wenn auch die Verschwörung über ein bloßes Gerede nicht hinauskommt, so bringt es ihm doch eine milde Landesverweisung.
Da erinnert sich der Herr auf Broich – nun heimatlos geworden – mit großer Herzlichkeit und Freude seiner eigentlichen Nationalität und eilt samt Familie über Dänemark – Hannover – Braunschweig und Hessen-Kassel heim nach Bayern (seit 1806 mit y). Das war im September 1819.
Er bat den König Max um Schutz und Aufnahme innerhalb der weißblauen Grenzpfähle. Sie wurde ihm gewährt. – Jetzt fehlte nur noch ein ständiger Wohnsitz in der Nähe der Residenzstadt und dennoch idyllisch genug für einen Einsiedler, der er von jetzt ab sein wollte. Er war ja schließlich 51 Jahre alt geworden und hatte genug erlebt. – Man fand das Tusculum draußen im Mühltal bei Gauting, das Schloßgut Fußberg, ganz in der Nähe der berühmten Reismühle, dem Geburtsort Karls des Großen. – Fußberg kostete damals 15 000 fl. Das Schlößl, bis 1803 Sitz einer gleichnamigen Hofmark und dem Stifte Andechs gehörig, hatte die letzten Jahre über mehrere Besitzer gehabt. Nun sollte es wieder – und das für alle Zeiten – in feste Hände übergehen. Es war ein recht beschauliches Leben, das Hallberg jetzt zu führen hoffte. Wöchentlich ein paarmal wollte er sich nach München hinein ins Café Tambosi kutschieren lassen, die übrige Zeit würde er schreiben und denken. Er ließ sich einen Vollbart wachsen und kleidete sich nach eigenem Gusto. Er trug eine Hose, die bis zum Halse herauf reichte und zugleich als Kamisol diente. Seine Beine steckten jahraus-jahrein in hohen Reitstiefeln. Als Überkleid hatte er einen altmodischen Samtrock, und von seiner

Bärenfellmütze konnte er sich auch im Sommer nicht trennen. Dazu hing ihm ein schwerer Schleppsäbel an der Seite, und im Gürtel steckten noch zwei Pistolen. Das merkwürdigste aber waren die zahlreichen Orden und Ordensbänder – die meisten in doppelter Ausführung –, die seinem Rock einen mehr heiteren als würdigen Effekt verliehen. Hallberg war dazu ziemlich hager von Gestalt und hoch gewachsen. – Seit er im Mühltal spazierenging, nannten ihn die Leute nur noch den Eremiten von Gauting. Und justament der Name gefiel ihm so sehr, daß er ihn zu seinem schriftstellerischen Pseudonym erwählte. Der Eremit von Gauting war bald in ganz München, ja in ganz Bayern und in Deutschland ob seiner vielen Streiche und skurrilen Abenteuer bekannt. – In einer Elegie über das Glück begräbt er die Hoffnungen der Vergangenheit endgültig.

»Der Weise kennt die Welt, gleichgültig sieht sein Blick
der Torheit Übermut und falsch geträumtes Glück.
Er läßt sich nicht durch Schein und falschen Wahn betören,
Ihn kann kein eitles Nichts in seiner Ruhe stören.
Des Lebens Puppenspiel hat für ihn keinen Wert,
Es zu verachten, hat Erfahrung ihn gelehrt!«

Die Zeitungen, in denen der Eremit von Gauting seine weltverbessernden Ideen publizierte, trugen seinen für Biedermeier-Ohren so wohlklingenden Namen in die entferntesten Gaue Ober- und Niederbayerns, Schwabens und Frankens, ja weit hinaus ins Ausland. Der Eremit von Gauting war regelmäßiger Mitarbeiter der »Landbötin«, des »Bayerischen Volksfreunds«, des »Reisenden Teufels« und des »Nationalkorrespondenten«. Und was er zu bieten hatte, erregte immer Aufsehen. Er befreundete sich mit dem Kronprinzen und nachmaligen König Ludwig I. Hallberg und Ludwig duzen sich. Und noch ehe Ludwig I. den Bau des Ludwig-Donau-Mainkanals in Angriff nimmt, schwärmt Hallberg in der »Landbötin« von dem Meere verbindenden Schiffsweg, den schon Karl der Große geplant habe. – Auch der damals bereits verschuldeten Kgl. Haupt- und Residenzstadt München will der Eremit von Gauting in einem längeren Artikel im »Volksfreund« sanierende Hilfe zukommen lassen. Er gibt der Stadt folgenden Rat:
»Lieber Volksfreund! Es gibt nur ein Mittel, München zu helfen, welches zugleich eine große Wohltat für ganz Bayern wäre, weil es

in Bayern, durch das viele Geld, das unaufhörlich nach dem Ausland fließt, am Zeichen, nämlich dem Gelde selbst fehlt, wodurch der Bauer arm und die Kultur nicht emporkommen kann – und ohne Kultur des Landes ist keine Stadt denkbar, vom Lande muß sie ihr Leben ziehen, um so mehr, wenn alle Verzehrer den größten Teil des Jahres abwesend sind und aller Luxus ausländisch ist. – Der Staat muß für fünf Millionen – mehr bedarf München nicht und mehr wäre nachteilig – Tresorscheine schaffen, diese müssen in ganz Bayern kursieren und in allen Kassen gleich dem Gelde angenommen werden. Für diese fünf Millionen kauft der Staat in München Häuser und verkauft sie wieder – ohne Zinsen – in zwanzigjährigen Raten, zahlbar in Tresorscheinen. Die wiedereingenommenen Tresorscheine werden gleich verbrannt ... Dadurch wird München nicht allein geholfen, sondern ins Unendliche erhoben, und das Ganze ist nichts wie ein Spiel, welches dem Lande nicht einen Kreuzer kostet.«
In einer längeren Abhandlung über »Die Armen und die Dampfmaschinen« vergleicht er die englischen Armen mit den Sklaven Pharaos, während die bayerischen Armen dagegen wahre Gentlemen seien. Aber er will auch noch diese bayerischen Gentlemen durch fleißigeren Gebrauch der Dampfmaschine zu Lords erheben. Und angesichts der Rauch speienden Dampfmaschine kommt er auf die Idee, eine Armenkasse zu schaffen, die durch eine Tabakrauchersteuer von 30 Kreuzern jährlich finanziert werden müsse.
Zahlreich sind seine pazifistischen Schriften und Aufsätze. In einem Artikel, betitelt »Die Narrheit der Völker oder der Krieg«, fordert er Toleranz der Religionen gegeneinander. Das ist überhaupt eine Lieblingsidee von ihm, die auch in seinen mehrbändigen Reiseberichten immer wieder auftaucht: Der Papst, so fordert Hallberg, möge mit allen Christen und Juden und mit den Mohammedanern zusammengehen und eine große Religion aus all diesen dreien machen! – Gelegentlich werden ihm seine Bücher und Artikel konfisziert. Der Eremit von Gauting ist der königlich-bayerischen Zensur kein Unbekannter. – Und dennoch hält der Mann nichts von der Pressefreiheit! – Im dritten Band seiner »Reise nach dem Orient« – den er seiner Majestät, Mahomed Ali, dem König von Ägypten widmet – schreibt er auf Seite 109 z. B. über die Malteser:
»Die Malteser sind mit den Engländern sehr unzufrieden, und die Hauptursache ihrer Klage ist, daß man ihnen die Preßfreiheit nicht

erlauben will, woran alle Länder krank liegen, als wenn es Nutzen schaffen könnte, den Völkern ihre Not, und den Regierungen ihre Fehler gedruckt vorzuhalten! Das Übel liegt tiefer, die Völker wissen nicht, was sie fordern sollen. Der Luxus hat den ganzen Staat und bürgerlichen Haushalt zerstört, es wird zuviel regiert. Der fleißige Bürger muß den müßigen Soldaten und den müßigen Staatsbeamten ernähren. Das Volk fühlt seine Krankheit, aber die Mittel sind zu umfassend, als daß es sie nennen und begreifen könnte. Daher greift es nach Chimären, Konstitutionen und Preßfreiheit. Alle drei lächerlich und nutzlos . . .!«

Und zwischen diesen unermüdlichen Grübeleien und kritischen Anmerkungen streut er dann eine Menge historischer Tatsachenberichte. Kolportagehaft im Ausdruck, exakt in den Daten und Zahlenangaben. Man bekommt einen Respekt von der Vielwisserei des Freiherrn von Hallberg.

»Gegen das Jahr 1050, als Aufwärter im Hospital zu Jerusalem von Amalfi gestiftet, erhoben sich die mildtätigen Krankenwärter 1099 zu Kriegern, und hinterließen eine Geschichte, welche den Großtaten der Römer zur Seite steht, bis ihr kriegerischer Mönchsorden nach 700 glänzenden Jahren in Schmach und Erbärmlichkeit sich auflöste und in Nichts zerfiel. So auch erhob sich die päpstliche Gewalt auf den Ruinen der Cäsaren, nachdem Alarich an der Spitze seines Volkes das Riesengebäude von tausend Jahren 409 in den Staub trat. Rom hatte keine Bürger, der feige Kaiser keine Untertanen mehr. Schwäche, Dummheit und Verrat umgaben den Kaiser wie den Großmeister. Die Verräter öffneten in Rom wie in Valetta die Tore. Die Lazarus-Ritter wurden mit den Maltesern vereinigt und haben von ihrem Dasein nichts übriggelassen, als daß man die Krankenhäuser noch Lazarette nennt . . .«

Und dann wieder erzählt er von seinen Streichen in den fernen Ländern. Und es sind keine Sprüche, die er da auftischt, es ist ihm alles zu glauben, seine Taten im Kaukasus und in Persien, wo er dem Schah eine Gewehrfabrik einrichtet, seine Verehelichung in Konstantinopel, wo ihm die junge Frau – er selber ist schon über sechzig – etliche Wochen nach der Hochzeit an der Pest stirbt, seine vielen Erlebnisse dieser und ähnlicher Art am Hofe Mahomeds Ali oder die dreisten Streiche in Avignon, wo er im Nonnenkloster »Du sacré coeur« sich als deutscher Bischof ausgibt, im Speisesaal den versammelten Nonnen eine Predigt hält, ihnen den geistlichen Segen spendet und sie zum Handkuß zuläßt.

Hallberg spricht ein gutes Dutzend Sprachen, darunter auch türkisch und arabisch, russisch und spanisch. Sein Frankreich-Algerien-Buch schreibt er gar halb französisch und halb deutsch. Da er vom Papst das Recht hat, den Orden zum goldenen Sporn namens des Papstes an Würdige selbständig zu verleihen, trägt er etliche Ordensexemplare und Urkunden ständig mit sich auf seinen Reisen und verschafft sich so in den entlegensten Gebieten manch erhabene Festlichkeit.

Das Eremitendasein in Gauting hat er nicht lange ausgehalten. Während der ersten Jahre auf Schloß Fußberg durchwanderte er zu Fuß das Königreich Bayern, die Alpen und kommt auch geschwind einmal nach Rom. Auf der Rückreise von Rom treibt er sechs Eselinnen vor sich her. Seine kränkelnde Gemahlin soll durch die Eselinnenmilch wieder gesund werden. Die Freifrau aber stirbt, und die Esel werden nun seine Paradepferde an einem eigens nach seinen Plänen gebauten schmalen, aber langen Wagen, der zinnoberrot gestrichen wird. Dieser Wagen darf nie gewaschen werden. Voraus und hinterdrein läßt er zwei in Rot gekleidete Trabanten reiten auf Pferden, rechts vom Wagen seinen höckrigen Sohn, links seine rothaarige Tochter. Er selbst sitzt in der Kutsche, die Bärenfellmütze auf dem Haupt, die Pistolen im Gürtel und eine lange Pfeife im Mund; so fährt das Gespann fast wöchentlich in die Münchner Stadt. Man tätigt Einkäufe, speist im Goldenen Stern und trinkt im Tambosi den Kaffee. Die Münchner winken dem verrückten Eremiten von Gauting zu oder schütteln den Kopf, denn alle Tage des Jahres ist ja dann doch nicht Fasching. Aber der Eremit von Gauting ist inzwischen weltberühmt geworden. Nicht nur, daß er wieder große Reisen unternommen hätte, nach Rußland, in den vorderen Orient, nach Ägypten und in die Türkei, nein, er hat noch etwas Größeres geleistet. Er hat angefangen, das Freisinger Moos trockenzulegen und eine Kolonie zu gründen, die – so König Ludwig – den Namen Hallberg im Moos erhalten solle.

Über die Gründung von Hallbergmoos könnte man stundenlang erzählen, von den technischen und – ganz besonders – von den bürokratischen Schwierigkeiten. Hallberg hat obendrein alles selbst finanziert. Die Siedler kamen überwiegend aus Baden. Ein jeder erhielt

ein Häuschen und etwas Grund. Der Anfang war natürlich fürchterlich hart. Aber der Eremit von Gauting blieb lange Zeit bei seinen Kolonisten, las ihnen auf seinem inzwischen erworbenen Schlößchen Birkeneck, ehemals fürstbischöflich freisingisches Jagdschloß – jeden Sonntag die hl. Messe und predigte ihnen auch. Das Messelesen, so sagte der Baron, habe ihm der Papst persönlich erlaubt, er sei ja schließlich auch ein Pfalzgraf vom Lateran. Die Behörden ließen ihn knurrend gewähren.
Nach Birkeneck kamen bald zahlreiche ausländische Herrschaften, um die Hospitalität Hallbergs zu genießen, darunter besonders viele Engländer, die den rüstigen Kauz besichtigen wollten. Denn allein wie Hallberg wohnte, war seltsam. Die Wände seiner Zimmer waren mit Zeitungsausschnitten, Todesanzeigen und behördlichen Erlassen, mit Theaterzetteln, Plakaten und Bildern tapeziert, Tische und Stühle aus Fichtenholz roh gezimmert und zinnoberrot gestrichen. In einem anderen Zimmer ließ er die Wände al fresco mit berühmten Rittern bemalen. Auf einer Vertäfelung, die ganz versilbert war, prunkten die Namen seiner Freunde in Goldbuchstaben. Er selbst schlief auf einem einfachen Matratzenbett auf dem blanken Boden, wobei er sich nur mit einem Bärenfell zudeckte.
Und dann kam der größte Streich in seinem Leben. 1840 verkauft er Schloß Birkeneck und zieht in den Gasthof zum »Schwarzen Adler« in München. Er ist des Witwerstandes überdrüssig und will wieder heiraten. Und da ein Engländer, der auch im Schwarzen Adler logiert, es bezweifelt, ob er, der Zweiundsiebzigjährige, noch ein Mädchen zur Frau bekommen könne, wettet Hallberg um 1000 fl mit dem Gentleman und gibt in die größten Zeitungen Europas folgendes Inserat auf:
»Diejenige, die ich heirate, muß sechzehn bis zwanzig Jahre alt sein, schöne Haare, schöne Zähne und schöne kleine Füße haben und ihr Ruf muß ohne Makel sein. Sie muß sich sehr schön und einfach in Samt oder Seide kleiden, aber durchaus in keine anderen Stoffe, auch darf sie keine Ohrgehänge, Ketten oder Ringe oder dergleichen Unsinn tragen, auch keine Pantoffeln, Hauben, Bänder, falsche Haare ... und nie ihre Kleider nach der bestehenden Mode machen lassen, da es nichts Dümmeres geben kann, als dem Kühgang anderer Menschen zu folgen. Sie muß reiten und fahren können und sie darf nicht stricken. Sie darf nur Musik machen, wenn sie es zur Virtuosität ge-

bracht hat ... Sie muß mich überallhin auf meinen Reisen begleiten, weil es in meinen Augen eine Schande für die Männer ist, den ganzen Abend in den Wirtshäusern zu schwelgen, indem die Frau zu Haus der Langeweile übergeben ist ... Ich will nun auch von mir sprechen. Nach dem Kalender bin ich zweiundsiebzig Jahre alt, nach den Kräften aber erst fünfundzwanzig. Immer froher Laune, suche ich die Freuden, wo es die strengste Ehre erlaubt. Wenn es ein schönes Mädchen gibt, so soll sie mir schreiben, und ich komme bis auf hundert Stunden von München, aber nicht weiter, um sie zu sehen und mich sehen zu lassen. München im Schwarzen Adler, am 16. Nov. 1840. Theodor Freiherr von Hallberg zu Broich.«

Das Inserat schlug ein wie eine Bombe. In ganz Europa sprach man davon. Die Geschäfte legten das Porträt des Eremiten aus, zum Teil auch humoristische Bilder. Die Zuckerbäcker formten seine Büste, ja, sogar ein Theaterstück wurde geschrieben und an vielen Bühnen aufgeführt, in Augsburg in Anwesenheit Hallbergs. Und der Baron hat – und mehr wollte er nicht – seine Wette glänzend gewonnen, sechshundertzweiundvierzig Mädchen aus ganz Europa schrieben ihm zustimmende Briefe. Eine jede wollte seine Frau werden. Da entschloß er sich denn doch, seine Tage unvermählt zu verbringen. Und er ging wieder auf Wanderschaft, zunächst über Spanien nach Marokko, dann über Italien wieder zurück nach München und schließlich wollte er noch zu Fuß durch ganz Sibirien, kam aber nur bis St. Petersburg und dann im Auftrag des Zaren durch das aufständische Kaukasien und nach Persien, über die Türkei wieder zurück nach München.

In Teheran band er dem Schah von Persien einen großen Bären über sein bayerisches Vaterland auf. Es sei das mächtigste Land Europas, von ungeheurer Ausdehnung und in hundert Tagereisen kaum zu durchqueren, und die Macht des Bayernkönigs sei schlechterdings unermeßlich. Der Schah glaubte Hallberg und wollte mit Bayern allen Ernstes ein Schutz- und Trutzbündnis abschließen.

Und dann wurde er halt doch älter und älter. Gut noch bei Fuß und über das Verhältnis hinaus unternehmerisch, verloren seine Augen die Sehkraft. Da zog er auf sein Schloß Kamereck und dann endgültig nach Hörmannsdorf bei Weng halbwegs an der Straße zwischen Landshut und Straubing. Hier lebte er noch – unter vielen Uhren und Singvögeln – 13 Jahre lang, Briefe diktierend und gelegentlich auch reisende Gäste empfangend. – In der Hausordnung des Eremiten von Gauting auf Schloß Hörmannsdorf – einem Gedicht von 98 Versen – beschreibt er das vergnügliche Dasein und Genießen eines unverwüstlichen Mannes. Jetzt erst zeigt sich bei ihm der feinere Lebensgenuß und der Appetit. Nach dem Mittagessen und der Tasse Kaffee, schildert er da in einer Strophe, käme ein gemütliches Plauderstündchen.

»Da mag man von Politicis / Ein Bisschen diskutieren / Auch wohl in Philosophicis / Ein wenig disputieren. / Und endlich nach dem Wetter sehn / der Menschen Torheit eingestehn: / Nam narrat omnis homo. Nur wer genießt, der lebt.«

Der lange Weg der Alma Mater

330 Jahre bayerische Universität in Ingolstadt

Einen Pfarrer zum Messelesen, Beichthören und Predigen, einen Schullehrer, einen Advokaten zum Prozessieren bei den Landgerichten und für die Geldleut hier und da auch noch den Doktor und Apotheker, mehr von den gelehrten Herren hat man in Bayern Jahrhunderte über nicht gebraucht, hat man bis zu Anfang unseres gegenwärtigen Säkulums entbehren können.

»Was hast du von den Gstudierten? Sie allein sind an den vielen Neuerungen und an der Ungunst der Zeitläufe schuld, sie allein« – und das kann man in manchen Bauernwirtshäusern von den Alten in vorgerückter Stunde heute noch hören –, »sie treiben die Steuern und Abgaben in die Höh; die Gstudierten haben die Kriege auf dem Gewissen und auch die Atombombe.«

Solch antiakademische Stimmung, bei großer Verärgerung für Momente auch gegen die Klerisei räsonierend – denn die Gstudierten helfen alle zusammen gegen den arbeitenden Menschen –, sie ist im bayerischen Volk immer weit verbreitet gewesen. Diese mißtrauische Haltung der eingesessenen Bayern gegenüber den hohen Wissenschaften wurde vor gut hundert Jahren aus berufenem Munde eines Nordlichtes als das Laster der eingeborenen Bierruhe heftig und übertrieben – wie sich noch herausstellen wird – gegeißelt. Es soll der Diplomat Dönniges gewesen sein, der gesagt hat: »Und die Folge dieser bayerischen Bierruhe war nicht sowohl Verdummung als gänzlicher Stumpfsinn, Vertierung, Zurücktreten aller geistigen Elemente vor der überwiegenden Sinnlichkeit. Dies Bayern war kein Volk, es waren keine vom Prinzip des Geistes, der Bewegung, der Freiheit beseelte Menschen, es war kaum etwas Besseres als eine Herde Vieh, das vom Instinkte getrieben die täglichen Geschäfte notdürftig versorgte, wie von altersher geschehen, sich in vaterländischem Biere ersoff und sich prügelte, wenn das bayerische Phlegma es gestattete. Und das war jahrhundertelang der Charakter des ganzen Bayernvolkes, der Bauern wie des Adels, der Geistlichen und Beamten sowohl wie der Landesfürsten.«

Eine fürchterliche und himmelschreiende Bezichtigung! Sie zu widerlegen ist ein Leichtes, denn »dieser jahrhundertelang gewesene bayerische Charakter« hat das Land mit gotischen Hallenkirchen und barocken Kathedralen geschmückt, hat bezaubernde Melodien ersonnen und allezeit Wert auf eine feine festliche Musik gelegt. – Wenn wir aber den Stier bei den Hörnern packen und den Gegenbeweis in litteris antreten, mit einer altbayerischen Wissenschaftsgeschichte? – Keineswegs werden wir uns da blamieren, denn wir können nicht nur mit einer Fülle von glänzenden Namen aufwarten, es steht die Geschichte der ehrwürdigen alma mater zu Ingolstadt, der ersten bayerischen Landesuniversität, helleuchtend unter dem weißblauen Himmel, verdunkelt nur periodisch von dem Übermut seiner Studenten, dem professoralen Gezank und der Enge der damaligen kleinstädtischen Verhältnisse.

330 Jahre lang haben die berufenen Söhne der Bayern in Ingolstadt studiert, die Theologen, die Juristen, die Mediziner und die Philosophen-Philologen-Poeten oder Artisten, wie sie damals geheißen haben. Und die hohe Schul von Ingolstadt lebt heute noch fort in der jetzt größten bayerischen Hochschule, in der Ludwigs-Maximilians-Universität zu München.

Daß in Bayern nur derjenige zum Studieren fortgeschickt worden wäre, der zur Arbeit keine Freude hatte, ist ein überspitztes Bauernwort. Allerdings galt dem kommunen bayerischen Sinn der Akademiker immer als etwas anrüchig, als Amtsperson der Obrigkeit, als geistliche und weltliche Obrigkeit schlechthin. Geliebt und geachtet hat der Altbayer seine Akademiker selten; meist hat er sie gefürchtet und respektiert. Um das Vertrauen der Leute zu erwerben, hat der Pfarrer, Landrichter oder Doktor schon ein Herz haben müssen – oder eine fürchterliche Grobheit, gepaart mit Redlichkeit und verstecktem Wohlwollen.

Die wohlhabenden Bauern und Bürger haben auf den Akademiker oft auch herabgesehen. »Was ist er denn schon, der Herr? Oder was hat er denn schon? – Ein Hungerleider ist er und eine Einbildung hat er.« Von dem akademischen Dünkel ist ja in allen Ländern Europas die Rede. Man denke nur an den Cenodoxus, an den Doktor von Paris, der als Universalgenie verehrt und im Rufe der Heiligkeit stirbt, aber tatsächlich in die Hölle kommt. Das Drama wurde um 1610 in München aufgeführt und stammt aus der Feder eines in Ingolstadt lehrenden Professors, des Jesuiten Jakob Bidermann, eines bayerischen Schwaben.

Und da sind wir wieder bei der Geschichte der Universität Ingolstadt, bei der »alma mater in der Schanz«, wie man im vorigen Jahrhundert gern gespottet hat, nachdem 1800 die Universität nach Landshut verlegt worden war und 1826 dann endgültig in die Landeshauptstadt. Von einer alma mater in der Schanz kann aber nur zum Teil die Rede sein.

Denn Ingolstadt wurde erst nach Verlegung der Universität – zu wirtschaftlichem Troste – zur ersten Landesfestung ausgebaut, unter Ludwig I. durch Klenze sogar mit recht ansehnlichen und auch schönen Fortifikationen ausgestattet und schließlich mit einer starken Garnison von fast 5000 Mann belegt. Früher war Ingolstadt zwar auch eine uneinnehmbare Festung gewesen; die erste Rolle hatte aber immer die Universität gespielt. – Eines so erheblichen Aufwandes hat es bedurft, um die gekränkten Ingolstädter über die Wegnahme ihrer Universität wieder zu versöhnen. Eine restlose Satisfaktion glückte aber mit Müh und Not erst durch das kräftige Aufblühen bedeutender Industrien in der Gegenwart. Aber was sind zwei Infanterieregimenter, ein Pionierbataillon, etwas Fußartillerie und eine Trainkompanie, was ist eine Festung mit Umwallung, Außenwerke und mit einem Fortgürtel, was bedeuten schließlich sogar Automobilwerke und Ölraffinerien gegenüber einer solennen und weltberühmten Universität? – Für einen Ingolstädter mit historischem Kopf und patriotischem Gemüt bleibt die verschwundene Universität ein wehes Ärgernis.

Die ältesten Universitäten Europas, die zu Bologna und Paris, haben keinen Stifter und auch keine Gründungsurkunde. Sie sind von selbst geworden, haben sich aus dem Schüleranhang vieler Lehrmeister zu studentischen Landsmannschaften herausentwickelt wie die Zünfte der Handwerksmeister. Die Scholaren kamen aus allen Ländern herbei und hatten nun als Fremde, als Nichtbürger, in der strengen Ordnung einer mittelalterlichen Stadt zu leben. Um sich freier bewegen zu können, mußten sie eine Art Bürgerrecht erwerben, einen Ersatz desselben, nämlich das akademische Bürgerrecht.

Dieses Recht konnte aber nicht ein einzelner Lehrmeister oder Professor seinem Schüler vergeben, sondern die Korporation aller Scholaren und Professoren, die universitas. Um 1200 ist dieser Prozeß

beendet, und die Universität besitzt nun auch eine Organisation. Theologen, Juristen und Mediziner werden die drei höheren Fakultäten genannt, jeweils mit einem Dekan an der Spitze. Die Artistenfakultät wird von einem Rektor angeführt. Aus diesem Rektor wird schließlich das Haupt der Gesamtuniversität, der Rektor magnificus. Studentenschaft und Professoren zusammen machen die Universität aus. Es gibt akademische Grade: in der Artistenfakultät die Magisterwürde, in der höheren Fakultäten das Doktorat. Mancher Magister artium, der schon Vorlesungen hält, ist in einer anderen Fakultät zugleich noch Student. Neben dieser Organisation gliedert sich die Universität aber auch noch in Nationen.
Die ersten europäischen Universitäten: Paris, Bologna, Oxford und Cambridge sind also wild gewachsen. Im 13. und 14. Jahrhundert aber beginnt die Stiftung der hohen Schulen und ihre Legitimierung durch Papst oder Kaiser. Die meisten Universitäten wurden von Päpsten bestätigt. Das hatte seinen Grund einmal in der Geistigkeit der Wissenschaft – das Mittelalter unterschied ja zwischen geistig und geistlich nicht –, dannn aber auch in der wirtschaftlichen Bedeutung der Pfründen. Die neu gegründeten Universitäten wurden zum großen Teil mit den Erträgnissen geistlicher Stiftungen ausgestattet, und für die Umwandlung des Zweckes einer solchen Stiftung bedurfte es der Zustimmung des Papstes. Dazu kam noch, daß die akademischen Grade immer mehr international anerkannt werden wollten, was wiederum durch kein Instrument besser garantiert werden konnte als durch ein päpstliches Privileg.
Bei den nun im 14. Jahrhundert einsetzenden Universitätsgründungen wurden die Traditionen der hohen Schule von Paris übernommen, berücksichtigt und den örtlichen Verhältnissen entsprechend umgemodelt und angepaßt. In Ingolstadt wurden der »neuen hohen Schul« von Papst Pius II., vormals Enea Silvio Piccolomini, selber ein hochgelehrter und vielseitiger Humanist, der auch lustige Liebesgeschichten geschrieben hat, die gleichen Vorrechte und Freiheiten zugesichert wie der Wiener Hochschule, die nach Pariser Vorbild gegründet worden war. Das päpstliche Schreiben an Herzog Ludwig den Reichen von Landshut datiert bereits vom 7. April 1459 zu Siena. 1459 wurde zeitweise – und wird manchmal auch heute noch – wegen dieses päpstlichen Schreibens als das Gründungsjahr der Ludwigs-Maximilians-Universität zu München angegeben, obschon die

Universität erst 1472 eröffnet werden konnte. Mit dem Gründungsjahr 1459 käme die Münchner alma mater in der Reihenfolge deutscher Universitätsgründungen noch vor Basel (1460) und unmittelbar nach Freiburg und Greifswald (1456 und 57), ja sogar noch in die Nähe der Universitäten von Rostock (1419) und Leipzig (1409). Mit dem Jahr 1472 liegt die erste bayerische Landesuniversität immerhin noch vor den Gründungen der hohen Schulen zu Tübingen (1477) und Wittenberg (1502) und weit vor Gießen, Göttingen und Erlangen, die erst seit dem 17. und 18. Jahrhundert existieren. Das sind keine müßigen Spielereien mit Geschichtszahlen, sondern – entsprechend der Würde akademischer Traditionen – geziemende Überlegungen. Freilich, Prag, die älteste deutsche Universität, wurde schon 1348, Wien dann 1365 und Heidelberg 1386 gegründet.

Aber was spielen schon 23 Jahre im Verlauf von Jahrhunderten für eine Rolle? Viel interessanter ist die Persönlichkeit des Stifters, Herzog Ludwig der Reiche von Niederbayern-Landshut. Jetzt können die inferioren Bayern wieder triumphieren. Und jener impertinenten Apostelfrage: »Kann denn aus Niederbayern etwas Gutes kommen?« wird eine gründliche Antwort zuteil.

Niederbayern spielt in der Geschichte der Wissenschaften unseres Landes diesmal die Hauptrolle, da können die heutigen Landtagswahlen ausfallen, wie sie wollen!

Herzog Ludwig der Reiche von Niederbayern war ein weit vorausschauender Staatsmann, ein sehr auf seine Souveränität bedachter Fürst, ein Diplomat, aber auch ein lebenslustiger Mensch und ein prachtliebender Herrscher gewesen. Man denke nur an die weltberühmte Landshuter Hochzeit, die er seinem Sohn Georg und der Prinzessin Hedwig von Polen hat ausrichten lassen! Bei der 150 Köche gewerkt haben und die Gäste an die 10000 Pferde mitgebracht hatten. Drei Jahre vor dieser Hochzeit eröffnete Ludwig die Universität zu Ingolstadt. Die hohe Schule hatte das erste Semester bereits angefangen. Für eine feierliche Einweihung war der Januar zu kalt gewesen, also erfolgte sie am 25. und 26. Juni 1472. – 489 Studenten hatten sich immatrikuliert. Es war ein großer Festtag für Ingolstadt, denn es waren sehr viele Gäste und Ehrengäste gekommen. Herzog Ludwig selbst hatte seinen Sohn Georg mitgebracht; ferner waren anwesend: Pfalzgraf Otto von Neumarkt, die Bischöfe von Eichstätt, Regensburg und Freising, ein Gesandter des Königs

Mathias von Ungarn, der niederbayerische Adel fast vollzählig und viele andere geistliche und weltliche Würdenträger. Die lateinische Eröffnungsrede hielt der leitende Staatsmann des Herzogs, der niederbayerische Kanzler Dr. Martin Mair, selbst ein hochgebildeter Humanist und tüchtiger Minister, der sich durch eigene Kraft und Anstrengung emporgearbeitet hatte. Die Rede ist uns erhalten. Viele Rektoren der Münchner Universität im 19. und auch im gegenwärtigen Jahrhundert haben sie in ihren akademischen Festreden zitiert – auch Physiker und Chemiker. Die Rede Mairs ist eine Laudatio auf die Wissenschaften, keine bloße spätmittelalterliche Schwärmerei, kein einseitig scholastisch spekulierender Traktat. Es sind die Gedanken eines hellen, nüchternen Kopfes, eines fähigen Staatsmannes und warmen Menschenfreundes. – Ganz nebenbei bemerkt: Dr. Martin Mair apostrophiert in seiner Rede seinen Herrn, den Herzog Ludwig, manchmal mit: »Mein lieber gnädiger Herr« – was damals die übliche Titulatur war, aber dazwischen redet er ihn auch schon mit dem sonst nur Königen gebührenden Titel »Majestät« an.
»Wenn Ihre Majestät sich der Ahnen erinnert, die ihre Herrschaft weithin ausgedehnt und vermehrt hatten durch Klugheit und Tapferkeit, so erscheinen ihr doch alle diese Dinge hinfällig und vergänglich. Denn unser gnädiger Herr Ludwig ist der Meinung, daß es für einen sterblichen Menschen kein größeres Glück geben kann, als durch ständiges Studium die Perle der Wissenschaften zu erringen. Sie führt uns nämlich auf den Weg zu einem guten und glücklichen Leben, sie bewirkt, daß der Ungebildete sich vom Gebildeten weithin abhebe, sie macht den Menschen gottähnlich und läßt ihn die Geheimnisse der Welt erkennen; sie fördert ihn vor allen Ungelehrten und führt auch die Leute von geringer Geburt zu hoher Stellung. Wer durch hervorragendes Wissen sich auszeichnet und ehrenwerte Dinge vollbringt, den achten die Menschen, den bewundern sie ob seiner Taten, den heben sie empor. Wer aber kein Interesse für die Wissenschaften erübrigen kann, der wird verachtet, und mag er auch aus edlem Geschlechte entsprossen sein ... Und euch Studenten ermahnt unser gnädiger und hochberühmter Herr, beschäftigt euch mit den Wissenschaften und verharret in dieser Beschäftigung, dann werdet ihr ein glückseliges Leben haben, ein befriedetes, an dem ihr alle Tage euch wundersam vergnügen werdet. Denn wie uns schon der treffliche Cicero sagt: Das Studium der Wissenschaften ergötzt das

Alter, bereichert das Glück noch und tröstet uns in Zeiten der Bedrängnis; es erfreut uns daheim und hindert uns dennoch nicht draußen, es reist mit uns, übernachtet mit uns, es gibt dem Ermüdeten Ruhe und macht den Adepten noch hervorragender und reicher, es ergötzt und tröstet unermüdlich den Gefährten und es läßt niemand von sich gehen – er sei denn gebessert.«

Auch die Stiftungsurkunde der Universität ist erhalten. Sie stellt ein Diktat des Herzogs dar, entwirft die Organisation der Universität bis ins einzelne, regelt die Wahl des Rektors und des Rates, bestellt den Bischof von Eichstätt als Kanzler, gibt dem Rat und dem Rektor das Vorschlagsrecht für die Berufung von Professoren, deren Ernennung allerdings der Herzog sich vorbehält, sie entwirft ein genaues Graduierungs- und Promotionsrecht für alle vier Fakultäten, befreit die Universität und ihre akademischen Bürger von Zöllen und Steuern. – In ganz Europa waren ja die Scholaren schon seit dem 12. Jahrhundert gefreite und zollfreie Personen, wenn sie auf der Wanderschaft sich befanden. – Und der Stiftungsbrief Ludwigs kümmert sich natürlich auch um die materiellen Bedürfnisse der neuen hohen Schul. Er zählt verschiedene Stiftungen auf.

Es zeugt von der Geschäftstüchtigkeit Ludwigs des Reichen, daß er die Universität zwar reichlich dotierte, ohne aber dabei in die eigene Tasche zu greifen. Er kassierte mit päpstlicher Bewilligung – und das beweist sein gutes Verhältnis zu Papst Pius II. – einige bigotte Stiftungen, die seine ausgestorbenen Ingolstädter Vettern seinerzeit errichtet hatten. Es handelte sich um das Pfründner-, Psaltristen- und Betbruderhaus. Die fünfzehn wohlversorgten Pfründner waren z. B. verpflichtet, täglich die Messe zu hören und zwei Dutzend Vaterunser samt Ave zu beten für das Seelenheil Ludwigs des Buckligen. Und die Psaltristen-Betbrüder – ebenfalls gut versorgt – mußten täglich am Grabe Ludwigs des Bärtigen unter Orgelbegleitung die Psalmen singen. Eine dritte Betschwesternpfründe wurde ebenfalls der neuen Universität vermacht. Das Eichstätter Domkapitel stellte drei Domherrenpfründen der Universität zur Verfügung. So kam es, daß ein Ingolstädter Theologieprofessor immer zugleich auch Domherr von Eichstätt war, z. B. auch der berühmte Professor Dr. Johann Eck. Die Pfarrer von St. Martin in Landshut und von Landau an der Isar zahlten jährlich je 15 Mark Silber zur Aufbesserung des Professorengehalts nach Ingolstadt.

Schließlich wurde mit päpstlicher Erlaubnis auch noch das inzwischen sehr vermögend gewordene Ingolstädter Franziskanerkloster nach einer strengeren Observantenregel reformiert, und die dadurch heimgefallenen Klostergüter kamen an die Universität. Alles in allem hatte die alma mater bei ihrer Gründung ein jährliches Bargeldeinkommen von 25 000 rheinischen Gulden. Das ist 1472 vielleicht so viel gewesen wie heute etwa zwei Millionen Mark. Dazu kamen die Gebäude, verschiedene Naturalleistungen, die Einnahmen aus der Jurisdiktion des Rektors, private Spenden und Freiplätze für Studenten, die viele bayerische Städte zu stiften sich bereit erklärt haben.

Der Zulauf der Studenten an der neugegründeten Universität war recht erheblich. Die Mehrzahl der Scholaren kam natürlich aus bayerischen Landen; dann aber kamen auch Studenten aus Österreich, aus Sachsen, aus den rheinischen Bistümern, zwei sogar kamen aus Italien und einer aus Frankreich. Die bayerischen Herzöge haben auch immer durchblicken lassen, daß, wer in Ingolstadt seine Studien absolviere, in den bayerischen Landen eher mit einer Versorgung zu rechnen habe. – Vor der Gründung der hohen Schul zu Ingolstadt zog es die bayerischen Studenten vornehmlich nach Wien und nach Italien. An der Universität Padua z. B. hat es im 14. Jahrhundert sogar eine eigene bayerische Nation gegeben. Auch an der Sorbonne fanden sich immer wieder etliche Bavari zusammen. – Die Söhne des bayerischen Adels gingen aber auch jetzt noch (nach der Gründung in Ingolstadt), wenigstens die ersten beiden Jahrzehnte noch, lieber nach Wien als an den Strand der bayerischen Donau. Das lag vielleicht an den in Ingolstadt noch nicht entwickelten Wohnverhältnissen. In Ingolstadt war es nämlich Pflicht, daß jeder Studierende in einer sogenannten Studenten-Burse zu logieren hatte.

Eine Studentenburse war nichts anderes als ein kleines Internat, ein Haus, in dem Studenten zusammen wohnten und verpflegt wurden. In Ingolstadt stand sie unter der Leitung eines Konventors, der die Magisterwürde haben mußte. In der Burse wurde nämlich auch gearbeitet, studiert, und dieses gemeinsame Studium hatte der Konventor mit zu überwachen. Nur wer bei den Eltern wohnen konnte oder wer Famulus eines Doktors oder Professors war, brauchte nicht in einer Burse wohnen. Ausnahmen bedurften der besonderen Erlaubnis der Fakultät und des Rektorates und wurden praktisch nur hochadeligen Studenten erteilt, die eigene Hofmeister um sich hatten. Man konnte zwar die Burse wechseln, aber wer aus einer Burse wegen grober Verfehlungen ausgeschlossen wurde, der mußte damit rechnen, daß er seines akademischen Bürgerrechts verlustig ging.

Im Jahre 1495 stiftete der Sohn des Gründers, Herzog Georg der Reiche, eine Burse für elf Studierende der Theologie, die so reich ausgestattet wurde, daß sie die Jahrhunderte überdauern konnte und heute noch existiert: das Georgianum. Die elf größten Städte Niederbayerns: Landshut, Straubing, Ingolstadt, Erding, Pfarrkirchen, Landau, Kufstein (das damals auch zu Niederbayern gehörte) und Burghausen, Eggenfelden, Ried und Schärding hatten das Recht, je einen Studierenden zur Aufnahme ins Georgianum vorzuschlagen.

Dem Georgianum gegenüber waren die anderen Bursen mehr oder minder ärmliche Unterkünfte, denn hier hatten die Studiker das Kostgeld selber zu bezahlen. Der Bursenzins für das Jahr 1488 ist uns überliefert. Er betrug 32 Pfennig, höchstens 40 Pfennig, und das wahrscheinlich pro Monat oder gar pro Semester, nach heutiger Kaufkraft – wenn man berücksichtigt, daß man damals für 6 Pfennig eine ganze Gans erstehen konnte – ungefähr 160 bis 200 Mark.

Trotzdem blieben ihn viele Ingolstädter Studenten schuldig. Und die meisten Prozesse, die vor dem Rektorat geführt werden mußten, waren Klagen um ausstehende Bursenzinse. Besonders schwache Zahler zogen von Burse zu Burse, denn nicht selten traten gleich drei und vier Konventoren als Gläubiger auf. Im ersten Jahrhundert ihres Bestehens gab es an der Ingolstädter Universität neben dem Georgianum noch elf weitere Bursen. Auch ihre Namen sind uns überliefert. Es gab eine Bursa Angelica und eine Bursa Aristoteles, eine Bursa Leonis und eine Draconis, also eine Löwen- und eine Drachenburse. Die Drachenburse scheint eine der größeren gewesen zu sein. Die übrigen tragen etwas freundlichere Namen: die Sonnen-, Rosen- und Lilienburse etwa und die Adler- und Pfauenburse und schließlich findet sich auch noch eine Wiener und eine Pariser Burse.

In der zweiten Hälfte des 16. Jahrhunderts verschwanden die Bursen aus Ingolstadt, und die Studenten wohnten privat auf ihren Buden bei irgendeiner Zimmervermieterin, in einer privaten Studentenpension oder im Hause eines Ingolstädter Handwerkers. O filia hospitalis! Das studentische Leben gestaltet sich jetzt immer freier und ausgelassener. Manch übermütiges Lied weiß darauf einen Reim.

Daß die Bursen verschwunden sind, hängt wahrscheinlich mit der Gründung der Jesuitengymnasien zusammen, die nun die Anfänge der Studien betrieben, die eigentliche Vorbereitung auf die Universität, das trivium und das quadrivium, welches vordem zum großen Teil Sache der Artistenfakultät gewesen war. Im Mittelalter zogen ja die jungen Herren schon mit 14 und 15 Jahren auf die Universität, so daß also eine strenge Überwachung des Lernens und ein gemeinsames Wohnen in einer Burse notwendig waren.

Für die Studenten der höheren Fakultäten, für die Achtzehn- und Zwanzigjährigen bedeutete das Bursenleben natürlich eine Beschränkung. Zumal auch sehr häufig über das schlechte Essen in den Bursen geklagt wird. Der Brief eines Brixeners an seinen in Ingolstadt studierenden Vetter weiß davon zu berichten:

»Leberech Halberk, Burger in Prixen an meiner lieben Vetter Jorg Mair in der Drackenbursen zu Inglstadt soll der Brief! Mein lieber Vetter! Dein Schreiben han ich vernummen. Nit, sagt man, du wällst dich an dem essen der Bursen nit behagen, daran doch ander genug haben. Und kann nit anders verstahn, daß ein Föller aus dir will werden, das dein Vater und Muetter hart beschwert, und mich und dein Freund auch. Darum so gedenk und stell von solichem ab, oder es würd Vater und Muetter ihr Hand von dir abziehn. Und sollt sein, daß es das Kabittl innen werd, wurden sie dir die Stupendium abschaffen. Darum so gedenk und laß von solicher Füll und lern! Tuast du das, woll und guet. Wo dus aber nit tuest, so gedenk nit darnach, daß dir die Herrn vom Kapitl hin füran nit mehr helfen wöllen. Lern damit du nit andern zum spot stehst, damit daß etwas frucht aus deinm Lern entsprieß und nit spot. Datum Prixsen am Freitag nach Gottsleichnamstag im 15. hundert und siebtn Jahr. Leberech Halberk, Purger zu Prixsen, dein vetter.«

Schulden machten in Ingolstadt nicht nur die Studenten, sondern – und das gerade im ersten Jahrhundert der Universität – auch die Gradierten, vor allem die Magister der Artistenfakultät. Magister Wolfgang aus Rosenheim hat sich wegen 7 fl zu verantworten, Magister Heinlein gleich wegen 24 Gulden. Als Hauptgläubiger erscheinen immer Ingolstädter Bürger, besonders Handwerker, Wirte, Schneider, Bader, Schuster, Metzger und Bäcker.

Trotzdem klagen die Ingolstädter im Jahre 1800 in mehreren Bitt- und Denkschriften an den Kurfürsten Maximilian, man möge doch die Universität in Ingolstadt belassen oder sie wieder zurückführen. »Also sprechen wir von Eurer kurfürstlichen Durchlaucht die dringliche Bitte aus: es möge doch die hohe Schule, deren Abzug für die Bürger Ingolstadts den Verlust eines jährlichen Geldumlaufes von 250 Gulden bedeutet, in die vom Stifter ausersehene Stadt zurückverlegt werden, in die echte Heimat der hohen Schul.«

»So viele wohltätige Stiftungen, so viele Gebäude und Anstalten, zum ausschließlichen Zwecke der Universität, welche die guten Regenten der Vorzeit und der Bürger eigene Ahnen ins Leben gerufen hatten, so viele Wohnungen für Lehrer und Studenten, welche im Laufe der Zeiten eingerichtet wurden, so viele Gewerbe, welche durch den erweiterten Verkehr entstanden, sollen nun leer und unbenützt bleiben und Ingolstadt, einst herzogliche Residenz und Hauptstadt, dann ein Sammelpunkt der Gelehrten und hoher Fürsten, soll verlassen in die Reihe der Munizipalstädte zurücktreten?«

Solche Stimmen machen es deutlich, daß die Ingolstädter Bürger ihre Studenten und Professoren gern in ihren Mauern gehabt haben, trotz der zahllosen Studentenstreiche, trotz der vielen Raufereien, von denen auch einige tödlich ausgingen, trotz der nicht selten vorkommenden Nachtruhestörungen, trotz auch mancher sittenloser Derbheit und schließlich auch noch trotz der schlecht zahlenden Kundschaft.

Das Leben und Treiben der Studenten war in Ingolstadt – wie auch an den anderen Universitäten – durch Traditionen, Statuten und Observanzen ziemlich festgelegt. Über Kleidung, Wohnung, Ausgang, Wirtshausbesuch, Freizeitgestaltung jeder Art, Spiel und Tanz, über alles und jedes sind zahllose Dekrete ergangen. Aber das ist auch wieder das Sympathische an der Strenge der alten Zeit, daß die Suppe nie so heiß gegessen wurde wie sie gekocht war. Das akademische Gericht war in allen Jahrhunderten vollauf beschäftigt mit der Aburteilung von Übertretungen dieser Dekrete.

Wenn man dazu bedenkt, daß überhaupt nur prozessiert wurde, wo eine Anzeige erstattet worden war, und daß viele Angeklagte von dem akademischen Gericht überhaupt keine hohe Meinung hatten und nur jeder dritte zum Termin erschien, dann kommt man zu dem Schluß, daß es sich in Ingolstadt als Student trotz der vielen Vorschriften und Verbote doch hat gemütlich leben lassen.

Die Strafen, die vom akademischen Gericht verhängt wurden, waren überwiegend Geldbußen, denn die Einkünfte aus der Jurisdiktion gehörten ja dem Rektor. Selten wurden Haftstrafen – also Karzerstrafen – ausgesprochen und wenn, dann ließen sie sich ohne weiteres in eine Geldbuße umwandeln. Und da man in Ingolstadt die Zahl der Studierenden ohnehin immer lieber größer als kleiner gesehen hätte, kamen Androhungen der Verweisung oder gar Verweisung und Aberkennung des akademischen Bürgerrechts in einem Jahrzehnt kaum zweimal vor. Kam ein Student in die Haft, so verlangte das Zeremoniell zwei Akte. Einmal wurde der Verurteilte vom Vizepedell an den Haftort gebracht, und zum zweiten mußte der Sünder einen Eid ablegen, nicht aus dem Gefängnis auszubrechen. Der Eid mußte stärker sein als Riegel und Schloß. Trotzdem wurden viele Inhaftierte von ihren Kommilitonen mit Hilfe von Nachschlüsseln befreit.

Schon zur Zeit noch der Bursen sind die häufigsten Verstöße der studierenden Jugend in Ingolstadt: nächtliches Ausbrechen aus der Burse, dann nächtliches Herumlaufen in Waffen, Lärmen und Musizieren auf den Straßen der Stadt und schließlich blutige Schlägereien. – Natürlich passieren auch derb-komische Szenen. Der Regens der Bursa Aristoteles wird wider seinen Willen in eine Schlägerei verwickelt, prügelt aber dann selber kräftig mit, unterstützt von seinen Schützlingen. Der Feind flüchtet sich in ein Haus und schließt die Türe. Im Kampfeifer der Verfolgung stößt nun der Magister mit den seinen diese Türe ein und auch die Fenster des Hauses gehen in Scherben. – Es gibt natürlich auch Bursenleiter, die bessere Pädagogen sind, wie z. B. der spätere Professor Johann Blümel, der 1477 die Dingolfinger, die sich später Adlerburse nennt, geleitet hat.

Zur Sittengeschichte des Ingolstädter Studentenlebens gehören auch die vielen Klagen über die häufige Übertretung der vorgeschriebenen Kleidung. Man trägt unerlaubterweise falschfarbene Barette, hier rote, dort schwarze, dann auch kleine Kapuzen, andere schmücken sich mit bunten Kränzen und vielfarbenen Gewändern, tragen stutzerhaft durchbrochene Brustharnische und was sonst die Kunst des Schneiders erfinden mag. 1488 klagt Herzog Georg der Reiche, der selber von seinen Landshuter Bürgern als Stutzer getadelt wird, da er damit angefangen habe, auch an Werktagen Sonntagsstrümpfe zu tragen, was sein Vater Ludwig nicht getan hätte –, über den pompösen und verrückten Kleideraufwand seiner Studenten:

»... durch sölch unter jungen Leuten Mannigfältig Üppigkeit und Unordnung erwachset, da ihr durch neue Kleidung und Plunderzeug anhaftet; dann die Studenten den Frauen gleich tun, die, was sie neues sehen, auch wollen haben, als wir schwerlich an den Frauen von Ingolstadt sehen; wer sie vor sechzehn Jahrn und jetzund gegeneinander schätzte, gleichen sie als Menschen und Affen.«
Es gab also damals schon eine Art Gammlerproblem. – Für die Studenten verboten waren auch die Wirtshäuser und das Karten- und Würfelspiel. Alle diese Verbote aber wurden übertreten. Es wurde getanzt und gezecht, gespielt und gerauft. Zu Beginn der Reformation – also während der großen Zeit des Dr. Eck – muß es, wie übrigens auch an den anderen Universitäten, am wildesten zugegangen sein.
»Die Sitten der Studenten sind so beschaffen wie sie Bachus und Venus für ihr Gefolge vorgeschrieben haben. Sich volltrinken und dann übergeben, öffentlich in den Straßen herumtaumeln, dessen schämt sich niemand, das bringt vielmehr Lob und dient zu Scherz und Gelächter. Siehst du einen Studierenden, so wirst du zweifeln, ob er ein Soldat oder ein Musensohn ist. Und warum sollten sich auch die Schüler nicht so aufführen, wo doch der größte Teil der Professoren ebenso zu leben pflegt?«
Die Ingolstädter Studenten liefern sich mit den Handwerksgesellen immer wieder kleinere und größere Gefechte. Der Universitätsnotar spricht geradezu von Schlachten und von Aufruhr. Auch das Tanzhaus der Stadt wird von solchen Raufereien nicht verschont. Ein Barbiergeselle verlangt von einem Studenten die ungeheuere Summe von 50 Gulden Schadenersatz. Das ist die Hälfte des Jahresgehaltes eines Professors. – Auch ganz wüste Verbrechen geschehen, Angriffe und Verwundungen von Frauen. 1515 schreibt ein Offizier an den Rektor der Universität:
»Ihr wißt, daß Frauen nichts Bittlichs zu versangen ist. Ist aber kein Ritterlichkeit in den Studenten, ja nit under denen, so die niedern weich haben und zu zeiten durch Leichtfertigkeit raufen und schlagen und in Zensur und Pan gefallen ...«
Es ist nicht zu übersehen, daß die Leidtragenden studentischer Gewalttaten in Ingolstadt so gut wie in Basel, Wien oder Wittenberg, meistens jene »bösen Frauen« waren, vor deren Umgang die Eltern, der Rektor und der Herzog so entschieden gewarnt haben.

»Was vast sammlich unordentlich mit schaden und schanden wiret wider got, eer und recht, dadurch viel frommer Leut Kinder werden versaumpt und kummen in groß gevärlikeit.«
Manchmal finden solche Mädchen den Weg auch in eine Studentenburse oder auch in das Haus eines Kollegiaten. Einmal wird auch davon berichtet, daß die Frau eines Ingolstädter Bürgers mit einem Studenten durchgegangen ist. Der Jurastudent Adam Hauser von Hohenwart entführt 1512 die filia hospitalis und flieht mit ihr nach Eichstätt.
Es ist eine erhebende, grobe Zeit gewesen, die Blüte des Humanismus in Deutschland, die Jahre vor und das Jahrhundert nach der Reformation. Man lese nur in den Briefen Luthers oder auch Ecks, lausche den in feinstem Latein gehaltenen bäurisch-derben Epigrammen des Conrad Celtis, oder lese die klare, kräftige und so herrlich derb-offenherzige Sprache in der Chronik des Aventin! Überall stellt man es fest, daß gerade die größten und feinsten Köpfe der Zeit geschimpft, gespottet, geflucht, daß sie nichts Menschliches, aber auch gar nichts, für unaussprechbar gehalten haben. Diese unheimliche Wahrheit und Direktheit findet man jahrhundertelang nicht mehr in der deutschen Literatur, auch nicht im 18. und 19. Jahrhundert. Und wie sie geschrieben haben im ausgehenden Mittelalter, so haben sie auch gelebt. Und wo hätte dieses Leben aufrührerischer und deutlicher sein sollen als an den Pflanzstätten des Humanismus, als in unseren Universitätsstädten, als auch in Ingolstadt. Man kann es ruhig aussprechen: die ersten fünfzig Jahre ihres Bestehens stand Ingolstadts hohe Schul in ihrer höchsten Blüte. Die zweieinhalb Jahrhunderte, die dann noch folgten bis zu ihrer Verlegung nach Landshut, waren im Vergleich zu ihrer humanistischen Epoche eher ein Verlöschen und Verharren. Obschon natürlich die Rolle, die Ingolstadt als Trägerin der Gegenreformation in Deutschland gespielt hat, gar nicht überschätzt werden kann. Aber Restauration ist eine ganz andere Geistigkeit als das verneinende und doch Neues schaffende Feuer der Revolution.

Es ist hier unmöglich, die Geschichte der Wissenschaften, soweit sie sich an der Universität in Ingolstadt abgespielt hat, auch nur flüchtig zu streifen. Aber zwei Epochen lassen sich doch deutlich auf den ersten Blick feststellen. Die erste unerreichbar schöpferische Zeit des

Humanismus und des Ausbruchs der Reformation, der in Ingolstadt sofort heftig widersprochen wird. Dann die Berufung der Jesuiten nach Ingolstadt und die allmähliche Eroberung der Universität durch diesen Orden. Dazu käme dann noch die Zeit der Widerstände gegen die Jesuiten im 18. Jahrhundert, vor allem durch die Aufklärer Ickstatt und Lori und die bald darauf erfolgte Auflösung des Jesuitenordens durch den Papst.

In der Gründerzeit, noch im 15. Jahrhundert, leuchten schon die weltberühmten Namen großer Humanisten auf und verschaffen der Universität einen Zulauf, den sie später nie mehr erreicht hat. Conrad *Celtis* und *Aventin,* Johannes *Reuchlin,* Peter und Phillipp *Apian,* Johannes *Locher* und schließlich der große Dr. Johann *Eck.*

Der Mediziner Ulrich *Ellenbog* schreibt 1473 bereits einen Traktat *Von den giftigen besen Tempfen und Reuchen,* in dem er auf den »Kohlendunst« hinweist und auf dessen Vergiftungserscheinungen aufmerksam macht, auf Kopfweh, Sehstörungen, Bewußtlosigkeit und Lähmungszustände. Er kennt die Giftigkeit des Quecksilbers und des Bleies, und er nennt verschiedene Pflanzen als Heilmittel. Sein Kollege *Ventimontanus* zeigt sich als Spezialist gegen Gichtleiden und Ischias.

Zwischen 1492 und 1497 hält der Dichter Conrad Celtis Vorlesungen über Poetik und Rhetorik. Es ist ihm aber zuwider, regelmäßige Kollegs abzuhalten, er kommt häufig zu spät und läßt auch viele Vorlesungen ganz ausfallen – zum Ärger der Studentenschaft, die ihn sehr verehrt.

Celtis dichtet über Ingolstadt auch etliche Epigramme in Latein, die aber nicht zum Ruhme der Stadt und seiner Bürger beitragen. »Barbara barbaricis terra referta viris« – singt er einmal: »ein barbarisches Land mit barbarischen Menschen!« – Ein sehr kräftiges derbes Spottgedicht verfaßt er über die Gattin eines Kollegen, über die Frau des Juristen Professor Gabriel Baumgartner. »Uxore cuius plena sunt Gymnasia ducisque tota curia...« – »Von diesem Weib ist die Universität voll... sie verheiratet die Magister, regelt die Vorlesungen, verleiht das Baccalaureat und auch wer den Doktorgrad erwerben will, muß sich mit ihr gut stehen«... Und noch schlimmere Dinge weiß er von ihr zu berichten. Man sieht es, Ingolstadt war damals noch eine Kleinstadt, und Conrad Celtis führte eine sehr spitze Feder. – Die Ingolstädter Verhältnisse waren ihm denn auch zu klein und zu bäuerisch: »plenaque lactiferis fora vaccis« – »der ganze Marktplatz ist voll von milcheutrigen Kühen«! so verabschiedet er sich saugrob von den »Rübenfressern« und dem schlecht gebrauten Bier im Bauch und geht nach Wien. Mit ihm zieht allsogleich sein Adept und Schüler aus Abensberg, der Johann Turmair, genannt Aventin. Er wohnt mit Celtis zusammen und ist mit ihm gut Freund. Ein bewundernswert altbayerischer Zug grenzenloser Toleranz! Aventins Tagebuchaufzeichnungen beginnen nämlich mit dem Satz: Joannis Aventini sum Cunradus Celtis praeceptor meus, viennae contubernalis Cunradi Celtis, was zu deutsch ungefähr heißt: Ich bin der Johann Aventin und der Konrad Celtis ist mein Praeceptor und in Wien bin ich sein Hausgenosse.

Den größten Andrang hatten die Hebräisch- und Griechisch-Vorlesungen des berühmten Johannes Reuchlin. Er mußte den größten Hörsaal benützen, denn dreihundert Studenten saßen zu seinen Füßen. Wegen der *Epistolae obscurorum virorum,* der sogenannten Dunkelmännerbriefe, die in einem lächerlichen Küchenlatein verfaßt waren und die scholastischen Gelehrten wie dumme Klosterbrüder und schlimme Nonnen verspotteten, war Reuchlin damals von der Inquisition der Dominikaner schwer befehdet worden. Zusammen mit Hutten und vielleicht auch noch anderen Skribenten aus Sachsen und Bayern war er Mitverfasser dieser Filserbriefe des deutschen Humanismus gewesen. In Ingolstadt lehrte er nur zwei Jahre lang, aber einer seiner bedeutendsten Schüler in der Zeit war der Dr. Johann Eck.

Was die Naturwissenschaften betrifft, so wurden sie damals noch rein theoretisch betrieben, ja, man interpretierte meist nur die Texte des Aristoteles. Aber schon fing man auch an, Experimente zu machen. Der Mathematiker Peter Apian hat sich in Ingolstadt unsterbliche Verdienste um die bayerische Geographie erworben. Der Mediziner Leonhart *Fuchs* beschäftigte sich mit deutschen Heilkräutern, er ist jedoch Protestant geworden und hat Ingolstadt verlassen. Die Juristenfakultät zu Ingolstadt hatte durchwegs tüchtige Professoren und war zu allen Zeiten gleichmäßig gut besucht.

Von Anfang an waren in Ingolstadt bei den Theologen und Philosophen zwei sich einander häufig bekämpfende Richtungen vertreten: die antiqui, d. h. die alten, die Scholastiker, die auf Thomas und Dun Scotus fußten, und die moderni, die neuen, die Nominalisten, die sich mehr an Occam orientierten. Da von Anfang an die Herzöge darauf achteten, daß die beiden Richtungen sich nicht gegenseitig auffraßen, entstand in Ingolstadt eine Art Eklektizismus, eine Verschmelzung der beiden Methoden. Der größte Vertreter dieser Eklektiker ist der führende Theologe der Universität in der Reformationszeit, Johann Eck. – Luther war von Haus aus mit Eck befreundet gewesen, sie standen im Briefwechsel miteinander. Luther war ja der führende Theologe der Universität Wittenberg. Übrigens war eine Art Kanzler der Wittenberger Universität der niederbayerische Erbmarschall Degenhart Pfeffinger gewesen, der zugleich innerster Kämmerer des sächsischen Kurfürsten Friedrich des Weisen war. Pfeffinger kam auch öfters nach Ingolstadt. Er galt als Freund und Förderer Martin Luthers, hatte ihm die Professur verschafft und vordem in Leipzig auch die Doktorpromotion bezahlt. Eine Doktorpromotion war ja für den Kandidaten damals eine sündteure Angelegenheit, vor allem wegen der Trinkgelder, denn während der stundenlangen Prüfungen und Disputationen wurden nicht selten an die vierzig unf fünfzig Liter Wein getrunken.

Als nun Luther seine Thesen gegen den Ablaß geschrieben hatte, verfaßte zu Ingolstadt der Dr. Eck sofort für den Eichstätter Bischof eine Schrift, in der er auf das Unkatholische in diesen Thesen hinwies. In Eichstätt aber hatte Eck einen erbitterten Feind, den von ihm schon einmal geistig gedemütigten Domherrn Adelmann von Adelmannsfelden. Dieser schickte die Notizen Ecks sofort an Luther. Luther erwiderte dem Eck sogleich ziemlich kämpferisch. Dr. Eck war nun auch keine friedliche Natur. Im Gegenteil, wenn er an irgendeiner Universität von einer ihm zuwiderlaufenden Meinung erfuhr, so ließ es ihm keine Ruhe, bis er den Gegner nicht zum Widerruf oder zum Schweigen gebracht hatte. Unbesiegbar hielt er sich in der Disputation. Disputationen waren ja damals zugleich ein gesellschaftliches Ereignis ersten Ranges. In der Leipziger Disputation im Juli 1519 stritten sich Eck und Luther über das Thema freier Wille und göttliche Gnade, über den Ablaß und die päpstliche Gewalt. Als Schiedsrichterin war die Universität von Paris angerufen worden. Diese gab dem Ingolstädter Professor den Sieg. Daraufhin reiste Eck nach Rom und erwirkte vom Papst gegen Luther die Bulle. Die Reformation nahm ihren Lauf.

In Ecks Persönlichkeit erreichte die theologische Fakultät in Ingolstadt ihre größte Berühmtheit. Nach seinem Tod 1543 fand sich kein geeigneter Nachfolger. Da berief Herzog Wilhelm IV. 1548 die Jesuiten nach Ingolstadt. Der durch seinen Katechismus berühmte Petrus *Canisius* wurde der erste Rektor, den die Jesuiten stellten. Das war nach den Statuten der Universität unstatthaft, denn kein Ordensgeistlicher konnte mit dem Rektorat betraut werden. Es wiederholte sich auch nicht. Petrus Canisius war der einzige Jesuitenrektor, den die hohe Schul zu Ingolstadt jemals gehabt hat. Und trotzdem spricht man geradezu von der Jesuitenuniversität Ingolstadt. Das kommt daher, daß es dem Orden trotz der stets zunehmenden Aufpasser gelungen ist, die theologische und die philosophische Fakultät gänzlich zu erwerben. Der Eid auf das Tridentinum für alle Universitätsangehörigen wird Pflicht. Der junge Apian hatte sich geweigert, diesen Eid zu schwören. Er wurde trotz seiner berühmten Karte Bayerns verbannt.

Wer nun aber behaupten würde, durch den Einfluß der Jesuiten sei die Universität Ingolstadt als eine Stätte der Wissenschaften nicht mehr ernst zu nehmen, der spricht die Unwahrheit. Sie wurde – besonders im vorigen Jahrhundert – laut und deutlich genug ausgesprochen. Man nannte sie, die Jesuiten, damals – und es wurde geradezu ein geflügeltes Wort – die »Jesuitennullen der Ingolstädter Universität«.

Das vergangene Jahrhundert hatte kein Verständnis mehr für die Spiritualität dieses Ordens. Wäre Ingolstadt nicht gewesen, ganz Bayern, ganz Deutschland wäre lutherisch und evangelisch geworden. Der Hauptsitz der Gegenreformation war nicht Rom, nicht Trient, nicht Wien und auch nicht München, sondern Ingolstadt, die alma mater in der Schanz. Und es waren nicht zunächst die Jesuiten, das sei noch einmal festgestellt, denn als Dr. Eck seine Notizen schrieb und sich mit der göttlichen Naturgewalt Luthers in seiner wendigen, eklektischen und nominalistisch raffinierten Art herumschlug, war der heilige Ignatius noch nicht einmal in Rom eingetroffen. – In Ingolstadt wäre die Gegenreformation auf alle Fälle ausgebrochen – ob es nun später Jesuiten gegeben hätte oder nicht. Denn ein Mann wie der streitbare Professor und Domherr zu Eichstätt Dr. Johannes Eck war auch kein Zufall in der tristen Geschichte der deutschen Nation.

Die Jesuiten also fanden in Ingolstadt eine gemähte Wiese vor. Sie

traten nur in die Fußstapfen Ecks, was das Ziel, nicht aber die Methode war. Die von den Jesuiten Ingolstadts getragene Gegenreformation war nicht nur von einer hochgelehrten Theologie propagiert, sondern sie wurde mit allen dem Menschen innewohnenden geistigen Kräften vorangetrieben, mit den Wissenschaften und den Künsten, mit Wallfahrten und Andachten, mit Barock und Rokoko, mit großen Schauspielen und kleinen Jesuitendramen, mit interessanten Predigten und bezaubernden Musiken, mit Spiel und Tanz und auch mit Diplomatie. Und der Garten, die oberste Pflanzstätte, wo all diese ad majorem Dei gloriam betriebenen Künste gelehrt und gepflegt und eingefädelt wurden, das war wieder die Universität zu Ingolstadt. – Unter diesen sogenannten Jesuitennullen waren genial begabte Dichter, wie der eingangs schon erwähnte Dramatiker Jakob *Bidermann* mit seinem Cenodoxus. Dazu gehörte auch noch Pater Georg *Stengel,* Philosophieprofessor und unerschöpflicher Geschichtenerzähler, und ganz besonders der Hofprediger des Kurfürsten Maximilian, der Pater Jeremias *Drexel,* dessen vielbändiges Predigtwerk die ganze Summe der jesuitischen Bemühungen um den Menschen für Gott ahnen läßt. Drexels Werke fehlten bis in die Mitte des 18. Jahrhunderts in keiner Bibliothek Europas.
Es ist nicht zu übersehen, daß nach Ankunft der Patres Jesuiten in Ingolstadt der Ruf der Universität zunächst abnimmt, obwohl sie gerade jetzt mit den Beinamen »das deutsche Athen« und »der Ziergarten der heiligen Katharina von Alexandrien« geschmückt wird. Der Orden war noch nicht berühmt, und das Feuer der Reformation hatte Deutschland zu sehr erfaßt. Erst der zweiten und dritten Jesuitengeneration ist es gelungen, den Ruf der Universität wieder herzustellen. Natürlich haben die bayerischen Herzöge dazu kräftig mitgeholfen. Der junge Maximilian verbrachte seine ganze Studentenzeit – dreieinhalb Jahre – in Ingolstadt. Und das mit übertriebenem Aufwand und Pomp, mit einem Gefolge von fast 100 Mann. Aber das hat sich in den katholischen Landen herumgesprochen und lockte andere Studierende an. Es ist geradezu auffällig, wie trotz dieses höfischen Aufwandes in den Briefen an Herzog Wilhelm den Frommen immer wieder von den Patres versichert wird, wie gut gesittet, wie sehr den Wissenschaften ergeben und wie bescheiden der junge Fürst sich allenthalben benehme. Nur das Jagen mache ihm gelegentlich Freude, und freilich einmal hat es einen Streit mit dem

Erzherzog Ferdinand gegeben, dem Vetter Maximilians, der auch in Ingolstadt studierte und einen kleinen Hof hielt, und das wegen des Vortritts und Vorranges in der Lieben Frauen Kirchen beim sonntäglichen Gottesdienst. Maximilian war damals 18, Ferdinand 13 Jahre alt.

Die Jesuitenprofessoren erneuerten in Ingolstadt die Scholastik, wie sie sich aristotelisch-thomistisch in Spanien weiterenwickelt hatte. Einer der größten Jesuitentheologen war der Pater *Gregorius* von Valencia, der von der Universität Salamanca kam. Er hat fast 30 Jahre lang in Ingolstadt gelehrt und war auch der Professor des jungen Bayernfürsten.

Daneben aber wurden die von den Jesuiten nicht besetzten Fakultäten der Medizin und der Jurisprudenz nicht vernachlässigt. Ingolstadt brachte es sogar zu einer Anatomie und 1763 zu einem chemischen Laboratorium, in dem bestimmt nicht nur das Goldmachen gelehrt wurde. Man legte Sammlungen an, erwarb mineralogische, botanische und zoologische Materialien, und 1767 wurde an der Universität sogar noch eine Sternwarte eingerichtet, nachdem man sich lange vorher, um 1738, zum kopernikanischen System bekannt hatte. – Aber ein völlig neuer Wind wehte in Ingolstadt erst mit der Berufung des Juristen und Wolff-Schülers Freiherrn Adam von *Ickstatt,* des Lehrers Maximilians III. – Trotz stürmischer Proteste aller Ingolstädter Professoren – der jesuitischen und der nicht jesuitischen – entschied sich der Kurfürst für die von Ickstatt und seinem Schüler, dem Rechtshistoriker *Lori,* geforderte Zulassung auch nichtkatholischer – also protestantischer –Autoren. Die Geschäftigkeit einer allein auf den Verstand des Menschen fußenden aufgeklärten Wissenschaft eroberte nun auch von Ingolstadt aus die Universalität des Geistigen. Bald sollte während der Examina kein Wein mehr getrunken werden.

Sechsundzwanzig Jahre in Landshut

Als vor gut 170 Jahren, am 20. Mai 1800, unsere erste bayerische Landesuniversität von Ingolstadt nach Landshut verlegt worden war, meinte ein alter Professor von der alma mater in der Schanz,

nicht nur die Ingolstädter würden diese Verlegung zu bereuen haben, denn was der Geist am allernotwendigsten brauche, das sei nicht die Bewegung, sondern die Ruhe. Und wie es schon Exjesuiten und Exprofessoren gebe, so werde es bald Exkönige, Exreiche und einmal vielleicht Exwelten geben.
Aber die aufgeklärte Welt hörte nicht auf den Rat des weisen alten Mannes. Die Argumente der Illuminaten waren wirkungsvoller. »Dieses Volk der Bayern ist träge«, sagte *Ickstatt* in einer anonymen Denkschrift des Jahres 1769, »um es aufzurütteln, es für geistige Güter zu erwärmen und dauernd an sie zu fesseln, muß die hohe Schule zu einer hohen Warte werden. Solange die Lehrer der Universität aber zwischen Soldatenhelmen und Jesuitenhütchen spazierengehen müssen, kann der Geist sich nicht erheben. Das öde, beengte Leben in der Festungsstadt läßt keinen frischen Atemzug zu uns dringen; soll unsere Schule wirklich eine hohe werden, so muß sie unter die Augen des erleuchteten Regenten, der aufgeklärten Lenker des Staates kommen, sie muß nach München verlegt werden.«
Doch diese Stunde war noch nicht gekommen. Auch Universitäten haben ihr Schicksal, und die Ludwigs-Maximilians-Universität schon gleich dreimal. 340 Jahre lang war sie in Ingolstadt, 26 Jahre lang in Landshut und in München endlich ist sie nun auch schon bald 150 Jahre lang heimisch. Es gibt keine europäische Universität, die so oft ihren Standort gewechselt hat. Die Zwischenstation Landshut auszulassen und gleich nach München zu übersiedeln, davor schreckten – ausgenommen der Universitätsrektor Ickstatt und der kurfürstliche Rat Zentner – auch die aufgeklärtesten Geister noch zurück. Selbst der Stifter des Illuminatenordens, Adam Weishaupt, sprach sich energisch gegen eine Verlegung der hohen Schule nach München aus. »Wo Lehrer und Lernende in dem Toben und Lärmen der Welt zu viel Zerstreuung fänden.« Er war für einen Umzug nach Stadtamhof, vor die Tore der freien Reichsstadt Regensburg, aber noch auf kurbayerischem Boden, wo zudem die nichtkatholischen Professoren von der freien Religionsausübung in der Reichsstadt profitieren könnten. – Die Ingolstädter Juristen wollten nicht nach München, weil sie dort in eine »elende Lage und in bedrängte Hausumstände« geraten könnten, denn in einer Residenzstadt wachse die Bevölkerung, und die daraus folgende Teuerung der Viktualien würde bei den Professoren der Juristenfakultät die zum Dozieren

erforderliche »Heiterkeit des Geistes« nicht aufkommen lassen. Für die Theologen und Philosophen sei das weit weniger schlimm, denn diese hätten ja keine Familien; und die Mediziner wären ohnehin imstande, in München mehr Geld zu verdienen als in Ingolstadt, lediglich für die Juristen bedeute der Abzug aus Ingolstadt, so schließt das Gutachten der Fakultät, »den materiellen Untergang«.
Der Gedanke, die Universität nach Landshut zu verlegen, stammt nicht von Montgelas. Schon 1779, nach dem Frieden von Teschen, als die Regierung in Landshut aufgelöst wurde, regte Kurfürst Karl Theodor selbst die Frage an, ob nicht zur Entschädigung der Stadt Landshut die Universität dorthin verlegt werden sollte. Rektor und Senat aber sprachen sich in einem von der Hofkammer verlangten Gutachten entschieden gegen Landshut aus. Und der Rat der Stadt Ingolstadt beschwor den Kurfürsten mit großer Inbrunst: »Unsere Weiber und Kinder ringen mit uns die Hände und seufzen und weinen über das Elend, so über uns donnert und das nahe und unausbleibliche Verderben droht«, wenn die hohe Schul »aus ihrer angestammten Stadt« wegziehen würde. Karl Theodor, der Fürst des ancien regime, ließ mit sich reden, und die alma mater blieb noch weitere zwanzig Jahre an der »durch so hohes Alter ehrwürdigen Stätte, in der echten Heimat Ingolstadt«.
Kaum aber hatte Karl Theodor die Augen geschlossen und Maximilian Joseph die Regierung übernommen, ordnete, am 25. November 1799 bereits, der zu jeder Erneuerung Bayerns fest entschlossene Minister Montgelas die Verlegung der Universität Ingolstadt nach Landshut an. Weder die Einwände einiger noch zum Widerspruche fähiger alter Professoren noch die himmelschreienden Bittgesuche der Ingolstädter konnten auch nur das mindeste ausrichten. Eine neue Ära war angebrochen, die Aufklärung feierte in Bayern ihre höchsten Triumphe. Nur die Vernunft galt als die Schöpferin alles Guten, nur sie allein vermag den menschlichen Verstand zu überzeugen und ihn »vom Irrtume des Alters« zu verschonen. – Es gab in Ingolstadt jetzt auch genug Professoren, die dem »Kerker, in welchem bisher die Musen schmachteten«, gerne entflohen. Allen voran der Jurist und Historiker Gönner, der Philosoph Salat, der Botaniker Franz Paula Schrank aus Schärding, die Theologen Anton Michl und Ludwig Feßmaier und wie sie alle geheißen haben, die längst vergessenen Illuminaten. Sie alle waren fortschrittliche Männer und

Anhänger Kants. Sie waren alle gebürtige Bayern und hatten es endlich leid, daß ihr Vaterland fortwährend als rückständig, finster und jesuitisch verschrien wurde. Sie stimmten mit Montgelas überein. Und es schmerzte sie nicht – auch nicht einige Ordensmitglieder unter ihnen –, daß man die Klöster aufhob und das Land einmal gründlich säkularisierte. Mochten einige unverbesserliche Exjesuiten in Ingolstadt zurückbleiben und ihre Pensionen verzehren, Landshut sollte ein neuer Anfang werden, der Beginn des glorreichen wissenschaftsgläubigen 19. Jahrhunderts.

Und Montgelas wollte noch mehr. Der alte bayerische Adam, die abergläubische barocke Frömmigkeit, die für einen modernen Staat doch so ohne jeden Nutzen war, sollte gründlich ausgetrieben werden. Um dieses Ziel zu erreichen, bedurfte man wahrhaft aufgeklärter Volkslehrer. So berief man denn nach Landshut gleich ein gutes Dutzend neuer und zuverlässiger Professoren. Auch Protestanten und Nichtbayern waren darunter. Aus Jena z. B. kamen der Altphilologe Friedrich *Ast* und der Historiker Wilhelm *Breyer.* Aus Dillingen holte man schon 1799 noch nach Ingolstadt die Theologen Joseph *Weber,* Benedikt *Zimmer* und Johann Michael *Sailer.* Aus Bamberg die Mediziner Georg *Bertele* und Andreas *Röschlaub.* Und trotz der kriegerischen Zeitläufe – die Landstraßen waren mit Troßwagen und Feldgeschützen verstopft, französische und österreichische Armeen bewegten sich durchs Land – zogen in den Maitagen des Jahres 1800 Studenten und Professoren mit Sack und Pack und auf niederbayerischen Leiterwagen, die der Landshuter Magistrat in ausreichender Anzahl geschickt hatte, durch die Tore der behäbigen Bürgerstadt an der Isar. Auch die Bibliothek und die anderen akademischen Schätze waren auf einer Karawane von Landshuter Leiterwagen verladen. Und seine Magnifizenz, der Rektor *Gönner,* meldete nach München submissest und frohlockend die vollzogene Umsiedlung. Jener Gönner, von dem Savigny, der große Jurist und spätere preußische Justizminister, 1811 in einem Brief an die Brüder Grimm schreibt:

»Gönner hat sich auch in diesen Zeiten benommen seiner Seele würdig, d. h. völlig charakterlos, ohne Wahrheit und Ehre, obgleich nicht ohne Verstand. Vor dem Krieg lobte er im Archiv nach der Reihe bis zur Unverschämtheit die Französische, Russische, Österreichische Gesetzgebung, ungewiß, von welcher Uniform wir Einquartierung bekommen würden. Noch während des Krieges sprach er sehr zweideutig; und nur erst als die Schlachten verloren waren, nahm er entschieden Partei.«

Dieser erste Landshuter Rektor Gönner also schrieb an den Minister Montgelas am 20. Mai 1800: »Der Kontrast, in welchem Ingolstadt mit Landshut in Rücksicht auf Gegend, Industrie, Schönheit und Reinlichkeit der Ortes, guten Ton – kurz, auf alle Attribute des menschlichen Lebens steht, ist so auffallend, daß wir mit vollester Überzeugung in der schlechten Lokalität von Ingolstadt den Grund mitfinden, der dem Aufblühen der hohen Schule bisher unbesiegbare Hindernisse entgegenstellte. Soviel wir bis jetzt wahrgenommen haben, ist allgemeiner Jubel über die Ankunft der Universität in Landshut.«

Untergebracht wurde die Universität in Landshut im ehemaligen Dominikanerkloster. Vor der klassizistischen Fassade dieses Gotteshauses, das jetzt zur Universitätskirche erklärt wurde, fand denn auch bald ein solenner Dankgottesdienst über die geglückte Verlegung der hohen Schule statt. Über einem Bild der Pallas Athene und anderen Genien der Vernunft wurde eine Triumphbogen errichtet, und Professor *Dietl*, von dem es in einer Spottschrift heißt, daß er, der lebendige Ästhet und humanste Humanist, sein rotes Köpfchen immer hin und her bewege und dabei die Hände sich possierlich reibe, dieser bayerische Yorick, wie er auch betitelt wird, also hielt bei diesem Dankgottesdienste die Festpredigt. Und er feierte in dieser Predigt die menschliche Vernunft als das kostbarste Geschenk Gottes. Nur die Unvernünftigen bedürften des Glaubens an Wunder und dunkle Mysterien. Gott aber wolle, daß uns endlich die Augen aufgingen und wir sähen, was dem Menschen zu Nutz und Frommen diene, nämlich Wissenschaft und mancherlei Kenntnisse, anständige Sitten, Fleiß und Regsamkeit. – Es war ein Höhepunkt der Aufklärung in Bayern.

Andreas Röschlaub errichtete ein klinisches Institut und veranlaßte die Promotion des Philosophen Schelling durch die medizinische Fakultät. In der mystischen Naturphilosophie Schellings suchte er nach neuen medizinischen Kenntnissen.

Johann Michael Sailer, der schon durch sein »vollständiges Lese- und Gebetbuch zum Gebrauche der Katholiken« in ganz Deutschland als Schriftsteller berühmt geworden war, der auch schon zu

Beginn seiner Landshuter Zeit »die Nachfolge Christi« des Thomas a Cempis übersetzt hatte, wies in seinen Vorlesungen auf die großen deutschen Mystiker hin und auch auf die protestantischen Dichter Paul Gerhardt, Zinzendorf und Mathias Claudius, blieb dabei aber immer auch fest katholisch.

Montgelas in München hat das alles lange noch für modern, vernünftig und dem Aufbau des neuen Staates nützlich gehalten, was da seine Berufenen in Landshut alles lehrten und dachten. Er hatte keine Ahnung, wie sehr er sich in der Universität Landshut getäuscht hatte. War es das gotische Martinsmünster mit seinem hohen Gewölbe und seinem himmelstrebenden Turm, das die Aufklärer im Handumdrehen zu Romantikern machte? Verführte die mittelalterliche Pracht und Wärme der Burg Trausnitz oder die lange Reihe der feinen alten Giebelhäuser? Es war halt wieder der Zeitgeist, die Reaktion auf die vernünftige, trockene Aufklärung, die Montgelas das Konzept verdorben hat. Sein Sturz wurde schon damals in Landshut eingefädelt. Denn der junge Prinz Ludwig wurde nach Landshut geschickt, um dort ein Semester zu studieren. Professor Sailer hielt dem Prinzen im Sommersemester 1803 wöchentlich drei Privatvorlesungen »über die Moral des Regenten nach christlichen Grundsätzen«. Diese Vorlesungen sind später im Druck erschienen. Staat und Kirche sind nicht zur Gegnerschaft, sondern zur Einheit bestimmt. Die staatsbürgerlichen Pflichten machen für Sailer einen wesentlichen Teil der christlichen Sittenlehre aus. »Wer keine Religion hat, taugt nichts, wer aber mit der Religion nicht zugleich Bürgersinn, Gehorsam für Gesetze und Vaterlandsliebe vereinigt, taugt noch weniger.«

Für einen Montgelas aber, für einen aufgeklärten Staatsmann im Empire Napoleons, hatte sich die Religion dem Staate unterzuordnen, und wenn sie das nicht tat, stand sie zum Staat in permanenter Gegnerschaft. Montgelas hatte keinen Sinn für Traditionen, war ein durch und durch unhistorischer Kopf, und in seiner Universität zu Landshut brach das Zeitalter der Geschichtswissenschaft an, begann nicht ein neues Zeitalter, sondern ein neues Mittelalter. Als er es merkte, war es zu spät, denn die romantische Bewegung, die beginnende Ära der Befreiungskriege und der nationalen Erhebung, hatte ganz Deutschland erfaßt. Wir wollen nun nicht behaupten, daß diese Bewegung von Landshut aus ihren Anfang genommen hätte, aber

Landshut war ein paar Jahre über immerhin eine nicht unbedeutende Heimstatt romantischer Geistigkeit und schwärmerischer Sehnsucht. Zu Deutschlands Befreiung und zur nationalen Idee haben die Professoren in Landshut gewiß wenig beigetragen: 1813 allerdings feierten alle Landsmannschaften einschließlich der Tirolia den siegreichen Ausgang der Völkerschlacht bei Leipzig durch einen gemeinsamen Kommers, und viele meldeten sich jetzt freiwillig. Und König Ludwig I. hat noch in späten Jahren manche religionspolitische Debatte mit dem Satze beendigt: »Der langen Rede kurzer Sinn: Teutsch und katholisch wie Sailer!«

Die Erwartungen, die man rein zahlenmäßig für ein Aufblühen der Universität in Landshut hegte, erfüllten sich nicht. Insgesamt waren in den 26 Jahren 5600 Studenten in Landshut immatrikuliert. Wenn man berücksichtigt, daß ein Teil von ihnen nur ein oder zwei Semester hörte, dann kommt man auf eine durchschnittliche Hörerzahl von etwa 500 Studierenden pro Semester. Vielleicht waren es manchmal auch weniger. Dabei hatte man in Ingolstadt auch schon 400 Immatrikulierte gehabt. In den ersten beiden Semestern waren gar nur 146 Inländer, also Kurbayern, und nur 26 Ausländer eingeschrieben. Als nun Bayern von Jahr zu Jahr größer wurde, wuchs natürlich in Landshut auch die Studentenschar rasch an. Und als nach dem Frieden von Preßburg auch Tirol, die Bistümer Brixen und Trient und Vorarlberg bayerisch wurden, kamen nach Landshut auch Tiroler und Vorarlberger Studenten, ja sogar solche aus Illyrien und dem Königreich Oberitalien.

1809 verließen die Tiroler heimlich Landshut und flohen über das Achental in die heimatlichen Täler und zu den Schützen Andreas Hofers. Montgelas hatte zwar den Befehl erlassen, die unbotmäßigen »südbayerischen Studiosi« – Südbayern hieß nämlich damals Tirol offiziell – auf der Flucht abzufangen und zu internieren, aber die bayerische Gendarmerie hat keinen ergreifen können. Nach Beendigung der Tiroler Kämpfe kehrten sie alle wieder nach Landshut zurück, denn der Generalkommissär für Südbayern, Max von Lerchenfeld, hatte beim König für sie eine Amnestie erwirkt, und man sah ihnen den »Jugendstreich« nach. Etliche dieser Tiroler Studenten sind später in Bayern geblieben, unter ihnen auch der liberale Fragmentist und Historiker Jakob Philipp Fallmerayer aus Tschöltsch bei Brixen.

Nicht nur durch die Kriegsläufte hatte die alma mater die ersten Jahre über manche Aufregung erleben müssen, ihre Hauptkrise in diesen Jahren rührte vorzugsweise von den üblichen Streitigkeiten und Gärungen im Lehrkörper der Universität selbst her. Die damaligen Professoren waren voller Zanklust und Eifersucht. Und es gab mehrere Parteien als nur Aufklärer und Romantiker, »Unchristen« und »Formchristen«, Katholiken und Protestanten; da waren auch noch die ganz alten Schulfüchse und Denunzianten, die Herren vom Kollegiatstift und die wohlhabenden Bürger der Stadt samt Magistrat und Bürgermeister. Professor Dietl z. B. verspottete die Dillinger Schwarmgeister und Freunde Sailers, Leveling und Rektor Gönner verfertigten Schmähbriefe gegen das ehrwürdige aber stockfinstere Kollegiatstift, Feuerbach führte eine berüchtigte Fehde gegen Gönner, Krüll und Guggamoos und gegen die übrigen »Landshuter Teufel«. Der Magistrat stritt sich mit dem Senat und die Studentenschaft – wie in Ingolstadt auch – mit dem Militär. Auch hatte Montgelas die Universität nach napoleonischem Stil und rheinbündischer Bürokratie neu organisiert. Die akademischen Freiheiten wurden etwas beschränkt und die Einhaltung eines gewissen Lehrplanes, den die Fakultäten genau auszuarbeiten hatten, wurde zur Pflicht. Die Studenten durften auf der Straße nicht rauchen, und es war ihnen verboten, einen eigenen Hausschlüssel zu führen.
Professorenstreitigkeiten blieben damals nicht verborgen. Die Gelehrten hatten noch eine große Freude an den sogenannten anonymen Schmähschriften. Man wußte trotz aller Anonymität natürlich sofort, woher der Schuß kam und zielte zurück. Die häßlichsten Pamphlete nannten jeweils den zu verspottenden Gegner als selbsteigenen Verfasser. So heißt z. B. der Titel eines solchen Heftes: »Aufruf an die Landshuter – von Herrn Hofrat und derzeit Rektor Magnificus Gönner – mit akademischer Freiheit gedruckt zu Landshut. 1802.« In dieser Schrift heißt es:
»Meine dummen und mönchischen, gesamten Landshuter! Freuet euch, in kurzer Zeit werdet ihr eure Stadt nicht mehr kennen! Die Jünglinge werden aller grau gewordenen Erfahrung spotten, indem sie ganz von dem Geiste a priori besessen sein wollen. Man wird Kaffee-, Huren- und Komödienhäuser statt Kirchen errichten. Ihr werdet von einem Extrem auf das andere fallen, ihr werdet euch in die Hände des so seligen und wollüstigen Unglaubens werfen. Alle

Stiftungen werden aufgelöst und verschleudert, denn ihr müßt wissen, daß wir unersättliche Harpyen sind. Gibt uns auch der herzensgute Maximilian Realitäten so viele als immer möglich ist, wir können nie genug bekommen, denn unser ist eine Legion, die im Fressen, Saufen, Schulden-, Schwänkemachen und Huren Meister sind. Aber cum litentia honoratiorum, ich bin davon der Chef!«

Und so geht es seitenlang weiter. Die Landshuter Denunzianten und Dunkelmänner hätten es zwar fertiggebracht, daß von München eine Kommission gekommen ist, die Sache heimlich zu untersuchen: »Der Branka und der Zehnter meinten es aber nicht bös mit mir, denn eine Krähe haut ja der anderen nicht die Augen aus. Landshuter, überhaupt Bayern, ich versichere euch, wenn der herzensgute Max Joseph mich, den Branka und den Zehnter noch lange statt seiner regieren läßt, so müssen uns alle Klöster und Stifter zinsbar werden und zur Universität ohne Pardon und Gnade beitragen, um daß so etliche Professoren von unserer Kränzlzunft sich weidlich und gut tun können. – Als nächstes wird folgen: die Bildergallerie berühmter und unverschämter Männer auf der Universität Landshut. Dazu aktenmäßige Stücke in Betreff der Feierlichkeiten, wo vorzüglich Feßmayr, Bertele eine Anrede an die Akademiker hielt, um ihnen begreiflich zu machen, daß Dienstmädchen der Charakter der Selbständigkeit und Persönlichkeit fehlt und selbe nicht sind wie der Humanissimus Dietl.«

Als nun auch noch eine bitterböse Schmähschrift »über die Sinnlosigkeit des Chorgesanges der Nonnen und andere Verirrungen« unter seinem Namen herauskam, veröffentlichte er eine »Echte Erklärung an das baierische Publikum vom Hofrat und Professor Gönner von Landshut«. Er bestreitet darin seine Urheberschaft und sagt, daß er unmöglich der Verfasser dieser Schriften sein könne, allein schon wegen des Mangels an Zeit; und wegen seiner so vielen wissenschaftlichen Publikationen. Dann aber setzt er in echt aufgeklärtem Geiste hinzu: »Daß das Chorsingen eine Sache sei, bei der weder Kirche noch Staat etwas gewinnen, weiß wohl jeder, der über seine Nase hinaussieht. Auch wachsen keine Früchte für Kirche und Staat, wenn nun statt lateinischer Sänger ein Chor deutscher Nonnen anstimmt. Wozu soll es also frommen, die Individuen eines Chorstiftes nach ihrem Privatleben zu sichten, wo vom Zwecke der Corporation allein die Rede sein kann?«

Und doch war es in Landshut – trotz all der professoralen Zänkereien – auch wieder recht schön und romantisch. Clemens Brentano, der Schwager Professor Savignys und der Bruder der Demoiselle Bettina, der späteren Gemahlin des Dichters Achim von Arnim, schwärmt von diesem Landshut: »Das liebe Landshut mit den geweißten Giebeldächern und dem geblackten Kirchturm, mit dem Springbrunnen, aus dessen Röhren nur das Wasser lief und um den die Studenten bei nächtlicher Weile Sprünge machten und sanft mit Flöte und Guitarre accompagnierten und dann aus fernen Straßen ihr ›Gute Nacht!‹ hören ließen!«
Und welch farbenprächtiges Leben muß sich an Sonntagen unter den Bögen und Lauben der Altstadt entfaltet haben! Die Spaziergänger auf den freundlichen Hofberg nicht zu vergessen und auch nicht ein glückliches Paar in den Höfen der Trausnitz!
Auf das aufregend große und revolutionäre Empire folgte das freundliche Biedermeier. Und das gleich mit einer schlimmen Teuerung, mit einer Art Inflation in den Jahren 1816 und 1817. – Eines ist jedenfalls nicht zu bezweifeln: wäre die Universität in der niederbayerischen Hauptstadt geblieben, die Landshuter Romantik wäre so berühmt geworden wie die Heidelberger. – Denn die gemütlichen Landshuter konnten auch recht freundlich sein. Als z. B. im Jahre 1803 nach Beendigung seines Semesters der Kurprinz Ludwig die Stadt verließ, überreichten ihm die Bürger einen auf Seidenpapier gestickten Vers folgenden Inhalts:
»Hocherlauchter Prinz! Vereint mit den edeln Bürgern, die freigebigen Sinns, fromm ehrten die heiligen Altäre. Scheidest du Fürst nun von uns, geschieden ist nimmer der Bürger Treue, und nicht das Gefühl der Tugend.«
»Die Domdohlen lärmen und zanken, St. Martin hat gute Gedanken« singt Georg Britting. – Die aufgeklärten Professoren in der Hochschulstadt waren nicht nur Teufel und Gotteslästerer, wie wir sie durch die Brille der immer noch andauernden romantisch-historischen deutschen Geistigkeit sehen. Da ist ein Professor Anton *Ekl* – er hat in Paris studiert –, der in seiner Poliklinik bereits erstaunliche Operationen durchführt und dieselben auch alljährlich in den *Berichten über die Ergebnisse in dem chirurgischen Klinikum* ausführlich beschreibt. Da sind die säkularisierten Benediktinermönche wie Maurus *Magold*, der Mathematiker, und Pater Bene-

dikt *Schneider*, der Theologe, ferner der Zisterzienserpater Benedikt *Holzinger*, der Kameralist. Sie alle zählen unbedingt zum aufgeklärten Kränzchen; vor allem der Philosoph und Physiker Gregor Leonhard *Rainer*, ein Prämonstratensermönch. Von ihm erzählt Ringseis, daß er im Jahre 1807, als in Seligenthal eine Feuersbrunst ausgebrochen war, mit vielen anderen Helfern rasch zulief. Da plötzlich fühlte er sich mitten im Laufen unwohl, und er tat den Ausspruch: »Himmitausendsakrament-ich-glaub-mich-trifft-der-Schlag!« Und gleich fiel er tot zu Boden. Worauf der Kirchenrechtslehrer Professor Anton *Michl* sich die Bemerkung gestattete: »Da hat man immer gsagt, mein Freund Rainer wird einmal ohne Sakrament sterben, und jetzt ist er gleich mit tausend aus der Welt gegangen!« – und der Professor *Salat*, einer der Landshuter Moralisten und Philosophen, soll einem Kutscher einmal statt eines Geldstückes sein eben erschienenes Buch »Die rein menschlichen Ansichten über die Ehe« gegeben haben.

Die berühmteste Landshuter Professorengestalt ist neben Sailer der Jurist Friedrich Karl von *Savigny*. Ein umfassender Geist, der nicht nur das positive Recht, das im Augenblick geltende Recht, im Auge hatte, sondern den Gesetzen der vergangenen Jahrhunderte nachspürte. Ein Mann, der Jurist, Historiker und Philosoph gleichzeitig war und dazu auch noch theologische Interessen hatte. Als man ihn, den erst 28jährigen nach Landshut holte, war er bereits ziemlich bekannt. Savigny stand mit allen bedeutenden deutschen Dichtern und Denkern seiner Zeit in Verbindung. Mit Goethe, Humboldt, mit den Brüdern Grimm und den anderen Romantikern. Gundel von Brentano war seine Gemahlin, und die berühmteste und allerbeste Liebesbriefschreiberin der deutschen Romantik, Bettina von Arnim, war seine Schwägerin und bewohnte in Savignys Landshuter Haus an der Neustadtecke das Musikzimmer und studierte beim Kanonikus Eixdorfer den Generalbaß. Bettina war damals noch ledig, 23, eine zarte romantische Schönheit mit dunklen Locken und großen blauen Augen. Sie versuchte sich in Landshut an einer Vertonung von Goethes Faust. Sie las nur Goethe, dachte nur an Goethe und schrieb an Goethe die innigsten und schönsten Liebesbriefe, die es in der großen deutschen Literatur gibt. Dabei war Goethe eben erst verheiratet und schon gute 58 Jahre alt.

»Bettina in Landshut an Goethe in Weimar. Landeshut am 23. Oktober 1809. – Das Reich Gottes stehet in der Kraft, zu jeder Zeit, und in allen Orten. Das hab ich heute gemerkt an einer hohlen Eiche, die dastand in der Schar wilder, hoher Waldpflanzen, ganz abgewendet vom Sonnenschein. Wolfstein ist bei drei Stunden von hier, man muß über manchen Stiegelhupfer, kömmt allmählich aufwärts zwischen Tannen und Fichten, die ihre breiten Äste im Sand schleifen. Dort stand vor vielen hundert Jahren ein Jagdschloß, vom schönen Herzog Ludwig von Bayern, dessen sonderliche Lust war, in dem Nebel und Abenddämmerung herum zu steigen; da war er einstmals abwärts gegangen und hatte ihn die Dunkelheit heimlich nah an eine Mühle geführt, das Wasser hörte er brausen und das Mühlenrad gehen, sonst war alles still. Er rief, ob ihn niemand hörte. Die Müllerin, die gar schön war, wachte auf, zündete ein Kienholz an und kam vor die Tür gegangen; da war der Herzog gleich verliebt, da er sie beim Schein der Flamme sehen konnte, und ging mit ihr ein. Blieb auch bis zum frühen Morgen; er suchte sich aber einen heimlichen Weg, wie er wieder zu ihr kommen möge, er vergaß ihrer nicht, aber wohl vergaß er der Mark Brandenburg, die er verlor, darum daß er auf nichts achtete, als nur auf die Liebe. Eine Ulmenallee, die zur Mühle führt vom Schloß aus und die er selbst pflanzte, steht noch. Daran sieht man, daß die Bäume wohl alt werden, aber die Liebe nicht; sagte einer von unserer Gesellschaft, da wir durch die Allee gingen. Und darum hat der Herzog nicht unrecht, daß er die Mark Brandenburg um die Liebe gab, denn diese ist immer noch da, und ist dumm! aber in der Liebe geht man einher wie im Frühling, denn sie ist ein Regen von samtnen Blütenblättern, ein kühles Hauchen am heißen Tag, und sie ist schön, bis sie am End ist. Ach Goethe, gäbst Du auch die Mark um die Liebe? Es würde mir nicht gefallen, wenn Du Brandenburg lieber hättest wie mich ...

Es geschieht hier nichts Merkwürdiges, nur hat der Ort auch noch die Eigenheit, die wie in ganz Bayern Regenwetter und Schönwetter einen gleich unangenehmen Eindruck macht, daß nicht nur allein die Menschen, sondern auch die Straßen und vorab die Kirchtürme widerwärtig sind. Denn sooft ein Domherr stirbt, wird ein Stein am Turm geweißt, also daß der Turm von oben bis unten weiß geplackt ist.

Man geht indessen weit spazieren mit mancherlei Gesellschaft. Sailer, Du mußt ihn dem Ruf nach kennen, geht meistens mit; ein junger

Italiener, der schöne Augen hat, ein Arzt, der mir den Intermaxillarknochen von einem erwachsenen Menschen sehr schön präpariert hat, um mir zu beweisen, daß Goethe recht hat, so noch mehrere sind unsere gewöhnlichen Begleiter; man sucht die steilsten Wege, um sich zu exerzieren auf das kommende Frühjahr, wo man eine Reise nach Tirol vor hat. Mit samt den beschwerlichen Weg werden tausend Späße, tausend Witze gemacht, die alle keinen Heller wert sind. – Eine bessere Klasse von Menschen, worunter wirklich herrliche Gemüter, sind hier die Mediziner; da die Krankheiten so schrecklich durch den Krieg in Aufruhr kommen, wurden die meisten ein Opfer ihrer Tätigkeit; mehrere waren Freunde von uns. Beiliegende Zeichnung ist das Porträt eines hiesigen Professors der Medizin, ein Freund unseres Hauses. Er interessiert sich so sehr für die Fische, daß er ein schönes Werk über die Fischherzen schrieb, mit gar guten Kupfern versehen.«

Auch später noch denkt sie oft und gern nach Landshut zurück, wo sie immerhin fast zwei Jahre ihres Lebens verbracht hat. Eine ungemein ergreifende Szene entwirft sie dem Geheimen Rat in Weimar vom Auszug aus Landshut, von dem großen, langen Abschiednehmen wie es halt für Romantiker sich geschickt hat.

»Jetzt muß ich sagen, daß Landshut mir der gedeihlichste Aufenthalt war, in keiner Hinsicht kann ich es genugsam preisen, auch in Bezug auf Dich hab ich es gefunden, wie ich es immer wünschte, daß die Begeisterung aus dem Herzen hervorgehe und nicht aus der Beurteilung. Nur von Dir kann man sprechen, nicht über Dich.

Von Landshut aus haben wir unsere Reise etliche Tage nach Ostern angetreten; bei dem Ausmarsch fanden sich viele zu Wagen und zu Pferd ein, die von ihrem Freund und Lehrer Savigny nicht so gleich scheiden wollten. Die ganze Welt war in und vor unserm Haus versammelt. Es war Wein ausgeteilt und unter währendem Vivatrufen ging der Zug zu Fuß zum Tor hinaus.

Die Reiter begleiteten das Fuhrwerk. Auf einem Berg, wo der Frühling eben zum ersten Mal die Augen aufgetan hatte, nahmen die Professoren und ernsteren Personen einen feierlichen Abschied. Dann fuhren wir noch eine Station. Unterwegs trafen wir alle Viertelstunde noch auf Partien, die dahin vorausgegangen waren, um Savigny zum letzten Mal zu sehen. Im Pesthause drehte sich einer um den andern nach dem Fenster, um die Tränen zu verbergen. Ein junger Schwabe, der mich Musik gelehrt hatte, war in seiner Betrübnis so sonderbar rührend, daß den übrigen das Herz beinah brach. Dieser Mensch ist ohnedem wie die personifizierte Volksromanze. Ich werde das nie vergessen, wie er weit voraus gelaufen war, um dem Wagen noch einmal zu begegnen, und nun im Felde stand, ohne aufzusehen, sein kleines Schnupftüchlein im Winde wehen ließ, und tausend Tränen vergoß. Es ist ein eignes und treues Volk die Schwaben. – Neun bis zehn der geliebtesten Schüler von Savigny begleiteten uns bis Salzburg: der ernste und älteste Nepomuk Ringseis, ein treuer Hausfreund, hat ein Gesicht wie aus Stahl gegossen, alte Ritterphysiognomie, kleinen scharfen Mund, mit schwarzem Schnauzbart, Augen aus denen die Funken fahren, in seiner Brust hämmerts wie in einer Schmiede, er will oft vor Begeisterung zerspringen; ist dabei voll Sanftmut, die Portugiesen sind seine Lieblinge.«

Dieser Nepomuk *Ringseis* ist ein Oberpfälzer Wirtssohn und stammt aus Schwarzhofen. Er wird später ein berühmter Arzt, Leibarzt König Ludwig I., auch dessen Freund und Reisebegleiter und zudem Universitätsprofessor. Ringseis ist auch einer der glühendsten Schüler Sailers, ein frommer, fester Katholik zeit seines Lebens, dazu ein passionierter bayerischer Patriot, der auch noch in alten Tagen an der Münchner Universität gegen die berufenen Nordlichter den Degen zieht. Mit Savigny und den meisten Romantikern Deutschlands bleibt er in regem Briefverkehr.

Neben Sailer gab es damals in Landshut auch noch die extremen Mystiker und Schwärmer, die sogenannten Erweckten, die mit dem späteren Bischof von Regensburg manchmal von den Zeitgenossen in einen Topf geworfen wurden, um so mehr als diese Professoren Boos, Lindl und Goßner von Haus aus Sailers Freunde gewesen sind. Bettine ließen diese Schwarmgeister kalt. Sie schwärmte nur für Sailer, für diesen milden und gütigen Menschen, dessen Schriften sie alle kannte und die sie auch noch als alte Dame in ihren Briefen an den Preußenkönig Friedrich Wilhelm IV. zitierte:

»Allergnädigster König! Der Bischof Sailer, der im Jahre neun an der Landshuter Universität theologischer Professor war und manche meiner jugendlichen Ansichten berücksichtigte, sagte von der Sünde: ›Der ist nicht unschuldig, der sich nichts vorzuwerfen weiß, sondern der, welcher sich sehnt nach Unschuld, wenn auch von der Schuld der Sünde gefesselt.‹ «

Das allergrößte Ansehen hatte Sailer bei den deutschen Romantikern in Heidelberg, Göttingen und Berlin durch sein Sammelwerk *Die Weisheit auf der Gasse oder Geist und Sinn der deutschen Sprichwörter.* Savigny nennt es sein schönstes Buch und stellt es neben *Des Knaben Wunderhorn* seiner beiden Schwäger. An die Brüder Grimm schreibt Savigny darüber: »Daß euch Sailers Weisheit auf der Gasse gefallen hat, freut mich ungemein. Die Vorrede besonders ist mir gar lieb. Sailer gehört zu den Menschen, bei welchem man obendrein sicher sein kann, daß sie alles, was sie schreiben, viel frischer und lebendiger empfinden, als ihnen der Ausdruck davon gelingt. Wenn es einer von Euch rezensieren wollte, wäre es mir lieb. Vielleicht in den Heidelberger Jahrbüchern? –« Die Brüder Grimm besprachen das Buch aber doch nicht. Savigny und Bettina von Arnim brachten es so weit, daß man in Berlin den katholischen Professor aus Landshut am liebsten zum Bischof von Breslau gemacht hätte, später dann zum Erzbischof von Köln. Jedoch Rom wollte Sailer lange nicht die bischöflichen Würden zugestehen. Dem österreichischen und bayerischen Nuntius war Sailer nicht ganz geheuer. Er war ihnen zu sehr mit den Protestanten befreundet. In Wien warnte sogar der heilige Clemens Maria Hofbauer vor dem Landshuter Professor. Erst siebzigjährig kam Sailer als Weihbischof und Koadjutor mit dem Recht der Nachfolge nach Regensburg in bischöfliche Würden.

Nach dem Wegzug Savignys, der einem Ruf nach Berlin folgte, und nachdem auch Sailer in Regensburg über die Maßen beschäftigt war, wurde es in Landshut wieder stiller mit dem akademischen Ruhm. Auf die geistige Turbulenz der Romantik folgte das Biedermeier. Und dieses war in Landshut halt kleinstädtisch verträumt und gemütlich niederbayerisch. Es roch nach Bier und Schnupftabak, nach frischem Brot, und an den Markttagen kamen die Bauern in die Stadt. Die literarischen Fehden der Professoren gingen jetzt um schiere Belanglosigkeiten. Der Archivar und Historiker Vinzenz *Pall,* Edler *von Pallhausen,* der vielleicht als Vater der späteren bayerischen Patriotenpartei gelten kann, stritt sich mit dem Kollegen Ritter *von Lang.* Pallhausen verfocht gegen ihn, der sich als Vertreter der Neubayern, Franken und Schwaben fühlte, die Sache der Altbayern, der Autochtonen. Seiner Meinung nach stammten die Bayern von den Kelten ab.

Auch das Studentenleben organisierte sich in Corps. Die meisten noch heute existierenden katholischen Verbindungen wurden damals in Landshut gegründet. 1826 wurde die Universität dann endgültig nach München verlegt. Landshut bekam dafür wieder eine Kreisregierung. Die Bürger der Stadt trauerten den Studenten nicht so sehr nach wie die Ingolstädter seinerzeit. Man war ja in Landshut auch ohne Universität wer.

Zur letzten Studentengeneration in Landshut gehörte auch der Graf Pocci. »Meine Wohnung«, schreibt er, »war bereits gemietet worden, und ich stieg im Hause des Buchhändlers Krüll ab. Eine köstliche Figur, dieser Krüll, mit einem Haarzöpflein. Madame Krüll, ein gutmütiges, korpulentes Weibchen, stets mit goldener Riegelhaube geschmückt, war eine bekannte Studentenmutter, die sich um die in ihrem Hause wohnenden Bürschlein wie um eigene Söhne kümmerte. Sie empfing mich aufs herzlichste mit ihrer Tochter Greti und schon am ersten Abend war ich eingebürgert im Hause. Die Familie Krüll hätte sich in corpore zum Personal eines Kotzebueschen Lustspieles geeignet. Der alte Buchhändler Krüll, eine Figur à la Louis XVI., brummig aber tief räuspernd und ziemlich sultanisch. Madame Krüll stets geschäftig und andächtig, die Greti gar nicht hübsch, aber sehr freundlich. Dann die Hauptfigur, der Buchhalter Radenger, viele Jahre schon im Haus, stets noch norddeutsch sprechend, höchst wichtigtuend und mit sehr spitzer Nase. Dazu ein sehr hübsches Hausmädchen, eine allerliebste kleine Brünette ...« Franz von Pocci, der spätere Vater des Kasperltheaters, komponierte im Hause Krüll in Landshut ein Lied, das schnell zu einem viel gesungenen Volkslied wurde: Flug der Liebe. »Wenn ich ein Vöglein wär und auch zwei Flüglein hätt, flög ich zu dir ...«

Hätte König Ludwig I. nicht unmittelbar nach seinem Regierungsantritt die Verlegung der Universität von Landshut nach München verfügt, so wäre – wie manche Professoren damals sagten – die Wissenschaft in Bayern versauert. Denn das kurze Landshuter Zwischenspiel habe die Kontinuität mit der Ingolstädter Universität abreißen lassen. Davon konnte nicht die Rede sein. Nicht um der Wissenschaften wegen mußte die Universität nach der Haupt- und Residenzstadt verlegt werden, sondern Münchens wegen. Denn was wäre München ohne Universität geworden? Ein oberstes Verwaltungszentrum mit vielen Behörden, ein Tempel ohne Musen, aber niemals das »Isarathen« Ludwig des I.
Der Mediziner Johann Nepomuk *Ringseis*, der jetzt zum Leibarzt Ludwigs avanciert war, ist einer der eifrigsten Förderer der Universitätsfrage. Er bietet dem König ein Konzept an. »Majestät«, sagt er, »die drei bayerischen Universitäten, deren Ansehen derzeit gesunken, können am sichersten gehoben werden durch die Versetzung derjenigen von Landshut nach München, d. i. durch Errichtung einer Haupt- und Normal-Universität in München, die eben dadurch eine Pflanzschule von Professoren für die zwei übrigen Universitäten werden wird.«
Mit dem Beginn des Wintersemesters 1826, am 15. November, wurde die Universität nun an ihrer dritten Heimstatt, in München, feierlich eröffnet. In einem Festzug begaben sich die Professoren und Studenten, nach Fakultäten geordnet, zum Gottesdienst in die Michaelhofkirche. Voraus schritten die Pedelle mit den akademischen Insignien. Die Straßen, die der Zug berührte, waren eigens mit Brettern belegt worden. – Die Bürger und der Magistrat der Stadt zeigten sich glücklich und dankbar. Und die zahlreich herbeigeströmten Studenten feierten den König mit einem Fackelzug. Ludwig I. trat ans Fenster, nahm die Huldigung entgegen und hielt folgende kurze Ansprache:
»Ein vormaliger Studierender der Ludwig-Maximilians-Universität dankt vielmals. Religion muß die Grundlage sein und durch das Leben begleiten. Bigotte und Obskuranten mag ich nicht. Auch keine

Kopfhänger. Die Jugend soll auf erlaubte Weise fröhlich sein. Raufereien dulde ich nicht. Kleiden können sich die Studenten, wie sie wollen.«
1560 Studierende hatten sich 1826 gleich in München immatrikulieren lassen. In Landshut waren es nur etwa 500 gewesen. Dabei gab es in München noch kein Universitätsgebäude. Durch die vorausgegangene Säkularisation gab es jedoch auch in München genügend Platz. Im Jesuitenkolleg an der Neuhauser Straße, im sogenannten Wilhelminum, wurde die Alma mater provisorisch untergebracht. Die Mediziner bezogen das allgemeine Krankenhaus, das vordem von den Barmherzigen Brüdern betrieben worden war und draußen vor dem Sendlinger Tor lag. Dort hatte sich überhaupt schon so etwas wie ein medizinisches Viertel eingerichtet, das nun allmählich zum Krankenhaus links der Isar wurde. Schon vor der Verlegung der Universität hatte hier Leo von Klenze ein anatomisches Theater gebaut. Das kommt daher, daß ja die damals in München schon lange blühende Bayerische Akademie der Wissenschaften nebenbei eine Art medizinische Hochschule betrieb. Bereits 1809 hatte Minister Graf Montgelas den in Frankfurt wirkenden Anatomieprofessor Samuel *von Sömmering* nach München berufen, der zugleich ein hochbegabter Physiker war. Und weil damals gerade wieder Krieg mit Österreich gedroht hat, sagte König Max zu den Akademikern: Wie kommod es wäre, wenn man da heut schon wüßte, was gestern in Tirol, Wien oder gar Paris passiert ist. Der Mediziner Sömmering erfuhr von diesem königlichen Ausspruch und begann einen Telegraphen zu entwickeln aus einem Volta-Element und einer elektrolytischen Zelle, in der bei Schließung des Stromkreises ein Knallgasbläschen aufsteigt. 25 solcher elektrolytischer Zellen sollten die Buchstaben des Alphabets bedeuten. Und je zwei Drähte für die Buchstaben dieses Alphabets waren dazu notwendig.
Eine äußerst umständliche Telegraphiererei. Am 28. August 1809 wurde diese Art der Nachrichtenübermittlung in der Königlich Bayerischen Akademie der Wissenschaften vorgeführt. Man konnte damit natürlich nichts Praktisches anfangen, aber immerhin war es die erste elektrotechnische Apparatur zu einem angewandt nützlichen Zweck. Und genau am 60. Geburtstage Goethes!
Welch ungeheuren Aufschwung sollten die Naturwissenschaften an der Münchner Universität im 19. Jahrhundert nehmen! Davon

konnte Ludwig I. keine Ahnung haben. Ihm und seinem Leibarzt Ringseis ging es mehr um die christliche Erneuerung der Geisteswissenschaften, um die Überwindung der Aufklärung und um die Beseitigung der Schäden der Säkularisation. Eine Pflegestätte der Künste und Wissenschaften sollte Ludwigs München werden. Unter Künsten verstand der König aber doch vornehmlich die bildenden Künste, und die Wissenschaften interessierten ihn ohnehin nur nebenbei in seiner romantisch-christlich-deutschen Begeisterung. Die meisten Professoren kamen von Landshut mit nach München. Neu berufen wurden der Theologe und spätere Dompropst Ignaz *Döllinger*, Obermedizinalrat Ringseis, dessen medizinisches Hauptwerk in der Sünde die Ursache einer jeden Krankheit sah. Er hat die Behandlung vieler seiner Patienten damit eingeleitet, daß er sie zum Empfang der heiligen Sakramente anhielt. Daneben war er aber durchaus kein Kopfhänger und Frömmler, sondern ein toleranter und vielseitig interessierter Herr, ein guter Gesellschafter, der auch mit Andersgläubigen befreundet war und mit den geistigen Kapazitäten halb Deutschlands im Briefwechsel stand. Ringseis ist über 90 Jahre alt geworden, und noch als Greis konnte man ihn zu Pferde sitzen sehen, seine Patienten besuchend, und dabei – damit nur ja keine Zeit verlorenginge – eifrig in einem Buche lesend.
Auch Franz *von Kobell* wurde 1826 berufen. Er erhielt die Professur für Mineralogie. Kobell war einer der ersten bayerischen Mundartdichter. Er war ein passionierter Jäger und Zitherspieler, sang Schnadahüpfl wie ein Wildschütz und schrieb die selten schöne Erzählung *Der Brandner-Kaspar schaut ins Paradies.* Friedrich *Thiersch* war der gefeierte Philologe und Friedrich Wilhelm *Schelling* der weitberühmte, große Philosoph während der ludevizianischen Zeit. Die studierende Jugend Deutschlands strömte nach München. Der König hatte nämlich noch eine berühmte Persönlichkeit berufen, einen Mittelpunkt und einen dieser »neuen, positiv gerichteten Geistigkeit«, den in Straßburg im Exil lebenden Joseph *Görres*, den Herausgeber des »Rheinischen Merkurs«. Er sollte über allgemeine Literaturgeschichte lesen. Görres gilt als der einflußreichste Publizist seiner Zeit. Im Rheinischen Merkur schrieb Görres anläßlich der Thronbesteigung Ludwigs I. einen fulminanten Aufsatz, der schon in seiner Überschrift den Geist der Gegenreformation beschwört: »Kurfürst Maximilian I. von Bayern an König Ludwig:

O sei ein christlicher Fürst! Säule zugleich dem Glauben und Schützer der Geistesfreiheit, und dein Beispiel möge die Zeloten von zweierlei Art verstummen machen. Sei auch den Künsten ein Nährvater und Beförderer, aber lasse dich von ihrem Zauber nicht über Gebühr befangen! Sei ein rechter Fürst von Gottes Gnaden! Achte jegliches Talent und jedes Verdienst in deinem Reiche, aber laß dir jene frechen Glückspilze nicht nahe kommen, die im Verderben der letzten Zeit aufgeschossen und im Schlamme der Sündflut festgehaftet. Sei fortan ein Schirmvogt und Hort des Glaubens, damit Bayern wieder werde, was es zuvor gewesen, ehe sie das Gegenteil ihm angelogen: ein Schild und Eckstein der deutschen Kirche.«

Bis 1840 – also volle 14 Jahre lang – verblieb die Universität im ehemaligen Jesuitenkolleg an der Neuhauser Straße. Dies war denn auch die Epoche der geistigen Erneuerung Bayerns unter Ludwig I., die große Zeit Görres und Schellings.

Und da der König diese christliche Geistesfreiheit vor allem im Benediktinerorden verkörpert sah, begünstigte er auch die Wiedererrichtung mehrerer Benediktinerstifte, wie Metten, Scheyern, St. Stefan in Augsburg und ganz besonders das völlig neu zu bauende St. Bonifaz in seiner Haupt- und Residenzstadt. Der Orientalist und Exeget an der neuen Münchner Universität *Hanneberg* wurde der erste Abt von St. Bonifaz. – Wie sehr mußte später den König schmerzen, daß der intolerante Ultramontanismus in Bayern doch wieder sein Haupt erheben konnte! Freilich waren auf der anderen Seite die alten Spötter auch nie ganz verstummt. Der Philologe Jacobs aus Gotha z. B. spottet:

»Wenn ich durch die Residenzstraße die ehrenwerte Universität mit dem Symbol der Lehrfreiheit einherziehen sehe, und auf der Schwabinger dann die sehr hochwürdigen Franziskanerväter in ihren braunen Kutten, mit dem Stricke hierarchischer Knechtschaft umgürtet, so wandelt mich eine unbeschreibliche Bangigkeit an, und ich denke, daß da, wo man Unvereinbares vereinigen will, der innere Friede und die Harmonie der Gedanken nicht groß, die Klarheit der Ansichten nicht durchdringend sein kann.«

Ludwig hatte zur Zeit der Universitätsverlegung nach München auch wieder Franziskaner berufen. Und die Söhne des heiligen Franziskus waren gewiß keine gefährlichen Ultras. Wie nahe die Zeiten damals – trotz allen Neuanfangens – noch beisammen waren, nämlich Aufklärung, Säkularisation und christliche Romantik, das beweisen die Namen etlicher Patres aus den aufgehobenen Klöstern, die an der Universität Lehraufträge hatten, wie gleich der zweite Münchner Rektor Magnificus, Pater Florian *Meilinger*, ehemaliger Konventual aus dem Stift Benediktbeuern, oder der Physikprofessor und Mathematiker Pater Ulrich *Schiegg* aus Ottobeuren, der sich um die Vermessung Frankens Verdienste erworben hat.

Zänkereien unter den Professoren hatte es an der Alma mater immer gegeben, in Ingolstadt wie in Landshut. In den ersten Münchner Jahren passierte kein Skandal, kursierten keine giftigen Flugblätter. Die Autorität und unmittelbare Nähe der kgl. Regierung und des Hofes war daran nicht allein die Ursache. Die Probleme der modernen Wissenschaften waren selber zu bedeutend und schwierig geworden, das Ansehen der Professoren zu groß, als daß die Eifersüchteleien und Intrigen noch so derb hätten ausgespielt werden können wie zu Ickstatts und Loris Zeiten. Auch war die Besoldung der Universitätslehrer jetzt bedeutend großzügiger geregelt worden. Im Durchschnitt bekam ein Ordinarius 1827 etwa 1000 fl Jahresgehalt, dazu an Naturalzulagen zwei Scheffel Weizen, 3 Scheffel Korn und zwischen 8 und 12 Scheffel Haber. Görres bekam sogar 1850 Gulden und die Reichnisse an Getreide.

Alles scheint zum Besten der Universität bestellt. Der Kulturminister Eduard von Schenk zählt zum Freundeskreis der modern katholischen Gelehrten, zu Ringseis, Kobell, Schelling und Görres. Die neue Verfassung der hohen Schule verbrieft die akademische Freiheit auch den Studierenden großzügig. Man hat sie zwar dem König beinahe abringen müssen. Aber nun sind alle Parteien zufrieden. Des Königs Architekt Gärtner plant auch schon die neuen Universitätsgebäude im Norden der Stadt, am Ende der eben im Bau befindlichen Prunkstraße, die den Namen des großen Mäzenas tragen wird.

1840 können sie bezogen werden. Ein repräsentativer, schöner Bau an einem würdigen Platz, am Ende einer Straße, die der Architektur nach zu den schönsten Straßen der Welt gerechnet wird. Die römischen Brunnen davor – Symbol des Friedens, des Überflusses und der Humanität – reichen ihre Wasser von Schale zu Schale. Bald werden durch das Siegestor daneben die wissenschaftlichen Errungenschaften in die Welt hinausdringen. In München ist der Geist heimisch geworden.

Auch die paar nichtbayerischen Professoren fühlen sich in München wohl. Und den Münchnern tun sie nicht weh. Das bayerische Element überwiegt noch stark in der ludovizianischen Epoche. Und die Münchner lassen sich nicht genieren von den Studenten und all der Gelehrsamkeit. Das gesellschaftliche Leben in den vielen Wirtshäusern und Bierkellern geht weiter wie eh und je. Die Stadt hat noch keine 100000 Einwohner. Die Gewappelten sitzen neben den einfachen Leuten, salzen ihren Radi wie alle, brocken sich Brot ins Bier, essen ein Züngerl oder einen Schweinsbraten. Einladungen kennt man auch in der höheren Münchner Gesellschaft nicht. Man trifft sich am Abend immer in den Lokalen. So halten es die gewöhnlichen Stammtischler wie die Vertreter der auserlesenen Gesellschaft, die Mitglieder der sogenannten Zwangslosen oder die Herren der Vereinigung von Altengland. Wird es in so einer Professorengesellschaft einmal lustiger, dann heißt es: »Herr Kobell, bittschön singen S' uns ein paar Schnadahüpfl vor!« Da greift der Professor zur Zither und singt eins von der Sennerin, oder er preist den »Bock« in hohen Tönen.
Auch der in Koblenz geborene Görres fühlt sich in München bald heimisch. »Die Masse des Volkes der Bayern«, so schreibt er bald nach seiner Niederlassung, »hat mir über Erwartung zugesagt. Es ist eine schöne, kräftige Anlage in diesem Stamme, aus der viel Gutes hervorgehen könnte. Der Schlag ist rauh, aber nicht grob und roh, heftig, aber nicht bösartig. Es liegt ein großes Kapital an Kraft und natürlicher Anlage in ihm, weit mehr als in unserem Volk am Rhein, das gewandter, aber nicht so nachhaltig ist. Sie haben mir in natura viel besser gefallen als im Bild, das ich mir von ihnen gemacht.«
Görres war sehr groß und übermäßig schlank, mit großer Adlernase und tiefliegenden funkelnden Augen. Seine Gegner behaupteten, er habe einem Geisterbeschwörer ziemlich ähnlich gesehen. Und ein ganz boshafter fügte über den Stil seiner Vorlesungen hinzu: »Uns Studenten machte er so blind und dumm mit seinen Inspirationen, daß mir die Apokalypse selber bald als ein Muster von Klarheit erschien neben seinen Erläuterungen.«
Und doch war er eine Zelebrität ersten Ranges. In sein Gartenhaus in der Schönfeldstraße kamen die führenden Männer von halb Europa zu Besuch. Fürst Metternich, Erzherzog Max, der Graf von Chambord und viele andere. – Aber Görres hatte in München doch auch einen Rivalen, oder vielleicht sogar einen Gegenpol, den Philoso-

phieprofessor *Schelling*. Neben dem Altbayern Franz *von Baader* hielt man ihn allein für befähigt, »die Philosophie aus der Wüste der Aufklärung herauszuführen«. Während nun Görres von Schelling durchaus die hohe Meinung hatte, hielt Schelling nichts von dem Literaten Görres. Und er nannte ihn und seine Parteigänger eine »bis zum Wahnsinn fanatische Partei«, welche der »freisinnigen Entwicklung der Dinge entgegen« die Pläne der berufenen Protestanten durchkreuze. Schellings Kreise sammelten sich später dann hauptsächlich um den Thronfolger Max und standen dem Ministerium Abel feindlich gegenüber. So trugen die neuen positiv christlichen Geister den Keim des Zerwürfnisses schon von Anfang an in sich.
Es wären noch eine Menge anderer Namen zu nennen: die Philosophen *Lasaulx* und Martin *Deutinger* und der junge Dozent Andreas *Schmeller*, der seit 1829 Vorlesungen über die altdeutschen Sprachdenkmäler hielt. Schmeller war ein Einzelgänger und hielt sich von der katholischen Erneuerung ziemlich zurück. Gegen Professor Ringseis, der sein Landsmann war – beide stammen aus der Oberpfalz und sind im selben Jahrgang 1785 geboren – spottet er gelegentlich heimlich in seinen Tagebuchaufzeichnungen. Anläßlich einer Einladung bei Herrn von Aretin, den er einen Panegyriker des katholischen Kurfürsten nennt, fühlt er sich vor Ringseis, Görres Vater und Sohn, »wie Saul unter den Propheten«. – »Denn«, so schreibt er, »viel und Ernstliches wurde da verhandelt über Besessene und das Austreiben der Teufel, so daß ich mir vorkam wie im Tollhause gegenüber diesen sonst so verständigen, gelehrten, ja berühmten Leuten.« Auch Kobell und die meisten anderen frommen Kollegen an der Universität findet er unsympathisch.
Es gab auch andere Freigeister, z. B. den Orientalisten Karl Friedrich *Neumann*, gebürtig aus Reichmannsdorf bei Bamberg. Er hatte sich durch »Zurschautragung ungläubiger Theorien« in München unmöglich gemacht und wurde vom Ministerium in den Ruhestand versetzt. Desgleichen mußte der Philosophieprofessor Heinrich *Lindemann* wegen erwiesener Glaubenslosigkeit pensioniert werden. Diese beiden eklatanten Fälle an der Münchner Universität riefen den Erzbischof Reisach auf den Plan. Es kam zu einer bayerischen Bischofskonferenz in Würzburg. Ignaz Döllinger hielt ein ausführliches Referat, und man beriet darüber, wie man in Zukunft dergleichen Vorfälle vermeiden könne und kirchlicherseits auf die Berufung der Pro-

fessoren in der theologischen und philosophischen Fakultät mehr Einfluß gewinnen könne.
Daß der deutsche Dichter Heinrich Heine, der in den Jahren 1826/27 in München lebte – und sich an der neuen Universität eine Professur erhoffte – kein Gehör fand, ist nicht verwunderlich. Seine Verse klangen den Herren mitunter etwas frivol. Seine Stimmung in München wurde daher zusehends schlechter. Und sein Spott empfindlicher. Den Innen- und Kultusminister Eduard von Schenk nannte er den größten Dichter der Welt. Schenk schrieb nämlich auch Dramen, und sein ›Belisar‹ brachte es zu vielen Aufführungen. »Görres«, schreibt Heine, »wird täglich katholischer und wird gewiß Kardinal. Madame Görres strickt schon violette Strümpfe.«
Das studentische Leben im München der Biedermeierzeit bewegte sich in ruhigen Bahnen. Zunächst wenigstens noch. Obwohl die ca. 1700 Studierenden um 1830/40 in der kleinen Stadt nicht unbemerkt geblieben sind. Es wird von keinen Wirtshaushändeln zwischen Studenten und Soldaten erzählt, wie sie doch in Ingolstadt beinah an der Tagesordnung gewesen sein sollen. Aber mit der strengen Münchner Polizei kam es manchmal zu Zusammenstößen. So am Heiligen Abend 1830. Es fing harmlos an. Der Brigadier Albert begegnete um 11 Uhr in der Rosengasse einem lärmenden Haufen von ungefähr zwanzig Studenten. Der Brigadier ermahnte die Studierenden zur Ruhe, »indem die Polizeistunde schon vorüber sei. Das half aber nichts. Der Zug bewegte sich lärmend weiter durch die Kaufinger und Neuhauser Straße bis zum Karlstor und vermehrte sich durch Zuströmen vieler Neugieriger. Der Bigadier Albert hatte inzwischen noch zwei Gendarmen an sich gezogen und wiederholte am Karlstor die Aufforderung zur Ruhe, was abermals nicht fruchtete. Der Rädelsführer, nun aufgefordert seinen Namen anzugeben, verweigerte diesen, worauf man ihn, unter Beihilfe mehrerer Bürger und der Wachmannschaft arretierte. Es war der Kandidat der Medizin Karl Vincenz ...« Noch zwei Juristen und ein Mediziner wurden verhaftet. Inzwischen wurde eine kleine Mobilmachung der Münchner Garnison angeordnet. Kürassiere rückten aus, die Wachen traten unters Gewehr, der Kompanie-Kommandant, der Polizeidirektor und der kgl. Stadtkommandant trafen persönlich auf dem Kriegsschauplatz ein. Nach dem Rektor Magnificus der Universität wurde gesucht. Er zelebrierte gerade die Christmette. Um eineinviertel Uhr

kam er endlich an. Da waren aber nur noch ca. 30 Studierende am Platze, dazu die Arretierten, die Gendarmen und die Soldaten samt den Herren Offizieren. »Nachdem man dann den Verhafteten ihre Karten abgenommen und sie entlassen hatte, entfernte man sich wieder.«

Der Fall ist aber damit noch lange nicht beendet. Er beschäftigt den Herrn Innenminister von Schenk und den Herrn Regierungspräsidenten. Es werden lange Schriftstücke verfaßt. Man vermutet hinter dem Studentenexzeß »das Dasein einer zur Zeit noch verborgenen Ursache«. Und es beschäftigt der Fall auch den König. Und das gleich zweimal. Am 29. Dezember ergeht folgender Befehl:

»Seine Kgl. Majestät haben sich bewogen gefunden zu beschließen wie folgt: 1. Von heute an bis zum 1. März 1831 ist die Universität dahier geschlossen. 2. Bis zum 31. Dezember dieses Jahres mittags müssen alle Universitätsstudenten mit Ausnahme derjenigen, welche dahier domiziliert sind, dann der Zöglinge des Georgianums, ohne Gestattung irgendeiner Nachsicht, die Stadt München verlassen haben.«

Tags darauf aber, am 30. Dezember, wird der Befehl wieder zurückgenommen. Diesmal heißt es auch sanfter: »Ludwig, von Gottes Gnaden König von Bayern. Unsere Entschließung von gestern soll in Beziehung auf die zur Studentengesellschaft Germania gehörigen Mitglieder streng vollzogen werden. In Beziehung auf die übrigen bleibt der Vollzug Unserer Entschließung bis auf Unsere weiteren Befehle verschoben. Jeder ferner von Studenten veranlaßte Auflauf hat aber den unnachsichtigen Vollzug Unserer Entschließung zur unausbleiblichen Folge. Ludwig.«

Schelling erteilte der versammelten Studentenschaft in der Aula eine pädagogische Lektion. Er sagte, wenn so ein Krawall noch einmal vorkomme, würde vielleicht sogar die Universität nach Landshut zurückverlegt werden. Er appellierte an das Vaterland und an die tiefgebeugten Eltern und Verwandten. Man ging endlich getröstet auseinander. Von der Zeit an herrschte in München unter den Studenten eine mustergültige Ruhe und Ordnung. Kein nächtlicher Klamauk mehr, keine Belästigung des Bürgers. Wenigstesn bis ins Revolutionsjahr 1848 nicht mehr. Dann sollte es freilich wild aufgehen.

Es gibt um den König Ludwig I. auch freundliche Anekdoten in seinem Umgang mit Studenten: Es ist kalt. Der König geht im Hofgarten spazieren und trifft auf einen Studiosus, der lesend auf und nieder geht. Der leutselige Monarch, der von dem Studierenden nicht erkannt wird, fragt: »Mein Lieber, warum arbeiten Sie nicht auf Ihrem Zimmer?« Der Student antwortet – immer nebenbei lesend und kaum aufsehend: »Ich hab kein Geld fürs Holz.« Der König erwidert: »Warum wenden Sie sich nicht an den König?« Da sagt der junge Mann: »An den Geizkragen Ludwig? Niemals. Dazu wäre das Papier zu schade.« Schon am nächsten Tag fuhr man dem Studiosus einen Klafter Scheiter vor die Haustür mit einem kgl. Bilett, auf dem geschrieben stand: »Für die Erwärmung der Wissenschaft! Ludwig der Geizige.«

Ein Westfale erregte besonderes Aufsehen wegen seiner ungeheuren Körperlänge. Zwei Semester lang studierte er in München die Theologie, da war es kein Wunder, daß er eine Stadtprominenz war. Auch der König hatte ihn schon öfters gesehen. Eines Tages nun begegnete der Studiosus seiner Majestät in der Kaufingerstraße – Ludwig ging ja in München meistens zu Fuß wie ein anderer Bürger auch –, da blieb der König stehen und sagte zu dem angehenden Pfarrer: »Schade, wenn Sie nicht Bischof werden, Sie könnten die ganze Diözese überschauen.«

So lebte man patriarchalisch wie in einem großen Dorf, und der Herr König war der Vater der Gemeinde. Die Professoren trugen ihre säkularen Häupter hoch erhoben; die Studenten waren brav und fleißig; und die Münchner Geschäftsleute konnten sich nicht beklagen, besonders nicht die Bierbrauer, die jetzt im Biedermeier anfingen, die Hunderttausend-Hektolitergrenze zu erreichen. Dazu kamen die vielen hübschen Kellnerinnen; sie müssen hübsch gewesen sein, denn unzählige Reisebücher und Briefe erwähnen sie schwärmerisch. Der Beruf einer Kellnerin war ja damals der weibliche Hauptberuf in München.

Der Medizinprofessor Kußmaul aus Straßburg erzählt in anheimelndem Stil von dem Erlebnis der Münchner Fronleichnamsprozession. Überhaupt beschreiben viele Fremde dieses Ereignis. Der Tag war eine Hauptattraktion. München repräsentierte sich da in der Summe seiner Erscheinungen in seiner Geistigkeit und Leiblichkeit. Der Mediziner schreibt:

»Im ersten Stock eines Kaffeehauses konnten wir ein Fenster in Beschlag nehmen, vor dem die Prozession defilierte. Zu uns gesellte sich das zutrauliche Nannerl, die fescheste Kellnerin des Hauses, und gab uns manche erwünschte Auskunft. Der Zug war einfach großartig. Der Erzbischof mit der Geistlichkeit, der König mit allen seinen Prinzen, der Hofstaat, Adel und Minister, Militär und Bürger, Männer und Frauen, alt und jung, zogen mit Musik, betend und singend, viele nur plaudernd, vorüber. Auch Ringseis sah ich unter den Professoren der Universität, er durfte nicht fehlen. Ganz am Ende des Zuges kam psalmodierend ein Trupp Franziskaner. ›Jetzt paßt's auf!‹ kicherte das Nannerl, ›seht ihr den Dicken in der Mittn? – Da, er wird gleich heraufschauen und mir zuwinken.‹ – So geschah es. Der Dicke in der Kutte blickte zu Nannerl herauf, winkte und schmunzelte. – Der Tag war heiß, und die Andächtigen strömten nach der Prozession durstig in die Bierkeller ... das Volk, der Adel, die Studenten und die Professoren ...«

Nach dem Umzug in die neuen Gebäude an der Ludwigstraße ging die ludovizianische erste Epoche der Münchner Universität langsam ihrem Ende entgegen, und der Einfluß des jungen Kronprinzen Max, der ja von den Professoren so angetan war, daß er am liebsten selbst einer geworden wäre, nahm in den Universitätsangelegenheiten immer mehr zu. Am meisten liebte er die Geschichtswissenschaften, die damals durch den großen in Berlin lehrenden Leopold von Ranke und dessen Schüler an allen deutschen Universitäten einen großen Aufschwung nahmen. Und der Kronprinz studierte in Berlin, nachdem er vorher in Göttingen eingeschrieben war, wo er beinahe zum Protestantismus übergetreten wäre. Maximilian war als Kronprinz schon fest entschlossen, an der Münchner Universität die völlige Geistesfreiheit einzuführen. Kurz vor seiner Vermählung mit der preußischen Prinzessin Marie bat er Ranke, ihn bei der Suche nach einem geheimen Sekretär und Ratgeber behilflich zu sein. Der Mann müsse eine »gründliche klassische, philosophische Bildung haben und publizistische, literarische und wenn möglich auch juristische und politische Kenntnisse besitzen«. – Die Wahl fiel auf den jungen Geschichtsprofessor Wilhelm *von Doenniges,* einen gebürtigen Pommern, der aber schon früh nach Berlin gekommen war. Die ultramontane Partei in München war aber mit dem protestantischen Intimus des Kronprinzen nicht einverstanden. Auch König Ludwig machte die Bevorzugung Fremder seinem Sohn zum Vorwurf. So mußte Wilhelm Doenniges nach zweijährigem Aufenthalt München wieder verlassen. – Er sollte bald für immer zurückkommen. In München wurde die Lage für König Ludwig I. nun selber kritisch, die spanische Tänzerin Lola Montez kreuzte auf. Ludwig verfiel ihren Reizen, und das führte schließlich zu seiner Abdankung.

Die Revolution von 1848 hing also von vornherein auf das engste mit der Ersten Landesuniversität zusammen. Denn Wilhelm Doenniges hämmerte schon dem Kronprinzen in seiner ersten Münchner Zeit ein: »Bayerns Aufgabe ist es nicht, auf militärischem oder politischem Gebiete etwas zu leisten«, das könne und solle man in Deutschland getrost den Preußen überlassen, Bayerns Aufgabe im zukünftigen Reich liege vielmehr in der kulturellen Herrschaft. Hier möge Bayern führen, hier liege seine Stärke, seine größte Verpflichtung und seine Zukunft innerhalb des gesamtdeutschen Lebensraumes.

Der Verdacht mancher Patrioten in München, Doenniges sei nichts anderes als ein preußischer Agent, ist nicht ganz von der Hand zu weisen. Ob die Verdächtigung allerdings so weit ausgesponnen werden darf, daß man die Lola Montez als eine von den Preußen beauftragte Circe sehen müsse, ist sehr fraglich. Die bekannten Ereignisse des Jahres 1848 führten jedenfalls in München zu großen studentischen Unruhen. Die Studierenden spalteten sich in zwei Lager, in die Lolalianer, das waren besonders die Angehörigen der Korporation Germania, und in die Antilolalianer, das war die Mehrheit. Auch unter den Beamten und Professoren, den Ministern, Bürgern und Adeligen gab es solche. Wobei die Anhänger des Königs und der Lolapartei sich immer in der Minderheit befanden. Aber die Macht des Königs war stärker. Minister traten zurück, neue – sogenannte Lolaminister – wurden ernannt. Professoren wurden von der Universität entfernt. Die Lola wurde in den Gräfinnenstand erhoben. Und schließlich war die Revolution in vollem Gange. Das Zeughaus wurde gestürmt, die Bürgerwehr marschierte, die Studenten bildeten Kompanien, in München war die Hölle los. Polizei und Militär konnten die Gräfin kaum mehr schützen. Dazwischen passierten dramatische Einzelszenen.

»Neulich sollte das Duell zwischen einem Lolalianer und einem Offizier namens Berchstorff stattfinden. Die Lola soll den Berchstorff auf der Straße beleidigt haben. Nachdem sie die Stunde und den Ort des Duells erfahren hatte, hat sie nachts einspannen lassen und fuhr in Begleitung des Staatsrats Berks und des neuen Ministerialrates Mussinan in die Menterschwaige und blieb die Nacht dort. Den anderen Morgen, als die Herren kamen, war sie so in Verzweiflung, daß sie dem Offizier zu Füßen fiel und für das Leben ihres Verehrers, eines Studenten der Medizin, bat. Das Duell fand dann nicht statt. Seitdem sie Gräfin ist, wird die Gesellschaft in ihrem Hause immer größer. So ein gemeines sittenloses Betragen kann ein ganzes Volk moralisch zugrunde richten.«

Eine Affäre war die Bestattung des Professors Görres in den Februartagen der Münchner Revolution. Der Verstorbene hatte auf der Seite der Lolagegner gestanden, doch war er unbehelligt geblieben. Der Ruf der allzu Dienstbeflissenen, man möge Görres nach Würzburg versetzen, wurde von Ludwig überhört. Als Görres aber dann plötzlich starb, wurde er auf dem südlichen Friedhof zu Grabe getragen wie ein Fürst. Die Studenten nahmen den Sarg in der Perusastraße aus dem Leichenwagen heraus und trugen ihn auf ihren Schultern zu Grabe. Der Vorfall wurde hernach von der Polizei gerügt, und es wurden Untersuchungen angestellt. München hat selten einen solchen Leichenzug gesehen. Er ging mitten durch die Stadt, an der Residenz vorbei. Der Erzbischof ging mit, und Abt Hanneberg von St. Bonifaz hielt die Grabrede. Ein Fackelzug zum Grabeshügel am Abend des 3. Februar, der schon organisiert war, wurde den Studenten mit Rücksicht auf Lola Montez von der Polizei verboten.

Endlich gab Ludwig I. nach und erklärte seinen Rücktritt zugunsten seines Sohnes Max.

Unter König Maximilian II. kamen die Dinge an der Universität rasch in Fluß. Doenniges kehrte als Intimus des neuen Königs aus Berlin zurück. Neue Berufungen ergingen, unter denen die bedeutendste die an Justus *von Liebig* war. Mit ihm nahm die Chemie einen ungeheuren Aufschwung. Allein drei Münchner Chemikern wurde der Nobelpreis verliehen. Die Hauptattraktionen an der Universität unter Max II. wurden aber die Lehrstuhlinhaber der historischen Fächer. Doenniges, der ja bei allen Berufungen die Hand mit im Spiele hatte, betrieb auch die Berufung Heinrich *von Sybels*. Dieser Gelehrte war zwar ein halbes Jahrzehnt in München, verstand es aber nicht, sich hier einzuleben. Er war dem protestantischen Minister von der Pfordten ebenso unangenehm wie den Katholiken, denn Sybel machte kein Hehl aus seiner preußischen Gesinnung. Für ihn gab es nur ein Deutschland unter Preußens Führung. Er lächelte sogar über das politische Konzept Maximilians, über die Trias-Idee, nach der zwischen die beiden deutschen Großmächte Preußen und Österreich als dritte schlichtende Macht die Mittelstaaten Bayern, Württemberg und Baden treten sollten. Als der König davon erfuhr, wurde die Lage für Sybel in München peinlich. Er folgte schließlich einem Ruf der Universität Bonn. Sein Nachfolger wurde der ebenfalls in Berlin gebürtige Wilhelm *Giesebrecht,* der Verfasser der *Geschichte der deutschen Kaiserzeit.* Als Historiker vertraten Sybel und Giesebrecht die Meinung, daß die Kaiser des Mittelalters »besser daran getan hätten, den Osten des Reiches gegen die Slawen zu sichern und das Deutschtum dort wieder auszubreiten, statt in Italien das deutsche Blut zu verströmen«. Das Aktuelle dieser Interpretation war: Kann Deutschland, kann Preußen am Fortbestand des österreichischen Kaiserstaates, also an der Verteidigung dieses Staates gegen Tschechen, Ungarn und Italiener ein Interesse haben oder nicht? Die kleindeutsche Lösung Bismarcks wurde wissenschaftlich untermauert. So wurde an der Münchner Universität preußische Geschichte betrieben. Als Altbayer konnte man da nur mit dem Freiherrn von Ow beten: »Führe uns nicht in Versuchung, sondern erlöse uns von dem Sybel. Amen.«

Hellas und Rom

König Ludwig I., ein teutscher Bayer

Noch in den dreißiger Jahren hat es in München Leute gegeben, die sich recht gut an den alten König Ludwig I. erinnern konnten. Und einige der Damen, die der König für seine Schönheitsgalerie hat malen lassen, sind erst im 20. Jahrhundert gestorben; die letzte, Gräfin Carlotta Boos zu Waldeck, eine großherzoglich-hessische Hofdame, zu der der König als zweiundsiebzigjähriger Witwer noch eine so heftige Zuneigung empfand, daß er sie, die damals 22jährige, beinahe noch zur Linken geheiratet hätte, ist gar erst im Jahre 1920 in Abbazia gestorben. Und wer unter den älteren Bayern erinnert sich nicht an die liebenswürdige und glänzende Ära seines Sohnes, an die gute alte Zeit unter dem milden bayerischen Zepter Seiner Königlichen Hoheit, des Herrn Prinzregenten Luitpold?
Der Prinzregent also war sein Sohn, während der vielberühmte Märchenkönig Ludwig II. sein Enkel war. Mit einem Wort: das Zeitalter Ludwigs I. überstrahlt die ganze königliche Periode in Bayern, von 1806 bis 1918; von seinen Kronprinzenjahren, die er teilweise in den Feldlagern Napoleons I. verbrachte, bis zur Abdankung seines Enkels, Ludwig III., deren Turbulenz Anno 1848 bereits voraus empfunden worden war und deren Stürme damals Ludwig I. zur Abdankung gezwungen haben. Die große, zentrale Gestalt des Königreiches Bayern bleibt Ludwig I. Durch ihn glänzt es mit herrlichen Bauwerken, nehmen Eisenbahnen und technischer Fortschritt den Anfang, besinnt und erholt sich die schwer angeschlagene Kirche rascher, und leider, das darf nicht verschwiegen werden, erstarkt durch ihn auch der deutsche Nationalismus und führt den Untergang des Königreiches Bayern folgerichtig herbei.
Aber was wäre München ohne Ludwig I.? Ohne Königsplatz, ohne Propyläen und Glypthothek, ohne Pinakotheken, ohne Ludwigstraße, ohne Universität, ohne Ruhmeshalle, ohne Bavaria, ohne Siegestor und ohne Feldherrnhalle, ohne Königsbau und ohne Festsaalbau der Residenz, ohne Arkaden, ohne Obelisk? Die Liste ist noch lange nicht vollständig. Und was wäre Deutschland ohne Be-

freiungshalle und Walhalla? Die Regensburger Domtürme hat er vollenden lassen, dem Kölner Dom, der deutschen Gotik edelsten Perle, hat er den letzten krönenden Abschluß gegeben. Er hat den Speyrer Dom ausmalen lassen, hat die Kurhäuser zu Bad Brückenau und Kissingen aufführen lassen, hat Ernst von Bandel, den Schöpfer des Hermannsdenkmals im Teutoburger Wald, zeitlebens unterstützt, hat in Aschaffenburg die pompejanische Villa errichtet. Ganz zu schweigen von den mehreren Dutzend Denkmälern, Tafeln und Gedächtnissäulen, die, im ganzen Bayernland verstreut, an den unerschöpflichen Ludwig erinnern: in Bayreuth z.B. das Standbild für Jean Paul, in Würzburg jenes für Bischof Julius Echter von Mespelbrunn, in Erlangen das für Markgraf Friedrich von Brandenburg und in Augsburg das für Jakob Fugger usw. Für Athen hat sein Baumeister Klenze den gesamten Stadtplan entworfen, und in Rom erinnert die Villa Malta an Ludwig I.

Bei jedem Projekt hat der König mitgeplant und hat ganz bestimmte Anleitungen gegeben, wie Hunderte von Briefen es beweisen. Ludwig ist der eigentliche Herr des klassizistischen Baustils. Griechenlands strahlende Schönheit und Größe und die Genialität der italienischen Renaissance, das waren die anregenden Vorbilder. Aber Ludwigs Künstler waren keine bloßen Nachahmer der Griechen und Lateiner, keine simplen Eklektiker. Der Münchner Klassizismus ist ein feinsinniger, eigenschöpferischer Stil von imponierender Größe. Und dennoch wird man der vielseitigen Persönlichkeit Ludwigs I. nicht gerecht, wenn wir nur diese spürbar stärkste Begabung in seinem Wesen betrachten, das Mäzenatische, seine Begeisterung für die Kunst, für Griechenland. Bayerns größter König war nämlich in drei Welten daheim: in Hellas, in Deutschland und in den Kirchen der Christenheit. Bei König Ludwig ist die dreimal gepriesene Bildungseinheit von Antike, Vaterland und Gott noch keine Schablone. In ihm ist glühende Begeisterung, was später als pädagogisches Ideal von den Professoren der philologisch-historischen Fächerverbindung anhand der Grammatik und der aufstrebenden Etymologie mühsam verfolgt wird. Es ist das abendländische Bildungsideal schlechthin, das im 19. Jahrhundert mächtig angereichert wurde. Hellas und Rom! Akropolis und Aventin, Praxiteles und Jamben, Freiheit und Ordnung. Die klassische Bildung war Ludwig so in Fleisch und Blut übergegangen, daß er beinahe nur noch in klassischen Versmaßen schreiben konnte, auch wenn er nicht gerade ein Gedicht verfaßte. Es finden sich z. B. sogar unter seinen Marginalien, jenen Randglossen, welche Könige gern an die Aktenränder gleich feurigen Befehlen hinkritzeln, selbst darunter finden sich klassisch-rhythmische Diktionen, Jamben, Distichen, wie etwa folgende: »Frömmer werde mir – das Ministerium des Innern! – Das des Kultus kann so bleiben!«

Dergleichen attischer Schwung brachte die mäßiger gebildete bayerische Beamtenschaft zu einem mürrischen Lächeln, und die höhere Intelligenz wagte gelegentlich einen Spott. Die Fresken Rottmanns in den Hofgartenarkaden, italienische Landschaften darstellend, ließ der König mit eigenhändig gedichteten Versen unterschreiben. Gerade diese Distichen sind es, die den Dichterruhm Ludwigs in der Residenzstadt ziemlich kritisch populär machten. Für den Münchner Biedermeier war das eine seltsame Dichterei, weil sich nichts reimte. »Ja mein, was soll man da sagn, dös hat halt unser Kini dicht!«

Da heißt es z. B. unter Florenz: »Florenz, dir fehlt, was Rom hat, und diesem just, was du besitzest, wenn ihr beide vereint, wärs für die Erde zu schön.«

Und unter das Alfresco, welches Reggio darstellte, dichtete Ludwig wie folgt: »Näher der Heimat nicht als in Sizilien ist Reggio dem Deutschen. Doch weil dazwischen kein Meer, glaubt er halbwegs sich heim.«

Jetzt hatten die Münchner auch den Rhythmus gehört. Und ein Spaßvogel dichtete darunter:

»Näher als Menterschwaig nicht ist Hesselohe dem Münchner. Doch weil die Eisenbahn geht, glaubt er halbwegs sich heim.«

Hellas und Rom! Seine Begeisterung kannte keine Grenzen. Auf dem Wiener Kongreß erwirbt er, damals noch Kronprinz, den Torso eines knieenden Knaben, den sogenannten Ilioneus, für seine – damals erst geplante – Glyptothek und zahlt dafür die horrende Summe von 33 000 Gulden. Dieser Kauf wurde für einige Tage das Gespräch auf dem diplomatischen Parkett. Und Ludwigs Onkel, der gute Kaiser Franz, hätte den Verkäufer um Haaresbreite einsperren lassen, »weil er den narreten Neffen so angeschmiert«. Mit 18 Jahren sammelt Ludwig schon Antiken, mit 21 faßt er den Plan, die Walhalla zu bauen, mit 24 entwirft er den Plan zur Glyptothek. – Und als dieser erste ludovizianische Bau kurz darauf auch begonnen und auf-

geführt wird, nennen die Münchner diesen hehren, strahlend schönen Museumsbau, in dem nur »steinerne Köpf und Trümmer von uralten nackigen Leibern« aufbewahrt werden, »das narrische Kronprinzenhäusl draußen in den Krautgärten.«
Den Kronprinzen ficht der Spott nicht an. Er hat es sich in den Kopf gesetzt, das alte München, damals noch eine beinahe mittelalterliche, liebe alte barocke Stadt, in ein teutsches Athen zu verwandeln! Hellas und Rom – Isarathen! – Man stelle sich das alte München im frühen Biedermeier vor! Das bäuerische Treiben auf dem Schrannenplatz, die Schwabinger Landstraße, die gemütlichen Wirtshäuser, die mittelalterliche Stadtmauer, die auf den Gassen noch herumlaufenden Schweine, dieses Leben und Leben-Lassen biederer braver Handwerker! Und man betrete dann etwa den Königsplatz, wo einem in hell schimmerndem Marmor die Propyläen an die Befreiung Griechenlands erinnern sollen. Und was noch außergewöhnlicher ist, sie gefallen einem sogar, die ludovizianischen Bauwerke. – Wer im damaligen München so zu bauen wagte, der mußte nicht nur von einer nie erlahmenden Begeisterung getrieben sein, der brauchte auch Mut. Über Bayern hatten schon mehrere bauwütige Fürsten regiert, keiner von ihnen kann sich mit Ludwig messen. Denn seine Vorgänger bauten für sich, für den Hof, zur eigenen Erbauung. König Ludwig wollte mit seinen mäzenatischen Großtaten den Geist seiner bayerischen Untertanen emporheben. »Erhabenes anschauend, mache den Menschen selber erhaben!« – Und sind auch die Münchner seit Ludwigs Tod nicht besser geworden, ein wenig musischer, um eine Nuance urbaner vielleicht doch, zitieren sie doch noch heute stolz Ludwigs Ausspruch: »Ich will aus München eine Stadt machen, die Teutschland so zur Ehre gereicht, daß einer Teutschland nicht kennt, wenn er München nicht gesehen!«
Es wäre gefrevelt, wollte man an König Ludwig denken und nicht auch die schönste Straße Deutschlands besichtigen, die Ludwigstraße, seine Straße. Hier steht auch sein Denkmal. Die Stadt und die Künstler haben es 1856 dem abgedankten König zu seinem 70. Geburtstag errichtet. Der Magistrat hat dazu 100 000 Gulden gestiftet. Und das, wie es heißt, freudig und einmütig! – Des Königs alter Baumeister Klenze bestimmte den Odeonsplatz als Standort, und Ludwig selbst wählte aus mehreren Entwürfen das Modell des Bildhauers Widmann aus.

So sehen wir ihn denn, hoch zu Roß, im Königsornat, das Zepter in der Rechten schwingend und von zwei Pagen begleitet, gleichsam die Parade seiner Prunkstraße entgegennehmend. Und was ist das für eine Straße! Großzügig angelegt und mit ausgewogener Architektur gefaßt! Lange war sie für München zu breit, lange rühmte man ihr nach, daß sie schon für den Verkehr des 20. Jahrhunderts geplant worden sei. Natürlich, an die U-Bahn hat der Bauherr noch nicht gedacht! An den Anfang stellte der König die Feldherrnhalle und an das Ende das triumphale Siegestor. Dabei war er alles andere als ein Militär. Durch das Siegestor sind denn auch nur einmal bayerische Regimenter siegreich heimgekehrt – Anno 71. Und diese Parade nahm der preußische Kronprinz ab. Der Enkel Ludwigs, Ludwig II., war unpäßlich. Wer dem Kriegsgott prächtige Bauten weiht, ist eben noch lange kein Militarist! Die Architektur braucht Motive!

Zwischen Feldherrnhalle und Siegestor erstreckt sich ein klassizistischer Boulevard, der ungemein geschlossen, platzartig lateinisch wirkt. Kaum in Paris findet man eine solche Straße! Die Bauwerke, die diese Straße säumen, sind auserlesene Meisterwerke von des Königs Architekten Klenze und Gärtner. Und Ludwig hat überall mitgeplant, von der großen Idee her bis zum Detail. Seinem Einfallsreichtum und Geschmack waren anscheinend keine Grenzen gesetzt, er wußte immer wieder, was er bauen wollte. Ein Palais, ein Konzerthaus, eine Blindenanstalt, eine Bibliothek, ein Ministerium, ein Priesterseminar, ein Mädchenstift, eine Universität, eine Kirche.

Im Odeon, ursprünglich auch Ballsaal, hat Ludwig selber manche Polonaise angeführt – gelegentlich auch mit einer hübschen Bürgerstochter, die er für seine Schönheitsgalerie ausersehen hatte. Hier passierte ein wichtiges Kapitel europäischer Musikgeschichte. Jetzt ist's bloß noch ein Ministerium. Und es hat ein prächtiges Gegenstück, das Leuchtenberg-Palais. Eugen Beauharnais, der Schwager Ludwigs, mußte sich seinen Palast auf Drängen des Kronprinzen und späteren Königs gerade hier erbauen lassen. Und Klenze hatte hier nicht griechischen Vorbildern nachzueifern, sondern ausnahmsweise – wie auch in der Pinakothek – der Renaissance-Architektur Italiens.

Und dann erst dieses bayerische Kriegsministerium! Edler in den Proportionen hat kein anderer Monarch jemals ein so unheilschwangeres Haus errichten lassen. Und weil es so schön ist, das bayerische

Kriegsministerium, wurde auch nur ein einziger Krieg in ihm beinahe selbständig geplant: der von Anno 66 gegen die Preußen – und man hat ihn verloren.
König Ludwig I. hat das Malheur noch erlebt. – Hätte er vielleicht nicht doch auch lieber Kasernen bauen sollen, wie die Hohenzollern es taten? Hätte das Königreich Bayern seine Unabhängigkeit, die der Vater Ludwigs, König Max I., so geschickt taktierend und lavierend ersehnt und wieder erreicht hatte, hätte diese Souveränität nicht erhalten bleiben können, wenn der König nicht nur Antiken gesammelt, Gemäldegalerien aufgekauft, Pinakotheken und Glyptotheken, Kirchen und Universitäten gebaut, sondern z. B. in seinem Heer den Hinterlader eingeführt hätte?
Eine müßige Frage! König Ludwig war anderer Meinung: »Wir Teutsche sind ein einig Volk, wenngleich unter mehreren Fürsten!« Und sein Bayern sollte in dem großen deutschen Vaterlande mehr in den Künsten und Wissenschaften eine Rolle spielen als im Kriegs- und Militärwesen. Gleich nach seiner Thronbesteigung reduzierte er das Militär-Budget auf ein Minimum. Die kostspieligen Garden wurden entlassen, und der Übertritt der Offiziere und Unteroffiziere in den Zivildienst wurde gefördert, z. B. der Übertritt zur Post: »Ein Jahr Praxis wird hinreichen, um als Offizial angestellt zu werden.« Dennoch will er für den Ernstfall sein Bayern, sein Teutschland, nicht wehrlos wissen. Er versucht über eine Landwehrordnung ein Volksheer zu schaffen und gibt seinem Baumeister Klenze den Auftrag, die Festung Ingolstadt auszubauen, denn »Ingolstadt soll Bayerns hauptsächlichste Kriegsrüst- und Vorratskammer sein«. Und 1834 läßt er den Grundstein zur Festung Germersheim legen. Damit aber diese von den Militärbehörden entworfenen Festungsbauten auch ästhetischen Ansprüchen genügen, soll Oberhofbaurat Gärtner die Pläne überarbeiten. – Wenn er nur herrliche Bauten aufführen konnte!
Bezüglich der Regimentsfahnen verfügt er: »Neue Fahnen den Regimentern zu verleihen, soll ohne Not nicht stattfinden. Alte Fahnen zu besitzen, haben sich die Regimenter immer zur Ehre gerechnet.« – Auch für das viele Exerzieren hat er keinen Sinn. »Den Landwehrkommandanten ist nicht zu überlassen, zu bestimmen, wann exerziert werden soll. Dem König ist's zuwider, seine Untertanen unnötig eingeschränkt zu wissen. Nicht zehn bis zwölf Tage im Jahr,

sondern zehn Tage ist als Maximum festzusetzen.« – »Und keine zu großen Märsche sollen gemacht werden«, verfügt er in einer Manöver-Verordnung. »Viel lieber mehr Kosten, als daß Soldaten durch die Märsche das Leben verlieren.« In einem anderen, für das Wohlergehen seiner Soldaten wahrhaft väterlichen Signat heißt es: »Die nichts nutz seienden oder nichts mehr nutz seienden Ärzte und Chirurgen sollen normgemäß entfernt werden, auf daß unter deren Behandlung die Soldaten nicht zu leiden haben!«

Er ordnet die Aufhebung unnötiger Wachtposten an. Da war es denn keine Seltenheit, daß in der ludovizianischen Zeit manch passionierter Offizier, der zu seines Vaters Zeiten im Range eines Generals gestanden, unter Ludwig mit Müh und Not ein Bataillon befehligen konnte. Allerdings unter Beibehaltung seines Generals-Titel. Den Stock des Profosen schaffte der König im bayerischen Heere – als ein den Soldaten entehrendes Objekt – bereits im Jahre 1826 ab. Dafür kümmerte er sich mehr um die religiöse Betreuung. An den Sonn- und Feiertagen war es in allen Garnisonen Pflicht, den Gottesdienst zu besuchen.

Und da sage noch einer, König Ludwig hätte für seine Soldaten nichts übrig gehabt! Zahlreiche Denkmäler hat er den Helden des Vaterlandes errichtet. Den 30 000 im russischen Feldzug gefallenen Bayern weihte er den Obelisk am Karolinenplatz, den vergangenen und künftigen Strategen die Feldherrnhalle, den Helden der napoleonischen Kriege die Befreiungshalle, in die Ruhmeshalle und in die Walhalla nahm er auch Büsten berühmter Heerführer auf, und dem gesamten bayerischen Heer schenkte er das Siegestor. Er war in der Tat auch ein martialischer Mäzen.

Einer der schönsten Plätze Münchens – das eigentliche Herzstück des Königreiches – ist der Max-Josef-Platz. Hier ist man dem König ganze nahe; fein proportioniert, umschlossen von einem Geviert höfisch-urbaner Kultur, hier thront der Herrscher, dort locken die Musen, zur Rechten die weltverbindende Hauptpost und im Rücken wohlfundierte Bürgerhäuser. Der Königsbau der Residenz ist feiner, gegliederter, königlicher als sein florentinisches Vorbild, der Palazzo Pitti. Des Königs klassizistische Architektur war eben keine bloße Nachahmung. Ludwig also hat die alte Residenz großzügig und glücklich erweitert, er hat sich ein eigenes Haus gebaut. Und die innere Ausstattung dieses Königsschlosses entspricht ganz dem großen, monumentalen Charakter seines Äußeren. Und dennoch waren diese Zimmer fürstlich-heiter. Im letzten Krieg sind sie ausgebrannt. Die Decken reich geschmückt mit Kassaturen und Gewölben, die Wände mit plastischen Friesen und mit pompejanischer Malerei.

Die Zimmer und Salons des Königs waren mit Fresken ausgestattet, deren Motive aus den Werken griechischer Dichter stammten. Für die Wohnung der Königin inspirierten deutsche Poeten die Bilder. Da gab es ein Schiller-, ein Goethe- und ein Jean-Paul-Zimmer. Während im Thronsaal der Königin Szenen aus Klopstocks Hermannsschlacht die Wände zierten – und germanische Frauen ihren in den Kampf ziehenden Männern Lebewohl sagten –, schmückten des Königs Thronsaal Reliefs aus den Gesängen des Pindar, von Ludwig Schwanthaler in reinstem griechischem Stilgefühl hergestellt. Das Programm hat Ludwig selbst entworfen. Sein Ankleidezimmer z.B. ließ er mit 27 Bildern aus den Lustspielen des Aristophanes ausmalen, sein Schlafzimmer nach den Gedichten des Theokrit mit anmutigen Idyllen. Sein Arbeitszimmer gehörte dem Tragöden Sophokles und mehreren griechischen Versen im Urtext. Und im Audienzzimmer wüteten die Tragödien des Äschylos: Klytämnestra empfängt ihren Gatten Agamemnon mit erkünstelter Freude, während sie ihn im nächsten Bild bereits ermorden läßt.

Ludwig war von der Würde der königlichen Majestät sehr überzeugt, obschon er selber in seiner schlichten Menschlichkeit eine originelle Persönlichkeit vorstellte. Er ging allein durch die Straßen Münchens spazieren und redete mit jedermann. Er sprach laut und rasch, daß auch die weiter entfernt Stehenden alles hören konnten. Er war etwas schwerhörig, und seine Haare hatten einen rötlichen Schimmer. – Trotzdem, bei aller Originalität war er ein über die Maßen intelligenter und hochgebildeter Mann, mit den Romantikern gesprochen, ein wirkliches Genie. Dazu besaß er unerschöpfliche Energie und Arbeitslust, er war rastlos tätig, behielt alle Fäden in der Hand, kontrollierte die Minister und das Parlament, beaufsichtigte seine Bauten, hielt seine Finanzen zusammen, überschaute das ganze Königreich. Er selbst singt von seiner rastlosen Tätigkeit: »Niemals ruhen kann mein Geist, / Immerfort derselbe kreist; / Daß er ist geschäftig, / Das erhält ihn kräftig.«

Täglich um vier Uhr früh stand er auf, rasierte sich eigenhändig, da er den Kammerdiener aus Sparsamkeitsgründen entlassen hatte

– und das mit den lakonischen Worten: »Anziehen kann ich mich selber und ausziehen will ich mich nicht lassen.« Nüchtern setzte er sich an den Schreibtisch und ging die Akten durch, an den Rand derselben eigenhändig und mit Bestimmtheit treffende Anmerkungen und Befehle hinschreibend, eben jene z. T. berühmtgewordenen Marginalien oder königlichen Signate. Auf Vorschläge des Innenministeriums zur Abhilfe der Auswüchse auf ländlichen Kirchweihfesten z. B. schreibt er: »Keine Herrnhuter sollen die Bayern mir werden, sondern froh und munter nach getaner Arbeit seien sie stets, wie Goethe sich ausdrückt. Volksfeste, worin sich vor allen Teutschen das Königreich Bayern hervortut, sind erfreulich – zu bedauern, gingen an einem Orte sie ein.«

Die Hofhaltung überwachte er streng und sah auf Pünktlichkeit. Er prüfte alle Rechnungen, alle Reparaturen und Neuanschaffungen. Nichts, und sei es noch so unbedeutend, entging seiner Aufsicht. Seine Sparsamkeit grenzte gelegentlich an Geiz. Fürstliche Prachtentfaltung gestattete er nur, wenn die Repräsentation der königlichen Würde es verlangte: Bei Besuchen von ausländischen Potentaten, bei der Auffahrt zur Thronrede in die Kammer, bei der jährlichen Eröffnung des Oktoberfestes, bei Grundsteinlegung oder Einweihung eines königlichen Bauwerkes, an hohen kirchlichen Festtagen, besonders bei der von ihm wieder eingeführten Fronleichnamsprozession. Doch selbst da kam ihm sein sparsamer Sinn nicht ganz abhanden. So verfügt er einmal: »Wenn auch neue Heroldenkleider jetzt nötig, wäre dennoch auf die alten das jetzige Wappen zu setzen mir lieb, sie bei üblem, unsicherem Wetter zu tragen!«

Zu dem Thema gäbe es noch viele Geschichten. In Aschaffenburg ist er einmal zu Besuch gewesen, und er benützte sein Taschentuch. Die Dame des Hauses konnte ihre Verwunderung über dieses alte, abgetragene und sogar geflickte Schneuztüchl nicht verbergen. Da sagte der König zu ihr: »Gnädige Frau, Sie wundern sich über mein Taschentuch? Doch glauben Sie mir, ohne das da« – und er schwenkte das Tüchl hin und her – »ohne das da gäb's keine Pinakothek und keine Glyptothek!« – Auch in den Ministerien sah er streng auf Sparsamkeit, wie folgendes Signat beweist: »Reskriptionsentwürfe sollen, wenn ein halber Bogen dafür ausreicht, nicht auf ganze Bogen geschrieben werden!« – Denn: »Grundlage, nicht Zweck sind gute Finanzen dem Staat!«

Als Ludwig im Oktober 1825 den Thron bestieg, schaffte er sofort einige Planstellen und Behörden ab, so das königliche Obermedizinalkollegium, das Generalfiskalat und das geheime Taxamt. Außerdem setzte er die Ministergehälter auf 12 000 Gulden herab. 1826 hatte er bereits eine Million Gulden gespart. Und 1827 hatte er die Genugtuung, der erfreuten Ständeversammlung mitteilen zu können, daß Bayern seit langer Zeit zum erstenmal kein Defizit mehr aufzuweisen habe. Dazu hatte er vier Millionen Staatsschulden beglichen und die Steuern gesenkt. Seine Künstler aber ließ er nicht darben. Während seiner Regierungszeit gab es in München stets gleichzeitig mehrere Großbaustellen. Die Maurer und Handlanger hatten eine gute Zeit.

Und alle die Baukosten für die architektonischen Schöpfungen bezahlte der König aus seiner Privatschatulle, die nach seiner Abdankung Anno 48 nur noch jährlich eine halbe Million Gulden betrug. Und was hat er davon, in den dreiundzwanzig Jahren seiner Regierungszeit und in den zwanzig Jahren seiner freiwilligen Resignation zusammengerechnet, nicht alles bezahlt! Allein zwanzig Millionen für kirchliche und wohltätige Zwecke! Er unterstützte z. B. vier bayerische Blindeninstitute mit 170 000 fl., eine Witwen- und Waisenkasse mit 70 000, den Hoftheater-Pensionsverein mit 84 000, die Hilfskasse für die Spessartbewohner mit 50 000 usw. In Afrika unterstützte er die Kirchenbauten zu Kairo und Alexandrien und das Kloster Notre Dame d'Afrique in Algier. Es gibt keinen Erdteil, wo er nicht an irgendeiner Schule, an einem Waisenhaus, an einer Kirche oder an einem Kloster mitfinanziert hätte. Ganz besonders aber sind die Katholiken der Vereinigten Staaten von Nordamerika dem Bayernkönig zu Dank verpflichtet. In einer Broschüre über die katholische Kirche in den USA von 1864 heißt es bereits: »In den Vereinigten Staaten gibt es keine deutschen Ordenshäuser, deren Grundstein nicht von König Ludwig von Bayern gelegt worden wäre oder deren Bau nicht mit dessen unermüdlicher Hilfsbereitwilligkeit zustande gekommen wäre. Nicht weniger als 5 Kirchen, 14 Frauen- und 11 Männerklöster, zwei Priesterseminare, ein Lehrerseminar, eine Studienanstalt, zwei Waisenhäuser und mehrere Negerschulen hat der König durch reichliche Geldbeträge in Nordamerika mitbegründen helfen.«

Die Schäden, die sein Vater Maximilian der Kirche durch die Säku-

larisation zugefügt hat, dürften durch Ludwig, materiell wenigstens, wiedergutgemacht worden sein. Dabei war Ludwig kein Frömmler. Die ludovizianische, christliche-geistige Erneuerung Bayerns entbehrte nicht der Toleranz. Und der König hat nicht nur die katholische Kirche gefördert. Seine Gemahlin, die Königin Therese, war evangelisch. Und das Königreich Bayern hatte ja auch evangelische Untertanen. Wenigstens der König wollte jene liberal-katholische Geistigkeit, die Glauben und Wissen zu vereinen suchte. Freien Geistes zu sein und trotzdem religiös, benediktinisch großzügig, nicht jesuitisch. Die Benediktiner mit ihrem Wahlspruch »ora et labora« waren ihm die liebsten. Er selber hat es so formuliert: »Katholisch zu sein wie Sailer, nicht wie Reisach. Römisch-katholisch, aber nicht petrinisch-römisch-katholisch!« Nein, der stets für alles Gute, Wahre, Schöne und Fromme tätige König ist kein Ultra. »Ultras mag ich nicht!« hat er einmal geschrieben.
Bei seinem ausgeprägten Sinn für das Schöne ist es nicht zu verwundern, daß er auch für Frauenschönheit recht empfänglich war. Natürlich tut man der Größe König Ludwigs unrecht, wenn man nur diese eine, amüsante Natur in ihm sehen will. Aber noch mehr würde man seinen Charakter verzeichnen, wollte man dieses Kapitel überspringen. Schon als Knabe ist er der russischen Großfürstin Katharina versprochen, aber die beiden bekommen sich nie zu sehen. Aus politischen Gründen zerschlägt sich das lose Verlöbnis. Auf Napoleons Wunsch war Ludwigs Schwester Augusta Amalia mit Eugen, dem Vizekönig von Italien, vermählt worden. Hatte der Kaiser womöglich auch noch die Absicht, ihn, den Wittelsbacher, mit einer Bonaparte zu kopulieren? Als Kronprinz öfters im Feldlager Napoleons, machte er kein Hehl aus seiner teutschen Gesinnung. »Auf, ihr Teutschen, auf und sprengt die Ketten, die ein Corse euch hat angelegt!« hat er damals mutig gedichtet. Napoleon kannte die Gesinnung des bayerischen Kronprinzen, mochte ihn aber dennoch leiden. Hinwiederum fand es Ludwig schmerzlich, daß sein Vater, der Kurfürst Maximilian, aus der Hand Napoleons die Königskrone erhielt. Über das Verhältnis Napoleons zu Ludwig ist eine unter dem 1. Januar 1806 datierte Eintragung Westenrieders in sein Tagebuch bezeichnend. »Heute hing der Kaiser unserm Kronprinzen einen Degen um, mit den Worten: ›Mein Sohn! Dieser Degen enthält keine Kostbarkeit; allein mit diesem Degen habe ich in der Schlacht bei Austerlitz

kommandiert. Erinnern Sie sich dessen und bedienen Sie sich desselben zur Verteidigung der Gerechtsame Ihres Vaterlandes!‹ «
Die Vertraulichkeit des Kaisers war Ludwig nicht geheuer. An eine Vermählung mit der russischen Großfürstin war nicht mehr zu denken. Man wollte am Münchner Hof allen Eventualitäten zuvorkommen. Kurzum, der vierundzwanzigjährige Kronprinz heiratete im Oktober 1810 die Prinzessin Therese von Sachsen-Hildburghausen. Bei den Vermählungsfeierlichkeiten gab es das erste Oktoberfest. Therese ist eine Schönheit, und Ludwig feiert sie in seinen Gedichten als das »Ideal des Weibes«:

»Wie Engel sanft, von ewig gleicher Güte
Und Milde, ruhig wie des Himmels Bläue,
So ist dein Wesen, lauter Lieb und Treue,
Ein Bild der Tugend und der Anmut Blüte.«

»Eine junonische Gestalt« soll sie gewesen sein,. »von edlem Wuchs und würdevoller Haltung«, voll Gesundheit, eine majestätische Erscheinung, eine bezaubernde bayerische Königin mit »hochgewölbter Stirn und seelenvollen Augen«. – König Ludwig hat ihr viele Gedichte gewidmet. Teutsche Reime und griechische Jamben. In dem Opus »An die beste der Frauen« besingt er ihre selbstlose Liebe:

»Wenige gibts, die sind die seltensten, die, wie Therese,
Niemals denkend an sich, lebend dem Gatten allein ...
Unvergleichlich Edele, Deine erhabene Güte
Sie bezwang mein Herz, ewig nur liebet es dich!«

Auch in reiferen Jahren noch wird seine Feder nicht stumpf, wenn es gilt, ein Lied auf Therese anzustimmen. Ein Distichon hat er also überschrieben: »Eine Rose meiner ins 50. Jahr gehenden Frau schickend.«

»Immer noch blühende Rose, empfange die schnelle
verglühende.

Darin doch gleichet sie dir, daß auch sie dornenlos ist.«

Er hatte schon einigen Grund, ihre erhabene Güte so sehr zu preisen. Denn da gab es die Schönheitsgalerie. Eine reine, ästhetische und edle mäzenatische Tat! Sein Hofmaler, Joseph Karl Stieler, hat die

vom König ausgewählten Mädchen mit leicht idealisierter Harmonie und großartig süßer Kühle porträtiert. Stieler zählt zu den besten Konterfeikünstlern und war an allen Höfen Europas gesucht. Dabei hatte er ein liebenswürdiges Naturell und paßte zum König.
Malte Stieler gerade an einer königlich ausgewählten Schönheit, war Ludwig immer im Atelier und nahm regsten Anteil an der Arbeit, zupfte da am Kostüm des Mädchens herum und änderte dort die Stellung seines Modells. – In die Schönheitsgalerie zu kommen, war natürlich die Sehnsucht mancher Damen. War man von Stieler gemalt, dann war die Schönheit doch amtlich und königlich hochoffiziell. Aber es wurde auch viel darüber gespottet und es wurde viel getuschelt. Manche adelige Familie wollte die Komtesse nicht in der Galerie hängen sehen neben einem ganz gewöhnlichen Bürgermädchen. Manch eifersüchtiger Bräutigam bekam schlaflose Nächte!
Die Tagespresse nahm regen Anteil. Gedichte erschienen und priesen die von Stieler schon mit dem Pinsel gepriesene Schönheit noch mehr. Wo immer so eine dokumentierte Schönheit sich sehen ließ, in der Kirche, auf dem Bierkeller, in den Gassen, gleich wurde sie erkannt, gleich wurde über sie geredet und getuschelt. Von einer moralischen Entrüstung hört man auch gelegentlich, aber weit mehr war die Schönheitsgalerie beim Volke populär und beliebt.
Die meisten Gedichte über die Schönheiten stammen aus der Feder des Königs.

»Bist nicht gemalt. Du bist es selbst. Du lebest.
Die Augen, liebesschwimmend, sehn mich an,
Du neigest dich zu mir, du nahest, schwebest,
Die Arme dehn ich aus, dich zu umfahn!«

Und in dem Poem »An die Dame mit den zwei Rosen« heißt es:

»Der Künstler prüfend seine Farben tauscht,
Und reizend, innig lächelnd, zart und milde,
Dem schönen Leben sinnig abgelauscht,
Erscheint das holde Antlitz auf dem Bilde.
Symmetrie und Anmut lagen offen.
Und beide Rosen fühlen sich getroffen!«

Als er die Auguste Strobl, die Tochter eines Buchhalters, in den Straßen der Stadt einmal zufällig sieht, steht sein Entschluß sofort fest:

»Das Mädchen muß zu Stieler!« Während der Sitzungen schreibt er ihr bereits Gedichte. »Der Holdseligen, der Schönsten, der Tugendhaftesten, die je geboren!« – Aber die Gustl ließ sich nicht auf die Verse ein. Und als Seine Majestät sie nach einem Wunsche fragte, antwortete sie züchtig und schnell: »O Majestät, befördern sie bittschön den Forstgehilfen Hilber, daß ich ihn beiraten kann!« – Was auch geschehen ist. Als der alte König die Frau Revierförster Hilber aus Ergoldsbach Jahrzehnte später einmal wiedersah, entflossen seiner Feder abermals Verse.

»Gebeugt durch Jahre und durch Sorgen
So stellst du dich dem Blicke dar,
Doch diese Larve hält verborgen
Die Schönste, welche je noch war!«

Tragisch ging die Geschichte mit der Amalie von Schintling aus, Tochter eines königlich-bayerischen Obersten und verlobt mit einem jungen Oberleutnant. Dieser junge verlobte Offizier wollte seine Amalie unter keinen Umständen malen lassen. Der Vater der Braut aber fühlte loyal. Es kam zu heftigen Auftritten in der Familie von Schintling. Die schöne Amalie wurde auch gemalt, aber vor Aufregung und Tuberkulose verstarb sie kurz darauf.

Es gibt 36 von Stieler gemalte Schönheiten. Und zwei kleine Säle im Festsaalbau – ungefähr in der Gegend, wo heute die Akademie der Wissenschaften untergebracht ist – ließ Ludwig ausschließlich der weiblichen Schönheit weihen; Schönheiten, die das Vaterland, die Teutschland, ja Europa zu bieten hatte. Die Bilder konnten vor der Zerstörung der Residenz gerettet werden und hängen heute im Speisezimmer des Schlosses Nymphenburg: Hier die Kronprinzessin Marie, dort die Schneidermeisterstochter Maria Dietsch, die Freiin Friederike von Gumppenberg, Hofdame der Königin Marie, und die Bankierstochter Nanette Kaula.

Von der gibt es auch eine kleine Episode. Eines Tages begegnet dem alten König in der Ludwigstraße eine alte Frau und macht einen tiefen Hofknicks. Ludwig tut verwundert. »Ja«, sagt das alte Muatterl, »Majestät erkennen mich nimmer? – Ich bin die Nanette, Majestät haben mich in die Schönheitsgalerie malen lassen!« – Der König sagt drauf lakonisch: »Täts heit nimmer«, und geht weiter.

Berühmt ist die überaus reizende Helene Sedlmeyer, eine Trostberger Schusterstochter, die beim Auracher Putzmacher als Küchenmadl beschäftigt war. Eines Tages muß sie – die gerade erst in München ihre Stellung angetreten hat und noch keine 17 ist – geschwind einen Korb in die Residenz tragen. Der König begegnet ihr und bleibt gleich entzückt stehen, besieht sich das holde Köpfchen und hat gleich seinen Entschluß gefaßt: »Zu Stieler mit ihr!« – Helene Sedlmeyer hat bald darauf einen Kammerdiener geheiratet und neun Söhne geboren. Ihr ältester, so will die Überlieferung wissen, soll königlicher Herkunft gewesen sein.

Die brave Anna Hillmayer mußte Stieler mit einem Gebetbuche malen. Sie war eine Wildprethändlerstochter und soll dem König gegenüber sehr zugeknöpft gewesen sein.

Dann die schöne grande dame, die Marchesa Marianne Florenzi! Ludwig soll ihr an die 2000 Liebesbriefe geschrieben haben. Er erhielt von ihr dafür zwei Söhne.

Und natürlich fehlt auch die berühmteste aller ludovizianischen Schönheiten nicht in der Galerie, die Lola Montez, die Abenteuerin, die heißblütige Tänzerin. Sie wurde dem Monarchen zum großen Verhängnis.

Weiß Gott, vielleicht wäre in München auch ohne Lola die 48er-Revolution ausgebrochen! Aber lange nicht so heftig. Und abdanken hätte der König nicht gleich müssen. Bei aller Turbulenz gab es in den Februartagen in München damals keine Toten, kaum ein paar Schlägereien. Als es vor Lolas Villa zu wüsten Schreiereien und zu bedrohlichen Aufläufen kommt, drängt sich der König in eigener Person dazwischen – und kein Haar wird ihm gekrümmt. Freilich, despektierlich geschimpft wird schon. Da schließlich gibt Ludwig nach. Unerwartet entsagt er der Regierung zugunsten seines Sohnes Maximilian. Ludwig ist 62 Jahre alt. In der Abdankungsproklamation heißt es:

»Bayern! Eine neue Richtung hat begonnen, eine andere als die in der Verfassungsurkunde enthaltene, in welcher ich nun im 23. Jahr geherrscht. Ich lege die Krone nieder zugunsten meines geliebten Sohnes, des Kronprinzen Maximilian. – Treu der Verfassung regierte ich, dem Wohle des Volkes war mein Leben geweiht. Als wenn ich eines Freistaates Bayern Beamter gewesen, ging ich mit den Staatsgeldern um. Ich kann jedem offen in die Augen sehen. Und nun meinen tiefgefühlten Dank allen, die mir anhingen. Auch vom Throne herabgestiegen, schlägt glühend mein Herz für Bayern, für Teutschland. München 20. März 1848 – Ludwig.«

Der König bezieht nun das Wittelsbacher Palais und widmet sich ganz seinen Bauten. Er reist auch viel. Verbringt jährlich etliche Wochen in Aschaffenburg, in Berchtesgaden, in seiner Villa Malta in Rom, in Bad Brückenau oder in Kissingen. Noch zwanzig Jahre stehen ihm zur Verfügung, er hat sie trefflich genützt.

Auf seinen Reisen begleiteten ihn immer etliche Bände Goethe und Schiller. Und mehr schier noch schwärmt er für Schiller denn für Goethe:

> »Schiller! Wie du sprich keiner zum Herzen! Du fühlst mit dem Hörer, ziehest mich seelvoll zurück zu dir.«
> »Wenn ich erwache, bevor ich betrete den Kreis der Geschäfte
> Les ich in Schiller sogleich, daß michs erhebe am Tag,
> Aber nach geendigtem Lärmen, in nächtlicher Stille
> Flücht ich zu Goethe und träum fort dann den lieblichen Traum.«

Da seine Verse in literarischen Kreisen auch viel Lob ernten, wird er skeptisch. Und selbstkritisch meint er in einem Distichon, das die Überschrift trägt: »An mich!«:

> »Daß dich nicht täusche das reiche Lob; denn was du gedichtet – ungepriesen bliebs, säßest du nicht auf dem Thron!«

Und bei aller Trübsal, gerade in den Revolutionstagen und während der Lolazeit, wendet er sich immer wieder an seine treue Gemahlin Therese:

> »Du verkennst mich nicht, obgleich mich die Menge verkennet,
> Unerreichbares Weib, trefflichstes, welches gelebt!
> Wird der Wipfel der Eiche vom Wind auch zuweilen beweget,
> Wurzelt sie dennoch fest, ewig die Liebe für dich!«

Daß Ludwig als Regent sich auch um den technischen Fortschritt verdient gemacht hat, indem er die erste deutsche Eisenbahn, Anno 1835, zwischen Nürnberg und Fürth, erbauen ließ, ist bekannt. Er hat auch die erste bayerische Bank, die Hypotheken- und Wechselbank, ins Leben gerufen. Er hat den Ludwig-Donau-Main-Kanal verwirklicht. Und er hat die teutsche Einigung durch den Zollverein vorangetrieben. Denn Teutschland, das war das große Thema seiner Politik. Teutschland und Griechenland. Für Griechenlands Befreiung aus dem türkischen Joch war er geradezu unermüdlich in Vers und Tat. Seinen Sohn Otto gab er den Griechen zum König. Dem Erzieher des Kronprinzen Max gab er diese – für einen Bayernkönig für uns posthum doch etwas merkwürdig klingende Instruktion: »Teutsch soll Max werden, ein Bayer, aber teutsch vorzüglich!« Und noch unbayerischer heißt es da weiter unten: »Abneigung flößen Sie meinem Sohn gegen Frankreich – Teutschlands Erbfeind – ein!« und »Nie kann ein Teutscher Frankreichs Freund sein!«

Welch eine Ironie des Schicksals! König Ludwig war nämlich 1786 auf französischem Boden, in Straßburg, geboren, wo sein Vater französischer General gewesen war und Inhaber des Regimentes D'Alsace. Ludwig hieß er nach seinem Taufpaten, dem König Ludwig XVI. von Frankreich, den die Revolution das Schaffott besteigen ließ. Und in Frankreich auch sollte er während eines Kuraufenthaltes in Nizza am 29. Februar 1868 sterben.

Noch am 11. Februar schrieb er seinem Sohn Luitpold, dem späteren Prinzregenten: »Hier in Nizza wird fortgetanzt Tag und Nacht. Der Frühling ist eingetreten, jedoch auch der Wind daneben, der eben kein lauer Zephyr ist. Auf Nachtbälle, obgleich es an Einladungen nicht fehlt, komme ich selten –« Zu seinem Arzte Cabrol sagt er: »Glauben Sie ja nicht, daß ich den Tod fürchte, ich habe ihm während meines Lebens mehrmals ins Auge geschaut.«

Die Prinzen Luitpold und Adalbert eilen ans Sterbelager des Vaters. »Allen, allen in München meinen Dank!« Das sollen seine letzten Worte gewesen sein. In Nizza noch wird er auf dem Paradebett ausgestellt, und nach französischer Sitte umstehen Kinder, als Engel mit goldenen Flügeln angetan, den Sarg des alten Königs. Französische Kinder, wie in seinem Taufkissen französische Schnurrbärte waren. Ein originelles Taufgeschenk der Soldaten des Regiments D'Alsace.

In München wird er mit großem Zeremoniell in der Basilika von St. Bonifaz beigesetzt. Als man 1945 nach der Beschädigung des Klosters den König umbetten und dazu den inneren Sarg öffnen mußte, lag der König, völlig mumifiziert da, die Uniform geschmückt mit dem Ordensband des hl. Hubertus, und in seiner Hand hielt der große Mäzen einen immer noch grünen Lorbeerzweig.

Abstecher nach Norden

Die Bayern in Preußen

»Ich fühle mich täglich wohler in Berlin«, schreibt Anno 1901 Dr. Ludwig Thoma an seine Haushälterin Viktor nach Allershausen. Und er lobt die Berliner Küche, deren superbe europäische Restauration »mit dem Münchner Schlangenfraße nicht verglichen werden könne«. Und nicht nur etwa Thoma fühlt sich wohl in Preußen. Gar mancher Bayer hat in der Berliner Luft seine schwerfällige Art abgelegt und ist ein urbaner Weltmann geworden. Oskar Maria Graf schreibt gar, daß er in Berlin die größten Räusche gehabt hätte, viel größere als in München. Und wie noch haben unsere bayerischen Volksschauspieler von ihren preußischen und sächsischen Tourneen geschwärmt, der Wastl Witt und der Franzl Fröhlich, der Konrad Dreher und der Xaver Terofal, von den übrigen bayerischen Künstlern, Malern, Musikanten und Politikern gar nicht zu reden! Meinen möchte man, unseren berühmten Renommierbayern gefällt es gleich gar in Berlin besser als in München!

Ja, ein kurioses Kapitel der bayerischen Kultur- und Geistesgeschichte ist das schon: die Bayern im Ausland, die Bayern an Rhein und Ruhr, in Dresden und Leipzig, in Hamburg und Bremen, in Bochum und Bielefeld, in Köln und Düsseldorf, kurzum, die Bayern in Preußen! Und dann lachen sie auch noch da droben und sagen, es geht ihnen gut. – Sie werden halt ihrem Heimweh und ihrer Not keinen Schwung lassen?

Genug bekannt sind die Worte Aventins und oft zitiert werden sie: »der Bayer geht nit gern aus in fremde Landt« – er (so schreibt Aventin), vielmehr »gern anhaims eraltet.« – Aventin war eben ein Wirts- und Bräuersohn aus Abensberg und das Sitzfleisch der ewigen Stammgäste seines Vaterhauses – jeden Tag bis drei, vier Uhr in der Früh – hat sich ihm gut eingeprägt.

Sein Satz von der bayerischen Seßhaftigkeit gilt nicht mehr als eine jede Regel, die durch Ausnahmen erst bestätigt wird. Ebenso vermag auch die vielgeschmähte fatale bayerische Wurstigkeit gelegentlich politische Talente hervorzubringen. Es hat immer schon Landsleute

gegeben, die ein fremder Auftrag in die Welt hinaus schickte. Gewiß sind auch ein paar Abenteurer darunter, die aus eigener Sehnsucht zum Wanderstab griffen – aber das fällt bei den prominenten bayerischen Auswanderern auf: daß sie nicht freiwillig, daß sie gehorchend nach Norddeutschland gegangen sind.
Darum fangen unsere Abschiedslieder auch nicht mit »Wohlauf und Wohlan«, mit »Frisch und munter« und auch nicht mit »Hinaus in die Ferne« an, sondern unsere Lieder sind voll »ach« und »weh«, voll tiefer Traurigkeit, die Verse seufzen, und die Melodie fließt voller Tränen. »Das Schifflein schwingt si' danne von Land, ade, ade!« – »Wir fahren in das Griechenland ade, ade! Lebe wohl!« Und gern wurde in Bayern auch gesungen: »Ach, da draußen in der Fremde, sind die Menschen nicht so gut – so bleib doch hier und geh nicht fort, in meinem Herzen ist der schönste Ort.« – Welch ein Jammer um die Scheidenden, wenn es ernst wurde, offiziell, wenn es nicht nur ein Abschied am Kammerfenster war!
Es heißt freilich auch auf altbayerisch: Wer nia furt geht, kimmt nia hoam! – Und es hat schon der alte Wirtsmartl immer von den Sklavenhändlern in Afrika geträumt, wenn er allein in seinem Roßknechtkammerl lag am Sonntagnachmittag und neben dem Bett eine Maß Bier stand. Denn wie gesagt, Abenteurer gibt es überall. – »Ist es gleich nicht ganz geheuer: doch reizt mich das Abenteuer / fremde Länder anzuschauen / und natürlich auch die Frauen / Millionen zu erwerben / heimgekehrt als Held zu sterben!«
Alle Reise- und Abenteurerlust – so lehrt es der große Sigmund Freud aus Wien – sei nichts anderes als ein verschleierter Geschlechtstrieb. Und wer nur einmal ein liebes, verständiges Herz gefunden hat, den plagt die Sehnsucht nach der Weite der Horizonte nicht mehr, der braucht dem Globalen nicht mehr nachzurennen, er kann es einfacher in die Hand nehmen. Ja, ja, es kommt immer nur auf die Liebe der Mädchen an – und natürlich auch auf ihre Schönheit – wenn die Burschen brav daheim bleiben.
Und was heißt schon Abenteurer? Auch so einer muß nicht ganz freiwillig ausgewandert sein. Der Drang, von der heimischen Wohlvertrautheit, von der zünftigen Enge und Strenge einmal hinwegzukommen, der ist recht vielgestaltig und manchmal auch zwingend. – »Ubi bene, ibi patria«, sagte er sich ungeduldig – »und liaba bei die Preißn a Schweiners wia dahoam a Wassersuppn«. – Denn, »wo der

Pfennig gschlagn ist, da guilt er nix«. Wer in Berlin sich zum Beispiel durchsetzt, der ist ein gemachter Mann. Der ist was und kann was und hat was, und wenn so einer in Pension will, dann wird er in Bayern mit offenen Armen empfangen. Oder er kommt zurück und wird in München gleich Minister. Davon gibt es hundert Beispiele zwischen Thoma und Döpfner.

Ja, die Bayern in Preußen! Darüber könnte man einen ganzen Roman schreiben! Da sind einmal die ehemaligen Reichstagsabgeordneten des Zentrums und der Volkspartei – und auch ein paar bayerische Bauernbündler hat es gegeben in Berlin. Den Hutzenauer-Bauern von Ruhpolding, zum Beispiel, der ein ganz redegewandter Parlamentarier gewesen ist und es sogar einmal den preußischen Junkern gesagt haben soll. »Wenn sie kein Geld nicht haben, die Herrn ostelbischen Barone, warum brauchen sie nachher drei Zofen und zwee Diener han?« – Und noch früher soll der Herr von Bismarck gelegentlich einem Holledauer Ökonomen unter den Linden auf die Schulter geklopft haben, was in derselbigen bayerischen Familie heute noch tradiert wird, und auch die Joppe des Urgroßvaters wird noch aufbewahrt.

Etwas schwieriger gestaltete sich die Zuneigung der Gesandten des Königreiches Bayern in Berlin. Nur mit Geschick und Entschlossenheit – oft auch München gegenüber – gelang es dem wackeren Grafen Lerchenfeld, die aufkommenden Unstimmigkeiten zwischen Seiner Majestät dem Kaiser und Seiner Königlichen Hoheit dem Prinzregenten jeweils gleich im Keime zu ersticken. Obschon es meist nur noch um Nichtigkeiten ging, etwa um die Frage, ob bei den Manövern im Donaumoos, zu denen auch Seine Majestät der Kaiser kommen werde, nur bayerische oder auch etliche preußische Flaggen zu sehen sein sollen, ob der abgedankte Bismarck in München in Audienz empfangen werden solle oder nicht. Viele Perlen schmückten damals die souveräne bayerische Krone ohnehin nicht mehr. Aber ihre Heimat in Ehren gehalten haben doch die meisten damals, in den Jahren der preußischen Allgewalt nach Anno 1870. Nicht zuletzt auch der Führer der bayerischen Sozialdemokratie, Georg von Vollmar, der selbst Bebel gegenüber seinen bajuwarischen Standpunkt behauptet hat. »Es kann nicht jeder ein Preuße sein, Herr Bebel!« Nur ein königlich bayerischer Sozialdemokrat konnte damals ein solch geflügeltes Wort prägen.

Trotz solcher immer wieder erzeugten bayerischen Reserviertheit schwärmen die Preußen geradezu von den Bayern. Jede größere Stadt Norddeutschlands hat gemütlich-bayerische Gaststätten mit Trachtenkapelle und Schuhplattler, mit Bauerntheater und bayerischem Bier. Und nicht jedes Mädchen, das ein Dirndl trägt, stammt aus Bayern. Im wilhelminischen Kaiserreich ging geradezu eine bayerische Welle durch ganz Preußen und Sachsen, daß man schon eher von einer Bajuwarisierung denn von einer Verpreußung sprechen konnte. Das Volkstheaterensemble der Münchner vom Gärtnerplatz feierte in den Berliner Schauspielhäusern alljährlich über Monate hinweg wahre Triumphe. Die Schlierseer und Tegernseer, Konrad Dreher und Xaver Terofal wurden von Bismarck und vom Kaiser empfangen. Und die gefürchtete Berliner Theaterkritik nahm sie so ernst wie vordem die Meininger. Um 1900 stellte sich gar die damalige Reichsregierung im bayerischen Trachtenanzug den Photographen. So fühlte man in Preußen! – Während der provinziale Deutsche – der Bayer so gut wie der Märker – alles Fremdartige ablehnt, ist der Berliner diesem gegenüber tolerant und empfänglich. »Wie hat man, zum Beispiel in Bayern, über den Berliner gelästert und tut es in unseren Tagen wieder mit besonderer Genugtuung, da Berlins führende Rolle in den Augen mancher Zeitgenossen ausgespielt scheint – während man die Münchner in Berlin immer reizend gefunden und manches aus ihrem Wortschatz angenommen hat.« So Mario Krammer in »Berlin im Wandel der Jahrhunderte« (1956).
Nun, die Berliner sind ja auch schon einmal bayerisch gewesen – und das sogar ein halbes Jahrhundert lang – zwischen 1323 und 1373. Damals ist vielleicht doch ein bisserl was hängen geblieben, obschon die preußischen Geschichtsbücher diese Tatsache meistens leugnen und von dem erloschenen Askanierhaus Anno 1320 gleich auf die Hohenzollern hüpfen Anno 1411!
Die Geschichte verhielt sich aber so: Kaiser Ludwig der Bayer verlieh die Markgrafschaft Brandenburg seinem Sohn Ludwig. Und dieser Ludwig ist in die Geschichte auch mit dem Namen »Ludwig der Brandenburger« eingegangen. Auf ihn folgte in der Mark dann der nächste Bayernfürst, Ludwig der Römer, so geheißen, weil er dem Kaiser kurz nach seiner Krönung in Rom geboren wurde. Und dieser Ludwig der Römer ist Anno 1356 in Berlin als Kurfürst von Brandenburg gestorben und sogar dort begraben worden.

Nun mußte der jüngste der Söhne Ludwigs des Bayern aus erster Ehe nach Brandenburg, Otto V. mit dem Beinamen der Faule. Er war ein bequemer und legerer Herr und hatte an der »Streusandbüchse des Heiligen Römischen Reiches« keine echte Freude, zumal damals in der Mark ein hochstapelnder Thronprätendent aufgetreten ist, der vielberühmte »falsche Waldemar«. So verkaufte Otto am 15. August 1373 im Vertrag von Fürstenwalde das Kurfürstentum Brandenburg an seinen Schwiegervater Kaiser Karl IV. für 500 000 Gulden. Das Geld wurde leider über Jahrzehnte hinweg in Raten gezahlt, zum Teil blieb man es schuldig. Was man erhalten hatte aber wurde in den vielen bayerischen Residenzen gütlich verzehrt, in Landshut und München, in Ingolstadt und Burghausen. Kurfürst Otto der Faule lebte noch sechs gemütliche Jahre in Bayern und verließ im November 1379 auf der Burg Wolfstein an der Isar diese beschwerliche Welt.
Immerhin wuchsen die kurz vorher gegründeten Städte Berlin und Cöllen während der bayerischen Zeit recht aufstrebend und zielbewußt zu einer gedeihlichen Stadt zusammen. Und errangen als Mitglied der Hanse beinah reichsstädtische Selbständigkeit, die erst der zweite Hohenzollernmarkgraf Friedrich wieder brechen konnte. Auch hatte Otto die von seinen Brüdern mitgebrachten bayerischen Räte heimgeschickt und mit dem einheimischen Adel zu regieren versucht. Mehrere märkische Herren tauften damals ihre Söhne Otto. Auch eine gewisse Familie Bismarck. So kommt es, daß der spätere Reichskanzler Otto von Bismarck seinen Taufnamen auf jenen Otto den Faulen zurücktradiert.
Und die Hohenzollern! Vordem die Burggrafen von Nürnberg! Kamen sie nicht auch aus Bayern? – Sie wurden erst 1411 mit der Markgrafschaft Brandenburg belehnt und griffen gleich energisch durch. Friedrich I. demütigte den Landadel, und sein Sohn unterwarf sich die Städte. Ja, die Hohenzollern saßen bald fest im Sattel. – Und der erste hohenzollersche Kurfürst von Brandenburg hatte eine bayerische Prinzessin zur Gemahlin, die schöne Elisabeth von Niederbayern, die Schwester Herzog Heinrichs des Reichen, zugleich Cousine der ebenfalls aus Bayern stammenden Isabeau, der Königin von Frankreich. – Die schöne Else aus Landshut wurde die Stammmutter des Hauses Preußen. Es ist also gar keine Schande für einen Bayern, wenn er einen Berliner als Landsmann betitelt!

Es sind auch viele Geistesmänner, ja sogar Heilige, nach Norden gezogen und haben ihrer bayerischen Heimat alle Ehre gemacht. Eine große bayerische Gestalt aus dem frühen Mittelalter leuchtet besonders hell: Sankt Gotthard, Abt von Niederaltaich und dann Bischof von Hildesheim. Als Sohn eines niederbayerischen Gutsbesitzers in Reichersdorf, Pfarrei Schwanenkirchen, Anno 960 geboren, machte der eifrige, fromme und gescheite, aufgeweckte Bub im Stift Niederaltaich eine rasche Karriere, wurde Propst und bald darauf Abt. Sein gutes Wirtschaften und sein benediktinischer Eifer machten das Stift schnell weithin bekannt, und Herzog Heinrich von Bayern, späterer Kaiser Heinrich II., übertrug Gotthard auch noch die Leitung anderer Klöster. Gotthard brachte der Reihe nach die Stifte Tegernsee und Kremsmünster, und auch noch das von dem Bayern Sturmi in Hersfeld bei Fulda gegründete Kloster wieder in beachtliche Höhen. Gotthards Ruf als Reformerabt wuchs, und seine Mönche zogen als Äbte nach Ostrow und Brevnow in Böhmen, nach Ossiach in Kärnten, ja sogar Monte Cassino erhielt in Abt Richer einen Vorsteher aus Niederaltaich. Und als im Jahre 1022 Abt Gotthard gerade im kaiserlichen Hoflager weilte und die Kunde vom Tod des Bischofs von Hildesheim eintraf, da fiel die Wahl des Kaisers gleich auf den wackeren Niederbayern. Der aber sträubte sich – und das nicht nur wegen der neuen Bürde –, vielmehr bat er den Kaiser – so überliefert uns der Biograph –, »wenn er nun schon einmal Bischof werden müsse, dann doch viel lieber in seiner Heimat, in Bayern«. Aber Kaiser Heinrich duldete keinen Widerspruch, und Sankt Gotthard ging nach Hildesheim. Dort hat man ihn anfangs eher gefürchtet als geliebt, denn Gotthard war ein rastloser Arbeiter. Er kultivierte den Boden und richtete in seiner Diözese zahlreiche Musterwirtschaften ein, gründete Pfarreien und baute über dreißig Kirchen. Dabei sah er (nach wie vor) streng auf die Klosterzucht und auf die Pflege der Wissenschaften. Einem jungen, adeligen Mönch soll er einmal zugerufen haben: »Entweder fort mit der Kutte oder Mönch vom Scheitel bis zur Sohle!« – Dabei soll der heilige Gotthard – als echter Niederbayer von dort drunten zwischen Donau und Böhmerwald – eine frohe Natur gehabt haben, und über die Maßen gern und viel (so schreibt sein Biograph) habe er gesungen. Und er war hochgebildet. Am liebsten las er Horaz und Cicero. Dazu war er ein eifriger Baumeister, der die Pläne meist selber ent-

warf. Und hatte er Zeit, griff er auf dem Gerüst gleich selbst zur Maurerkelle. Die neuere Baugeschichtsforschung nennt ihn »den größten bayerischen Baumeister des Frühmittelalters«. (Oswald)
Gotthard ist rasch und für dauernde Zeiten berühmt geworden. Der heilige Norbert und auch Bernhard von Clairvaux setzten sich eifrig ein für seine Heiligsprechung. Und verehrt wird er heute noch in Nord und Süd, ganz besonders natürlich in Niederaltaich und in Hildesheim – und auf dem Sankt Gotthard in der Schweiz, denn das Zisterzienser-Hospital auf diesem Alpenpaß führt seinen Namen.
Wie viele gute bayerische Köpfe wir damals nach Norden und Nordosten geschickt haben, das weiß der liebe Gott. Es mögen hundert sein und mehr, Mönche und Ritter, Abenteurer und Heilige. Otto von Bamberg missionierte die Pommern. Und das war keine leichte Arbeit. Zweimal mußte der Heilige die beschwerliche Reise unternehmen, denn nördlich Stettin, auf Wollin, saßen die heidnischen Götter besonders fest in den pommerschen Gemütern. – Kurz und gut, die sogenannte »nordostdeutsche Kolonisation« wurde nicht zum wenigsten von den Bayern vorangetrieben. Rechnet man zu den benediktinischen Ausstrahlungen, die von Bayern ausgingen, im 11. und 12. Jahrhundert auch noch die Verbreitung der Augustinerchorherren hinzu, dann finden wir den stolzen Satz des Mönchdichters Froumund von Tegernsee gar nicht mehr so überheblich, »daß die übrigen Stämme Germaniens von den Bayern erst die Sprache bekommen hätten«.
Wenn es immer nur Bayern gegeben hätte, lebten wir wahrscheinlich heute noch im Mittelalter, könnte da einer sagen. Aber nur langsam! Wer hat denn dem Martin Luther die Doktorarbeit an der Universität Leipzig bezahlt? Wer hat ihn an die Universität nach Wittenberg geholt? Ihn und den Melanchton und den Scheuerl und noch viele andere? Wer hat Luthers Auslieferung an die Kurie auf dem ersten Reichstag zu Augsburg schon verhindert? Und wer hat ihm bis 1519 immer wieder buchstäblich die Zeche bezahlt? Wer hat sich dem päpstlichen Kammerjunker Baron Miltiz, der doch ausgeschickt war, den Wittenberger Mönch zu verhaften, in den Weg gestellt? Kein geringerer als der Erbmarschall von Niederbayern, Herr Degenhart Pfeffinger, über 25 Jahre hindurch innerster Rat und Freund des Kurfürsten Friedrich des Weisen zu Sachsen. Dieser Pfeffinger von Salmannskirchen im Isengäu ist eine nicht genug zu

rühmende Gestalt. Selber zwar gut katholisch, wollte er doch die Reformation der Kirche. Seine Schwestern waren Äbtissinnen zu Frauenchiemsee und auf dem Nonnberg in Salzburg. Er war ein ganz gerissener Diplomat, mit dem Kaiser Maximilian beinah ebensogut befreundet wie mit seinem Herrn, dem sächsischen Kurfürsten, und mit den bayerischen Herzögen. Luther erwähnt ihn häufig in seinen Briefen, bezeichnet ihn als Gönner und Förderer, manchmal allerdings auch als Geizhals, da ja zu den Ämtern Pfeffingers auch die Betreuung der Universität Wittenberg gehörte, und er überhaupt der Finanzminister in Sachsen gewesen ist. Er hat dort auch die Biersteuer eingeführt.

Darüber hinaus aber war unser niederbayerischer Erbmarschall und kursächsischer Rat einer der interessiertesten Humanisten. Er stand mit allen Geistern seiner Zeit in regem Briefwechsel. Dürer und Cranach haben ihn gemalt, Dürer sogar neben sich in die Mitte seines schwierigsten Bildes, die Marter der zehntausend Perserchristen darstellend. Thomäis von Ravenna widmet Pfeffinger ein lateinisches Lobgedicht, worin dieser als ein »Mäcenas et patronus optimus« gefeiert wird! Und als er überraschend bei der Erwählung Kaiser Karls V. in Frankfurt stirbt, gehen ihm alle Kurfürsten in die Leich. Sein Tod, seine Krankheit und sein Testament füllen sogar etliche Seiten der Reichstagsakten. Und es ist vielleicht nicht übertrieben, wenn man behauptet, daß Pfeffinger allein auf Luther einen freundschaftlich mäßigenden Einfluß ausgeübt haben könnte, der den weiteren Gang der Dinge gebremst hätte. Etliche Wochen nach Pfeffingers Tod platzte denn auch die Bombe erst richtig auf der »Leipziger Disputation«, während doch ein halbes Jahr vorher im Hause Pfeffingers in Wittenberg zwischen Luther und Miltiz eine Art Stillhalteabkommen getroffen worden war. – Pfeffinger war der letzte seines Geschlechtes oder – wie er sich selber nannte – »der wahre Hüter des rechten Blütstammes«. Er liegt in der Barfüßerkirche zu Frankfurt begraben. Von seinem Schloß in Salmannskirchen stehen nur noch ein paar Mauern, aber in der dortigen Kirche leuchtet ein glänzendes Epitaph, das ihn in voller Maximiliansrüstung zeigt mit ungemein feinen, scharfen Gesichtszügen. Ein Freund und Gönner Martin Luthers, ein gerissener Diplomat, ein Mensch zwischen Mittelalter und Neuzeit, ein titulierter niederbayerischer Erbmarschall!

Und dann beginnt das große barocke Zeitalter Bayerns, die Gegenreformation. Mit den Söldnern Maximilians zogen die Bayern bis nach Magdeburg und nach Niedersachsen. Aber das Kriegsglück war ihnen doch meistens nicht gewogen, wenn man von ein paar Siegen unter Tilly absieht. Bayerns Beitrag zur Gegenreformation wurde die Kunst. Das Barock geht in Deutschland von Süden aus. Die Gotteshäuser fangen zu glitzern an, die Schlösser zu glänzen, überall wird musiziert und Theater gespielt, die Wallfahrten blühen auf, es war wieder eine Lust, katholisch zu sein! Und zwar ganz spezifisch bayerisch-katholisch!

Wer weiß, vielleicht wären gar die Kölner protestantisch geworden, wenn die Bayern nicht gewesen wären. Anno 1583 mußten bayerische Truppen nachhelfen, Truppen unter dem Befehl des Bayernherzogs Ferdinand, eines Bruders Herzog Wilhelm V. des Frommen. Sie besiegten den zum Protestantismus übergetretenen Kölner Erzbischof-Kurfürst Gebhard Truchseß, der sein geistliches Fürstentum in ein weltliches hatte umwandeln wollen, wodurch die katholische Lehre am Niederrhein aufgehört hätte. Und noch dazu die katholische Mehrheit des Kurfürstenkollegiums. Neuer Erzbischof-Kurfürst von Köln wurde nun der jüngste Bruder Herzog Wilhelms von Bayern, Herzog Ernst. Damit war das bayerische Haus in den Besitz zweier Fürstentümer am Niederrhein gelangt, in den Besitz des Bistums Köln und des damit verbundenen Herzogtums Westfalen. Über zweihundert Jahre lang und ohne Unterbrechung war das Erzbistum Köln in der Hand zweitgeborener bayerischer Prinzen. Auf Ernst folgte Ferdinand, auf diesen Max Heinrich, dann Joseph Klemens, ein Bruder Max Emanuels, und schließlich Clemens August, der berühmteste der Kölner Kurfürsten-Erzbischöfe, Max Emanuels Sohn.

Und häufig gehörten zu Köln auch noch die Bistümer Hildesheim, Lüttich und Münster. Eine gewaltige bayerische Macht am Niederrhein, wenn man bedenkt, daß zu Düsseldorf als Herzöge von Jülich-Cleve-Berg weitere Wittelsbacher residierten, darunter der auch heute noch in Düsseldorf populäre Jan Willem, eigentlich Johann Wilhelm aus der Linie Pfalz-Neuburg-Sulzbach.

Das Imponierendste und Feinste, das einem Bayern im Rheinland oben begegnen kann, ist das stolze Lustschloß des Erzbischof-Kurfürsten Clemens August zu Brühl, genannt Augustusburg. Es ist das

Nymphenburg oder Schleißheim Bonns, das ja die Residenzstadt der Kölner Kurfürsten gewesen ist. Nicht Köln. Auch in Bonn haben über zwei Jahrhunderte die bayerischen Erzbischöfe gebaut. Enrico Zuccali war der Architekt der Residenz! Und in der Kreuzbergkirche, hoch über Schloß Poppelsdorf, stukkierten die Wessobrunner Jakob Rauch und Ignatius Finsterwalder. Aber, wie gesagt, mit Schloß Brühl kann sich keine andere Herrlichkeit messen. Das ist schon eine über die Maßen elegante bayerische Rokoko-Residenz! Im Park mit seinen Fontänen spiegeln Weiher, jeweils umschlossen von geschorenem Buchs und von buntem Kies, die glanzvollen Decken der Innenräume. Und da drinnen im Schloß erst: das königliche Treppenhaus – unüberbietbar an gewaltiger Repräsentanz und zugleich intimer Großzügigkeit. Die Säle atmen – so lebendig sind sie – in ihren noblen Proportionen, in ihrem Ineinander, in ihrer paradiesischen Atmosphäre! Und überall blitzt aus dem Gold und Stuckrot, aus dem Silber und Grün das Weiß und Blau der bayerischen Farben auf, dominierend über alle andere Leuchtkraft. Obschon die Wappen Clemens Augusts einen immensen Würdenkomplex darzustellen haben. Er ist von Gottes Gnaden nicht bloß Erzbischof von Köln, Kurfürst des Römischen Reiches und durch Italien Erzkanzler, nicht nur Bischof von Paderborn, Hildesheim, Münster und Osnabrück, Administrator des Hochmeistertums in Preußen und Minister des deutschen Ordens, sondern immer auch Herzog in Ober- und Niederbayern, in der Oberpfalz, in Westfalen und Engern, Pfalzgraf bei Rhein, Landgraf zu Leuchtenberg, Graf zu Pyrmont etc. etc. Und dieser Würdenkomplex ist in Brühl auf Schritt und Tritt präsent!
Balthasar Neumann hat das Treppenhaus geschaffen. François Cuvilliés, der Hofarchitekt dreier bayerischer Kurfürsten, leistete die Hauptarbeit in der Anlage und Ausstattung der Säle und Zimmer. Und ziemlich viel wird Clemens August auch selber mitgebaut haben. Er war ja ein Sohn Max Emanuels und ist in München aufgewachsen. Ein Herzstück des bayerischen Rokoko am Niederrhein ist dieses Brühl. Allein wegen dieses Schlosses brauchen die wackeren Bayern in Bonn nicht zu verzagen. Auch nicht, wenn sie wieder einmal überstimmt werden sollten! – Auch Clemens August hat den Gläubigen der Kölner Erzdiözese imponiert. Nach seinem Tod haben sie auf ihn ein Loblied gesungen, in dem es heißt: »Bei Clemens August trug man blau und weiß – da lebte man wie im Paradeis.«

Wenn man der in Preußen lebenden Bayern gedenkt, dann darf man sich auch an die aus Salzburg ausgewanderten Flüchtlinge erinnern, die in Ostpreußen eine neue Heimat gefunden hatten – bis sie in unserer Zeit von neuem umsiedeln mußten, diesmal zum Teil wieder zurück nach Bayern. Die Fürsterzbischöfe von Salzburg hatten nämlich bald zweihundert Jahre lang zahlreiche Protestanten unter ihren Untertanen. Und so etwas konnte man in einem katholischen Fürstentum dann doch nicht auf die Dauer gut sein lassen. So jedenfalls dachte der gestrenge Fürsterzbischof Leopold von Firmian.
Und 22 000 Untertanen, die sich weigerten, katholisch zu werden – obschon ihnen die Konversion leicht gemacht worden war – mußten ihre Heimat verlassen. Die meisten von ihnen nahm Friedrich Wilhelm I. von Preußen auf und siedelte sie im Bezirk Gumbinnen in Ostpreußen an. Viele ostpreußische Familien führen daher auch bajuwarische Namen.
Des Aufzählens wäre kein Ende. Ein Gastwirtssohn aus Cham diente während des Siebenjährigen Krieges als draufgängerischer Reiteroberst im Hannoveranischen und kämpfte auf der Seite Friedrichs des Großen. Er war ein zweiter Ziethen aus dem Busch, ging nach dem Frieden von Hubertusburg kurz nach Frankreich und brachte es dort bis zum Marschall. Das war der Graf Nikolaus Luckner, der Stammvater des späteren Seeteufels.
Und dann kam das bürgerliche 19. Jahrhundert; die stehenden Heere wurden größer und die kriegerischen Unternehmungen umfangreicher. In solchen Zeiten hatte jedermann die Möglichkeit, Abenteuer zu erleben. Dazu wurden die ersten Eisenbahnlinien gegründet, und schon Ende der fünfziger Jahre konnte man bequem von München nach Berlin fahren – und das innerhalb von knapp zwanzig Stunden. Jetzt kam natürlich auch öfter ein aufgeweckter Bayer nach Preußen. Auch wurde das deutsche Reich geschmiedet; und das nicht erst durch Bismarck und mit Waffengewalt, sondern durch die Macht der alldeutschen, germanischen Ideale schon Jahrzehnte vorher in Schrift und Ton und Bild – ja sogar ein Bildhauer hat in diesem idealen Einigungskampf um Deutschland mitgewirkt, und das nicht zum geringsten. Der Held heißt Ernst von Bandel, und er kommt aus München. Sein Werk: das Hermannsdenkmal im Teutoburger Wald.
Ernst von Bandel wurde zwar Anno 1800 noch in Ansbach geboren,

kam aber als Bub schon nach München, studierte hier dann im München Ludwigs I. die Bildhauerei und hatte von Anfang an nichts anderes im Kopf als den Cheruskerfürsten. Arminius war sein Panier, und für des Vaterlandes Befreiung, für Teutschland, schwärmte er ebenso wie sein König Ludwig I. Nur in dem einen Punkt kam der Künstler Bandel mit seinem König nicht zusammen: Ludwig wollte in Bayern kein Arminiusdenkmal errichten lassen, denn seine Ideale von des teutschen Vaterlandes Größe schlugen sich in der Walhalla und in der Befreiungshalle nieder. Ernst von Bandels Lebensarbeit aber war so ausschließlich dem Sieger über Varus reserviert, daß für ihn in München kein Platz mehr war. – Wie kann man mittels eines griechischen Tempels Germanien ehren? Sein Hermannsdenkmal sollte eine rein deutsche Arbeit werden. So verließ er denn seine Bildhauerarbeiten an den Figuren in der Pinakothek und Residenz, und wo auch immer die großen Meister Ludwigs fleißige Ausführer und Vollender brauchten, und er wanderte Anno 1836 nach Norddeutschland, nach Detmold zunächst, um dem Kriegsschauplatz der Hermannsschlacht ganz nahe zu sein. Er war nun 36 Jahre alt und hatte den großen Plan zu einem noch größeren Arminius im Kopfe. Auf einsamen Spaziergängen im Teutoburger Wald fand er bald auf den Höhen der alten Grotenburg den geeigneten Standpunkt. Fürst Leopold von Detmold überließ großzügig den Grund einem soeben in seiner Residenzstadt Detmold von Bandel gegründeten Verein zur Errichtung eines nationaldeutschen Denkmals für Hermann, haud dubie liberator Germaniae; man kannte die berühmte Stelle bei Tacitus – jeder deutsche Mann kannte sie nun in Detmold: Arminius – zweifelsohne der Befreier Germaniens!

Ein zähes Ausharren und Abwarten, ein mühsames Arbeiten und Planen, ein Betteln und Bitten begann nun für den Meister aus München, daß man beim Lesen seiner Biographie tatsächlich den Eindruck bekommt, Ernst von Bandel hat in einem Zeitraum von 37 Jahren diesen Arminius nicht nur geschaffen, sondern ihn sich auch zusammengebettelt. Und ohne die kleine, aber alljährlich bezahlte Unterstützung König Ludwigs I. in Höhe von 200 Gulden – nach heutiger Kaufkraft vielleicht viertausend Mark – wäre Ernst von Bandel buchstäblich verhungert. – Mit dem Detmolder Verein bekam er bald Krach. Als die Bürger allmählich erfuhren, wieviel Geld so etwas kostet, fiel der Idealismus bei vielen zusammen. Bandel verließ die

freie Wohnung im Schloß zu Detmold und zog nach Hannover, dort einen neuen Verein zu gründen. Die Zeitungen nahmen sich seiner an. Die Gymnasien sammelten. Das Unternehmen wuchs. Schon stand der Unterbau, der nun, und das ist der Einfluß König Ludwigs, eine Kuppel bekam. Noch war von Arminius selber keine Zehe fertig. Bandel hat es sich auch in der Ausführung nicht leicht gemacht. Sein Arminius ist nicht aus Erz gegossen, sondern aus einzelnen Kupferplatten stückweise herausgetrieben. Der Künstler fährt nach Italien, um an der dortigen Trajanssäule die edle Haltung germanischer Fürsten zu studieren. Was er zurückbringt, ist die Idee zu einer Thusnelda, der Gemahlin des Arminius. Er führt sie in weißem Carrara-Marmor aus und vollendet sie rasch. Eine der wenigen Arbeiten Bandels neben dem Hermannsdenkmal. Aber sie sieht bei weitem eher wie eine liebe gotische Madonna aus, denn wie eine Germanenfürstin.
Endlich, Anfang der sechziger Jahre, fließen die Gelder etwas reichlicher. Deutschland war im Begriff zu erwachen, und immer neue Hermannsdenkmal-Vereine wurden gegründet. Zahlreiche sogar in Amerika, die sich freilich dann in Neu-Ulm im Staate Minnesota ein eigenes auch recht ansehnliches Hermannsdenkmal errichtet haben. 1866 – Bandel ist bereits sechsundsechzig Jahre alt – wird endlich das erste Stück seines Arminius fertig, der Kopf mit Helm. Bald darauf kann er auch den erhobenen rechten Arm mit dem riesigen Germanenschwert in der Faust vorweisen, dazu die beiden Füße bis zur Wade. – Die nationale deutsche Presse feierte jedes fertige Stück in großen Tönen. Vereine kamen angereist in die kleine Werkstatt des Schöpfers deutscher Kraft in Hannover.
Auch Bandels letzter Streit konnte beigelegt werden. Ein Streit mit Konkurrenten aus Berlin, die einen Hermann mit gesenktem Schwerte darstellen wollten und deren Modell von vielen Experten nicht schlecht gefunden wurde, besonders nicht von dem nun auch wieder aufgeblühten Detmolder Hermannsverein. Denn das gesenkte Schwert wäre um mehrere tausend Gulden billiger gekommen. Aber, so hieß es in nun immer mehr Zeitungen, ein Hermann mit gesenktem Schwert sei nicht im Sinne der deutschen Einigkeit. Ernst von Bandel, nun schon weißhaarig und weißbärtig, im Lendenschurz und in der Hand den Hammer, konnte in unermüdlichem Fleiß weiterhämmern. Der für Preußen gute Ausgang des 66iger

Krieges förderte das Unternehmen. 1869 besuchte gar König Wilhelm I. von Preußen den Meister in seiner Werkstatt. Man besichtigte Kopf, Schwert, Beine und Arme, die jeweils geschmückt mit Girlanden auf riesigen Gerüsten standen. Das Bild ging durch alle Zeitungen. Der Preußenkönig mit dem Hermannsschöpfer. König Ludwig I. von Bayern war kurz vorher gestorben, und die Unterstützung aus Bayern war erloschen. Erst jetzt sprang der preußische König mit Spenden ein, kurz vor der Vollendung.

Nach dem Siebzigerkrieg ging ohnehin eine Welle der Begeisterung durch Deutschland, und das Hermannsdenkmal wurde zu einer nationalen Schöpfung allerersten Ranges erklärt. Es floß viel Geld in die Kassen der Hermannsvereine, wahrscheinlich mehr, als Bandel noch verhämmern konnte. Endlich stand der fertige Hermann oben auf seinem Tempel. Die Einweihung war eine glänzende fürstliche und militärische Parade. Kaiser und Kronprinz waren zugegen. Und auch der 75jährige Münchner Bildhauer Ernst von Bandel.

Er war fertig geworden! Preußen setzte ihm eine jährliche Ehrenpension von 4000 Talern aus! Sie wurde nur einmal ausbezahlt, denn der Meister verstarb schon 1876 – und zwar nicht in Preußen, sondern in Bayern, wo er seinen Lebensabend beschließen wollte, zu Neudegg bei Donauwörth. Eine norddeutsche Zeitung schrieb:

»Die Schöpfung seines Denkmals ist nicht nur eine künstlerische Tat, sondern ein Werk des im deutschen Charakter liegenden zähen, schöpferischen Idealismus. Arminius ist und bleibt das heilige Symbol für die Einheit der Deutschen aller Welt.«

Der deutsche Nationalismus hat eben auch seine erhabenen Launen. Sogar in Hamburg und Bremen konnte man damals als bayerischer Mensch Karriere machen. Bei der Marine! Ein romantischer Zug, eine Sehnsucht nach der Weite des Ozeans, den man sich einmal am Starnberger- oder Chiemsee geholt hat. Eine besondere Kuriosität: der Sieger der letzten und einzigen Seeschlacht der deutschen Kriegsmarine war ein bayerischer Admiral: Franz Hipper, Bräuwastlsohn aus Weilheim, seit 1881 bei der Kriegsmarine, begann am 31. Mai 1916 mit seinen Schlachtkreuzern die Schlacht am Skagerrak gegen die beinahe doppelt so starken Engländer – und siegte. Der Admiral Franz Ritter von Hipper, ein Bayer!

Und wie steht es heute? Leben nicht genug Bräumeister droben in den riesigen Bierfabriken? Bayerische Bräumeister, die Millionen

Hektoliter sieden, weit mehr als die Bayern jemals trinken könnten! Ja, man kann eben etwas unternehmen in Preußen. Siehe Ernst von Bandel! – Der oberste Wirtschafts- und Biergeneral im Hause Dr. Oetkers zu Bielefeld, Herr Dr. Sandler, ist ein Bayer. Derlei Namen könnte man noch mehrere nennen.

Unsere nüchterne Epoche hat den Verkehr der Bayern in Preußen wesentlich vereinfacht. In einer knappen Stunde kann man jetzt von München aus in Hannover, Düsseldorf oder Hamburg sein. Und die geschäftlichen Beziehungen untereinander bedürfen keiner Erwähnung. Und trotzdem fällt ein Bayer in Preußen auf – viel mehr als umgekehrt ein Preuße in Bayern. Aber das ist, um mit dem Preußen Fontane zu sprechen, »ein weites Feld«.

Der Rou'n Re'l von Rimberg

Andreas Schmeller und sein Bayerisches Wörterbuch

Er war von Haus aus bettelarm, hat aber dennoch studieren dürfen und gilt heute immerhin als ein großer Sohn des bayerischen Stammes: der Rou'n Re'l von Rimberg. – Das Dörfchen Rimberg liegt bei Pfaffenhofen an der Ilm und das Rou'n-Anwesen ist ein Kleingütlerzeugl mit zwei Kühen, strohgedeckt das Häusl, darinnen aber mit einer warmen Stube und dahinter, hügelauf, mit einem üppigen, kleinen Obstgarten, der Äpfel und Birnen hergibt. Die Eltern des Rou'n Anderl haben die kleine Fretten erst 1787 für 300 Gulden gekauft und sind von der Oberpfalz her nach Bayern zugezogen, weil es halt da droben in Tirschenreuth nicht mehr recht gegangen ist. Der Anderl war zum Zeitpunkt der Übersiedlung noch keine zwei Jahre alt. Sein Vaterhaus, diese schlechte Bauernhütte beim Rou'n in Rimberg, wurde ihm zum Inbegriff der Heimat. Bis zu seinem Tod schwelgt er in Erinnerungen daran und wenn er an seinen Vater denkt, tut er das mit großer Herzlichkeit. Dieser Rou'n Anderl ist nicht nur der größte bayerische Sprachforscher geworden und neben Jakob Grimm der bedeutendste Germanist überhaupt, er gilt auch als der große Ordner und Organisator der Bayerischen Staatsbibliothek – Zigtausende von Codices gingen durch seine Hand, die Handschriften hat er katalogisiert und er hat umfangreiche Namen- und Sachrepertoiren angelegt. Er hat als Dreißigjähriger schon 18 Sprachen beherrscht, später brachte er es auf 24, und er hat die großen literarischen Schätze des deutschen Mittelalters aus einer Jahrhunderte währenden Verschollenheit wieder entdeckt und sie mit den klangvollen Namen ausgestattet, als die wir sie heute kennen: Die Carmina Burana, den Ruodlieb, den Heliand, Muspilli, das Wessobrunner Gebet und noch andere mehr. Ein damaliger königlich bayerischer Geheimrat, Joseph von Hormayr, betitelte den so erfolgreichen Germanisten als den bayerischen Grimm. Der empfindliche Bauernbub aus Rimberg war darüber aber gar nicht sehr erbaut und vertraute noch 1849 der Verschwiegenheit seines Tagebuches an: »Der bairische Grimm! Jawohl! in dem Sinne, in dem das bairische

Meer, der Chiemsee, mit dem deutschen Meer, der Nordsee, mag verglichen werden.« Und er vermerkt es zum wiederholten Mal. Immer dann, wenn er glaubt, eine Kränkung erfahren zu haben. 1849 zum Beispiel, weil er während des Kuraufenthaltes in Bad Gastein dem Erzherzog Johann, des deutschen Reiches Verweser, nicht vorgestellt worden ist. Weil bei irgendeinem Anlaß, der ihn in die Nähe des Königs brachte, dieser mit ihm nur ein paar Worte gesprochen, weil »unsereiner sich von den großen Herrn immer in der Entfernung halten muß und auch gerne hält«. Der ehemalige Bauernbub ist eine empfindliche Natur. Über fünfzig Jahre hinweg führt er ein Tagebuch, in dem er sich ausschimpft und ausweint, teils in geheimer Schrift, in dem er boshaft und ungemein zärtlich zugleich sich auszudrücken wagt, während er nach außen hin sich als der Verschlossene gibt und als ein Mann, der nur seine Arbeit kennt.

Und doch ist dieser Rou'n Anderl von Rimberg einer der größten, fruchtbarsten und fleißigsten Gelehrten des bayerischen Stammes, ein überaus liebenswürdiger Mensch, der zu Lebzeiten schon viel bewundert wurde, den der Kronprinz Ludwig leiden mochte und der auch den Frauen nicht ganz gleichgültig war. Rou'n-Anderl nannte er sich selber gern in seinen Tagebüchern. »Jetzt ist aus dem Rou'n-Anderl ein Mann mit 1000 Gulden geworden«, gratuliert er sich z. B. selber. In Wirklichkeit handelt es sich – um die Katze endlich aus dem Sack zu lassen – um unseren großen Sprachforscher und Autor des Bayerischen Wörterbuches, um den Herrn Professor Dr. Andreas Schmeller, zugleich Custos an der Bayerischen Staatsbibliothek.

Als sein Hauptwerk gelten die zwei mächtigen Folianten des *Bayerischen Wörterbuches.* Darin hat er in fast 3000 Spalten den bayerischen Wortschatz aufgezeichnet.

Aber mit dem Notieren der Wörter allein hat er sich nicht begnügt. Er erklärt sie, zeigt die Verwandtschaft der Wortstämme mit anderen Sprachen auf und demonstriert anhand von trefflichen Beispielen den Gebrauch dieser Wörter. Da wimmelt es von Versen und Sprüchen, von Zitaten aus alten Urkunden und literarischen Denkmälern. Und er gibt auch hier und da die in den bayerischen Gegenden verschieden gehandhabte Aussprache an, dabei unterscheidet er im altbayerischen Raum vier verschiedene Aussprachebezirke: Das bayerische Flachland an Donau, Lech, Isar und Inn, zweitens das bayerische Gebirge, drittens den Bayerischen Wald und viertens die Oberpfalz um Naab und Pegnitz. – Man bekommt eine Ahnung von der Vielschichtigkeit der deutschen Sprachsituation, von dem fortwährenden Schöpfen unserer Schriftsprache aus den deutschen Mundarten. Aber Schmellers Wörterbuch gibt noch mehr: es erklärt die Sprache als das eigentliche tägliche Leben des Volkes: so heißt es da und dort bei der Taufe, bei der Beerdigung, beim Zubettgehen, beim Essen; so ist es Brauch und Sitte. Dazu berücksichtigt er auch noch die übrigen bayerischen Stämme, wohlwissend, daß dieses heutige Bayern kaum zur Hälfte von den Bayern bewohnt wird, und nimmt auch die schwäbischen und fränkischen Mundarten auf. Daß die Idiotismen der österreichischen Bajuwaren einen großen Platz einnehmen, ist selbstverständlich. So stellen sich die beiden Folianten des Bayerischen Wörterbuches als die Arbeit eines Titanen vor, und man kann es kaum glauben, daß dies die Arbeit eines einzigen war, noch dazu eines Mannes, der ohnehin über die Maßen beschäftigt war als Bibliothekar, als Universitätsprofessor und als Akademie-Mitglied.

Schmeller hat, um die verschiedenen Nuancen der Aussprache des Bayerischen genau zu treffen, eine eigene phonetische Schrift erfunden, wodurch die Lektüre im Wörterbuch etwas erschwert wird. Obgleich er, als er 1816 dem Kronprinzen Ludwig über seinen Plan zum erstenmal Mitteilung machte, forderte, daß das geschriebene Bayerisch ein geschriebenes Deutsch sein soll »und wie jeder englischen oder französischen Grammatik eine eigene Aussprach-Lehre vorangeht, so soll auch unserm Werke über die Mundart der Bayern eine bündige Aufstellung von Regeln vorangehen, wie, in den verschiedenen Fällen, jedes deutschgeschriebene Wort auf ächt bairische Weise auszusprechen sei«.

Denn viele Wörter der deutschen Schriftsprache gehören ja auch der bayerischen Mundart, nur werden sie in Bayern eben bayerisch ausgesprochen. Er lehnt es z. B. ab, das Geschlechtswort »der« in mundartlichen Texten mit »da« wiederzugeben. Als Bayer habe man eben zu wissen, daß man dieses »der« »da« ausspreche. Durch eine so verstümmelte Schreibart »würde die Baiernsprache eher ein keltisches als teutonisches Aussehen erhalten«. Im Wörterbuch hat er sich aber dennoch nicht daran gehalten, sondern alles Bayerische in einer phonetischen Schrift wiedergegeben.

Unsere hochdeutsche Schriftsprache ist hochgeistig, philosophisch, lyrisch, aber gewisse Derbheiten des Alltags lassen sich in ihr nicht besonders charmant ausdrücken. Dazu haben die Deutschen eben ihre Mundarten. – Wer so denkt, gerät in die typisch deutsche Zwiespältigkeit, wo die Sprache des Volkes als zu ordinär verleugnet wird und die erhabene Geistigkeit der abstrakteren Schriftsprache im alltäglichen Gebrauch entweder nicht beherrscht oder nicht als genügend gemütlich empfunden wird. Ein über drei Jahrhunderte sich nun schon hinziehendes Dilemma. Die Folge davon ist die so häufig geübte Zuflucht zu fremden Effekten in der Umgangssprache der eleganteren Welt. Als ob die Doppelzüngigkeit von Volkssprache und Schriftsprache nicht natürlicher, geziemender, menschlicher, lieblicher, treffender, eindringlicher und lustiger wäre!

Eines fällt einem bei der Lektüre des *Bayerischen Wörterbuches* allerdings auf. Den guten Rou'n-Anderl sticht der Hafer. Er bringt aus Übermut und Kurzweil viele Redensarten und Verslein aus jenen sittlichen Bereichen, die in der wohlanständigen Gesellschaft eher umschrieben zu werden pflegen, als so direkt ausgesprochen. Welch sonderbarer Philologe! Gebürtiger Oberpfälzer, aufgewachsen im Dachauer Hinterland, Schüler in Scheyern, Ingolstadt und München, erzogen von aufgeklärten Benediktinern, dann als Lehrer im Geiste Pestalozzis in der Schweiz tätig, Korporal und Fremdsprachenlehrer in Spanien und endlich königlich bayerischer Oberleutnant in einem Jägerbataillon; 1814/15 die Feldzüge in Frankreich absolvierend und anschließend als beurlaubter Offizier am Bayerischen Wörterbuch arbeitend. Für einen Sprachgelehrten eine außergewöhnliche Karriere! – Sein Porträt zeigt denn auch einen scharfen, abenteuerlustigen Männerkopf von mächtiger Stirn und kräftigem Kinn, braunes Haar, nach römischer Sitte geschoren. Er sieht gesund aus, doch seine Augen sind sehr kurzsichtig, aber er trägt nur bei der Arbeit eine Brille. Das Lächeln stünde seinem Gesicht natürlicher als das Zürnen, meint er selber. Sieht man von jener leicht kränkbaren, innersten Art ab – über die er aber von Jugend auf selber Bescheid weiß und die man nicht so wichtig nehmen soll –, so traut man diesem eminent gelehrten Kopf schon eine gehörige Portion bäuerlicher Freudigkeit zu. Dazu kommt seine aufgeklärte Libertät in religiösen Dingen und eine natürliche, humorvolle Spottlust. Dieser große Pionier der Germanistik zitiert also gern lustige

Verslein und kräftige Redensarten. Dadurch gewinnt das etymologische Wörterbuch ungemein an Reiz und versüßt ihm und uns die philologische Mühsamkeit. Das spürt auch kein Geringerer als sein Freund Jakob Grimm, der in seiner Vorrede zum *Deutschen Wörterbuch* sagt: »Kein anderer deutscher Stamm hat ein Wörterbuch aufzuweisen, das dem von Schmeller irgend gleichkäme, so meisterhaft ist hier die Sprache selbst und ihr lebendiger Zusammenhang mit Sitten und Bräuchen dargestellt ...«

Um diese »boarische Freidigkeit« Schmellers nun etwas zu demonstrieren, soll uns niemand den Vorwurf machen, wir suchten bewußt die einschlägigen Wortstämme heraus, wie etwa Schix und Menscher und Kammerfenster – oder zahllose noch kräftigere –, sondern betont ganz harmlose und von jeder Zweideutigkeit weit entfernt liegende Begriffe wollen wir da wahllos vorführen. Da erklärt er z.B. das Wort »wetzen« – wie in Wetzstein –, was natürlich soviel heißt wie scharf machen, und führt gleich den bäuerischen Namen für den Saubär an, nämlich Wetzbär. Sagt auch, daß wetzen mancherorts auch schwatzen bedeutet.

»Und«, führt der große bayerische Sprachlehrer dann noch aus, »über den Wetzstein gibt es auch ein Volkslied mit einer eigenen, sehr beliebten Tanzmelodie, anfangend: Hab i net an guatn Wetzstoan? / D'Leit sagn, i soll'hn wegtoan / Und 's Mensch sagt, i soll'hn ghaltn / Den Wetzstoan, den altn!«

Dergleichen Beispiele sind einprägsam und erheitern das Studium. Wem es zu ordinär erscheint, der soll sich nicht mit Etymologie beschäftigen. In der Volkssprache gibt es nichts Ordinäres. Schmeller fügt noch einen schlimmeren mittelhochdeutschen Text hinzu und schließt das Kapitelchen »wetzen« und »Wetzstein« mit der trockenen Bemerkung ab: »Vgl. Schneid und ähnliche Hypokorismen der Volkssprache.«

Mit einer gewissen freudigen Angst schlagen wir die verwiesene Stelle Schneid und schneidig auf: Spalte 571, Band II – O je! Als ahnungsloser Philologe braucht man da schon eine Schneid, um das vorzulesen. »Der Bua hat Guraschi und 's Büchserl a Schneid«, geht es da wildschützenhaft romantisch an. Aber dann heißt es gleich rauflustig: »geh her, wennst a Schneid hast!« Und Schmeller übersetzt diesen ländlichen Kampfruf mit der schmeichelhaften Redewendung, »geh her, wenn du ein Herz hast«. Dann heißt es: »Wer a

Schneid hat, geit Tänz on / Wer a Geld hat, zahlts aus!« – Dazu gibt er keinen Kommentar. Zu Schmellers Zeiten bedurfte es darüber auch noch keiner Erklärung, denn es war in ganz Bayern auf allen Tanzböden so üblich, daß jeder Tanz bestellt werden mußte und bezahlt.

Jetzt aber geht es etwas verfänglicher weiter: »Besonders gilt Schneid für das Gegenteil der Impotenz: a Schneid habn auf eine Person, sich daran, darüber getrauen, begierig sein. Auf di hab i schon lang a Schneid, mit dir anzubinden, hab ich schon längst gewünscht ...« Und dann folgen etliche übermütige Schnaderhüpferl. »Wia's eppa nachand geht, denk i oft dron / Bal ma's Geld amal z'rinnt und koan Schneid nimmer hon.« – Die noch folgenden Beispiele befassen sich direkt mit dem Kammerfenster. Und daß die Schneid eigentlich die Schärfe von Schneidewerkzeugen bedeutet, wird in einer halben Zeile abgetan.

»I steig net aufi, i fensterl net on / Aft magst ma net sagn, daß i Schneid bettlt hon.« – Oder er zitiert noch volksnaher: »mog's sie es derleidn, gfeit's dir an der Schneidn.« Und dann noch das hochanständige Bubenlied: »Bal 's Dirndl falsch is, aft is an Buam z'toan / daß er's Loaterl wegtragt und geht ohne Schneid hoam.« – Denn »Schneid habn bei oaner«, meint Andreas Schmeller, »bedeutet wohl auch die Gunst selbst ...«

Natürlich, bei der Schneid, da war das Schneidige vorauszusehen. Blättern wir ein paar Seiten weiter in dem Bayerischen Thesaurus Linguae! ... Schnodeln, schnudeln, schnaufen, »a Schnauferl toan«, schnecken, Schnallen – usw. – schnalzen. Das klingt doch bestimmt einwandfrei. Schneckn! – Unser Professor weiß auch da einige Hypokorismen anzubringen. »Schnalzen, wie hochdeutsch knallen«. Aber dann geht es gleich folgendermaßen wörtlich im Text unmittelbar weiter: »An altn Fuhrmon tuat aa no's Schnalzn woihl!, d. h., wer sich die gewissen Genüsse (bei Schmeller heißt's eigentlich »Geschlechtsgenüsse«) vor Alter versagt sieht, spricht doch noch gerne davon. »Oan in d'Augn schnalzn«, einen überlisten, betrügen. »Oan abschnalzn«, einen grob anfahren. Das Äperschnalzen, feierliche Begrüßung des Frühlings. – Jetzt folgt eine feine Wendung: der hat an Schnalzer überhört – sagt man von einem, der mit vierzig Jahren noch nicht gescheit werden will. »Da hab i aufamal, wia da Tiroler, an Schnalzer ghört.« D. h., ich bin gescheit geworden. – »Da konnst nix macha, dös is da Schnalzer, den an iader Mensch muaß hörn, wann er a rechter Mann will sein und wann er gscheiter wuil werdn.« So könnte man tagelang dahinzitieren. Und man weiß nicht, soll man lachen oder weinen. Weinen deswegen, weil in den letzten fünfzig Jahren unsere so freudige bayerische Mundart von einem tödlichen Fieber ergriffen dahinstirbt, wenigstens im Vergleich zu der Lebendigkeit dieses an lauterer Fröhlichkeit überschäumenden Vokabulariums dahinzusterben scheint.

Natürlich, eine Sprache ist etwas Lebendiges, und eine Sprache muß Schritt halten mit den neu aufgekommenen Sachen und Begriffen. Aber was sind das für Sachen: Nimm Sopoflex aus dem Hause Oku! – Oder: Sobomobil, das internationale Diledagläsertuch! – Und was sind das erst für Wörter! Nichts Volksnahes mehr ist an ihnen. Es sind Wörter, die unabhängig von der Sache an einem Schreibtisch von Verkaufstechnikern kaltblütig konstruiert worden sind. Sie sind das Gegenteil von Heimat, sie sind bewußte Verfremdung. Und trotzdem hört man die Gesänge der Werbeagenturen auf den Straßen und in den Kindergärten.

Ein Münchner Pflasterer, ein origineller Mensch, vertreibt sich seine Arbeit mit Selbstgesprächen und hat dazu immer ein Lied auf den Lippen. Aber es sind keine Volkslieder mehr, auch keine Schlager, es sind Werbeslogans, die bereits jeweils in seinen Arbeitsrhythmus passen. Fugt der Stein nicht recht und er muß ihn nochmal anheben, summt er den Text einer Waschmittelfirma, geht die Arbeit rasch voran, trällert er die Banalitäten der Getränkeindustrie; es wird ihm gar nicht mehr bewußt. – Soll man da sagen, die Sprache lebt? Die Volkssprache? Aber selbst wenn es mehr so originelle Pflasterer gäbe und dazu mehr bildkräftige und ehrliche Werbesprüche, auch dann noch wäre die Gefahr der Verarmung unserer Volkssprache noch nicht gebannt. »Die Worte sind mir Grund und Boden«, sagte Schmeller. »Nur für des Vaterlandes Worte kann ich wirken.« Es hat so sein müssen, daß die großen Wörterbücher in der ersten Hälfte des vergangenen Jahrhunderts geschrieben worden sind. Heute wäre es zu spät. Damals war das Volk sich noch nicht bewußt, daß es schön redete und die Entfernung zwischen Denken und Sprechen, ja zwischen Fühlen und Sprechen war noch sehr gering.

»Frisch aufi auf d'Alma, gschwind eini as Gwent / Und daß mi mein Dirndl am Juchezn kennt.« – Ist dieses jagerische Almliadl nicht von einer ähnlich drängenden, ja ungestümen Sehnsucht wie jenes berühmte Goethesche Liebeslied »Es schlug mein Herz; geschwind zu Pferde!« Nicht nur auf d'Alm aufi, sondern noch höher hinaus, glei' eini as Gwent stürmt der Liebhaber. Und die zweite Zeile dann drückt in raffiniert zärtlicher Art das feste Vertrauen aus, das Wissen, geliebt zu werden. »Und daß mi mein Dirndl am Juchezn kennt!« – Und daß, d. h. soviel wie »wetten, daß mi kennt!«

Wenn man zwei so schöne Verse hört, tut es einem leid, daß jener angedeutete Plan Schmellers – niedergelegt in dem Aufsatz an Kronprinz Ludwig, *Gedanken über ein zu bearbeitendes Baierisches Idiotikon* vom Februar 1816 –, die bairische Sprache in den Rang einer selbständigen Landessprache zu erheben, daß dieser Plan damals nicht verwirklicht wurde.

Aber blättern wir nochmals etwas im Sprachmuseum des Andreas Schmeller, im *Bayerischen Wörterbuch!* Mit einer gewissen Vorsicht selbstredend, angesichts der Schmellerschen Lust an wetzigen, wachsen Zitaten. Der züchtige Blick fällt auf den Artikel »Wand, Gewand, gwantn«.

»Wia kunnt ma si denn g'wantn, wenn da Marktgroschn net waar?« sagen Münchner Köchinnen und einkaufende Mägde. – Na also! Es liegt nicht nur an der sündhaften Sinnlichkeit der bairischen Volkssprache. Man kann in der Mundart auch vernünftig reden. »De hat se sauber vergwandtet!« heißt es von einer Person, die sich durch Kleiderluxus arm gemacht hat.

Bei der Stelle denkt man unwillkürlich an die Ausführungen Schmellers in seinem Tagebuch, wo er von seiner Einkleidung als Oberleutnant erzählt. Der Kronprinz hat ihm, den eben aus der Schweiz Zurückgekehrten, im Januar 1814 das Offizierspatent verschafft, aber die Uniform mußte er sich selber beschaffen. Sie kostete die hohe Summe von 289 Gulden. In Rimberg erzählte er dem Vater davon. Die ganze Familie steuerte nun zusammen. Ohne »wen Fremds z'braucha«, sollte der Anderl ausstaffiert werden. Die Schwestern Kordel und Johanna, beide als Bauernmägde im Dienst, hätten 65 Fl. beim Pfarrer in Afalterbach und Johanna bekomme bald ihren Lohn vom Pfarrer zu Rohr. Der Vater breitete ihm 9 Gulden hin und die Mutter den langbewahrten Baierthaler mit dem Muttergottesbild. Und welche Freude, als der Sohn und Bruder dann in der neuen schmucken Uniform auf Urlaub kam. Alle begleiteten sie ihn stolz in die Pfarrkirche. Eigentlich hätte er ja Priester werden sollen!

Nicht nur in seinen Tagebüchern schwärmt er von seiner über alles geliebten Heimat in Rimberg. Es geht ihm kein Dejeuner über seiner Mutter Wassersuppen. Auch im Bayerischen Wörterbuch verleugnet er seine Herkunft nicht. Unter Kürben z. B. erläutert er: »Korbförmiges Geflecht aus Spänen, das gewöhnlich an Armbändern auf dem Rücken getragen wird ... Der Kürbenzainer ist der, der aus Holz- und Wurzelschienen Kürben flicht oder zäunt.« – Dazu führt er in Klammern aus: »Unter allen Gewerben ist dieses unscheinbare dem Verfasser des bairischen Wörterbuches das ehrwürdigste, denn es ist das eines bald achtzigjährigen Ehrenmannes, dem er sein Dasein und seine erste Erziehung verdankt.«

Aber zurück zu den Artikeln Wand, Gwand und gwantn. Hier sind noch einige volkstümliche Sprüchlein nachzutragen: »Wei' vokaaf d'Antn / An Buabm müaß ma gwantn / Sunst kriagt unser Hans / Koan Deandl zon Tanz.« Ein sehr praktisches Beispiel darf nicht verschwiegen werden, denn es enthält gleich beide Wörter in einer einzigen Strophe, die Wand und das Gwand. – »Deandl, laß gehn / Du bist liab, du bist schön, / Hast a Geld und a Gwand / Und brav Holz bei der Wand!« Mit der Wand und gwandt-Verwandtschaft ging es noch lange nicht zu Ende, da kommen noch vier Spalten. Da ist noch das Gwentl, der Ackerrain, und das Adjektiv gwandt, »a gwandte Dingin«, »a gwandts Bürsche« usw.

Schmeller zitiert auch gern aus alten Rechtsbüchern und Urkunden. »Der Pflegevater soll das Kind gwandten« – heißt es in einer Amberger Akte von 1684. Warum hat Schmeller zu so vielen Beispielen auch noch dies erwähnt? Der Sachverhalt wäre durch die übrigen Belege mehr als genügend vorgeführt gewesen. Gewiß verfügte er über nie versiegende Quellen in der Staatsbibliothek. Er hatte die Beispiele einfach parat. Das Pflegevater-Beispiel aus der Amberger Urkunde ist aber kein Zufall. Denn Schmeller hatte die Witwe des Nymphenburger Porzellanmalers Auer geheiratet und zwei kleine Buben mitübernommen, den Max und den Franz Auer. Letzterer hat es sogar bis zum königlich bayerischen Legationsrat und Ministerialrat im Bayerischen Ministerium des Äußeren gebracht. Von seiner Frau Julia hatte Schmeller noch eine Tochter namens Emma, die 1900 in München als Fräulein Schmeller 83jährig verstorben ist.

Ein so verfertigtes Wörterbuch ist keine trockene Wortklauberei, sondern tausendfältiges Leben. Zwar hat sein Vater, der gute, brave und fromme Kürbenzäuner aus Tirschenreuth, den Beruf seines Anderl nie ganz verstanden, denn die Wortsammlerei besaß in den väterlichen Augen viel zu wenig Realität. Im Tagebuch erzählt er es: Gutmütig habe der Vater gelächelt, aber es ihm doch ins Gesicht gesagt: »Anderl, hat er gesagt, dein Gschäft is nix.«

Das Bayerische Idiotikon ist voll von Indiskretionen. Etliche – vielleicht sogar sehr viele – Exempla können unmöglich zitiert werden, man kann sie bestenfalls stumm lesen, so man des Bayerischen in lohnendem Ausmaße fähig ist. Da steht unter dem harmlosen Wurm der Satz: »Der Herzwurm hat mi ongsoacht«, was soviel bedeutet als »mir is heit gar net guat, mir is schlecht ...« Und gleich daneben teilt er unter »warm, wirma etc.« mit, daß einer, der sich auf Freiers Füßen bewegt, sich eigentlich »um an Bettwirma umschaugt«.

Volksschullehrer und Pfarrherren halfen dem fleißigen Sprachsammler, die Idiotismen zusammenzutragen. Er selbst durchstreifte mehrere Male nach der Längs und nach der Quer sein liebes Bayernland. Diese Lieferanten und Zubringer werden ihm halt auch lieber saftige Aussprüche überliefert haben als brav harmlose. Aber das feinere Ohr hatte immer er – seit Kindheit an hellhörig auf jede Zunge, bei jedem Gespräch bedacht auf die Aussprache der verschiedenen Observanzen. Er beherrschte mehrere Mundarten, so z. B. das Alemannische, vorab das Schwyzer Dytsch.

Manche Reden, die er belauscht, schreibt er in phonetischer Schrift in sein Tagebuch. Als königlich bayerischer Oberleutnant hat er am 10. Juni 1814 in Memmingen das Glück, den Kaiser Franz zu sehen und während einer kurzen Audienz auch sprechen zu hören. In aller Ausführlichkeit beschreibt er das phonetische Erlebnis in seinem Tagebuch. Es ist so exakt wie eine Tonbandaufnahme. – Im Tagebuch heißt es: »... der Kaiser stund da, die hangenden Hände übereinander gelegt, mit Beinen die gebogen und nicht feststützend schienen, wie nur irgend ein sehr gutmütiger Mensch dastehen kann. Als Üchtitz sagte: Dies sind Offiziere von einem bairischen Bataillon Jäger, deren größter Schmerz es ist, nichts mehr für Deutschland tun gekonnt zu haben, sagte der Kaiser mit gutmütiger Stimme in Wienerton: ›Es is guet, daß mas nimmer braucht hat – Boarn habn se recht guet ghaltn – es san aa davon drauf gangen. Es is schad, daß vorher soviel Bluet für a fremde Sach gflossn is.‹ – Und als Üchtitz bemerkte, daß Seine Majestät so gut aussehe, sagte Kaiser Franz: ›Wie kunnts anders sein, es is ja über alle (Schmeller schreibt phonetisch ole) Erwartung guet gangen. Iatz sama do wieda Deitsche, san vo der Sklaverei dalöst – und könna unser deitsch Brod mit Rueh essn ... Mir habns ene amal zeigt – und wenns wieder komma wolltn, so bin i a wieda do.‹«

Schmeller beschließt das Erlebnis mit der Bemerkung: »Was mir bei Franzens Anblick am wunderbarsten vorkam ist, daß so ein Menschensohn dem Napoleon gegenüberstand, und daß Napoleon zu Fall gebracht wurde.«

Schmeller schreibt »bei seinem Anblick« – wahrscheinlich aber hat er mehr mit seinem phonetischen Auge gesehen, mit seinen Ohren. Interessant im Tagebuch sind die zahlreich angegebenen, verschieden geübten Sprechweisen. Bei dem adverbialen »einwendig« gibt er drei Observanzen an: einwenti, inwenti (leicht nasaliert zu sprechen: i'wenti!) und innawenti; das ist ein Trost, denn die bayerische Mundart hat für sehr viele Wörter mehrere Formen und mehrere feinnuancierte Sprechweisen, die in Ober- und Niederbayern z. B. meistens alle gleichzeitig zur Verfügung stehen oder mindestens zwei oder drei, vier mögliche Formen sind gebräuchlich. Einwenti und iwenti – beides ist richtig – Dirndl und Deandl – alle zwei sind liabe Wort'. – Es ist tröstlich, das einmal ausgesprochen zu haben, denn viele machen sich darüber Gewissensbisse, ob sie nun das rechte Wort im Gebrauch hatten oder nicht. – Selbstverständlich sind das Observanzen, d. h. örtliche Unterscheidungen und regionale Sprachgepflogenheiten. Und dennoch sind einige gängige Redewendungen, die da und dort zu Hause sind, im Lauf der Jahrhunderte so sehr allgemein bekannt geworden, daß man die Heimat nicht mehr feststellen kann. Schwoagerin, du bist mein Freid / Wann ma's Küahl auf d'Alma treibt. – »Und 's Vieh auf dar Alm, dös tuat schön umagrasn / D'Schwoagarin nimmt ihr Hör'nl und tuat so liabli blasn.« Zu Hypokorismen der Volkssprache sind selbstverständlich auch Musikinstrumente benützt worden. Da geigt se was, aber bei der söln geigt se fein nix! – Auf gut boarisch heißt die Flöte oder Querpfeife speziell die Schwegelpfeife oder einfach die Schwegel! Auch die Orgel hat Schwegel oder Schwigl. – Auch die Speiseröhre wird manchmal so genannt. Und mancherorts sollen die Burschen nachts mit ihrer

Schwegalpfeife den Mädchen den Hof gemacht haben. »Han 's Schwegal vogessn; denk allerweil dran / Tuat ma 's Deandl net auf, bal i's Schwegal net han.«
Der bayerische Grimm möcht einem kommen, wenn man die Leut heut oft bayerisch reden hört, und sie können es nicht. Unser Sproch is net hart und wachs, sie ist ehnder muild und liab und rauscht schön stad dahin, aa wenns diam an Muihlschuß obe rinnt! – Will sagen, der gebundene Sprachduktus mit vielen Alliterationen und Assimilationen muß schön fließend eine Melodie ergeben, eben einen Duktus, einen natürlichen Redefluß, der aber sehr komplizierten inneren Gesetzen gehorcht. – Und das ist das über die Maßen Wohltuende an den Schmellerschen Wortbeispielen und gesammelten Redensarten, daß sie diesen uralten Duktus noch ahnen lassen, diesen ganz und gar noch heilen und intakten. – Auch die ältesten Einwohner Bayerns beherrschen heute die Sprache nicht mehr in diesem vollkommenen Grade. Dagegen kann man sich nicht wehren. Niemand mehr beherrscht sie. Sind wir zufrieden, daß wir die Sprache Schmellers doch noch in so zahlreichen Fällen verstehen. Eine Hoffnung bleibt, unsere boarische Sprach hat wie selten eine andere europäische Sprache – bescheidener ausgedrückt Mundart – die verhehrenden Sprachstürme und -seuchen der letzten dreißig Jahre überstanden. Es muß eine ungeheure Gesundheit in ihr stecken, eine Gesundheit, die eines Tages von den Ärzten vielleicht einmal therapeutisch benützt werden wird – vor allem in der Psychotherapie. Ich kann mir nämlich nichts auf die Seele stärker Einwirkendes denken als den lebfrischen Quell einer urtümlichen Sprache, die noch in unmittelbarem Bezug zu den Menschen vergangener Jahrtausende steht. Und welche andere Mundart täte das in so hohem Maße als die bayerische?
Und noch ein Wichtiges: vielleicht sind für die Psychotherapie mittels der Sprache die Hypokorismen und Derbheiten, die Schmeller so gern aufgezeichnet hat, einmal besonders bedeutend und heilkräftig für manche Neurosen. – »Er is an Aufwixa und sie is a durchgwichste Dingin, a glengs Paarl dia zwoa!« – »Hast schon wieder tappt? Du bist schon recht antappi und zuatappi!« (bitte, man beachte bei antappi die leichte Nasalierung! Überhaupt anlautendes an und on! Wesentlich leichter in!)
»Wannst net so zuatappi' waarst, hättst ja schon längst aar an

Schatz!« (Schotz, das tiefe bayerisch a = o! – im Gegensatz zum hellen, langen aa – vor Vokal aar oder an!) Das schöne, noch weitverbreitete »Foam« ist ein reines Erlebnis bei Schmeller nachzuschlagen! – Da foamt net grad 's Bier, aa 's Roß kon foama. – Und man kann einen auch anfeimen – auf bayerisch: onfoama. – Du foam mi fein net an! – Man kann auch ein Geschäft onfaama und auch onfoama. »Laß heint a bißerl aufgehn fein z'Mittag bein Essn, 's hat an Foam!« – Es besteht eine Hoffnung. – Aber der Abgefeimte ist ein Spitzbube. »Du bist a ganz an o'gfoamta Spitzhengst, du! Verdruck di!«
Einen wahren Respekt vor der Feinheit und Lieblichkeit der bayerischen Grammatik bekommt man beim Studium des Adverbs »fein« (nasal fei'n). – »Tua fein aufpassn, Bua!« Oder: »Kimm fein net z'früah!« hört man auch heute noch. Demnach – so lehrt Schmeller – hat »fein« zweierlei Bedeutung. Einmal: »Es dient in Verbindung mit einem ausdrücklich gesetzten oder stillschweigend verstandenen Verbum, welches im ersten Fall allemal die schärfere Betonung erhält, eine Art von Wunsch auszudrücken! »Daß d' es fein net verlierst – Gib ma fein a schöns Stück! – In der zweiten Bedeutung steht dann fein mit dem Hauptton vor Adjektiven und Adverbien und bedeutet ziemlich. »Heint is fein kalt!« – »Die Buam kinnan fein mentisch zuaschlagn!«

Und feinli' oder feindli oder feinlin (stets nasal!) auch feinlan bedeutet sehr, angestrengt, vehementer. – »Dös tuat man recht feinla weh« oder »Dös gfallt ma fein net gar feinlin« – schwierig zu übersetzen ist das, wörtlich: das gefällt mir doch nicht sehr.

Ein Mädchen, das, ohne Beruf, auf alle Reden anderer aufmerksam ist, und sie sich merkt, ist eine Fang! – Dös is a rechte Fang, vour dera derf ma se in Acht nehma!

Damit hängt weitschichtig auch das »derfangen« zusammen, heute noch in der Redewendung: Iatz derfang di no wieder – lebendig. Zu Schmellers Zeit war diese noch nicht in Umlauf. Damals hatte das »derfangen« noch einen positiveren Charakter, es bedeutete erhaschen, ergreifen. »Da han i mi grad no derfangt.« Figürlich auch für »in die Höhe kommen, es geschafft haben«. – »In da Höh wollt i sein (san), hat mi allweil drum blangt, und iatz bin i halt obm und da han i's derfangt.«

Auch bei einer so kirchengeschichtlichen Etymologie, wie sie das Traktätchen über Zell und Zelle zu beinhalten scheint, verfällt

Schmeller in ein lustiges-lüftiges Beispiel. Ansonsten wird überhaupt nur vermerkt, daß die Ortsnamen auf Zell eben von einer Mönchszelle herrühren. Und dann heißt es: ähnlich wie im Artikel Wendelstein, daß jenes beliebte Tanzlied »da Wendelstoana« also lautet: »Deanal wia machant's denn 'Zellabuam? / Machant si's aa 'a's wia da?« – Und bei Oansidl, hochdeutsch Einsiedel, Eremit, zitiert Schmeller der Spruch: »An Oansi'l, an Oansi'l, dös geht man net ein! / Wuil liaba, schöns Schatzerl (o) a Zwoasidl sein!«

Andreas Schmellers Tagebücher, von Paul Ruf 1954 herausgegeben, was gar nicht genug gelobt werden kann, denn sie stellen in jeder Weise, auch literarisch und unterhaltend, eine große Seltenheit dar, erstrecken sich über einen Zeitraum von 51 Jahren, das heißt, sie reichen von 1801 bis zu Schmellers Tod 1852 und haben den Vorzug, keine Memoiren zu sein. Es ist rührend, darin seine schwelgenden Erinnerungen an Rimberg und an den Vater nachzulesen. Aber das ist nicht das Entscheidende an diesen Tagebüchern, nicht das Aufregende. Denn am kurzweiligsten zu lesen sind die erlebten und gleich darauf hingeschriebenen politischen und geistigen Abenteuer als Zaungast der europäischen Prominenz in der ersten Hälfte des vergangenen Jahrhunderts.

In München natürlich kennt er die Verhältnisse ganz genau und durchschaut sie mit wachen Augen. Da ist der Wandel seines Verhältnisses zu Ludwig von der ersten Begegnung mit dem Kronprinzen 1814 bis zur letzten mit dem alten König im Theater. Sehr interessant sind dann die Einblicke, die er uns in sein religiöses Innenleben gewährt, und man wird mit Entsetzen wahrnehmen, daß dieser fromme Andreas Schmeller eigentlich ein tief ungläubiger Mensch war und ein innerer Gegner der Kirche. Sein einflußreichster Lehrer war der ehemalige Benediktbeurer Pater Cajetan Weiller in den oberen Klassen des Wilhelms-Gymnasiums. Dieser Weiller fordert freilich schon in den 90er Jahren des 18. Jahrhunderts, »daß der Privatgeist bei den bestehenden Hilfsmitteln unserer Kirche immer noch mehr zu tun hat, als manche Theologen dulden wollen«. – »... denn die Unfehlbarkeit der Kirche kann sich doch nicht selbst wieder auf die Unfehlbarkeit eben derselben Kirche stützen. Die Kirche erkläre nur die Aussprüche Jesu, wer aber erklärt mir die Aussprüche der Kirche wieder?« – So wird Schmeller ein echter Humanist und kein Dunkelmann wie Görres, König Ludwig und Rings-

eis, sein oberpfälzischer Landsmann. Im Gegenteil, diese Kreise stoßen den liberalen Schmeller ab. »Und wo der Priester, der mir Ernsteres sage / Als was ich selber tief im Busen trage?« dichtet der Vierundvierzigjährige.
1847 verunglückt er auf einer Wanderung über den Jaufenpaß. Ein komplizierter Knochenbruch, der ihn nie mehr froh werden läßt. Er liegt wochenlang mit großem Wehdam in Sterzing, und auch die Heimfahrt auf den holprigen Wägen schmerzt. Erst nach fast einem Jahr kann er wieder regelmäßig Dienst tun in seiner Staatsbibliothek. Aber bis zu seinem Tod muß er am Stock gehen.
Nun werden noch Bäder besucht – alljährlich –, einmal reist man nach Bad Gastein, ein andermal in den Schwarzwald. Und er ist nun eine Zelebrität. Die ersten Herrschaften ganz Deutschlands, Gelehrte und Adelige, nehmen von ihm Notiz. In Bad Gastein 1849 freilich nicht dieser Erzherzog Johann, des deutschen Reiches Verweser.
Auf der Heimfahrt macht er mit seiner ihn stets auf solchen Reisen begleitenden Tochter Emma in Salzburg halt und verbringt dort ein paar herrliche Tage. Im Petersfriedhof trifft er einen alten Herrn, pensionierten Theaterdirektor aus Prag, einen gebürtigen Salzburger, der ihm die Stätten Mozarts zeigt und ihm versichert, er hätte noch vom alten Vater Leopold Geigenunterricht bekommen. – Schmeller verzeichnet dies Erlebnis ausführlich unterm 27. August 1849.
Und mit zunehmendem Alter resigniert er immer mehr. Gewissenhaft arbeitet er in der Staatsbibliothek weiter, treibt Sprachstudien, z. B. noch über die Sprache der Albanesen, sogar während einer einwöchigen Reise zu den heimatlichen Gefilden seiner Jugend, nach Rimberg, Rohr, Pörnbach und Ingolstadt. Aber er nennt sich jetzt nur noch den Lahmen in den regelmäßig weitergeführten Tagebuchaufzeichnungen.
»Ich lebe noch, freilich das Leben eines Lahmen, eines Alten, der sein 67igstes Jahr angetreten, der schwerer Neues lernt als Altes vergißt, und nicht mehr viel zu brauchen ist zu Besserm als zum Katalogmachen. Der aber, wenn auch für wenige mehr ein Lebender, doch gerade für jenes seltene Brüderpaar Grimm kein ganz verschollener sein möchte.«
Der Besuch Jakob Grimms in München als gefeierter Gast auch der

Bayerischen Akademie der Wissenschaften wird für Schmeller, der zunächst von den erlauchteren Akademikern etwas beiseite geschoben wurde, an jenem Abend zu einem Triumph. Denn Jakob Grimm machte aus seinem Vortrag eine Lobesrede auf den großen Germanisten Schmeller. Das tat dem Rou'n Anderl natürlich ungemein wohl, und seine Verehrung für den Kollegen Grimm wurde dadurch noch gesteigert und hielt sich bis zu seinem Tode.

»Auch dieser unsommerliche Sommer gönnt uns manch sonnigen Tag, und da ist Staatsrath Maurer öfter so freundlich, selbstkutschierend anzufahren bei dem Lahmen und ihn aufzuladen zu einer Partie im Freien. Und keine geht vorüber, ohne daß die Rede wäre von Jakob.«

Natürlich nimmt Schmeller auch regen Anteil an der Politik. Die letzten Jahre seines Lebens fallen ja in die hohen Zeiten des 19. Jahrhunderts, in die Monate der 48iger Revolution, in die Jahre eines ersten deutschen Parlaments und die Zeit der abermals beginnenden Restauration. Schon in seiner Oberleutnantszeit war er ein eifriger Besucher des ersten bayerischen Parlamentes gewesen, der Kammer. Und er stellte mit Verwunderung fest, daß da die Altbayern durch großes Schweigen auffielen, während die Franken und die ehemaligen Reichsstädtischen das politische Wort führten.

Es tröstet ihn auch nicht die Versicherung seines Freundes Hoheneicher, daß die Altbayern zwar die Ehre des Wortes an ihre Brüder am Rhein und Main abträten, die Ehre der Tat sich vorbehaltend. Schmeller fühlt sich beschämt, daß nicht einmal der Kammerpräsident, der altbayerische Baron Sebastian von Schrenk, anscheinend die Rede in seiner Gewalt zu haben scheine!

Eine Folge der 48er Revolution ist auch, daß Schmeller, jetzt – wie auch die üblichen sterblichen Angestellten und Besucher der Bayerischen Staatsbibliothek – die Prunktreppe benützen darf, die vordem auf ausdrücklichen Befehl König Ludwigs I. für jedermann zu betreten verboten war. Aber jetzt, 1851/52, sieht Schmeller die Zukunft des erwachten Deutschlands wieder finster. Man höre von zuviel Verhaftungen. Am 26. August 1851 z. B. begleitet er seine Emma ins Ministerium des Äußeren, welche dort den Reisepaß bestellen wollte ... Er erwartet die Tochter, während diese im Ministerium sich befindet, im Freien, vor der Residenz ...

»Ich setzte mich auf eine der Stufen, die des guten Königs Max Denkmal tragen. Lange hatte ich gesessen, als ein Gendarm daher kam von der Residenz unseres Königs, und mich sehr höflich ersuchte, aufzustehen, indem nämlich da niemand sich niedersitzen dürfe auf die Stufen der alten Majestät ... So!? – Denke ich mir und hinke am Stabe weiter.«

Unter den letzten Blättern des Tagebuchs findet man dann noch die folgende Notiz: »Dichter Nebel leitet auch in dieser Münchnerstadt die Thomasnacht ein; und durch den Nebel hab ich ebenwohl sechs verschiedene Soldatenhaufen, jeder einen Offizier und schlagenden Trommler voran, in verschiedenen Richtungen nach der inneren Stadt ziehen sehen. Das Bier nämlich wird von nun an einen Pfennig teurer sein. Sechs Kreuzer und einen Pfennig kostet die Maß. Glücklich das Land, wo es sich nur um solche Staatsangelegenheiten handelt!«

Soweit umschließen die Jahrhunderte ein aufmerksames Leben. Der Roun Anderl von Rimberg hat für sein Vaterland etwas Großes vollbracht. Mit Recht muß man ihn anerkennen und seine Büste in die bayrische Ruhmeshalle stellen. Was nach seinem Tode nicht alsogleich geschehen ist.

»Di Kuah, die war gmoicha / Mi Milli waar gsing / und da is dös schön Maderl / Ins Bett eini gsting!«

Die Erde möge ihm leicht sein! Jener Boden, der ihm die Sprache war. Leicht oder rogel, roglat, nicht ganz kompakt, locker und beweglich. Und er möge auch einen roglatn Schlaf habn, damit sein feins Ohr de Sprach a weng überwachn konn. An roglan Schlaf – oder wie er selber im angeführten Artikelbeispiel sagt: »Und da Gucku in Wald, is a schlaucha Vogl / As Deandl paßt aufm Buam, drum schlafts so rogl!«

Von den Quellen des Deutschen

Wert und Ehre der bayerischen Sprache

Wer a so redt wia eahm da Schnabe gwachsn is, des is a Mon ohne Falsch, des is a aufrechter Baier. – Nur mit Vorsicht ist der Satz zu benützen, denn spricht nicht auch der Vieh- und Landmaschinenhändler die Mundart? Sagt nicht auch der falsche Liebhaber: »Dirndl, geh her zu mir, bei mir gehts dir guat«? Ja selbst die Betrunkenen lallen in der kernigen Sprache ihr: »Wirtin, a Maß trink i no!« Und es hat Zeiten gegeben – und sie gibt's auch heute noch – wo vom hohen Podest herunter und mit Pathos gefordert wurde: »Liaber boarisch sterbn wia kaiserlich verderbn!«

Ein bayerisches Wort macht also noch keinen Sommer, aber es wärmt auf. Die Behauptung Herders, daß die Sprache der Deutschen mit ihrer Denkart eine sonderbar edle Harmonie ergebe und daß man hierzulande an den verschiedenen Mundarten das ganze Naturell der Leute erkennen könne und dazu den deutschen Himmel obendrein, kommt uns heute wie eine romantische Schwärmerei vor. Schon die deutsche Schriftsprache, das Hochdeutsche, macht in unserem Jahrhundert eine Krise nach der andern durch, nützt den alten Wortschatz ab bis zur Fadenscheinigkeit, verschlingt tagtäglich neue Worte, die, noch lange nicht verdaut, den Rhythmus ändern, den Charakter färben.

Um wieviel elender ist erst die Mundart den Unbilden der Zeit ausgesetzt? Die Mundarten der Deutschen, auch von Goethe noch als Wesen und eigentlicher Charakter der deutschen Nation angesprochen, sind zum Absterben verurteilt. Wer wird in etlichen Jahren noch Schlesisch, Ostpreußisch, Platt, Märkisch, Fälisch, Friesisch, Erzgebirgisch usw. sprechen? Das Alemannische, Fränkische und das Bayerische, also die oberdeutschen Mundarten allein, haben noch eine längere Frist, vielleicht von zwei oder drei Generationen. – Nix gwiß woaß man net. – Das Altbairische allein wäre noch lebendig genug, um den Sprechbedarf seines wortkargen Stammes wenigstens werktags befriedigen zu können. Für den Feiertag, will sagen, für all das Höhere, das in die erhabenere Region aufsteigt, für die große

Dichtung, für die Wissenschaft, für Predigt, Gebet und Politik, da benützen auch wir schon seit nun bald zwei Jahrhunderten das Schrift- oder Hochdeutsche. In diesem Schriftdeutsch ist ja von Haus aus schon genug Bayerisches enthalten – Oberdeutsches.

Aus althochdeutscher Zeit, aus dem elften Jahrhundert, haben wir von einem Tegernseer Mönch einen Satz überliefert bekommen, der einem bayrischen Patrioten mit philologischem Verstand durch Mark und Bein geht: Daß nämlich die übrigen deutschen Stämme von den Bayern die Sprache bekommen hätten. Etwas Wahres muß daran sein, denn mit dem großen Werk der bayerischen Kolonisation schon seit Tassilos Zeiten nach Osten und Nordosten – und auch nach Nordwesten – ist wahrscheinlich auch bayerisches Wortgut mit hinausgegangen; der erste Abt Fuldas war der Altbayer Sturmius und der Niederbayer Godehard war Bischof von Hildesheim.

Die ersten literarischen Quellen der Deutschen überhaupt liegen in Bayern. Und wie sehr dann erst unsere Mundart mit dem Mittelhochdeutschen verwandt ist, das wird viel zu wenig betont. Überhaupt ist es bedauerlich, daß selbst der gebildete Deutsche von der geschichtlichen Entwicklung seiner Muttersprache wenig weiß und noch weniger natürlich von dem Verhältnis seiner Mundart zur Schriftsprache. Atmet nicht jede Verszeile Walters von der Vogelweide mundartliche Wärme? »Herzliabes Frauelin, God geb dir hüte und iamer guat! Was mag ich dir sagen meeh, wann daß dir niaman holder ist? Davon ist mir vil weeh!«

Warum benützen wir überhaupt die heutige Schriftsprache und haben es versäumt, unser bayerisches Idiom zur offiziellen Landessprache zu erheben? Unsere klangvollen Diphtonge, das »ia« und das »ou«, das »oi« und das »eah« sind so wenig ordinär wie die jenes nordwestgermanischen Dialektes, den wir als das Englische auf den Thron einer Weltsprache gesetzt sehen. – Das ist keine reine Spintisiererei. Schon Andreas Schmeller hat darüber Spekulationen angestellt in seinem Aufsatz *Sprache der Baiern – Gedanken über ein zu bearbeitendes bairisches Idiotikon:*

»Man ist gewöhnt, auf jede Mundart, die nicht mit der einmal angenommenen Schriftsprache übereinstimmt, mit Verachtung herabzusehen. Darin geht das Streben nach Einheit wahrlich zu weit. Was in Vergleichung mit einem angenommenen Muster abweichend und fehlerhaft ist, kann auch für sich selbst bestehend und als einzig rechtmäßiges Muster gedacht werden. Es braucht weiter nichts, als daß der Wörtervorrat unserer Mundart gesammelt, ihre Regeln wissenschaftlich aufgestellt, und in ihr geschrieben und gedruckt werde, um sie selbständig in die Reihe der Sprachen zu setzen, wie wir es zum Beispiel an der portugiesischen hinsichtlich der spanischen sehen, ein wenig auch am Schwyzer Dytsch, und besonders an der holländischen, die sich stolz neben die hochdeutsche Stammhalterin hinstellt. Solch eine gänzliche Abtrünnigkeit und Selbständigmachung der bairischen Sprache tritt aber andererseits dem Streben nach der Einheit der Deutschen in den Weg.«

Daß unsere bayerische Mundart eine Landessprache abgegeben hätte, ist außer Zweifel. Unser Wortschatz wäre umfangreich genug gewesen, das beweist das mehrbändige Schmellersche Wörterbuch, das beweist die immer noch sehr rege tätige Kommission des Bayerischen Wörterbuches bei unserer Akademie der Wissenschaften, und das beweisen diverse wissenschaftlich erarbeitete Grammatiken. Weil wir immer schon zugleich gute Deutsche gewesen sind, ist es gottlob leider nicht soweit gekommen. Das Bayerische ist und bleibt eine Mundart. Nicht irgendein Dialekt, dem nur durch Aussprache und Tonfall, durch regelwidriges Verwechseln langer und kurzer, heller und dunkler Vokale, durch Verschlucken von Konsonanten, durch Nasalieren und Moussieren, eine geringe Eigenwilligkeit zukäme, nein, das Bayrische ist von Haus aus eine Mundart mit dem Charakter einer selbständigen Sprache. Aus politischer Bescheidung beansprucht sie nur den Rang einer Mundart. Es ist ein Zeichen ihres Verfalles, wenn sie zum bloßen Dialekt herabsinkt. Aber dieser Verfall ist nicht mehr aufzuhalten. Innerhalb der letzten hundert Jahre ist mindestens ein Drittel, wenn nicht gar die Hälfte des bayerischen Wortschatzes bereits vergessen worden. Das Bayerische steht also im Augenblick gerade in der Mitte zwischen selbständiger Mundart und bloßem Dialekt. Dieses Vergessen geschieht ohne Schuld, wenn wir von jenen Eltern absehen, die ihre Kinder vor jeder Berührung mit dem Dialekt schon ängstlich bewahren und für jedes »ordinäre« bajuwarische Wort, das sie heimbringen, eher strafen als loben. Da sind weit stärkere Kräfte am Werk. Es sind die Dinge selbst, welche die Sprache ändern. Redewendungen wie: »Dös bsuffa Wagnscheitl dös!« oder »Der lüagt wiar a Bot« können heute kaum mehr verstanden werden, denn das Wagenscheit ist unnütz geworden, und der Beruf des Boten, der mit Roß und Wagen vom Dorfe her in die Stadt fährt und eine Art kleiner Fuhrunternehmer war, wird längst nicht mehr besetzt.

Heut müßte es heißen: »Der fahrt ja wia wann er zwoa Promill im Leib hätt« oder »Der lüagt wiar a Bundestagskandidat im Wahlkampf«. Die moderne Technik brachte tausend neue Wörter in die Alltagssprache, und die Bezeichnungen für die Güter des alten Handwerks verschwinden allmählich aus dem Gedächtnis. Welcher Münchner kennt noch einen »Deichselarm«, einen »Roßkammet«, einen »Schwoafream«, a »Senskrückerl«? »Ja, dös is was Letz', zwoa Türn und koan Fletz!«

Und da ist ein Unterschied zwischen den neuen und den alten Wörtern. Die alten lassen sich zurückführen auf Urstämme, sind im Lauf der Jahrhunderte herangewachsen, haben die berühmten Lautverschiebungen mitgemacht, haben ein etymologisches Schicksal. Die neuen aber sind eben erst erfunden worden, ausgedacht am Schreibtisch, im Labor, von Wissenschaftlern zusammengesetzt, von Managern verkaufspsychologisch auffällig elegant konstruiert. Viele von ihnen haben natürlich auch noch Bestandteile, die sich etymologisch fassen lassen, manche aber bestehen aus bloßen Chiffren, aus Abkürzungen. Alle die neuen Wörter aber haben eines gemeinsam: sie sind Allgemeingut der Gesamtsprache, werden häufig sogar international benützt, haben mit der Mundart nichts zu tun, auch nicht, wenn sich der Dialekt ihrer wärmstens annimmt. Da sagt zum Beispiel ein alter Waitler: »Ja, schnupfa tuar i no gern, dös is mein Hobby.« Da feits um de ganz Scheibn! Dös is a Gschmatz, des koan Hoamat hat. – Und dennoch! Nur so wird der bayerische Dialekt leben!

Gott sei Dank gibt es auch noch Altbayern, die ihre Sprache fließend und fehlerfrei beherrschen. Und die sie auch noch im richtigen Tonus sprechen. Und das sind natürlich die älteren Leut.

Es sei die Tragödie der Deutschen, so kann man es auf vielen Seiten vaterlandsliebender Schriftsteller des 18. und 19. Jahrhunderts lesen, daß wir in verschiedene Stämme aufgesplittert sind und erst seit Luther anfingen eine Nation zu werden. Und dann erst: Wie lange braucht es, bis ein bayerischer Jüngling etwa seine barbarische Zunge reinigt und damit endlich auch sein deutsches Herz läutert. Wie viele Schweißtropfen kostet das die Lehrer und Schüler von der ersten

Volksschulklasse bis hin zur Reifeprüfung! Ja, sogar manche Akademiker legen ihrer rauhen Zunge niemals einen Zügel an! So daß also auch der sonst schauspielerisch so begabte Bayer für das hohe Drama nur widerwillig zu gebrauchen ist, da seine unkultivierte Zunge den hohen Genuß der reinen Sprache nur stört. In seinem Aufsatz »Von der Ausbildung der Rede und Sprache in Kindern und Jünglingen«, fordert Herder, ja doch auch in der täglichen Umgangssprache das Schriftdeutsche zu benützen.

»Leider nutzen wir Deutsche den Umgang zu Bildung unserer Sprache und Rede fast gar nicht: daher heißen wir bei anderen Nationen so oft stumme, oder ungeschickt sprechende grobe Barbaren. – Sprache ist nur durch Umgang, nicht in der Einsamkeit entstanden; durch Umgang wird jeder Ausdruck in ihr gewetzt und poliert. Auch im Umgange sollte man sich nie einen Barbarismus erlauben; alle gebildeten Stände in anderen Nationen sprechen im Umgang ihre Sprache korrekt, nur der einzige Deutsche nicht, der spricht und erzählt, etwa wie die Hebamme im Shakespeare!«

Da sagn ma glei »na«; weil: es is da erst Verdruß gringa wias Uglück. Soweit kaams no! – Der Johann Nepomuk Schwäbl hat im Verein für Mundartpflege im vorigen Jahrhundert auch eine bayerische Grammatik geschrieben, »um das Verständnis des Hochdeutschen wesentlich zu vertiefen«. Da heißt es im Vorwort:

»Der denkende Leser wird sich der charakteristischen Unterschiede, die zwischen der Mundart und dem Schriftdeutschen bestehen, dann erst richtig bewußt werden; und er wird aus vergleichenden Betrachtungen den Gewinn ziehen, auf die von der Mundart abweichende Aussprache des Schriftdeutschen ein besonderes Augenmerk zu richten und dieses dann immer dialektfreier sprechen lernen ...«

Brav! Da woaß ma's na eh schon, wiavui daß gschlagn hat, wenn sowas in ana boarischen Grammatik steht. – Aber no, mit an Narrn is koan Kindstaaf haltn, und es is a Kreiz auf da Welt, de oan habn an Beitl und de andern habns Geld! Der Beutl, das sind die ungeheueren Möglichkeiten der offiziellen Forderung der deutschen Sprache in Schulen und Ämtern, in Büchern und Zeitungen, auf Bühnen und Kanzeln. Aber das Geld, das ist halt doch der unverwüstliche Wortschatz unserer Mundarten, aus dem sich auch die schriftdeutsche Sprache genährt hat und immer noch mästet. Die Mundarten der Deutschen allein sind die Quellen, die nun seit vierhundert Jahren fließen und noch nicht ganz vertrocknet sind. Und wenn wir es genau besehen, dann fließen drei Viertel all jener Quellen, aus denen der Fluß unserer deutschen Sprache entstanden ist, im heutigen Bayern: Das Schwäbische im Allgäu, das Altbayerische in Ober- und Niederbayern und der Oberpfalz und nicht zuletzt die fränkischen Mundarten in Unterfranken und mit örtlich und zeitlich verschobenen und ineinandergreifenden Sprachgrenzen in Mittel- und Oberfranken. In Nürnberg zum Beispiel sprach man um 1500 noch überwiegend altbayerisch, und noch heute ist das Nürnbergisch ein eigener Dialekt, der unter allen bayerischen Mundarten eine gehobene Mittelstellung einnimmt. Hätte das heutige Bayern eine zentrale nationale Zukunft vor sich, vom Nürnbergischen aus ginge der diese bayerische Einheit bekräftigende sprachliche Segen aus.

Aber no, was geht mi Nürnberg an, wann i koan Haus drin han? – Bleiben wir beim Altbayerischen. Woher kommt unsere Sprache, welchen altgermanischen Stämmen sind wir am nächsten verwandt? Eindeutig den Alemannen und Franken. So sagen die einen. Es gab aber auch schon Sprachforscher, die behaupteten: die Bayern oder wenigstens die Oberpfälzer seien ihrer Mundart nach von den Schwaben und Franken zu sondern und vielmehr zu den Goten und Langobarden zu stellen. Vergleichen wir aber die alemannischen Psalmenübersetzungen, zumal die Notkers, mit den bayerischen Abschriften und vor allem mit den selbständigen uralten literarischen Arbeiten, mit den Übersetzungen aus Wessobrunn, aus Windberg, St. Nikolaus in Passau oder aus Freising, so zeigt sich, daß die Wörter, die von den Bayern bevorzugt wurden – und zum Teil auch heute noch in der bayerischen Mundart lebendig sind –, dem Gotischen nicht näherstehen als eben dem Alemannischen. Da wir Bayern aus einem Vielvölkerstaat sind, aus dem Reich der Markomannen nämlich, in dem Goten und Thüringer, Langobarden und Alemannen, Burgunder und Rugier, Slawen und Kelten an die zwei oder drei Jahrhunderte friedlich und umstürzlerisch nebeneinander lebten, ist unsere Ursprache, das Altbairische, entsprechend verwandt und verschwägert.

Das Thema ist unerschöpflich und berührt überhaupt das Problem von der Herkunft der Bayern, wozu gerade die jüngsten archäologischen Forschungen im gesamten Donauraum zwischen Regensburg und dem Wienerwald neue Erkenntnisse an den Tag bringen. – Während sich also die romanischen Sprachen erst aus dem Lateinischen entwickelt haben, reichen Wörter unserer Mundart, die auch heute noch benützt werden, in Zeiten zurück, wo es noch weder Kirchen noch Schlösser gegeben hat. Ehre über Ehre kann so der bayerischen Sprache gezollt werden.

Aber wie steht es mit dem Wert der Mundart, mit dem Nutz und Frommen? Wozu sollen wir uns bemühen, die Mundart nicht gänzlich absterben zu lassen und von der urwüchsigen Sprachschönheit wenigstens noch soviel in einen bayerischen Dialekt hinüberzuretten, als nur immer möglich ist? Politische Bedürfnisse sind keine mehr vorhanden. Das bundesdeutsche Grundgesetz spricht kein Wort über den Wert und die Ehre unserer Stammesmundarten. Verbleiben uns allein die Werte der Ethik und die Begeisterung des Sprachforschers und Philologen? Nein. – Die Liebe zur Mundart ist noch spürbar lebendig. Wir brauchen die Nestwärme der angestammten Sprache, um überhaupt erst gemütlich leben zu können. Das Bier würde nicht mehr so schmecken, die Landschaft wäre nicht mehr so schön, man wäre ein Fremder unter Fremden ... ohne bayerischen Laut. Denn das, was wir Heimat nennen, das ist zuallererst die Sprache. Man kann in New York oder Mexiko ein Bayer bleiben, wenn man die Möglichkeit hat, bayerisch zu reden. – Ja grüaß di God! Was? Aus Straubing bist du? – No und i bin a Münchner. Iatz dös is guat, da lebt man jahrelang in Berlin und trifft man se net! – Die Sehnsucht Heimat liegt auf der Zunge, wurzelt in uraltem Klang.

Es sprengean drei Reiter über d'Regensburger Bruck
Hat a jeder a braunbraatns Brustbraatl am Ruck.
Es sprengean drei Reiter über d'Regensburger Bruck
Und drei hant schon drentn, da vierte bleibt z'ruck.
Bleibt z'ruck, bei der Regensburger Bruck. – Hö-ho!

Vielfältig und originell, berühmt auch in den Werken eigener Dichter, voll menschlicher Wärme und barfüßiger Schönheit ist die selbständige bayerische Mundart an Ehren reich und in ihrem Wert nicht zu unterschätzen. Was z. B. würden unsere Lustspieldichter ohne die bayerische Mundart anstellen? Kann man doch in der erhabenen Sprache der Deutschen zwar ungemein schöne und reine Gedichte schreiben, gelehrte Essays, geistvolle Romane, erschütternde Novellen und große Tragödien, aber doch nur sehr schwer eine Komödie und noch schwerer einen Schwank. Weil man eben die lustigen und derben Dinge, wie sie in der Komödie nun einmal vorkommen müssen, hierzulande allenfalls in der Mundart sagen kann, nicht aber ebensogut in der philosophischen Dichtersprache. Da schickt es sich nicht, so gemein daherzureden. Was – wie Hugo von Hofmannsthal meint – auch ein Grund ist, warum es in der deutschen Literatur nur so wenig Lustspiele, dagegen aber so viele Tragödien gibt.

»Wo ist denn die deutsche Nation zu finden? Einzig in den hohen Sprachdenkmälern und in den Volksdialekten. Die einen und die anderen stehen in Wechselbezug. In den Dialekten deutet der Naturlaut schattenhaft auf hohe Sprachgeburten, in den hohen Denkmälern blickt das Naturhafte hindurch – in beiden zusammen ist die Nation; aber wie unsicher und zerrissen ist dieser Zustand, wie bedarf er des Schlüssels der Vertrautheit, um einem solchen Volk ins Innere zu dringen!«

»Eh wenn man se' umschaugt,
eh wenn man se' besinnt,
vertrenzt man sein Lebn
als vertragerts der Wind.«

Spezialität: ländliche Sachen

Oskar Maria Graf, ein bayerischer Dichter in New York

»Oskar Maria Graf, Provinzschriftsteller. Spezialität – ländliche Sachen ... Gebe mir viel Mühe, meiner Kundschaft in jeder Hinsicht gerecht zu werden. Mein Vater selig, wo ein Bäckermeister war, hat's mir auch immer gesagt: ›Wenn die Kundschaft braune Semmeln will, nachher macht man's halt braun, und wenn s' helle mag, nachher müssen s' hell sein.‹ – Das ist sehr richtig. Den Namen Maria zwischen Oskar und Graf hab' ich mir zugelegt, weil es mir seinerzeit ein Schwabinger Maler geraten hat. Lange Namen sind auch interessanter. Da meint das Publikum gleich, daß ich auf der Universität gewesen bin ...«

Er hat sich über alles lustig gemacht, über die Gelehrten und Mächtigen, über die Parteien und Minister, über die Honoratioren und Journalisten, ja sogar über den Kaiser und den Weltkrieg, und auch über sich selbst. – Und dennoch war er eine Persönlichkeit, ein deutscher Dichter. Seine Bücher strahlen die Kraft der wissenden Menschlichkeit aus. Er schrieb für die Armen und Unterdrückten. Er war ein jugendlicher Rebell bis ins 73. Lebensjahr. Kein überzeugter Rebell, sondern ein angeborener, aus menschlicher Empörung, »aus der erlittenen Einsicht, daß Unrecht und Unmenschlichkeit, niederträchtiger Massenbetrug und chauvinistische Völkerverhetzung gemeine Verbrechen asozialer Machthaber sind«. Das machte ihn zum Sozialisten.

Am 28. Juni 1967 ist er in New York gestorben, und es ist nicht mehr heimgekommen von ihm als ein Häuflein Asche. Am 28. Juni 1968 wurde die Urne in dem kleinen Münchner Friedhof beim Bogenhauser St.-Georgs-Kirchlein beigesetzt. In dieser bäuerlich-geborgenen Ewigkeit wurden in den letzten Jahrzehnten viele Menschen beerdigt, die München besonders liebgehabt haben: der grüabige Gustl Waldau, die gutmütig-lustige Liesl Karlstadt, die brave Elise Aulinger, der vornehm-spirituell-barocke Diplomat und Schriftsteller Wilhelm Hausenstein und schließlich auch die leichte Asche des großen Dichters und Amerikaners Oskar Maria Graf. Ihm selber war es gewiß gleichgültig, wenn nicht sauwurst gewesen, wo die Überreste seines Körpers einmal hinkommen würden. Und wäre er damals nicht emigriert, seine Asche wäre schon weiß Gott wo ... Aber seine Heimat, Deutschland, Bayern, München, hat an dem Mann ein großes Unrecht wiedergutzumachen. Es war eine noble Geste der Wiedergutmachung an dem Toten, diese Beisetzung im Bogenhausener Friedhof. München ist eben eine Weltstadt mit Herz! 1933 wurde dem Dichter die deutsche Staatsbürgerschaft aberkannt, und Graf floh ins Exil. Zunächst nach Österreich, später nach Rußland und in die Tschechoslowakei. Und seine Bücher – Graf war ja in den zwanziger Jahren schon ein in ganz Deutschland und im Ausland angesehener Schriftsteller, Mitglied des PEN-Clubs – seine Bücher wurden von den hochgelehrten Professoren und Germanisten der Münchner Universität in der Aula in einer besonderen Feierlichkeit verbrannt, obschon ihn Goebbels in Berlin auf die weiße Liste gesetzt hatte. Aber Graf veröffentlichte in einer Wiener Zeitung einen Aufruf, den die Presse der ganzen Welt nachdruckte, mit der Überschrift: »Verbrennt mich! – Ich will meine Bücher nicht in die blutigen Hände und die verdorbenen Hirne der braunen Mordbanden gelangen lassen!« – Damals ist eben München nicht die Weltstadt mit Herz, sondern die Stadt der Bewegung gewesen.

Und warum ist der Oskar Maria Graf nach dem Höllensturz der Nazi nicht schon 1945 zurückgekehrt? Legte das befreite Deutschland keinen Wert auf ihn? Oder hatte der Mann kein Heimweh? – Ja, ja, er wollte zurück, er hatte schon Reden und Aufsätze vorbereitet für die Deutschen und ihren Neuanfang, aber nun machten ihm die Amerikaner Schwierigkeiten. Er mußte in New York sitzenbleiben, denn er galt als »linksverdächtig« und bekam als Staatenloser kein Permit. Er, der während des Krieges der Präsident der in Amerika lebenden deutschen Poeten war. Erst 1954 wurde er von der amerikanischen Demokratie – auf die Graf immer dankbar zu sprechen war – glänzend rehabilitiert. Er bekam die Staatsangehörigkeit und den Ehrendoktor of human letters. Sofort fuhr er besuchsweise nach Deutschland, nach Ost- und Westdeutschland – und nach München. Aber er war wieder nicht einverstanden mit diesem Neuanfang einer deutschen Demokratie.

Niemals war er Mitglied irgendeiner Partei gewesen. Aber er war immer Sozialist, immer Genosse. Wie kein anderer Schriftsteller setzte er sich besonders Anfang der dreißiger Jahre für eine Vereinigung der Kommunisten und Sozialdemokraten ein. Wie furchtbar lächerlich fand er die Streitereien der deutschen Exilpolitiker in Amerika noch während des Krieges. In jener Rede, die er 1947 in Deutschland halten wollte, heißt es:

»Die Emigration dieser Politikanten war zerspalten in viele Richtungen, die sich, fast wie vor 1933, schon wieder derart bekämpften, als stünden letztlich auch jetzt nur ihre Parteiideologien auf dem Spiele. Damit machten sie sich überall zum Gespött und verloren jede Sympathie. So, wie sie es trieben, riefen sie nur noch ein Achselzucken hervor. Durch diese lächerliche Wichtigtuerei gewann man weder Freunde noch Achtung. Die ursprüngliche Kraft des von einer tiefen Gläubigkeit getragenen Schlachtrufes: ›Hitler ist eben nicht Deutschland!‹ schien verbraucht zu sein, aber für uns – die vertriebenen Geistigen – blieb er dennoch wahr und richtunggebend. Das einigte uns, obwohl unsere anfänglich bestehenden Organisationen längst aufgehört hatten und wir nur noch imaginär zusammenhingen.«

Was nach Oskar Maria Grafs politischem Bekenntnis alle sozialistischen Parteien erringen sollten, ist eine Gesellschaftsordnung, in welcher der einzelne und die Völker das gleiche Recht erhalten, in Freiheit und Frieden am Aufbau einer glücklichen Welt mitzuwirken.

»Danach habe ich stets zu handeln versucht, und jeder, der dafür kämpfte – ganz gleich, ob er sich nun Kommunist, freier Sozialist oder Sozialdemokrat nannte –, war und ist für mich ein Genosse. Dafür haben viele meiner Freunde, und nicht nur Arbeiter, sondern auch Geistige, gläubige Christen und Priester, die Folterungen in den Konzentrationslagern oder den Märtyrertod erlitten. Dies je zu vergessen, hielte ich für einen schamlosen Verrat.«

Er fühlte sich nicht wohl in einem Ulbricht- und nicht in einem Adenauerdeutschland. Aber in seinem Bayern hätte er doch heimisch werden können? – Auf solche Fragen schweigt er längere Zeit. – »Ja, am Starnberger See a Häusl, dös waar freili was! – Aber na, so vuil Geld hab i net. – Ah was, i konn drent aa mit da kurzn Hosn gehn, und boarische Wirtshäuser gibt's in New York aa. Grad a so. Und Bier sollt i eh koans mehr trinka ... Na, na, iatz bin i Amerikaner, iatz bleib i schon drent. De paar Jahrl no!«

Ihm ist schwer beizukommen. Viel zu umfangreich ist sein Werk, viel zu abenteuerlich sein Schicksal, zu vielschichtig diese seine einfach anmutende Persönlichkeit! Wir können nur einzelne Teile vorzeigen von diesem Schriftstellereibesitzer Oskar Maria Graf. Allein seine äußere Persönlichkeit bedürfte einer geübten Feder. Der Statur nach war er ein großer, breitschultriger altbayerischer Bauernschrank. In dieser Maske – als Bauernschrank – ist er Ende der zwanziger Jahre auch einmal auf ein Faschingsfest gegangen. Er galt ja damals als die Hauptstimmungskanone der Schwabinger Bohème und er hat ganze Nächte durchgesoffen und -geschrien. Sein Schlachtruf war berühmt: »Mehr Erotik, meine Herrschaften, mehr Bewegung, Bewegung!« – Als ich ihn – als Siebzigjährigen – an einem heißen Julitag 1964 zum ersten Male sah, traute ich meinen Augen nicht. Ich wartete in der Halle eines großen Münchner Hotels auf ihn. Vornehme Herrschaften gingen aus und ein. Das Personal tat distinguiert. Da plötzlich öffnete sich die Türe eines der Lifte, und ein grobschlächtiger alter Bauernknecht trat in die Halle. Er trug eine abgeschabte kurze Lederhose, gehalten von ganz billigen Hosenträgern, und er war in Hemdsärmeln. Den breitkrämpigen, niederen, grünsamtenen Trachtenhut auf dem wuchtigen Kopf und ein dünnstoffiges, kariertes Trachtenjopperl über die eine Schulter gehängt, so schritt der Mann weitausholend und dennoch langsam und bedächtig an die Rezeption. Aber nicht schwerfällig ging er, sondern eher mit der Sicherheit eines international anerkannten Proletariers aus Oberbayern, der es schon längst zu einem Dorfbürgermeister hätte bringen können. Seine Beine steckten in weißgrauen Kniestrümpfen und die großen Füße in bequemen Sandalen. Seine dritte – um mehrere Jahrzehnte jüngere Ehefrau, eine charmante Deutschamerikanerin und Angestellte bei der UNO in New York – begleitete ihn.

Soviel gemütlich-humorige Menschlichkeit hat schon lange kein deutscher Dichter mehr ausgeströmt! Er kam daher, als wenn er nur der Verfasser der saftig-erotischen Bauerngeschichten des bayerischen Dekameron wäre und bestenfalls noch der Chronik von Flechting, der Bekenntnisse eines Provinzschriftstellers, der amüsanten Kalendergeschichten oder des großen Bauernspiegels – nicht aber zugleich der Autor des besten deutschen Revolutionsbuches, das jemals geschrieben wurde, der jugendlichen Autobiographie *Wir sind Gefangene.* Mit diesem Buch, so sagte Thomas Mann, »wuchs der Erzähler heimatlich-oberbayerischer Geschichten ins Episch-Merkwürdige«. Maxim Gorki und Romain Rolland, Albert Einstein und Bert Brecht haben dieses Werk bewundert. Und man kann es ohne weiteres mit den Konfessionen Rousseaus oder mit den Bekenntnissen des heiligen Augustinus vergleichen. Wenigstens ist es eines der wenigen, der ganz wenigen Werke der deutschen Literatur, das wirklich revolutionären Geist atmet. Man kann es der deutschen Jugend empfehlen. Auch morgen noch. Und nicht nur der Jugend!

»Ist es nicht so, daß Gott erst da begann,
Als ihn der Mensch für sich und seine Not erfand? –

Im Anfang war der Haß und alles Ende ist ein bitteres Warum.«
Der bittere Ton dieser Travestie steigt einem elegischen Fluch gleich aus der Kompliziertheit eines individuellen Daseins, das viele Konturen hat. *Wir sind Gefangene* erzählt das Leben Oskar Maria Grafs von Anfang an bis zum Ende der Räterepublik in München, von den Mühen und Plagen eines Bäckerbuben, der schwer arbeiten muß, von der Flucht des Sechzehnjährigen nach München und den Anfängen einer autodidaktischen Geistigkeit, von dem Ausbruch des ersten Weltkrieges und der Begegnung mit Mühsam, Eisner und Toller danach.
Da lebt also in jenen Tagen, in der guten alten Zeit, als über Bayern noch ein König regiert, ein junger Mann in München, ein jähzorniger Bäckerbursch, von häufigen Wutausbrüchen geplagt, in denen er die Backstuben seiner Meister demoliert, aus Berg am Starnberger See gebürtig, mit abgeschlossener bayerischer Volksschulbildung, aber ungemein belesen, hochbegabt – und er schreibt. Kein Mensch druckt seine Gedichte, seine Dramen, seine Novellen. Er ist ziemlich mittellos und halb verkommen, pumpt sich durch die Schwabinger Gesellschaft und hat draußen in Berg noch eine gute alte Mutter und in München mehrere Schwestern. Wenn man weiß, wie die deutschen Dichter und Pazifisten Anno 1914 begeistert in den Krieg gezogen sind, auch Ludwig Thoma machte da keine Ausnahme, dann ist es angenehm merkwürdig, daß der zwanzigjährige Graf damals ganz anders fühlte, dachte und handelte. Er war keine Sekunde lang begeistert, er hatte kein Verständnis für alles heldenhafte Getue in dem bevorstehenden Gemetzel eines wahnsinnigen Krieges.

Humorig und schlagfertig konnte er erzählen. Fröhlich und reell sahen seine Augen in die Welt. Und sein – bei längerer Betrachtung – ehrwürdig-gütiges Gesicht neigte mehr zum Lachen als zum Schimpfen. Festigkeit und Milde nannte Thomas Mann seine besten Eigenschaften.

Er wußte immer Geschichten und war voller Stoffe, Geschichten, die eigentlich alle Geschehnisse aus seinem eigenen Leben waren. So sind auch seine großen Romane voll der historischen Stofflichkeit. Sie sind nicht nur Geschichten – sondern auch Geschichtsbücher.

Seine »reinrassigen« derben Dekamerongeschichten aber sind zum Lachen, daß einem die Stockzähne wackeln, soll einmal ein bayerischer Pfarrer geurteilt haben. Und, meint Graf, »wer sich gern dran stoßen will, soll's ruhig tun.« Pornographie ist etwas anderes. Eine Begebenheit wie *Der Hirnpecker* z. B. finden wir nicht einmal in dem echten Dekameron des Bocaccio.

Der Hirnpecker, so erklärt da der Xaverl seiner Zenzl, als sie im Wald auf einer Dickichtlichtung stehen, das sei ein gefährlicher Vogel. »Er kommt auf einmal aus der Luft herabgeschossen, und besonders auf die Weiberleut ist er aus. Er schießt geradewegs aufs Hirn zu, krallt sich fest und pickt das ganze Hirn heraus. ›Und auf d'Mannsbilder geht er net?‹ – ›Dö fürcht er‹, sagt der Xaverl. – So? Hm? – Und da – auf einmal zischt ein Vogel in die Höhe ...«

Nein, so lustige Geschichtln hätten nicht in die Blut- und Bodenliteratur Adolf Hitlers gepaßt. Das schallende Gelächter Oskar Maria Grafs hätte der pompösen Romantik um die deutsche Sittlichkeit ins Gesicht geschlagen. »Der pornographische Schmierer« wurde aus dem Deutschen Reiche ausgebürgert. Das gesunde Volksempfinden verlangte das. Bis zum Aufstand der österreichischen Arbeiter gegen das Dollfuß-Regime lebte Graf in Wien – zusammen mit seiner zweiten Frau, der hochintelligenten, zarten und schönen Mirjam, einer Jüdin.

»Was ich mir immer wünschte, bin ich tatsächlich geworden, ein juristisch vollgültiger ›Staatenloser‹. Jetzt suchte ich nur noch die dazu passende Sprache.«

Im März 1934 ging er in die Tschechoslowakei und lebte bis 1938 dort, zeitweise auch in Moskau und im russischen Süden. 1938, kurz nach der ersten tschechischen Mobilmachung, flog er über Deutschland non-stop hinweg nach Frankreich und wanderte nach Amerika aus.

»Und wer hat da geheult im Flugzeug, als wir über Deutschland hinwegflogen? Ich nicht. Sie, die deutsche Jüdin, die so eine eigentümlich würdevolle, fast feierliche Vorstellung von einem deutschen Dichter hatte. Und die sich immer wieder abmühte, mir die gleiche Auffassung beizubringen. – Mir galten nur Rilke und Hofmannsthal etwas, im Grunde genommen aber blieb mir das überbetont Ästhetische und Esoterische immer fremd und meist sogar lächerlich.«

Die Jahre über, da Graf in Schwabing wohnte und unter den jungen deutschen Dichtern der goldenen zwanziger Jahre einen hoffnungsvollen Namen hatte, trat er zum Leidwesen Mirjams immer laut als kraftgeniales bayerisches Original auf. Auch bei den hochfeinen Sitzungen des internationalen PEN-Clubs in Berlin machte er derbe Späße und spielte lautstark den bayerischen Seppl, fiel aufs Parkett hin, soff, plärrte und nannte sich den Besitzer einer Provinzschriftstellerei. Dabei gab es sogar Oskar-Maria-Graf-Fans, und eine Zigarettenfirma brachte eine Oskar-Maria-Graf-Zigarette heraus, wo jeder Zwanzigerpackung ein Reklamezettel beilag mit seinem Bild und mit einer kurzen Schnurre aus seinem Bayerischen Lesebücherl. Er war durchgebrochen, und es ging steil aufwärts mit ihm. Mirjam brauchte keine Bürostelle mehr anzunehmen. Die Grafs lebten als solide Mittelständler. Aber gerade das ärgerte den Mann, und seine These: »Proletarier wird man durch die Umstände, Prolet ist einer von Natur aus«, wollte nicht mehr recht stimmen.

»All mein wildes Bohème-Getue und mein provokanter Revolutionismus hatten demnach mit meiner eigentlichen Natur nichts zu tun. Ich zweifelte damals sogar, ob meine Hingezogenheit zu den Arbeitern echt und ehrlich war. ›Man soll nichts verreden‹, pflegte meine Mutter selig immer zu sagen, ›nicht einmal seine Nasen‹. – Wie alle intelligenten Frauen hatte auch Mirjam die Illusion, mich im Laufe der Zeit umerziehen zu können. In mancher Beziehung gelang ihr das auch. Ich war auf dem besten Weg, ein satter, zufriedener Pantoffelheld zu werden. Leider aber machte meine fast in Süchtigkeit grenzende Lust, immer wieder neue Streiche zu ersinnen, alle Resultate ihrer Erziehungskunst zunichte. Sie nahm meine Narreteien, mein Saufen und mein Nachhausekommen bei Tagesanbruch in der Faschingszeit ruhig hin und war nur wirklich erzürnt, wenn Freunde sie mitten in der Nacht aus dem Bett holten, weil sie wußten, daß nur sie imstande war, mein wüstes Herumtoben auf einem Fest einzudämmen. Das gelang ihr auch immer halbwegs. Ich hockte mit ihr und den Freunden abseits an einem Tisch, wurde zurechtgeschimpft und tat sehr demütig. Schuldbewußt glotzte ich sie an, versuchte, ihre Hand zu streicheln und sie umarmend zu küssen, doch sie stieß mich grob zurück und zischte angeekelt: ›Pfui Teufel, bleib bloß weg, du Ekel, du!‹ – Betreten standen die Freunde da und machten scheinheilige Gesichter ...«

An solchen Festen saßen manchmal auch Max Halbe, die Simpl-Wirtin Kathi Kobus und Ricarda Huch an einem Tisch, Ende der zwanziger Jahre alle drei schon nicht mehr die jüngsten. »Oskar, sauf nicht soviel«, schimpfte ihn die fette, faltige Kathi in ihrer großen Toilette. Aber Ricarda Huch nahm ihn in Schutz. »Laß ihn, Kathi, das gehört zu ihm, er ist doch ein Bär!«

Ein phantastischer Abschnitt deutscher Kulturgeschichte in der ersten Hälfte des 20. Jahrhunderts! Schwabinger Bohème, bedeutende Maler, große Schriftsteller, ein als Republik getarnter deutscher Kaiser- und Obrigkeitsstaat, Parteiengezänk, Haß, kleines Wirtschaftswunder, große Pleite und im Hintergrund die drohende Gestalt des Diktators. Ich kenne kein Buch in der deutschen Literatur, das die Geistigkeit, das große und kleine Leben dieser Zeit, die Ängste und die Turbulenz ehrlicher und packender darstellen würde als Oskar Maria Grafs letztes Werk »Gelächter von außen«. »Was ist so ein Mensch schon? Nackert ist er nackert, und wenn er gestorben ist, ist er ein Haufen Dreck wie wir.«

Graf schrieb auch einen grundgescheiten Aufsatz über den bayerischen Humor. Er findet ihn fatalistisch, ganz und gar von unserem kurzen Leben her bestimmt. Wie es kommt, so kommt es. Sein Ausgangspunkt ist das gelassene Zuschauen, daher sei er charakterlos, direkt und äußerst respektlos. Und geradeso sei auch das Verhältnis des Bayern zu seinem Herrgott. – Ausgerechnet in diesem Essay *Über den bayerischen Humor* bringt Graf eine breite Definition des bayerischen Gottesbegriffes. Es liege viel Heidnisch- und Fetischhaftes in diesem bayerischen Gott, und unser Hang zum animalisch Greifbaren habe ihn mitgeformt.

»Was man uns auch von Kind auf in den Religionsstunden über die Dreifaltigkeit ›Vater-Sohn-und-Heiliger-Geist‹ in den Kopf hineinreden mag, für uns bleibt die Vorstellung bestimmend und unausrottbar, daß da irgendwo im Himmel droben ein imponierend überlebensgroßer Greis mit einem riesigen grauen Vollbart und alles sehenden Augen sitzt, der sich von keinem was einreden läßt und der die Welt und uns regiert, wie er's für richtig hält. Schon allein deswegen wird ein Bayer nie die für ihn völlig abstrakte Bezeichnung Gott gebrauchen, er sagt stets ›Herrgott‹, weil in dieser Verbindung die unantastbare Autorität, Herr über alle vermeintlichen Herren, den gültigen Ausdruck findet. Unsere Feldkreuze mit dem leidenden Christus, die in den Kirchen und die in den sogenannten Herrgottswinkeln unserer Stuben, sind für uns nur fetischhafte Erinnerungszeichen ...«

Ja, der bayerische Humor! Der Verfasser des *Bayerischen Dekameron* muß es ja schließlich wissen; und ein bißchen hat er auch theologisch recht, denn der heilige Augustinus ist mit seiner Dreifaltigkeitslehre auch nicht viel weitergekommen. »Wir Bayern sind kein gottesfürchtiges, sondern ein gottanhängliches Volk.«

Unwillkürlich denkt man an seinen großen Roman *Das Leben meiner Mutter.* Sie war eine Bauerntochter und stammte aus dem Heimrathhof hinter Aufkirchen, Landkreis Starnberg. Er geht weit zurück in die Geschichte der Vorfahren seiner Mutter und beschreibt auch, wie die Heimrath Anno 1705 vor den Panduren das Aufkirchener Gnadenbild gerettet haben. Aber die Vorfahren seines Vaters seien einmal Ketzer gewesen. Evangelische oder gar Waldenser, die man aus dem Fürsterzbistum Salzburg vertrieben hätte. Ein umfangreiches Buch, diese Lebensbeschreibung einer Bäckersfrau, eine weitausholende Familiengeschichte, ein Monstrum von Epik! Da ist von Christentum und Heidentum die Rede, von der Räterepublik und von der Rebellion, von der Schwabinger Bohème und vom Sozialismus. Und am Ende des Buches erzählt er von seinem Aufenthalt in Rußland, von der Reise nach Tiflis, von der Mutter Stalins.

»Wir durchstreiften die beängstigend engen, sonnenlosen, gleichsam wie ein Labyrinth verzweigten Gassen des grusinschen Viertels mit den schmutzstarrenden Häusern, die kaum einmal ein Fenster zeigten. Hm, würde meine Mutter sagen, wie bei uns, wie in Farchach! Genauso vermufft und eng und jedes Haus steht arschlings an der Straße!«

Und dieses Buch hat er in New York geschrieben, und es ist dort in englischer Sprache auch zuerst gedruckt worden, während des Krieges.

Er gibt sich ganz zwanglos, wo immer er auftritt, im Cuvilliès-Theater oder vor der Fernsehkamera, er trägt seine Lederhose. Und trotz dreißigjähriger Abwesenheit in New York hat er seine Mundart nicht verlernt. Er blieb der Bayer in Amerika. Die Werke Grafs alle aufzuzählen, dazu brauchte man allein eine Viertelstunde. Er schrieb eine Malerbiographie über seinen Freund Georg Schrimpf und den Band Märchen *Licht und Schatten*. Ein gutes Dutzend größerer Romane müßte unbedingt erwähnt werden, etwa der mystische Bauernroman *Heimsuchung* oder der Nachkriegsroman *Einer gegen alle*. In der *Unruhe um einen Friedfertigen* stellt er einen jüdischen Dorfschuster in den Mittelpunkt, einen Mann, der sein Judentum aus Angst verschweigt, schon dreißig Jahre als Katholik und Bauernhandwerker im Dorfe ansässig ist und von jedermann für einen Einheimischen gehalten wird. Aber alles vergebens, es ereilt ihn dennoch der braune Terror, diesen guten, originellen, braven Schuster Kraus. Da sind die Lausbubenstreiche in den *Dorfbanditen*, in denen es auch bereits ziemlich rebellisch zugeht. Auch in Prag hat er zwei Romane geschrieben, *Der Abgrund*, einen Zeitroman in zwei Teilen, und die satirische Geschichte des deutschen Beamten *Anton Sittinger*. Die Reihe ist noch lange nicht vollständig, denn Oskar Maria Graf ist ein ungemein fleißiger Mensch gewesen. Zahlreiche Werke sind in New York herausgekommen, andere wurden in Prag gedruckt oder in Amsterdam, andere wieder sind beinahe vollständig vernichtet. – Es ist eben sein Werk nicht von seinem Schicksal zu trennen.

Man hat unter den Büchern Oskar Maria Grafs seine Lieblinge. Einen unglaublich poetischen, münchnerisch-sozialistisch-romantischen Hauch strömt da das Büchlein *Wunderbare Menschen* aus. 1927 in Stuttgart erschienen. Es nennt sich im Untertitel »Heitere Chronik einer Arbeiterbühne nebst meinen drolligen und traurigen Erlebnissen dortselbst«. Und es ist »Dem standhaften Kampfgenossen, meinem Freund Lorenz Erhart, Packträger im Münchner Hauptbahnhof – in alter Anhänglichkeit«, gewidmet. – Nach der Räterepublik und nach dem weißen Terror war die Münchner Arbeiterschaft ziemlich niedergeschlagen. Die politische Betätigung war zum Stillstand gekommen. Da hatten etliche Genossen die Idee, sich wenigstens kulturell zu betätigen, sozusagen symbolisch zur Münchner Arbeitervereinigung etwas beizutragen, eben halt kulturell, net wahr. Und etliche Genossen – voran der gestandene Gepäckträger Lorenz Erhart vom Münchner Hauptbahnhof – kamen auf die Idee, ein eigenes Theater zu gründen, eine Arbeiterbühne. Ein Theater mit echten Schauspielern und mit einem wirklichen Theaterdirektor, dem unermüdlichen Herrn Felber aus Wien, einem vorzüglichen Intendanten.

Die Genossen zeichneten Anteilscheine von zwanzig Mark, spendeten fleißig dazu, halfen als Bühnenarbeiter, sprangen immer wieder ein. Untergebracht war das Unternehmen dieses durch und durch der hohen Kunst verschriebenen Ensembles in einem dürftigen Tanzsaal bei einem Wirt in der Senefelder Straße. Und Oskar Maria Graf war der Dramaturg des Theaters.

Es gab nur zwei kleine Büros oberhalb der Gaststube, in dem einen hausten der Direktor Felber, in dem anderen der Buchhalter Brönnle und der Dramaturg Graf. Felber probte unermüdlich die schwierigsten und modernsten Theaterstücke ein. Man spielte Gorkis *Nachtasyl* und Rudolf Leonhardts *Vorhölle;* Arno Holz und Strindberg standen auf dem Repertoire, natürlich auch Schiller, Lenz, Hauptmann und Wildgans, Ibsen und Turgenjew.

»Nein, dös san halt alls so traurige Stückl. – Am End, i sag ja grad und red dem Herrn Direktor nix drein, aber am End taat der Arbeiter halt doch lieaber was Lustigs sehgn, net wahr?«

Es gab eine Vorstandschaft der Arbeiterbühne – eigentlich hieß sie ja die »Neue Bühne« – und eine Generalversammlung. Es ist viel gespendet worden, und der Vorstand Erhart hat sich beinahe selbst ruiniert zwischen seinem Geschäft als Gepäckträger im Hauptbahnhof und seinem Idealismus in der Senefelder Straße. – Und weil die Lebensmittel knapp waren, beschaffte er auch noch zusätzlich schwarze Kalorien für seine Schauspieler. Eine prächtige Szene, wie er da im Büro des Dramaturgen die mitgebrachten Würste abwiegt.

»Sodala, das da is fürn Kunig! – Die Portion heben Sie der Frau Brand auf, die hat einen Sohn. Der mag essen. Das ist für die Gottinger! Die zwei Pfund ghörn für den Arndt. Der Lampert möcht vier Pfund? No ja, er is der Ältest und verheiret is er auch. Da konn man net a so sein. – Er wog und wog, schnitt und schnitt, schnaufte und schnaufte. Die Wagenbauer hat sechs Pfund bstellt. No ja, sie hat einen alten Vater und eine alte Mutter. Geben wir's ihr! redete er wieder weiter. Der Hunckele ist sowieso nichts wie Haut und Kno-

chen. Den gebns die zwei Ganzen da! – Jawohl, jawohl, Herr Vorstand! Und wenn ich bitten darf, für mich zwei Pfund!«
Der Herr Vorstand wog gut drei Zentner und behielt auch im Theater den Lederschurz an. Nur wenn Generalversammlung war, kam er in gutem Anzug und sah aus wie ein Bürger.
»Mein Liaber, das hat einen Kampf kost, bis ich einen solchen Haufen Würst aufgetrieben hab! Es soll aber nicht heißen, die Arbeiterbühne sorgt net für ihre Leut!«
Aber das Unternehmen konnte sich dennoch auf die Dauer nicht halten. Immer wieder wurden neue Anteilscheine gezeichnet. Die Arbeiter taten viel für ihr Theater, auch wenn sie selber nicht hineingingen, weil ihnen halt die Stücke doch zu hochgestochen waren. Andererseits wich aber der Herr Direktor nicht ab von dem hohen Niveau seines realsozialistischen Spielplanes. So konnten die Einnahmen die Ausgaben nicht decken. Das Grundkapital wurde heimlich angegriffen und verbraucht. Der Vorstand hat sich dabei nicht verrechnet, denn seine Genossen stimmten posthum bei der Generalversammlung zu. Aber auch das half nichts mehr.
»Auf dem Heimweg kam ich mit dem Herrn Vorstand in ein schweres Gespräch. Er wurde auf einmal melancholisch und sagte: ›Oskar, meinst du jetzt, daß es einen Herrgott gibt oder nicht?‹ – Er schaute mich nachdenklich an. – ›Ja, mein Gott, einen Herrgott, Lorenz?‹ fand ich endlich als Antwort, ›ich will dir was sagen. Eine Gerechtigkeit muß es geben, wie wir's jetzt heißen, ist ja wurscht!‹ – Ich hörte, wie er förmlich aufatmete. – ›Gell, sagst es auch, gell!‹ rief er wie befreit, ›ich bin Sozialist. Mit der ganzen Pfaffenreligion mag ich nichts zu tun haben, aber ein höheres Wesen muß es geben.‹ Er schwieg, blieb stehen und rülpste. Dann legte er seine schwere, schwielige Hand auf meine Schulter und wiederholte: ›Auf der Welt ist doch ewig keine Gerechtigkeit. Wir Arbeiter spüren's doch am deutlichsten. Wir sind Sklaven und wenn wir uns rühren, wird geschossen auf uns oder wir kommen ins Zuchthaus. Es muß ein höheres Wesen geben, das wo da richtig Gericht hält. – Das, was wir für die Neue Bühne geopfert haben, wird sich unser Herrgott auch schon merken.‹ – Da stand er groß und breit, mit treuen Augen, so bewegt war er, daß er schluckte.«
Wunderbare Menschen, es ist vielleicht das reinste Buch Oskar Maria Grafs. Und wer es liest, der wird wehmütig-glücklich gestimmt und

er fühlt sozialistisch und solidarisch. Oh, es gibt noch viele unbekannte Leckerbissen bei Oskar Maria Graf. Wenigstens unserer heutigen Jugend bis zu 40–50 Jahren unbekannte! So Grafs *Traktat über unseren Dialekt und den Existentialismus.* – Da wird anhand eines Wirtshausausspruches des Mooserbauern die Philosophie Martin Heideggers – Graf nennt ihn »den Heidegger-Martl« – interpretiert und glossiert. Und das mit dem »reellen Blick« eines naturbegabten Denkers recht ernsthaft und boshaft. Denn der Heidegger-Martl habe seinen Existentialismus nur erfunden, weil er, wie der Mooserbauer, einen geschäftstüchtigen Blick gehabt habe für die Misere der Zeit nach der Inflation, wo das ganze Geld hin war... und jeder von vorn anfangen hat müssen. Also habe auch der Martl ein ganz neues Geschäft aufgemacht mit seinem »Seinsgeschick und Gegenwurf«, mit seinem »jemeiniges und je eigenes In-der-Welt-Sein!« – Was aber alles auf dasselbe hinauslaufe wie dem Mooserbauern sein Wirtshausseufzer: ›Die ganze Schand und Sauerei auf der Welt kimmt bloß daher, weils überall an Herrgott abgschafft habn. Iatz is besser! Iatz konn jeder selber schaugn, wia er ausm Dreck kimmt.‹

»Seltsames Zusammentreffen! Erinnerlich ist mir, daß auch der Nietzsche-Fritzl einmal geschrieben hat: Gott ist tot und die Wüste wächst. Daß dieses der Mooserbauer vielleicht einmal gelesen haben könnte, entbehrt sicher – wie es in unserer Amtssprache heißt – jeder tatsächlichen Grundlage.«

Des Zitierens wäre kein Ende! Wie unterhaltsam lesen sich Grafs Notizen über Bildung überhaupt, der Essayband *An manchen Tagen* ist eine unerschöpfliche Fundgrube.

»Und da du nun nicht mehr lebst, streichelt jeden Tag und jede Nacht dein Staub meine Wangen«, so rief vor etlichen Jahren unser Dichter einem Freund ins Grab. – Uns aber bleibt weit mehr als der Staub des Menschen Oskar Maria Graf. Das tröstet uns heute und stärkt uns für morgen.

Kein Zaun zwischen Tag und Nacht

Josef Martin Bauer, ein deutscher Dichter aus Bayern

Es war einer der letzten Wintertage des Jahres 1970, der 18. März; in großen schwarzen Flecken kamen die Äcker und Wiesen aus der Schneedecke. Das schmale Isental zeigte sich klar und hell durchsichtig im Föhnwind. Aber es war naß und kalt, und man war traurig. Am östlichen Ende des Rupprechtsberges zeigten die Pappeln himmelwärts. Und viele Schwarzgekleidete stapften die steinerne Wallfahrerstiege zur Pfarrkirche Maria Dorfen empor. Dahinter am Friedhof fuhren die Autos vor – aus allen Gegenden Bayerns. Das Requiem: feierlich und lateinisch – der Chor verstärkt mit Streichern – unter den vielen Geistlichen mehrere Prälaten und ein regierender Abt. Requiem aeternam – Si iniquitates observaveris Domine – und: Requiescat in Pace! Anschließend traf man sich beim Bräu im Winkl. Eine kleine Stadt beerdigte einen großen Sohn. So wird ein bayerischer Dichter zu Grabe getragen. Um es gleich in aller Deutlichkeit zu sagen: ein deutscher Dichter, der ein guter Bayer war: Josef Martin Bauer, der Sohn eines Dorfbäckers wie Kardinal Faulhaber und Oskar Maria Graf. Diese beiden Namen – in einem Atemzuge genannt mit Josef Martin Bauer – können bestenfalls zwei extrem voneinander entfernte Welten andeuten. Der große, steife und feierliche Kirchenfürst, wie ihn Bauer in seinem Roman *Kranich mit dem Stein* so unübertrefflich, wie je ein Kardinal der römischen Kirche von einem Dichter geschildert wurde, beschrieben hat, ist schlechthin nicht zu vergleichen mit dem deutschen Dichter Oskar Maria Graf, der dreißig Jahre lang in der Lederhose in New York lebte und seine Abenteuer als Münchner Revolutionär beschrieben hat.

Der Taufkirchner Bäckerssohn hat zeitlebens den Glauben verkündet, daß die guten Kräfte im Menschen eine größere Wirkung haben als die bösen. Obschon seine Personen auch die Angst kennen und die Schuld, die Verzweiflung erfahren. Obschon es auch in seinen Büchern Schurken gibt und prächtige jähzornige Gestalten, Ehebrecher und Verrückte, Arme und Bedrängte, Unglückliche, schuldlos oder schuldig gewordene Elende. Er war ein stets engagierter Schrift-

steller, und von den großen Themen der letzten zwei Generationen hat er die meisten verarbeitet: den Kardinal und den Unternehmer, den gequälten Menschen in der Gefangenschaft und auf der Flucht, *So weit die Füße tragen;* den Handlungsreisenden und *Sonntagslügner,* den Menschen der eigenen Generation, der in seiner Jugend noch die Zeit vor tausend Jahren erlebt hat, jene Welt, die dem Menschen eine wohltuende, tröstende Ordnung hat angedeihen lassen können und doch so prächtig disziplinlos gewesen ist. Ein umfangreiches Werk schon in der ersten Andeutung! Das Riesenwerk eines Titanen. Von seinem bäuerlichen Erstlingsroman *Die Notthafften* bis zu der Traumerzählung *Das Mondschiff,* seinem letzten Buch, spürt man trotz der Vielfältigkeit die Einheit, seinen Stil, sein Thema gar, seinen heimlichen Humor, seine Hoffnung in der menschlichen Bitterkeit, seine speziellen Ahnungen. Er ist auf jeder Seite unverkennbar Josef Martin Bauer.
Unter der Fülle seiner Geschichten, in denen es jeweils eine Menge Episoden und merkwürdige Begebenheiten gibt, erinnert man sich an manche Seltsamkeit, an manche gerade entlegene und unwichtige Seltsamkeit, z.B. an das Wasserrad auf dem Notthafftenhof, das von Hunden getreten wird.
»›Flora, Mark! Her da zu mir, alle zwei! In den Brunnen hinein und treten, bis der ganze Hof überschwemmt ist! Euer Bub ist wieder da, er pfeift auf sein Latein und macht einen Hüterbuben. Jetzt müßt ihr treten, Hundeviecher, dann gehen wir spazieren.‹ – Sie gingen nicht spazieren ... Die Viecher wurden bald müde. Mußten ja so die Brunnenhunde alle schon zu halber Zeit verrecken, weil sie sich kaputtmachten mit dem Rennen im Rad. Freilich, man brauchte sich nie zu sorgen um Wasser im ganzen Hof, weil jeder Hund gern das Rad trieb und desto toller wurde mit dem Treten, je schneller das Rad gegen die tretenden Füße lief ...«
Eine seltsame Kleinigkeit nebenbei, dieses Brunnenrad in den *Notthafften,* und trotzdem unvergeßlich. Oder die originelle Nebenfigur, der Schmierführer Wenzel mit seinem alten Gaul und seinem Wägelchen und seinen Kaufmannssprüchen: »Der Wenzel ist da, Bäuerin kauf ein! Wagenschmiere, Riemenwachs, Schuhbandel, Schmierseife, Heuseil und Geiselschnur, alles hat der Wenzel, bloß kein Geld!« – In knappster Andeutung kommt der Schmierenführer noch etliche Male vor, auch in den späteren Werken.

Wer vergißt je die flinken Ziegler aus Italien, die den Lehm durchs Sieb treten und in die Modeln schlagen, wenn er den Roman mit dem Titel *Der Abhang* gelesen hat? Wer weiß das schon noch so genau? Und welcher Autor der Weltliteratur hat diesen Vorgang, der schon im Buche Genesis erwähnt wird, in dem auch die Erschaffung der Welt beschrieben wird, in den Jahrtausenden je so anschaulich geschildert?

»Gelaufen mußte immer werden, zuerst mit dem Model auf den Händen zum Planie, um dort den grünen, eben geformten Ziegel aus der umgekippten Form schlüpfen zu lassen, behutsam schlüpfen, damit er an seinen Kanten keinen Schaden nahm, vom Planie zurück an den Schlagtisch, wo der Wegträger die zurückgebrachte Form zu sanden hatte, während der Schläger, hier Giacomo und dort Mateo, schon wartete, nervös oder nachsichtig, je nachdem ...«

»Wohlan, laßt uns Ziegel schlagen und sie hart brennen!« Er konnte Sachverhalte meisterhaft schildern. Komplizierte Verfahren und verschlungene Zusammenhänge beschrieb seine Feder in übermütiger Eleganz und sachlicher Heiterkeit. Das macht ihm keiner nach. Da wären schon ganz große Namen der deutschen Literatur zu nennen, wollte man da auch nur annähernde Vergleiche wagen. Aber Vergleiche hinken immer. Hans Carossa, Bergengruen, Hesse?

Der Taufkirchener Bäckerssohn, der Bauer-Sepperl, hatte, ganz ähnlich wie sein Kardinal Martin von Petuel, einen langen Anlauf zu tun. Er sollte ja von Haus aus Priester werden und kam darum im September 1912, als Elfjähriger, in die zweite Klasse des Gymnasiums der Benediktinerabtei Scheyern. Das harte Lateinbüffeln um fünf Uhr in der Früh schon beim Morgenstudium in den Museen des erzbischöflichen Seminars hat er ja liebevoll und ausführlich in den ersten Kapiteln des *Kranichs mit dem Stein* beschrieben. Und dann ist er doch kein Pfarrer geworden, der in seinen jungen Jahren etwas leichtfüßige Bäckerbub, blondmähnig und sommersprossig, aber jedermann sympathisch, obschon gern zu Streichen aufgelegt und auch vor den gestrengen Professoren mit seltsam trockenen Redensarten nicht zurückschreckend. Weil er so leise daherschleichen hat können, haben sie ihm den Spitznamen »D'Bauernkatz« gegeben.

Er war – trotz der spürbaren Begabung – kein Musterschüler. Beinahe das Gegenteil davon, erzählen seine Klassenkameraden. Phantasie und Witz, ja, das hat er vielleicht gehabt, aber sonst nahm er sich unter den strebsamen, frommen Priesterkandidaten aus wie ein oberflächlicher Lausbub von einer lustigen, leichten Art. Und sie, die Klassenkameraden, sind heute noch erstaunt über die baldige, rasche Wandlung dieser Bauernkatz, auf deren Schöpferkraft und Tüchtigkeit sie alle stolz sind. – Ja, ja, Genie ist eben doch mehr Fleiß als Inspiration.

Schon vor dem Abitur in Freising hat er das erzbischöfliche Seminar verlassen. Damals noch eine Enttäuschung für die Familie, so ein ausgesprungener Pfarrerstudent! Er überstand fünf Lehr- und Wanderjahre in verschiedenen Berufen, zuletzt als Schreiber auf dem Gut der Gräfin Montgelas in Egglkofen, wo er die Liebe eines jungen, blonden, hübschen Mädchens gewann, das an ihn glaubte, das mit seinem Ersparten ihm eine Schreibmaschine kaufen half. Zwei Jahre später, als der junge Dichter auf dem Redaktionsstuhl der Dorfener Zeitung saß, wurde das Mädchen seine Frau. Und wieder zwei Jahre später schrieb er bereits an dem Roman, auf dessen erster Seite stolz die Widmung stand: »Ich widme dieses Buch meinen Söhnen Hermann und Martin«. Der Roman hieß *Achtsiedel* und wurde im Frühjahr 1931 mit dem Jugendpreis deutscher Erzähler ausgezeichnet. Von da an ging es nur noch aufwärts.

In dem anfangs so hoffnungslosen Moor Achtsiedel lassen sich acht Kameraden nieder, acht Schiffbrüchige, aus der Bahn Geworfene. Sie arbeiten hart und kommen mühsam voran. Es ist die Geschichte eines Anfangs nach einem Ende, aber eines Uranfangs, kein Wiederaufbau. »Der Hase, der hier einmal seine Sasse gehabt, hoppelte eines Tages gelangweilt wieder vorbei. Da sah er die Männer noch tiefer gebückt über der aufgerissenen Erde. Er schüttelte die Ohren in Gedanken und zuckelte nachdenklich davon. – Erst nach Monaten kam er wieder. Das war um die Zeit, als er schon vom üppig wachsenden Kartoffelkraut fressen konnte.«

Die Notthafften, Achtsiedel, Die Salzstraße, Das Mädchen auf Stachet, Simon und die Pferde. Die ersten Jahre des Erfolgs schon waren fruchtbar. Josef Martin Bauer bewahrte sich vor dem Sog der Nazizeit. Er schrieb seine Romane und Geschichten und verfaßte Hörspiele. Ja, er gehörte sogar zu den Pionieren des Hörspiels überhaupt. *Brot* hieß eines seiner ersten Hörspiele, die Geschichte eines Baggerführers. Er schrieb poetische Funkfeatures, ließ durch die Geschwätzigkeit der Leute kleine Fetzen von Menschenschicksalen erstehen:

In einer kleinen Stadt. Und immer mehr reizt ihn das abseitige Abenteuerliche. *Die Schergin von Kay,* eine Magd, die einen zum Tode Verurteilten loskauft. Die Geschichte des Dorfener Bierkrieges wird gar ein Theaterstück. Dem Hörspiel ist Josef Martin Bauer treu geblieben bis in die letzten Jahre. Es glückten ihm auch vortreffliche bayerische Mundartstücke, z. B. das erschütternde Kriminalhörspiel *Die Reise nach der Steiermark.* Der Vater des Ermordeten reizt seine Mitbürger und besonders den Verdächtigen mit der Behauptung, daß sein Sohn nach der Steiermark gefahren sei, um dort Vieh einzukaufen.

1938 gelingt dem nun in seinem schönen, guten Haus in Dorfen lebenden Schriftsteller eine seiner reinsten Novellen: *Die barocke Kerze.* Eine zum Schwärmen einfach reizende Erzählung. Die Mechanik der Phantasie, die hier eingesetzt wird, erfindet eine mysteriöse Fabel: eine sehr kostbare barocke Kerze rettet einem vom Leberkrebs gezeichneten todkranken Staatsanwalt das Leben. D. h., solange diese Kerze, die eigentlich viel zu kostbar ist, um angezündet werden zu dürfen, brennt, solange stirbt der Freund nicht. Die Kerze ist lang und würde Wochen brennen, aber der Freund, der Dorfkrämer und Altertumssammler, der sich die ganze Geschichte mit der Kerze nur in seiner merkwürdigen Originalität ausgedacht, auf mysteriöse Weise erfühlt hat und nun daran experimentell erwiesen glaubt, löscht die Kerze vorzeitig und wird darob beinahe verrückt. Bei aller Mystik eine philosophische Fabel, eine Geschichte um die Fragwürdigkeit der Kausalität. Ein Mathematiker hätte derlei Gedankenspiele nicht austüfteln können.

Und dann kam der Zweite Weltkrieg. Josef Martin Bauer geht als Kriegsberichterstatter an die Ostfront, besteigt den Elbrus, den riesigen Berg im Kaukasus, eine seltene alpine Leistung, denn der Elbrus ist 5633 Meter hoch. Es ist ein Abenteuer auf Leben und Tod. Neunzehn Männer sind es, die den Gipfel schließlich bezwingen, ausgesuchte Gebirgsjäger, erfahrene Alpinisten. Bauer ist der einzige Laie, aber er steht das Abenteuer durch und beschreibt es in einem spannenden Buch mit dem Titel *Kaukasisches Abenteuer.* Eine vom Schicksal arrangierte Vorstudie zu Josef Martin Bauers größtem Erfolg, zu dem Abenteuer der Heimkehr aus sibirischer Gefangenschaft des Oberleutnants Forell: *So weit die Füße tragen.* Ergreifender, packender, ungeheuerlicher gibt es kein Abenteuer. Drei Jahre lang ist Forell unterwegs – vom äußersten Ostkap Sibiriens bis nach Persien. Es ist bestimmt die längste und unerhörteste Flucht im Jahrhundert der Flüchtlinge, es ist die Odyssee unseres Säkulums. *So weit die Füße tragen* erreichte bis jetzt eine Weltauflage von über zwei Millionen. Der Bäckerssohn von Taufkirchen hat einen Beitrag zur Weltliteratur geliefert!

Für einen Mann, der am liebsten in seiner engsten Heimat gelebt hat, im Isengäu, zwischen der oberen Vils und Dorfen, muß das große Abenteuer zu beschreiben etwas Fremdes und doch zugleich ungemein Verlockendes gewesen sein. Wahrscheinlich ist auch Homer – außer der Kriegsfahrt nach Ilion – nicht weit über seine griechische Provinz hinausgekommen, obschon sich sieben Städte um die Ehre streiten, Homers Geburtsort zu sein. Josef Martin Bauer war an der Ostfront, hat *Die Kraniche der Nogaia* gehört und hat den Elbrus bestiegen. Bauer selbst sagt:

»Das Abenteuer in seiner Größe und Ungeheuerlichkeit ist erst spät in mein Leben gekommen, das auf dem gepflegten Boden eines alten Landes ohne allzu tiefe Zäsuren verlaufen ist. – Etwas vom Schicksal des Clemens Forell, dieses Gezeichneten, ist an uns allen haften geblieben, auch an mir.«

Das Werk eines so bedeutenden Romanciers hat seine Glanz- und Höhepunkte. Und diese Gipfel leuchten in Bauers Büchern in der imponierenden Kunst seiner Menschendarstellung auf. Jeder Künstler hat es mit Menschen zu tun, der Romanschreiber ganz besonders. Bei Bauer ist der Held meistens ein Mann aus dem Volk, aus bäuerlichem Bereich gar, der aber mit einem ungeheuren Willen ausgestattet ist und sein Schicksal erfahren will, seinen Weg geht, der steil nach oben führt. Der Seminarzögling Martin Petuel, ein furchtsamer Limonadenmacherssohn, wird Priester, Professor, Bischof, Erzbischof, Kardinal. Die Würde, Strenge und kraftvolle Stärke dieses Kardinals verkörpert die zweitausendjährige Tradition und lateinische Kultur der Kirche. Petuel ist eine millenare, eine letzte Gestalt, an ihm branden die revolutionären Wogen; aber der Fels, auf den der Herr die Kirche gebaut, bleibt stehen, kann nicht überwältigt werden. Unvergeßlich die Szene, als die aufgehetzten braunen Horden in das erzbischöfliche Palais eindringen und den Kardinal in seinem Arbeitszimmer bedrängen. Welch ein Kardinal, welch eine trostreiche Gestalt!

»Wenn ich wache, habt ihr nichts zu fürchten«, lautet sein Wahlspruch, und in seinem Wappen führt er den *Kranich mit dem Stein.* Es mag für manchen Eingeweihten das Vorbild Michael von Faulhabers überdeutlich in der Figur Martin von Petuels durchscheinen. Trotzdem ist das ganze Buch Erfindung, ist dieser Kardinal eine Frucht der Schöpferkraft des Dichters. Es ist viel schwieriger, so eine Figur zu beschreiben, wenn eine wirkliche Gestalt sich daneben fortwährend bedrohlich aufdrängt.

Es gibt noch viele große Persönlichkeiten in den Romanen Bauers. Mathias Fallmerey, der Ziegler, etwa, der aus dem Nichts sich zu einem großen Wirtschaftsunternehmer aufschwingt. Auch dieser Charakter zeigt Größe und nimmt es mit dem Kardinal Petuel auf. Oder Georg Dorbreit, der berühmte Augenarzt, der schließlich selber erblinden muß. – Homerum caecum fuisse traditur. *Siebtens, die Gottesfurcht.*

Es gibt in Bauers Büchern Stellen, die man anstreichen und seinem Partner für einen Augenblick hinüberreichen möchte: da lies das einmal, bitte! – Es sind humorige Stellen, es sind tief erfahrene Lebensweisheiten, es sind Ratschläge, brauchbar für manche Lebenssituation, z. B. die unumwundenen Bekenntnisse zum Lügenbeuteldasein, zum Notlügen und Übertreiben. Das Thema bewegt unseren Dichter sehr häufig. Er kennt halt die menschliche Seele, er ist ein Seelenpraktiker, wenn er auch kein wirklicher Seelsorger geworden ist.

Er hat einen eigenen Roman dieser Lüge gewidmet: die Lügenerzählungen des Provisionsvertreters in Behördenformularen Eugen Jorhann samt Frau und fünf Töchtern und einer noch verlogeneren Großmutter. Das köstliche Buch führt den Titel *Der Sonntagslügner.* Diese Großmutter erzählt seit Jahren, wenn sie sonntags zum Kaffee kommt, von dem Raubüberfall auf den Orientexpreß im Balkan, den ihr seliger Mann miterlebt hat, als er noch einer der besten Lokomotivführer war, den es je gegeben. Aber es gibt dann zwischen den Eheleuten Jorhann auch wahre Stunden. Und die zählen nicht zu den angenehmsten.

Auch in dem Roman *Kleine Liebesleute* ist merkwürdig von der Lust an der Unwahrheit die Rede. Die hübsche Maura, Cornels Freundin, glaubt nicht an die Existenz der Tante Rebhan aus Insterburg, die Cornel am kommenden Sonntag zu besuchen vorgibt. Aber sie läßt sich nichts anmerken.

»Maura liebte Cornels Wege neben der Wahrheit her. Sie hatte ihm zu keiner Zeit die Fahrt nach Rauhmünster geglaubt zu den Benediktinern und ging seitdem mit mancher anderen Behauptung auch vorsichtiger um, wobei sie sich selbst jedoch nicht gänzlich abzuleugnen vermochte, daß sie an derlei Scherzen zwischen Wahrheit und Lüge ihr Vergnügen fand. Es wäre ihr schrecklich gewesen, mit einem Menschen zu gehen, dem unaufhörlich der Geifer der Wahrheit von den Lippen schäumte . . .«
Ein sympathischer Dichter, der einem so wesentlichen Element des menschlichen Zusammenlebens das Wort redet! – Ist das die Schlitzohrigkeit des Altbayern, oder kommt die tiefe Lebensweisheit nicht aus dem uralten Erbe der abendländisch-christlichen Kultur überhaupt? Wäre es demnach – geradesogut wie Martin von Petuels Unbeugsamkeit und Pflichterfüllung, die nach dem Schlaganfall kurz vor seinem Tode ein Telegramm nach Rom aufzugeben verlangt, um vorübergehende Dispensierung vom Breviergebet zu erbitten – wäre sie also demnach, diese als unterhaltendes Element erklärte Freude am Lügen nicht so etwas wie angewandte Nächstenliebe?
Liebe überhaupt? Welch eine prächtige Frau ist doch diese Barbara Fallmerey! Noch ist ihr Mann, der Frauenheld Mathias, dem Bankrott näher als dem später so großartigen Erfolg. Da heißt es in dem Roman *Der Abhang* in einer mitternächtlichen Schlafzimmerszene:
»Barbara huschte, das Deckbett kaum aufschlagend, aus dem Bett, ihm zu helfen, wenn schon die Stiefel anders nicht von den Füßen schlüpfen wollten. Sie war keineswegs Sklavin oder von der Torheit des Unterwürfigseins geschlagen. Nur die Ruhe war sie, die neben einem solchen Mann sein mußte. Und sie war, soweit die Gemeinde Kalmünster reichte, der einzige Mensch, der nicht zu wissen schien, wie ihr Mann es mit anderen Weibern trieb. Dafür aber war sie auch, soweit die Gemeinden Kalmünster, Laimen und Ottmannsdorst reichten, die einzige Frau, die von ihrem Mann geliebt und von dieser Liebe glücklich gemacht wurde. Zu einem Mann wie Mathias sagte man als Frau nicht etwa: du bist wahnsinnig . . .«
Ein christlicher Dichter, ein trostreicher Menschenfreund. Nicht simpel ein Männerfreund. Bauers Frauen- und Mädchengestalten sind voll der Würde und strahlen auch bei knappster Zeichnung Wärme und ehrfurchtgebietenden Reiz aus. Cordula, die schöne, verschlossene Tochter Fallmereys, die sogar im Frauengefängnis ihre Würde

bewahrt und im Gedenken an ihren Vater, der sie braucht, wie er ihr beim sechsminütigen Besuch angedeutet, wieder ißt und durchstehen will.

Er ist zwar kein Priester geworden, dieser Bäckerssohn, er ist dennoch ein großer Tröster geworden. Eine literarisch-gescheite Interpretation des Lebenswerkes Josef Martin Bauers kommt ohne Kirchengeschichte, ohne Theologie beinahe nicht aus. Er benützt also, so könnte man grob abwägen, auch theologische Mittel zu seinen Kompositionen. Die tiefere literarische Deutung, an der die große deutsche Literaturgeschichte niemals vorübergehen wird können, wird einer späteren, vielleicht noch unordentlicheren – aber nach dem Segen der Ordnung und der Freude an der Disziplinlosigkeit lechzenden –, einer also gar nicht so viel späteren Zeit vorbehalten sein.

Wer kennt Josef Martin Bauer nun nicht als den bayerischen Dichter? *Auf gut bayerisch* plaudert er über unsere alte Sprache, die er von allen Seiten bedroht weiß. Wieviele Hörbilder hat er verfaßt, wieviele Kostbarkeiten unseres Vaterlandes hat er beschrieben! Aus *Landshuat, du gfreist mi* ist mir unvergeßlich in Erinnerung, wie er das Portal des Martinsmünsters sieht. Er war schon einer, dieser Josef Martin Bauer! Er war er! Und er wird es bleiben.

»I bin i. So bescheiden das i dasteht, so selbstsicher behauptet es sich als echtes i in einer Fülle von Wörtern und Formen. Und wenn wir von uns selber sprechen, selbstbewußt oder bescheiden, so halten wir es wie die Engländer in ihrer Sprache: wir kommen mit dem Buchstaben i zurecht, weil wir auch das ch verschwinden lassen, bloß brauchen wir nicht wie die Engländer eine verbreiterte Basis des Selbstbewußtseins, wenn wir unser eigenes Ich betont herausstellen wollen. I heißt bei uns kurzweg immer i ... I, wos mi ogeht, bin do net einverstandn. Sonst ober, weil mir schon mir san, bin aa i i ... I scho, i!«

In dem erschütternden und doch so mit liebsten Erinnerungen vollgepackten Roman über die siebte Gabe des Trösters, des heiligen Geistes, in *Siebtens, die Gottesfurcht* grübelt der seiner Blindheit entgegengehende Professor und Augenarzt Georg Dorbreit: »Wenn ich bedenke, daß sie nur einen Pfarrer gewollt haben, einen ordentlichen Pfarrer auf einer guten Pfründe, so habe ich besser zurückbezahlt als jeder Prälat oder Domkapitular. Aus dem Kredit, den sie in mein künftiges Ansehen gesetzt haben, gedenken sie immer noch

Zinsen zu beziehen. Die Zinsen des Ansehens selbstverständlich, und in diesem Sinn bin ich immer ihr Schuldner ...«

Aber woher denn! Josef Martin Bauer ist nichts schuldig geblieben. Er hat uns reich beschenkt mit vielen dicken Büchern, mit Hörspielen, Hörbildern und Essays, mit Kurzgeschichten, mit einer Fülle von Geschichten. Und Geschichten sind nicht weniger wert als segensreiche Erfindungen und Fabriken, als Häuser und Stiftungen. Je mehr Geschichten ein Volk, ein Ländchen, eine Provinz aufweisen kann, desto angenehmer lebt es sich in so einem Land, desto gemütlicher. Und desto angesehener wird so ein Volk, das gute Geschichten hat. Denn von den Geschichtenerzählern nimmt alles seinen Anfang und Ausgang. Was wäre die Christenheit ohne die heilsamen Geschichten um Abraham, Isaak und Jakob? Was die ganze humanistische Bildung und Griechenland ohne die Geschichten Homers? Die merkwürdigen, traurigen, schwermütigen, lustigen und spannenden Geschichten sind der Anfang jeder Geistigkeit. Gesegnet war unsere Provinz mit Josef Martin Bauer. Wir können stolz sein auf ihn, auf den unermüdlichen und sehr erfolgreichen Geschichtenerzähler. Er war ein guter Bayer und ein deutscher Dichter.

»Von der Ewi'keit woaß man grod, daß se se guatding in d' Läng ziahgt. Für ganz auf d' Letzt hob i ma dös Scheena aufg'schbard: zwisch'n Tog und Nocht is koa Zau'. Und wenn'sd 's Leb'n für'n Tog nimmst und dös ander für d'Nacht – an Zau' dazwisch'n gibt's net; und wenn's oan gibt, siehgst'hn net. Wenn'sd üwa dös aso nochdenkst, werst schdaad und sogst koa Wartl mehr.«

Da wird Vergangenheit zur Gegenwart

P. Romuald Bauerreiss und seine Kirchengeschichte Bayerns

Die gute alte Zeit, als wir Bayern noch einen König gehabt haben, das war eine liebe Zeit! In Bayern gleich gar. Damals hat seine Königliche Hoheit, der Herr Prinzregent, regiert – ein kunstsinniger Monarch –, denn der König war schwermütig. Das Bier war noch dunkel, und die Menschen waren typisch: die Burschen schneidig, die Dirndl sittsam und die Honoratioren ein bisserl vornehm und ein bisserl leger ... Es war halt noch vieles in Ordnung, damals, in der guten alten Zeit!

So schwärmen die Alten in der Erinnerung. Und die Sehnsucht mancher Menschen reicht noch weiter zurück, und bereits vor hundert Jahren hat es Großväter gegeben, die voll optimistischer Melancholie den Blick auf die Jahre ihrer und ihrer Väter Jugend richteten: »Ach, erzählen S' mir nix von der königlich-bayerischen Zeit«, haben sie dann geseufzt, »früher, in der churfürstlichen Zeit, da hätt' man lebn solln!« – Die Sehnsucht nach der Vergangenheit hört nicht mehr auf. Denn das ist bekannt, daß die alten Münchner, die den Dreißigjährigen Krieg überlebt haben, mit ihrem neuen, kurfürstlichen Regiment gar nicht recht glücklich werden wollten und allerweil noch der herzoglich-bayerischen, guten alten Zeit nachtrauerten.

Und ein Urgroßvater-Alter noch weiter zurück im Zeitenschoß, jammerten die Leut über die so plötzlich erstandene bayerische Einheit: »Herrschaft na, jetz wird grad noch in München regiert. Dös is ja koa Welt nimmer, wo alls gleich is! Wia is dös früher schön gwesn, wia mir no ein Bayern-Ingolstadt, ein Bayern-Landshut, ein Bayern-Straubing-Holland und ein Bayern-München gehabt haben! Da hat se was grührt! – Da hat man noch mit echte Landsleit Kriag führn könna!«

Die Erinnerungen sind unerschöpflich. »Denn in den alten Historien besieht ein jeglicher das Leben der andern und nimmt ihm ein Ebenbild, wird ohne seinen Schaden erinnert, was er tun oder lassen soll, was ihm übel oder wohl ansteht« und wie es gar schnell und liederlich zugeht auf der Welt. So meint der Vater der bayerischen Ge-

schichtsschreiber, der Abensberger Wirtssohn Johannes Turmayr, genannt Aventinus. Und von ihm wird ein großes Loblied gesungen, angestimmt schon von seinen Zeitgenossen und fortgesetzt bis in unsere Gegenwart. König Ludwig I. sang ihm eine eigene Hymne in »Walhallas Genossen«. Da heißt es: »Frei schrieb Turmayr Bayerns Geschichte, ihr Vater durch seine ›annales Bojorum‹, später von ihm verteutscht, verbessert, bereichert, voll Ernst und Kraft. Doch ließ Vaterlandsliebe ihn Unbegründetes als wahr annehmen. Das Göttliche erfüllte seine Werke. Er war von edler Einfalt in allem, jedem mild, ein redlicher Mann ohne Eigennutz.« – Und Kaspar Bruschius, poeta laureatus aus Eger, der schon 1541 Aventins Chronik neu herausgibt und über den großen Geschichtsschreiber auch eine erste Biographie verfaßt, lobt den Historiker als einen der bedeutendsten Männer des ganzen Heiligen Reiches.
Es kann kein Zufall sein, daß gerade der bayerische Stamm den ersten großen Geschichtsforscher hervorgebracht hat. Das Stöbern in alten Sachen, das Übergabebrief- und Urkunden-Studieren, Buchkammern- und Kästen-Durchsuchen, das Gesänge-, Betbücher-, Meß- und Salbücher-, Kalender-, Totenzettel-, Register- und Heiligenlegenden-Lesen, das Säulen, Bildnisse, Kreuze, alte Steine, Münzen, Gräber, Gewölbe, Kirchen und Inschriften-Besichtigen, lateinische, deutsche, griechische, ungarische und französische Geschichte studieren, dieses – wie Aventin es nennt – alle Winkel durchsuchen und durchschlieffen, mag die besondere Begabung eines bayerischen Gelehrten sein. Und es ist eine Leidenschaft. Das Zurück-Erinnern, im Guten wie im Bösen, läßt eine Welt lebendig werden, mit der wir durch Brauch und Herkommen, durch Sprache und Abstammung, nah verwandt sind. Was hat der Mensch, der an die nähere und weitere Zukunft denkt? Verdruß und Spekulation, Angst und Sorge. Aber die Vergangenheit tut nicht mehr weh. – Und eine Vergangenheit hat ein jeder. Nicht die Historiker sind die Träumer, es sind die Futuristen, die Fortschrittsgläubigen, die Planer! – »Du bist mir aber a Planer und a Schlaucherl!« Das ist hierzulande kein Ehrentitel. Wer einer Nation angehört, die über eine eineinhalbtausendjährige Vergangenheit verfügt, kann und darf sich zurückerinnern.
Auch in den Bibliotheken und Archiven erwarten einen Abenteuer, und man kann sie bequem bestehen, wenngleich man nicht ungerüstet die Reise in die Vergangenheit antreten soll. Der Historiker braucht

die Summe der Wissenschaften. Ein jedes Jahrhundert hat tausend Zusammenhänge.

Die wahren Geschichten – wie sie die Historie anzubieten hat – sind fesselnder als die erdichteten. Die Lust des Geschichtsforschers ist es, besonders aufregende, amüsante, lustige, verspielte, tragische und geistreiche Geschichten aufzuspüren. Und noch mehr natürlich ziehen ihn die Gestalten an. Menschen wie du und ich, Persönlichkeiten, die außergewöhnliche Abenteuer erlebt haben. Und das wirft abermals einen Trost ab für den Historiker: »Was willst denn mit den Leuten deiner Gegenwart? Sie bedrängen dich mit Eifersüchteleien und du kannst sie nicht ausstehen.« Wie erholsam sind dagegen die historischen Menschen! Die Guten wie die Bösen, die Gescheiten wie die Dummen, die Glücklichen und die Mühseligen, sie alle zeigen es deutlich, daß der Mensch ein wankelmütiges und zerbrechliches Geschöpf ist. Womit wir mit Evidenz bewiesen haben: Der Umgang mit der Vergangenheit besänftigt unsere Sehnsüchte, verschafft Zufriedenheit, ist erholsam und macht beinahe glücklich. Die Geschichtsforscherei ist eine so tröstende Kunst wie die Musik.

Je technisierter und lauter diese Welt wird, desto mehr Herzen werden sich in den Schoß der Zeiten versenken. – Das ist kein Spaß! Nein, nein, das Zeitalter der Historiker wird erst beginnen.

Wo will man denn heute für den Urlaub noch ein heilsames Plätzchen finden? Einen wirklich regenerierenden, paradiesischen Ort? – In den Rokokogärten Seiner Hochfürstlichen Gnaden des Herrn Fürsterzbischofs? Der Genius Loci ist bestrickend, es ist, als ob Celsissimus, begleitet von den fürsterzbischöflichen Kavalieren, Prälaten und Hofdamen justament hinter jener Hecke dort hervorträte! Oder wollen Sie geschwind ins 12. Jahrhundert? Besuchen wir den Mönch Fruomunt im Skriptorium der Abtei Tegernsee? Sie können den nächsten Urlaub auch am Hofe Herzog Tassilos verbringen oder 770 an der Synode von Dingolfing teilnehmen. Dem historisch interessierten Mann ist das alles möglich. Natürlich, sagt Aventin, »es sind die Chronika vom Anfang der Welt her nit darum angefangen, daß sie jedermann gefallen sollen. Es ist allweg Müh und Arbeit gewesen unter den Menschen. Es geht alles durcheinander wie der gemäht Habern. Einer gunt dem andern nit, daß ihn der Tag anscheint.« – Also gefällt es dem Historiker für Augenblicke auch wieder in der Gegenwart.

Wer das ganze Bayern in seiner Stube allezeit handgreiflich beisammen haben will, der braucht, so hat man bisher gesagt, vor allem zwei Werke, von denen freilich ein jedes mehrere Bände stark ist. Mit der rechten Hand umfasse man das Bayerische Wörterbuch des Andreas Schmeller, und den linken Arm lege man auf die acht Bände der »Geschichte Bayerns« von Sigmund von Riezler. – Riezler, ein zweiter Aventin, starb kurz vor Ausbruch des Ersten Weltkriegs im Juli 1914 als einundsiebzigjähriger, hochverehrter und mehrfach ausgezeichneter Geschichtsprofessor in seiner Vaterstadt München. Er war als junger Gelehrter fürstl. fürstenbergischer Archivar und Bibliothekar in Donaueschingen gewesen, dann Oberbibliothekar an der Bayerischen Hof- und Staatsbibliothek und schließlich Universitätsprofessor und Vorstand des Maximilianeums. Der Prinzregent hat ihn 1901 in den Adelsstand erhoben. Aber auch der deutsche Kaiser Wilhelm II. hat den bayerischen Historiker ausgezeichnet. 1909 bekam Riezler den – heute vergessenen – Verdun-Preis verliehen, die höchste Auszeichnung, die Preußen an einen Historiker vergeben konnte. Friedrich Wilhelm IV. hat 1844 den Verdun-Preis gestiftet, anläßlich des angeblich 1000jährigen Bestehens des Deutschen Reiches. Diese höchste deutsche Geschichtsforscherauszeichnung war mit 1000 Talern dotiert und wurde alle fünf Jahre für die beste Arbeit über deutsche Geschichte verliehen. Eine merkwürdige Sache, Bayerns umfangreichstes Geschichtswerk wird mit dem preußischen Verdun-Preis ausgezeichnet! Und das am Vorabend der Schlacht um Verdun, die dann dem Preis die Dotation entzieht.

Wir wollen heute einem dritten bayerischen Geschichtsschreiber ein Loblied singen, einem neuen Riezler und Aventin, einem Meister der Vergangenheit, dem Pater Romuald Bauerreiss, dem Livius der bayerischen Kirchengeschichte. Es sind stattliche sieben Bände der »Kirchengeschichte Bayerns«, die vorliegen, und wer nun das ganze Bayern in seiner Stube allezeit handgreiflich beisammen haben will, der muß den Bauerreiss zum Schemel seiner Füße machen.

Das Bild sei um so eher erlaubt, als die bayerische Geschichte ja in hohem Maße zugleich eine Geschichte der Kirche ist und nicht nur eine Diözesangeschichte. Da reichen die geistigen Beziehungen, die Anregungen, die aufgenommen und weitergegeben werden, von Italien und Frankreich über bayerische Klöster, weit hinein in den Südosten Europas und hinauf nach Thüringen und Sachsen. Und

Bauerreiss gibt sich damit noch nicht zufrieden. Er schildert die Volksfrömmigkeit, treibt Kultgeschichte, zeigt ein hundertfältig verwobenes geistlich-geistiges Leben, stellt fromme, einfältige, hochgebildete und verschlagene Gestalten vor, erforscht die ältesten Urkunden und interpretiert sie neu; er beschreibt die gewaltigen Kulturleistungen der bayerischen Stifte und Klöster, erzählt von den Künsten, von Meßbüchern, sakramentaren und theologischen Werken, von der Musik und den herrlichen Bauwerken, von Observanzen und Reformen, von Visitationen und Mirakelgeschichten, von Dichtern und Sängern, von mächtigen Prälaten und bescheidenen Mönchen, von Eremiten, Inklusen und Mysterikerinnen, von Schismatikern und Hexen, von klösterlicher Disziplin und von klösterlichem Luxus, von päpstlichen Agenten und der hohen Politik, kurzum, von einer ganzen, menschlichen Welt der Trostbedürftigkeit und des religiösen Fühlens. Ein über die Maßen interessantes Werk und eine wahre Herkules-Arbeit!

Denn Bauerreiss bietet für jedes Jahrhundert ein überschaubares und dennoch weitausholendes, tolerantes Konzept. Eine vergleichbare historische Arbeit von diesem Umfang hat es bisher in der bayerischen Kirchengeschichte noch nicht gegeben, wahrscheinlich nicht einmal in der bayerischen Geschichtsschreibung überhaupt.

Und wie könnte es anders sein, Pater Romuald Bauerreiss war ein echter Altbayer, ein gebürtiger Münchner, und lebte bis ins 78. Jahr inmitten seiner turbulenten Vaterstadt, im Zentrum Münchens. Und er war Benediktinermönch! Gut bayerisch und benediktinisch dazu, da muß etwas so Gescheites herauskommen.

In der Karlstraße erhebt sich die Basilika S. Bonifaz, und dahinter erstrecken sich die Gebäulichkeiten des gleichnamigen Stifts. Im Jahrhundert der Geschichtsschreiber gegründet, ist es ein idealer Ort für einen Historiker. König Ludwig I. wollte in der Nähe seiner Residenz eine Pflegestätte der Wissenschaften und der mönchischen Kultur wissen. St. Bonifaz sollte, nach Ludwigs Willen, auch keine Schule unterhalten, damit die Mönche mehr Zeit für die geisteswissenschaftliche Forschung hätten. Wer die sieben Bände der Kirchengeschichte Bayerns durchblättert, der kann es dem König bezeugen: St. Bonifaz hält sich heute noch an den königlichen Auftrag.

Wer den Historiker in eigener Person sehen wollte, der wurde vom Bruder Pförtner in den zweiten Stock gewiesen, gleichsam in das zweite Heiligtum des Stifts, in die Bibliothek. Diese Bibliothek zählt zu den größten und besten im Lande. Und mehrere Regale sind angefüllt mit »den Studien und Mitteilungen des Benediktinerordens«, eines der angesehensten und ältesten historischen Jahrbücher Deutschlands. Und Pater Romuald zeichnete jahrzehntelang als deren Herausgeber und Redakteur verantwortlich. An den Tischen sitzen immer ein paar Gelehrte und Doktoranden, manche Dissertationen wurden von Pater Romuald Bauerreiss mitberaten und vorangetrieben. Auch über die Geschichte der Naturwissenschaften und der Medizin kann man hier ersprießlich arbeiten.

Und der Pater Romuald? Es war ein aufrechter, schlanker Mönch mit optimistisch gefurchtem Gelehrtengesicht und stets forschenden Augen hinter der Brille, die bei genauerem Lesen auf die Stirne geschoben wurde. Eine anheimelnde Gelehrtengestalt, ein allzeit präsenter Bibliothekar, ein mit Humor begabter Altbayer, ein seriöser, gütiger Mönch, von nicht zu zarter Statur, obschon seine Persönlichkeit eine ausgeprägt musische Geistigkeit und Gelehrsamkeit ausstrahlte. – Man könnte an die Beschreibung der Person des Aventinus denken, die uns Caspar Brusch im Vorwort überliefert; er beschreibt da den Johannes Turmayr wie folgt: »Von Person ist er eher ein dürrer, hechrichter, in essen und trinken fast messiger Mann gewest, einer ziemlichen Mannsläng, pleicher Farb, itam gelben, schlichten Haar.«

Unermüdlich schrieb und schrieb Pater Romuald – in klarer, fester Handschrift – an der Kirchengeschichte Bayerns. Er war ein Historiker von Spürsinn, Glück, Kombination und scharfer Kritik zugleich. Vieles in der bayerischen Vergangenheit hat er völlig neu gesehen, und die ältesten Urkunden hat er anders interpretiert als seine berufenen Vorgänger. Manche Kollegen zeihen ihn hier und da der Spekulation. Aber mit dem Pater Romuald Bauerreiss sich in eine historische Kontroverse einzulassen, war ein verlorenes Unterfangen. Am End' hatte seine Darstellung doch immer wieder das meiste für sich. Über 300 Aufsätze und Abhandlungen hat er nebenbei noch publiziert. Und er verstand trefflich zu formulieren. Es gibt bereits eine gedruckte Bauerreiss-Bibliographie. Er war Ehrendoktor und Inhaber der Medaille bene merenti der Bayerischen Akademie der Wissenschaften.

Längere Zeit war er das älteste Mitglied der Bayerischen Benedik-

tinerakademie. Wenn ihre historische Sektion eine Sitzung abhielt, dann mußte auch Pater Romuald mit einer neuen Arbeit aufwarten. Es ist ein Genuß, seine Bücher zu studieren. Ihn – in selbsteigener Person – bei einem Vortrag zuzuhören aber war ein Erlebnis. Ganz gleich, worüber er sprach, und war es auch nur über die Quirinalien des Metellus von Tegernsee, einem alten Mirakelbuch, in dem erzählt wird, wie an einem Sonntag während der Predigt sich einige Mädchen auf das Hochgrab des Heiligen gesetzt hatten, mit ihren sinnlichen Gedanken jedoch nicht bei den Worten des Predigers waren, sondern eher bei den schneidigsten Burschen. Dies ließ sich nun der Heilige nicht länger mehr gefallen und heizte die Steinplatte seines Sarkophages kräftig an. Die leichtsinnigen Dirndlein sprangen wehklagend auf, und der fleißige Metellus konnte ein neues Wunder in seine Quirinalien hineinschreiben.
Pater Romualds Vorträge nötigten den frömmsten und geistreichsten Köpfen ein Schmunzeln ab, denn sein Anekdotenschatz war unerschöpflich und reichte von der apostolischen Zeit über die späte Antike durchs ganze Mittelalter bis in die gegenwärtigen Tage.
Wie wird man Historiker? Wir haben schon gesagt, man wird es aus Neigung und Begabung. Wenngleich es Pater Romuald ohne Aufhebens auch so darstellte: »Der Hochwürdigste Herr Abt hat mich zum Bibliothekar bestellt, der Vater Abt hat mir die Redaktion der ›Studien und Mitteilungen‹ aufgetragen.« – Der Prälat wußte, was er tat. Pater Romualds Fleiß war unermüdlich. Und er stand auch mit beiden Beinen in der Wirklichkeit der Gegenwart. Aber wie konnte es anders sein, der Historiker *begegnet* auch geschichtlichen Ereignissen.
Der Geist der Bibliothek von St. Bonifaz, das Erbe einer alten Münchner Familie, die Begeisterung für Geschichtsforschung im 19. Jahrhundert und die nie versagende Tradition benediktinischen Geistes und Wesens stecken in seiner Lebensarbeit, der »Kirchengeschichte Bayerns«. Der erste Band reicht bis zum Jahre 1000, der zweite behandelt das 11., der dritte das 12. Jahrhundert, der vierte das 13. und 14. und der fünfte das 15. und der sechste Band das 16. Jahrhundert, diese auch in Bayern religiös so aufregende Zeit. Es ist ihm gerade noch gegönnt worden, sein umfangreiches Werk mit einem siebten Band zu komplettieren. Und dieser siebte Band kann sich in seiner geglückten Universalität ganz vorzüglich sehen lassen.

Das Zeitalter des Barock und Rokoko ist ja die große Zeit der bayerischen Kirchengeschichte. Zwischen dem Dreißigjährigen Krieg und der Säkularisation 1803 haben die Bajuwaren nicht nur in der Musik und in den bildenden Künsten Weltgeltung zu beanspruchen. Aber bei Bauerreiss ist das alles in sachlicher Bescheidenheit nachzulesen. Sein siebenter Band ist unbedingt eine Vollendung – auch in der langen Reihe der in den letzten Jahrzehnten erschienenen Bände von Interpretationen des Barock.

Auch mit neuen Entdeckungen kann der unermüdliche Romuald immer wieder aufwarten. So stellt er den Lateinlehrer und Katecheten des kleinen Mozart in Salzburg, den Andechser Benediktinerpater Placidus Scharl, in Wort und Bild vor. Er streicht die barocken Kanzelredner heraus, er entwirft eine gewaltige Theatergeschichte frommer Szenerien und inbrünstiger Passionsspiele, beginnend mit den unheimlich-erschütternden Karfreitagsprozessionen, er zeichnet die stolzen fränkischen Bischöfe, schildert den Einmarsch der bayerischen Regimenter in die säkularisierten Hoheitsgebiete der Kirche. Es ist von den aufgeklärten Mönchen ebenso die Rede wie von den letzten niederbayerischen Ökonomieprälaten. Mit einem Wort: sein letzter Band ist ein ungemein originelles und wesentliches Buch.

Immer wieder gelingt es dem fleißigen und humorigen Pater Romuald, eine liebe altbayerische Dreingabe zu liefern, z. B. wie die Kurfürstin Adelheid, die Gemahlin Ferdinand Marias, ihre Schwiegermutter, die zweite Gemahlin Maximilians, in Schleißheim draußen auf dem herzoglichen Schwaighof beim Knödelmachen zur Rede stellt, daß sich so eine profane Beschäftigung für eine Prinzeß nicht mehr gezieme.

In der Kirchengeschichte Bayerns findet man natürlich auch dunkle Kapitel. Auch da verschweigt Pater Romuald nichts. Er schildert den Verfall und die verkommenen Sitten der Geistlichen. Indes, besonders reizvoll ist es zu lesen, wie der selber so eifrig schreibende Romuald einen sehr warmen Ton anschlägt, wenn er einem fleißigen Mönch in einem der mittelalterlichen Skriptorien begegnet. Da trifft er im 11. Jahrhundert auf den St. Emmeramer Mönch Othlo z. B. und fährt nun seitenlang fort:

»Dieser Othlo war ein ausnehmend schreibfreudiger Mönch, der sagen konnte, daß er außer an den Festtagen und den ungehörigen Stunden keine Stunde ohne Schreiberei verstreichen ließ. So verfertigt Othlo außer seinen eigenen Werken 20 Sakramentare. Eine eingehende paläographische Untersuchung der von Othlos Hand verfertigten Handschriften ergab, daß er keineswegs übertrieben, sondern vielmehr die Zahl zu gering angesetzt hat...«

Dem Pater Romuald wurden halt die vergangensten Jahrhunderte zur Gegenwart, und wenn er von den Benediktinern erzählte, dann wurde seine Stimme noch anheimelnder: »Ja, freilich, überall bei uns trifft man auf die Spuren der Väter. Wo immer wir den Spaten ansetzen, ob in Nieder- oder Oberbayern, in Schwaben oder in Franken, überall ist er fündig. Und als ein Wahrzeichen unserer benediktinischen Vergangenheit ist mir immer erschienen der große blaue Bogen der Benediktenwand, ein Monumentum aere perennins der Bavaria Benedictina.«

Ja, sein Bayern kannte er gründlich; er hat es durchwandert nach der Kreuz und nach der Quer, beinah ähnlich wie seinerzeit Aventin. In seinen letzten Lebensjahren freilich blieb er in seinem Skriptorium und unternahm seine Exkursionen mit dem Finger auf der Landkarte. Pater Romuald benützte auch moderne Hilfsmittel. Er ließ sich die wichtigen, kostbaren Urkunden in den großen Archiven des In- und Auslandes auf Mikrofilm aufnehmen und studierte sie dann an seinem Lesegerät.

Pater Romuald hat in Ettal das Gymnasium besucht. Ist also schon als Bub in die benediktinische Welt hineingewachsen. Bereits in seinen ersten Lebenstagen hat etwas Historisches eine Rolle gespielt.

Er ist am 6. November 1893 im Palais des Grafen Schack zur Welt gekommen. Sein Vater war der erste Kammerdiener des preußischen, kunstbesessenen und in München, ganz in der Nähe des Königsplatzes residierenden Grafen gewesen. Graf Schack starb im Februar 1894. Daraufhin ging das Palais sofort testamentarisch in den Besitz des Königs von Preußen über und in der ganzen Jugendzeit Romualds, denn sein Vater war nun eine Art Kustos der Schackschen Kunstschätze, der Schackgalerie, wehten die schwarz-weißen Fahnen vor seiner Heimstatt. »So daß ich beinahe ein Münchner Preuße geworden wäre«, pflegte Bauerreiss an dieser Stelle zu sagen. »Eine merkwürdige Fügung.«

Der gelehrte Mönch von St. Bonifaz scheute sich nicht, in seiner Arbeit die menschlichen Unzulänglichkeiten aufzuzeigen – auch hoher und höchster Personen, was die Kirchengeschichtsschreiber nicht

immer taten. Er war ein kritischer Kopf und besaß die dazu notwendige spitze Feder. »Veritati in charitate! Der Wahrheit zuliebe muß man ehrlich sein, aber doch auch wieder in christlicher Nächstenliebe, aus dem Bewußtsein heraus der allgemeinen menschlichen Unzulänglichkeit.« – Dazu diente ihm sein angeborener Humor. Einmal nannte er sich im Kreise von Kollegen und Mitbrüdern einen guten Rezensenten, der sich jetzt mehr auf die Rezension der bayerischen Klosterliköre beschränken werde.
Am 22. Juni 1971 verstarb P. Romuald Bauerreiss, Subprior von St. Bonifaz, München und Andechs, Stiftsbibliothekar, Ehrendoktor römischer und deutscher Universitäten, an den Folgen einer Beinamputation, die wegen Durchblutungsstörungen notwendig geworden war. Er zeigte eine erstaunliche Ruhe und Gelassenheit bis in die letzten Stunden. Er war heiter und auch gesprächig, erzählte von seinen Erlebnissen 1914, wo er mit seinen Konabsolventen in Ettal so romantisch-leichtsinnig gesungen habe: »... sterben als ein Held!« Er bemerkte zur eben fertiggestellten neuen Krypta und Mönchsgruft von St. Bonifaz, daß er nun »sein Appartement beziehen könne«, meinte scherzhaft, daß »die Menschen alle gleich sind, wenn sie verschieden sind« und sagte zu mir beim letzten Besuch, daß er in der gegenwärtigen Welt keine Probleme sehe, obschon alle Welt immerfort von Problemen spreche, für ihn gebe es allenfalls Themen. Warm und gut eingebettet ruht er nun in der neuen Gruft von St. Bonifaz, und zwei Stockwerke über ihm entstehen gerade Meditationszellen modernster psychoanalytischer Therapeutik für heutige Katholiken einer Großstadt, die zu wenig Herz für ihre Vergangenheit hat. Finis libri non finis quaerendi!

Inhalt